Sport Mental Training Textbook
Third Revised Edition

スポーツメンタルトレーニング教本 三訂版

日本スポーツ心理学会[編]

大修館書店

まえがき－三訂版にあたって

　本書は2002年を初版とし，その後2005年に改訂増補版を重ね，そしてさらに2016年の今年，新たな執筆内容と執筆者の大幅な組み換えによって，三訂版が編まれた。これまで本書が多くの方々に手にされてきた背景の一つには，日本スポーツ心理学会が認定するスポーツメンタルトレーニング指導士資格を取得するための標準的なテキストとしての位置づけが大きいように考えられる。つまり，国内外で数多くの関連図書が出版されている状況の中で，本書は，編集に関わった学会員が先行文献を幅広く概観し，メンタルトレーニング指導士として必要とされる関連知識や技法を最大公約数的に精選し，標準的なテキストとして相応しい内容となることを目指してきたからであろう。

　初版から10数年が経過する間に，アスリートの競技力向上や実力発揮を目的としたメンタルトレーニングは，さまざまな方面での拡大がなされてきた。その一つに競技現場でのメンタルトレーニングの位置づけがある。メンタルトレーニングがパフォーマンス発揮において心理的な問題を抱えた一部のトップアスリートに限定されるのではなく，今日では，技術や体力トレーニングと同等に日々の競技生活の中で継続されねばならないとの認識が高まってきている。また，心理的問題の予防や解決を目的とするだけでなく，目指す大会においてピークパフォーマンスを実現するための望ましい心理的コンディショニングにもメンタルトレーニングが活用されるようになっている。こうした変化は，メンタルトレーニングに積極的な意味づけが加えられたと言い換えられる。さらに，これまではアスリート個人をメンタルトレーニングの対象とすることが多かったが，スポーツチームからのメンタルトレーニングの要請の増加によって，指導士は「個」だけでなく，「集」の心理的競技能力の向上に繋がる工夫を迫られた。

　このような広がりは，必然的に，アスリートに実施・適用されるメンタルトレーニング技法の拡大をもたらすものとなり，こうした変化に呼応して，現場からの要請や最新の情報を踏まえた本書の大幅な改訂が望まれた。

　本書の執筆者いずれもが，指導現場での経験をもとに著していることから，本書の成立にはアスリートや指導者との体験からの学びが大きいと言える。ここに，実践現場を与えていただいた方々へ感謝の意を表すとともに，私たちは，今後も指導現場を大切にしながら，スポーツメンタルトレーニング指導士としての研鑽をさらに重ねていく決意を結びの言葉としたい。

　　平成28年10月

　　　　　　　　　　　　　　　　　　　　　　　　　　　　日本スポーツ心理学会会長
　　　　　　　　　　　　　　　　　　　　　　　　　　　　　　　中込　四郎

スポーツメンタルトレーニング教本 三訂版

目次

まえがき………ⅲ

第1章　競技力向上とメンタルトレーニング　　1

1-1　競技生活の心理サポート………2
1. 競技スポーツにおける心理サポートの必要性………2
2. 心理サポートを求めるアスリートの特徴………3
3. 心理サポートの種類・水準………5
4. 心理サポートにおけるメンタルトレーニング………6

1-2　メンタルトレーニングとは………7
1. 心理サポートはなぜ必要か………7
2. 臨床的な心理サポートと教育的な心理サポート………9
3. スポーツメンタルトレーニングとは………10
4. メンタルトレーニングにおけるトップダウンアプローチとボトムアップアプローチ………11

1-3　メンタルトレーニングを支える理論と科学的根拠………12
1. メンタルトレーニングを支える理論………12
2. メンタルトレーニングの科学的根拠………14
3. おわりに………15

■コラム　暴力（体罰）指導の予防に果たすメンタルトレーニングの役割………17

1-4　メンタルトレーニングの現状と課題………18
1. メンタルトレーニング発展の経緯と現状………18
2. メンタルトレーニングにおける今後の課題………21

第2章　メンタルトレーニングの展開　　23

2-1　アスリートとの関係づくり………24
1. 特異な三者関係………24
2. 専門性………25
3. 学ぶ姿勢………26
4. 場の設定………27
5. メンタルトレーニング実施中の関係づくり………28

■コラム　女性アスリートに対するメンタルトレーニング………29

2-2　メンタルトレーニングに活かすカウンセリング………30
1. 面接と「見立て」………30

  2.　傾聴………31
  3.　面接するうえでの留意点………31
  4.　関係性………32
■コラム　メンタルトレーニングとカウンセリングの連携………34
2-3　メンタルトレーニング・プログラム作成の原則………35
  1.　トレーニングの諸側面………35
  2.　プログラム作成の中で配慮すべき観点………37
  3.　プログラムの一般的な流れ………38
2-4　メンタルトレーニング実施上の原則………40
  1.　ラポールの形成………40
  2.　構造，契約，再契約（仕切り直し）………41
  3.　アセスメント………41
  4.　振り返り・練習日誌………42
  5.　フォローアップ………43
2-5　メンタルトレーニング実施後の振り返り………44
  1.　振り返りの重要性………44
  2.　トレーニング効果の検討方法………46
  3.　振り返りの実際………47

第3章　メンタルトレーニング技法の基礎－評価技法を中心に　　49

3-1　メンタルトレーニングの評価………50
  1.　評価のための基準の設定………50
  2.　アスリートやチームの状況を評価する方法………51
  3.　プログラムの効果を評価する方法………53
  4.　メンタルトレーニングの評価における秘匿性への配慮の問題………54
3-2　心理検査………55
  1.　心理検査の目的………55
  2.　心理検査実施上の留意点………55
  3.　アスリートの心理的特徴を評価する………57
■コラム　スポーツドクターとのかかわり………60
3-3　スポーツ集団の評価と育成………61
  1.　スポーツ集団の種類………61
  2.　チーム集団の心理的風土の評価………61
  3.　スポーツ集団の育成………63
  4.　集団育成をけん引する指導者の役割………64
■コラム　指導者へのメンタルトレーニング………65
3-4　コミュニケーション能力の評価………66
  1.　コミュニケーション能力とは………66

   2. 言語的コミュニケーション………66
   3. 非言語的コミュニケーション………67
   4. ネットコミュニケーションの出現………68
   5. コミュニケーション能力の評価………69
3-5 モニタリング………71
   1. モニタリングとは………71
   2. モニタリングの方法………71
   3. モニタリングの活用………75

第4章 メンタルトレーニング技法の基礎－心理技法を中心に　　77

4-1 行動変容技法………78
   1. 行動変容技法とは………78
   2. 行動分析学とは………78
   3. 行動随伴性………80
   4. 行動分析学に基づく働きかけ………81
   5. スポーツ界から体罰を一掃するために………82
4-2 目標設定技法………83
   1. 目標設定の原理・原則について………83
   2. 目標設定の具体的な方法………84
   3. おわりに………86
4-3 リラクセーション技法………87
   1. リラクセーション技法の理解………87
   2. 骨格筋の活用：筋弛緩法………88
   3. 呼吸の活用：呼吸法………89
   4. トレーニング：自律訓練法………90
   5. おわりに………91
■コラム　アスリートの日常・競技ストレスの実態………92
4-4 バイオフィードバック法………93
   1. バイオフォードバックとは………94
   2. バイオフィードバックの理論モデル………94
   3. 主なバイオフィードバック法………95
   4. バイオフィードバック法の適用，その注意点と効果………97
4-5 注意集中技法………98
   1. 注意集中とは………98
   2. 注意のスタイル………98
   3. 注意集中が途切れると………99
   4. 身体の内的・外的への注意………100
   5. 注意集中を高める技法………101

4-6 イメージ技法………103
　1. イメージトレーニングの位置づけ………103
　2. イメージトレーニングの基礎………104
　3. イメージトレーニングの実際………106
■コラム　スポーツ傷害とメンタルトレーニング………108
4-7 情動のコントロール技法………109
　1. 緊張・不安とは………109
　2. 何が緊張や不安を引き起こすか………109
　3. 緊張や不安はパフォーマンスにどのように影響するか………110
　4. どのように情動をコントロールするか………111
4-8 暗示技法………114
　1. 暗示について………114
　2. 暗示技法について………114
　3. 暗示技法とセルフトーク………114
　4. メンタルトレーニング技法の中の「暗示技法」………115
　5. 「公式」と「暗示」の違い………116
　6. OATの具体的な行い方………116
　7. OATの具体的な流れ………117
　8. OATの効果：OATを継続的に行ったアスリートの「声」………117
　9. おわりに………117
4-9 ポジティブシンキング（積極的思考法）………118
　1. ポジティブシンキングとは………118
　2. セルフトークに気づく………118
　3. 非論理的ビリーフを修正する………120
　4. 自分にとってのベストトークを準備する………121

第5章　実力発揮のための心理的スキルのトレーニング　　123

5-1 競技意欲向上のためのトレーニング………124
　1. 競技意欲とは………124
　2. 競技意欲を高める方法………125
　3. 競技意欲向上のトレーニング例………128
5-2 あがり防止のための緊張・不安のコントロール………129
　1. 「あがり」とは………129
　2. 「あがり」の徴候………129
　3. 「あがり」の予防法・対処法………131
5-3 集中力向上のトレーニング………134
　1. 集中力とは………134
　2. 集中力を抑制している要因………135

3. 集中力を向上させるトレーニング法………135
■コラム　冬季種目におけるメンタルトレーニング………139
5-4 自信をつけるためのトレーニング………140
　　1. 自信とは………140
　　2. 自信を測定する検査………140
　　3. 自信の高め方………141
　　4. 「セルフ・エフィカシー」で考える………142
　　5. セルフ・エフィカシーを高める4つの情報源………143
■コラム　言葉の力………145
5-5 チームワーク向上のトレーニング………146
　　1. チームワークとは………146
　　2. チームワーク向上のためのトレーニング………147
　　3. チームビルディングの実際………148
　　4. チームアプローチにおける注意………150
5-6 試合に向けてピークに持っていくための心理的コンディショニング………151
　　1. 心理的コンディショニングを把握するための方法………151
　　2. ピークパフォーマンスへ導くためのピーキング………154
　　3. 心理的コンディショニングの可能性………155
■コラム　トップアスリートが求める心理サポート①………156

第6章　メンタルトレーニングの実践例　　　157

6-1 講習会形式によるメンタルトレーニングの実践例………158
　　1. 指導状況………158
　　2. 効果………160
　　3. まとめ………162
6-2 心理検査を用いた実践例………163
　　1. はじめに………163
　　2. 事例の提示………164
　　3. TEGを用いた心理サポートの適用可能性………167
　　4. まとめ………167
6-3 カウンセリングをベースとした心理サポートの実践例………168
　　1. はじめに………168
　　2. 事例の提示………168
　　3. 考察にかえて－カウンセリングをベースとした心理サポートの効用………171
　　4. まとめ………172
■コラム　トップアスリートが求める心理サポート②………173
6-4 チームに対する心理サポートの実践例………175
　　1. 日本代表チームの組織とその活動………175

    2.　日本代表チームへのコンサルテーション………176
    3.　まとめ………179
6-5　ジュニアアスリートのメンタルトレーニングの実践例………180
    1.　ジュニアスリートの心理的特徴と競技環境………180
    2.　メンタルトレーニングをベースとした心理サポート………181
    3.　カウンセリングをベースとした心理サポート………183
    4.　まとめ………184
■コラム　保護者が気をつけるべきこと………185
6-6　部活動での実践例………186
    1.　はじめに………186
    2.　心理サポート事例の提示………186
    3.　まとめ………190
■コラム　スポーツ指導者の抱える葛藤とそれへのサポート………191
6-7　パラアスリートおよびデフアスリートに対する実践例………192
    1.　JPC心理サポートチームの取り組み………192
    2.　障害特性ごとのサポートのあり方………194
    3.　実践例の紹介………196
    4.　まとめ………196
■コラム　ソチ2014パラリンピック冬季競技大会に団長として参加して………197
6-8　アスリートのキャリアサポート………198
    1.　現役引退時にともなうアスリート特有の心理的問題………198
    2.　オリンピック選手へのキャリアトランジション・プログラム構築の経緯………199
    3.　下山には時間がかかる………200
■コラム　「修造チャレンジ」における心理サポート（テニストップジュニア強化合宿）
    ………202
6-9　国際審判員に対する実践例………203
    1.　国際審判員の心理サポート………203
    2.　「JFAレフェリーカレッジ」におけるメンタルトレーニングの講義………205
    3.　選手の競技力向上のためにも，審判員のメンタルトレーニングが必要………205
    4.　他の競技の若手レフリーに対するメンタルトレーニングの導入………205
■コラム　メンタルトレーニングの普及と啓発に携わって………206

第7章　メンタルトレーニング指導士とは　　207

7-1　スポーツメンタルトレーニング指導士の資格認定制度について………208
    1.　資格制度の発足の経緯………208
    2.　本資格制度の設立の目的………210
    3.　認定委員会の組織と活動………211
    4.　本資格制度の内容………213

5. 本資格制度の現状および今後の課題………216
■コラム　資格をめぐる海外の状況………218

7-2　スポーツメンタルトレーニング指導士の訓練………219
1. 訓練の必要性………219
2. SMT指導士の訓練………219

7-3　日本代表チームに対する心理サポートシステム………223
1. はじめに………223
2. JISSの心理サポート………223
3. チーム「ニッポン」マルチサポート事業について………225
4. マルチサポート事業における心理サポートの実例………226
5. ロンドン，ソチオリンピックでの「マルチサポート・ハウス」の設置………227

■コラム　オリンピックを控えたアスリート・指導者への講和………228

7-4　プロスポーツチームおよび実業団チームにおける活動………229
1. サッカーＪリーグ………229
2. ラグビートップリーグ………230

7-5　大学におけるスポーツカウンセリングルームの活動………232
1. 筑波大学………232
2. 大阪体育大学………233
3. 鹿屋体育大学………235
4. 日本体育大学………236

7-6　都道府県における活動………238
1. 和歌山県の事例………238
2. 長崎県の事例………239
3. 北海道の事例………241

7-7　地域におけるスポーツメンタルトレーニング指導士の活動………243
1. 地域での活動の起こり………243
2. 指導士の活動の全国への広がり………243
3. 指導士会全国研修会と各支部の活動………244
4. 大学生・大学院生たちの地域における活動………246
5. これからの地域におけるスポーツメンタルトレーニング指導士の活躍と展望………246

用語解説………248
文献………255
索引………267
あとがき………272
執筆者紹介………273

Sport Mental Training Textbook

第1章

競技力向上とメンタルトレーニング

1-1 競技生活の心理サポート

本節では，競技スポーツにおける心理サポートの必要性，サポートを求めるアスリートの特徴，サポートの種類・水準，心理サポートにおけるメンタルトレーニングの位置づけなどについて説明していく。

米国がロサンゼルス・オリンピック（1984）の強化策の1つとして，各競技団体にスポーツ心理学や臨床心理学を専門とする者を配し，アスリートの心理面のサポート（心理支援・援助）において成果をあげたことは，その後の諸外国でのメンタルトレーニングをはじめとする心理サポートの実践に大きな刺激，そして契機となったようである。それはわが国においても同様である。

もちろん，その後の心理サポートの背景には，競技スポーツの高度化にともない，一部のアスリートが実力発揮の困難さや競技生活の継続にかかわる心理的問題を抱え，それを周囲に投げかける機会も増加していることなどが考えられる。それと呼応して，実践あるいは臨床の場が増えていき，他のスポーツ医科学領域と同様に，心理サポートにおいても技法の開発，洗練，そして選手理解が深まっていった。

また，心理サポートの対象・目的等も，問題を抱えた一部のアスリートに限定されるのではなく，多くのアスリートや指導者，さらには，さまざまな発達年代にあるアスリートの充実したスポーツ生活の実現に資すると考えられ，拡大している。したがって，ここではメンタルトレーニングを念頭に置きながらも，心理サポートの対象やそのためのアプローチの仕方等を広くとらえている。

1. 競技スポーツにおける心理サポートの必要性

1—実力発揮・競技力向上

競技会で，いつも満足できる実力発揮ができるわけではない。特に，自分にとって強いプレッシャーのかかった大会では，多くのアスリートが苦い経験をもっている。

村木（Muraki, 1986）の調査結果は，そのあたりを見事に示唆している。彼はモスクワ，ロサンゼルス両オリンピックとヘルシンキ世界選手権大会に出場した陸上競技選手の記録を手がかりに，大会前の自己ベスト記録を基準に，本番での成績の達成度を求めている。

その結果，決勝進出者は予選落ちの選手よりも達成度は高いが，決勝進出者においてさえ，平均すると決勝での記録は，過去のベスト記録の3%程度の成績低下を認めている。彼の調査結果で認められた成績低下には，心理的要因が大きくかかわっているように思われる。実力発揮をするためには，心理面の強化だけでなく心理面も含めたコンディショニングに配慮しなければならない。

2—練習・試合場面での助言

指導者は，練習や試合の中でアスリートに向かって，「もっと考えながらやれ」「集中が足りない」「イメージをもっと働かせろ」「気合いを入れて」など，心理的側面への言及をしばしば行っている。運動技術を学んだり，学んだ運動技術を実行していく過程で，心理的要因がそこでのパフォーマンスに強く関与していることは言うまでもなく，さまざまな実証的データにより裏付けられてきた。

本書の第4・5章で紹介するメンタルトレーニング技法を通して，心理面の強化をはかっておくことは，競技会での実力発揮だけに限定されるのではなく，アスリート個々の練習にも反映されるはずである。

中込（1994）は，メンタルトレーニングの成果を種々の心理的スキルの向上といった視点だけでなく，自身の行為に対する「気づき」や「意図性」の高まりにも注目している。この両側面は，練習のレベルアップ（質の向上）につながるようである。また，アスリートの動きやゲームの流れを変えるために，心理面からのアドバイスが有効となることもある。

さらに，動作失調（たとえば，投球におけるコントロールの乱れのような，特定の動きの習熟や実行での問題）において，心理面での問題が考慮される場合，心理的介入が必要とされる。

3—競技生活での精神的健康

アスリートは，自身の競技成績や大会出場だけでなく，それぞれの発達年代やおかれている環境での課題に応じていかなければならない。課題には，たとえば，学業・仕事とスポーツの両立，競技継続の迷い，卒業後の進路選択（進学先，就職先），対人関係，競技引退などがある。これらは，しばしばストレスの原因ともなる。

アスリートは，精神健康を乱されるような，他とは異なる競技生活から派生する多くのストレスを抱えていると考えられる。ストレスに圧倒されてしまうのではなく，個々の課題に対して納得できる，積極的かつ具体的な対処行動を起こせるよう，心理面からの専門的サポートを求めたり，スキルを身につけておく必要がある。

心理サポートには，ストレスの軽減だけを目的とするのではなく，そのときどきの精神の健康状態を正しく把握し，ストレスに向かい合えるための利用可能な心理環境の提供やスキル（「心のヘルスメーター」づくり）も含まれる。アスリートがメンタルトレーニング技法に習熟しておくことは，自身の精神健康のマネジメントにも役立っている。

4—競技生活での心理的問題の解決

上述したストレスへの対処に失敗して，心理的問題行動の発症へと移行させてしまうアスリートもいる。負傷頻発（上向, 2000），バーンアウト（岸, 2000），食行動異常（山崎・中込, 2000），運動部離脱（細川・中込, 2000）等のアスリート特有の問題行動がその例である。

これらの問題行動を抱えたアスリートは，不安・緊張，抑うつ，攻撃，自罰といったそれぞれに応じた心理・精神的症状を訴える。このような問題の治療においては，心理，あるいは医学領域での専門的トレーニングを積んできた者にリファー（照会）することになる。

アスリート，そして指導者が，これらの問題の発症予防，あるいは早期回復を強く願うのは当然ではあるが，競技生活での滞りが認められるような場合，心理的スキルの適用には慎重になる必要がある。じっくりアスリートの訴えに傾聴していると，問題発症の「必然性」やそのアスリートにとっての「意味」を了解することがある。また，抱えた心理的問題を解決することにより，競技力向上につなげていくアスリートもいる。適切な対応が望まれる。

2. 心理サポートを求めるアスリートの特徴

アスリート専用の相談室を窓口として，彼らへの心理サポートを提供していると，そこを訪れるアスリートには，いくつかの共通する特徴が認められる。メンタルトレーニングを希望するアスリートに限定しても同様のことがいえる。

1—自覚する心理的課題・問題を抱えているアスリート

アスリートが「試合に行くと練習のときの動き

ができないんです」「この頃，練習していても以前のようには集中や頑張りができないんです。スランプなんですかね」「試合に出場することが最近は恐いんです」と，明確な主訴のもとに自発来談してくる。このようなケースは，心理サポートに対してアスリートがかなり高いモチベーションをもっている。

時には，チームのコーチからアスリートをリファーされることもある。しかし，コーチが求めるほどには，アスリート自身の心理サポートへのモチベーションが高くないことがある。また，訴えの内容からは，心理的スキルの問題ととらえられる部分もあるが，さらにアスリートの訴えやおかれた状況への理解を深めるために，継続してじっくり話を聴いていくと（第2章1，2節参照），新たな問題が見えてきたり，理解に至ることもある。

❷─技術・体力面でのピークを過ぎたと思っているアスリート

代表クラスの合宿でメンタルトレーニングの指導をした折，関心を示したアスリートは共通して年齢層が高かったという経験をした。彼らからは「自分に残された課題にはメンタルな部分が大きい」とのメッセージが伝わってくる。

指導する側にとってそこからは，ポジティブな感情をかきたてられることになるが，過度な期待をかけられても困る。身体面でのトレーニングに問題や課題がなく，残された部分がもっぱら心理面であろうというアスリートは，非常にわずかなはずである。あるいは，彼らの求める「メンタルな部分」を「心理的スキル」と狭くとらえるのではなく，競技生活における「メンタルな部分」と置き換えるならば，異なる受け止め方を迫られる。もし，競技継続にかかわる「こころの推進力」（モチベーション）にかかわることであるならば，まずはじっくり話を伺う必要がある。ピーク年齢を過ぎたアスリートにおいては，専門的な心理技法をどこまで教えるかについては慎重に考慮すると

して，心理的側面へのかかわりや作業は，むしろ，それ以前のジュニア期から積極的に行われるべきであろう。

❸─心理面への親和性の高いアスリート

競技生活での心理面の重要さを強調する者は，日頃からその方面への関心が高い。したがって，他者よりも，心理面での課題や問題を自身の中に自覚しやすくなるようである。

投球におけるコントロールの乱れを訴えて来談してきた高校球児は，その問題を抱える以前から，メンタルトレーニングに関する著書を何冊か読んでいることを語った。

また，代表クラスのメンタルトレーニングの指導を行った折，他の誰よりも熱心に取り組んでいたあるアスリートは，大学生当時，スポーツ心理学のゼミに所属していた。

心理面への関心とメンタルトレーニングや心理相談の求めとの間に，双方向（原因でもあり，結果でもある）が考えられる場合がある。言い換えれば，内的な求めから，外的にも必要となるような状況（たとえば，パフォーマンスの問題を抱える）が生じることがある，ということになる。

それは，自覚されるような問題をもっていない者が，心理的作業に積極的に取り組むには，周りから必要性を強調するだけではなかなか動き出さないと思っておいたほうがよい，ということを意味する。つまり，こころのトレーニングへの取り組みを自発的に求めるには，アスリートの中で必要性を強く自覚しないと期待できない。

❹─メンタルなスポーツ種目のアスリート

アスリートの心理相談は，集団種目よりも個人種目，そして男性よりも女性に多く利用されるような印象をもっているが，他のカウンセラーも同じような経験をされているのではないかと想像する。同じことがメンタルトレーニングでも認められる。

さらに，別の視点から振り返ると，次のような特徴をもつスポーツ種目のアスリートの利用率が高いようである。①短い時間で動作が終了するスポーツ種目のアスリート（たとえば，陸上競技の短距離・跳躍・投擲，飛び込み），②動作の幅が狭いスポーツ種目をやっているアスリート（たとえば，ゴルフ，射撃），③自分のペースで動作を遂行できる「クローズドスキル」のスポーツ種目のアスリート（たとえば，器械体操，ウエイトリフティング）である。これらの特徴，あるいは種目は，我々が「メンタルなスポーツ」と呼んでいるものに相当するといえる。もちろん，ここで述べた特徴に該当しないからといって，その種目におけるメンタルな要素を否定したわけではない。

3. 心理サポートの種類・水準

上述した「心理サポートの必要性」は，サポートする側からの一方的な説明ではない。事実，アスリートは，心理サポートを求めて我々のところを訪れている。心理サポートは，非常に多様な水準・側面・内容から利用されることになる。

マートン（Martens, 1991）は，図1-1に示すような区分け（棲み分け）を行っている。

彼は，アスリートの行動を「異常」（アスリートが神経症や精神障害などの重大な心理的問題を抱えているとき）から「優れた」（アスリートが優秀な身体的スキルを有しているため，最適なパフォーマンスをするのに，並々ならぬ心理的スキルを必要とするような，シビアな環境におかれているとき）までの連続体上に位置づけている。

さらに，「ふつう」から左側を臨床的スポーツ心理学者（異常行動とスポーツの両方に通じている人）が，そして「ふつう」から右側を教育的スポーツ心理学者（スポーツ心理学を専門とする人）が担当すると主張している。また，「臨床－教育スポーツ心理学の機能を互いに混同しないようにすることは，非常に重要である」と付け加えている。このようにここでは明確に，両者を区別する立場をとっている。

各自がどのような専門的トレーニングを受け，そして経験を重ねてきたかによって，サポート提供の守備範囲は規定されてくる。その意味からは，ガイドラインとしてマートンの提示した区分けは有効と考える。

しかし，「異常」「ふつう」「優れた」の3つの厳密な区別は，思うほどに容易ではない。代表クラスのアスリートの一部には，優れた行動を発揮する側面と異常とも思えるような側面（病理的異常とはいえないが，類似した「心性」をもっている）を同居させているケースがある。

したがって，競技成績のみを手がかりとして，成績が高いから「優れた」と判断し，心理的スキルによる一方的なトレーニングを施すのは控えねばならない。自身が担当するか，別の立場の者にリファーするかを見極める段階（アセスメント）を確実にとる必要がある。それぞれが守備範囲を明確にするためには，自身の守備範囲とする専門的理解・技術を深めると同時に，実際にかかわることがなくとも，範囲外の理解も得ておく必要がある。

なお，メンタルトレーニングを中心とした諸側面については，後述（第2章3節参照）しているので，心理サポートの種類・水準の理解に役立てて欲しい。

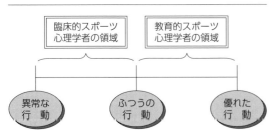

図1-1　臨床的スポーツ心理学と教育的スポーツ心理学の区別
（マートン，1991）

4. 心理サポートにおける　　メンタルトレーニング

　本書の第6章で紹介しているように，さまざまな立場や介入方法でメンタルトレーニングの実践がなされている。

　メンタルトレーニングは，欧米を中心として，本書の第4章で取り上げるような心理的スキルトレーニング（psychological skills training）と位置づけるのが一般的なようである（高妻，2000）。

　しかし，アスリートの実力発揮，競技力向上，さらには競技生活の充実等には，多様な要因が関与しており，そのための心理サポートは，心理的スキルのトレーニングに限定されるのではなく，時には，心理的スキルのトレーニングよりも他のアプローチを選択することが望ましい場合もある。

　いずれにせよ，アスリートに役に立つ心理サポートであることが前提であり，そして安定した競技成績の向上を実現するためには，少なくとも心理的スキルのトレーニングを介して，アスリート自身が競技生活へのかかわり方を変えていくものでなければならない。

　わが国におけるメンタルトレーニングの研究・実践の大きな原動力となったのは，日本体育協会スポーツ科学委員会の研究プロジェクト（1986）であった（第1章4節参照）。そのプロジェクトの代表者となった松田は，「体力や技術のトレーニングと同様に，競技場面で最高のパフォーマンスを発揮するために，必要な精神を管理（またはコントロール）できるようにすること」を目的としたメンタルトレーニングの意義に触れ，そこでは「メンタルマネジメント」という言葉をあてた。

　この定義からは，特定のアスリートだけでなく，すべてのアスリートが日常的にメンタルトレーニングをする必要があり，そこでは，実力発揮を支える（実現する），心理的側面の意識的コントロール能力の向上を目指していたことがうかがわれる。

　アスリート個々の実力発揮の状況に深く迫っていくと，問題となった心理面への意識的コントロール（抑制）を高める（たとえば，不安・緊張を抑えるためにリラックス能力を高める，あるいは意欲を引き出すために目標設定や積極的セルフトーークをはかる）アプローチの他に，その背景となっている問題にかかわることが有効となる場合もある。

　このことは，運動遂行における誤反応の修正を正反応の強化によるか，誤反応の消去によるかのアプローチの違いにたとえることができる。メンタルトレーニングとして心理サポートを提供する場合でも，アスリートへの正しい理解に基づいた的確なアプローチが求められる。そのためにも，メンタルトレーニングを指導する立場にある者は，自分の専門性の守備範囲を正しく理解しておかねばならない。

　アスリートや指導者は，競技力向上を一様に望んでいる。必然的に，心理サポートにおいても，メンタルトレーニングを主要な取り組みとして，それに応えるような実践を行ってきた。

　ところが，競技スポーツの高度化にともない，アスリート特有のさまざまな心理的問題が顕在化してくるようになった。これまでの競技力向上を目的とした心理サポートでは，それらの心理的問題に応じきれなくなっている。そこでは，少なくとも機械的，そして一方的に心理的スキルをアスリートに教えるといった姿勢ではなく，技法を介しながらアスリートの体験に迫るようなかかわり方が求められる。

　アスリートの心理サポートの場は，「表の世界」だけでなく「裏・影の世界」にも拡大されつつある。そして，「裏の世界」への理解が増すにつれ，「表の世界」の問題に対するこれまでのアプローチの仕方に，有意な情報を提供するのではないかと考える。そのためにも，メンタルトレーニング指導士は，本教本の以下で解説される事項の理解に止まることなく，さらに幅を広げていくための訓練を継続していく必要がある。　　（中込四郎）

1-2　メンタルトレーニングとは

1. 心理サポートはなぜ必要か

❶―心技体の関係

　日本では，昔から武道の世界において心技体の重要性が謳われてきた。現代のスポーツにおいても，心技体のすべてが揃わなければ高いパフォーマンスを発揮することはできないと多くのアスリートや指導者が考えている。心の状態が良いときには，体の調子も良く技も冴える。しかし，心の状態が悪いときには，体や技にも悪影響が出る。たとえば，過度の心の緊張は，体を硬直させ，疲労を導く。動きもぎこちなくなり，技もうまく発揮できず，怪我もしやすくなる。このように心は技や体に良い影響を及ぼすこともあれば，悪い影響を及ぼすこともある。そして，すべての人間が心を持つがゆえに，心の問題とそれが技や体に及ぼす悪影響が存在し，それらに対する予防や対処のために心理サポートが必要となる。

　また，心が技や体に影響を及ぼすのと同じように，技や体も心に影響し，技と体も互いに影響を及ぼし合う。したがって，心の調子を整えるときに，心だけではなく，技や体の状態も考慮する必要があり，アスリートの心理サポートにおいては技や体といった人間の身体運動に関する知識を十分に持っておく必要がある。

❷―人間はなぜ心を持つのか

　人間の心は感じる心（感情）と考える心（認知）に大きく分けることができる。そして，感情と認知のどちらもスポーツにおいて重要な働きをする。そのため，なぜ人間が感情や認知という心の機能を持つのかを知ることが，心理サポートを行う者にとっては欠かせない。進化心理学では，人間の心は進化の過程で生存や生殖にとって適応的なものとして形成されてきたと考えている（Cartwright, 2001）。進化とは「生物の遺伝的な性質が，世代を経るとともに変化していく過程」（長谷川・長谷川，2007）であり，遺伝子が関与しない世代の変化は進化ではなく，一人の人間が生まれてから死ぬまでに経験する変化も進化ではない。ダーウィン（Darwin, 1859）の進化論では，同じ種に属する生物でもその形質には個体差があり，成長して生殖行動を経て子孫を残すことに有利な個体の遺伝子は子孫に引き継がれ，世代を経るごとにその遺伝子が集団内で増えていく。逆に，不利な個体の遺伝子は消えていく。つまり，生殖の結果，生まれた個体の特徴の差が，その個体の生き残りの確率に影響を及ぼし，さらにその個体が生殖を通じて遺伝子を子孫に伝える確率にも影響を及ぼす。したがって，長い進化の歴史を通じて，生存や生殖に適応的な個体が増えることになる。

　人間の進化の歴史の中で，農耕生活が数万年前に始まるまで，数百万年に渡って狩猟採集の生活

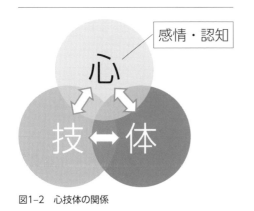

図1-2　心技体の関係

様式が続き，それらの環境で形成された遺伝子が現代人に引き継がれている。そして，遺伝的に引き継がれる形質は，身体の色や形などの形態だけではなく，感情や認知という心の機能も含む。したがって，人間の心も進化の過程を通して，適応的なものとして形成されてきたと考えられる。

ところで，感情と情動という用語は同じ意味で使われることもあるが，多くの研究者は観察可能な生理的な反応を伴うものを情動，そうでないものを感情と呼び区別している。福田（2003, 2008）の進化論的感情階層仮説（図1-3参照）では，感情と情動がさらに細かく分類され，進化心理学的視点から説明がなされている。この仮説では，温血動物の脳を進化論的に見て大きく3つの階層に分け，感情・情動系の4つの階層を対応づけてそれぞれの働きを説明している。また，欲望（動機づけ）系として人間の欲求を4つの階層に分け，感情・情動系との関係も説明している。進化が生み出した脳の階層性を理解し，人間が進化の過程でどのような情動や感情と欲求を表裏一体として持つようになったのかを理解することは，心理サポートを行う者にとって重要である。

人間の脳は，下等な動物の脳から階層的に積み重なるように進化してきた。視床下部などを含む原始爬虫類脳が快・不快という原始情動を司り，快刺激には接近行動，不快刺激には回避行動をとる。また，旧哺乳類脳と呼ばれる大脳辺縁系は，喜び，受容・愛情，怒り，恐れ，嫌悪という5つの基本情動を司る。そして，新哺乳類脳と呼ばれる大脳新皮質は，愛情，憎しみ，嫉妬などの社会的感情ならびに罪，恥などの知的感情を司る。

そして，快・不快という原始情動を土台にして哺乳動物は基本情動を獲得してきたと考えられており，快情動からは受容・愛情と喜びが，不快情動からは怒り，恐れ，嫌悪が進化してきた。まず，それぞれの基本情動がどのような適応的な行動を導いたのかについて概説する。

受容・愛情は，生殖行動や養育行動という子孫を残すための行動にとって欠かせない。たとえば，親の愛情がなければ，子どもを外敵から守ったり，食べ物を与えたりという養育行動が発現せず，子どもの生存率は下がる。その結果，愛情の薄い親の遺伝子は進化の過程で淘汰されて消失する。また，喜びという情動は，餌や水の獲得行動と関連している。たとえば，水や食料が手に入る場所を見つけて嬉しいと感じることは，その場所の記憶の保持を促進する。

怒りは攻撃行動と関連し，怒りの表情や姿勢が，敵を威嚇して自分や子どもを守ることに役立った。恐れは回避行動と関連し，捕食者や敵に出会うことを避け，すくみ反応のように身動きを止めることも危険回避に役立った。さらには高所や暗闇に対して恐怖心を持つことも，それらの回避や慎重に動くことによる安全の確保に役立った。アスリ

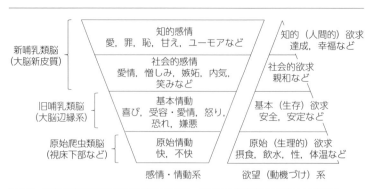

図1-3　進化論的感情階層仮説における感情・情動系と欲望系の分類および階層
　　　（福田，2003, 2008を参考に筆者が作成）

ートがプレッシャーのかかる場面で，縮こまった硬い動きを見せるのもこれらの名残である（第5章2節参照）。嫌悪は摂食行動と関連し，健康を害したものを再び食べないことに役立った。これら5つの基本情動が欠落した個体は，進化の過程で消失しており，現代人は皆これらの基本情動を持っていることになる。

次に，社会的感情はヒト以外にも集団で生活するチンパンジーなどにも見られ，集団内での地位の葛藤に関連があるとされている。一方で，知的感情は文化に関連した人間に特有の感情であり，宗教，思想などの影響を受け，国，民族，社会により変動し得る。社会的感情も知的感情も，人間が社会を形成して，その中で子孫を残すことや生存率を上げることに必要なものとして残された機能である。

このように見ると，情動や感情は，それが快か不快かにかかわらず，社会の中で個体が生存率を上げ，子孫を残すことに必要なものであり，自然淘汰によって進化の過程で形作られてきた重要な機能であったと考えられる。しかし，人間の遺伝子が大きく変化するには数万年から数十万年の時間が必要であるにもかかわらず，社会環境は数千年，数百年，場合によっては数十年で大きく変化してきた。そのため，遺伝的な変化が急激な社会の変化に追いつけず，以前は重要な役割を果たした情動や感情が，現代社会では不適応な行動を招くことが多くなった。

スポーツにおいても，怒り，恐れ，嫌悪といった不快な基本情動とそれらから派生した不快な感情を持つことは，アスリートとしてメンタルが弱い，精神力が弱いなどの烙印を押されがちである。また，知的欲求や社会的欲求が，時には過度のプレッシャーを生み出し，不快な情動や感情を誘発する。これらの不快な情動や感情は「ネガティブ」と呼ばれ，心理サポートの世界でも患者扱いされることが多かった。しかし，進化心理学的視点から，なぜ人間がネガティブな情動や感情を持つのかを理解したうえで，以前は適応的な働きを見せていたこれらの情動や感情を誰もが持っていることを前提に心理サポートを行う必要がある。とは言え，これらの不快な情動や感情を野放しにしては，スポーツにおける実力発揮やチームワークの維持が困難なため，うまく手綱を引きコントロールする必要がある。それを可能にするのがメンタルトレーニングである。

また，人間は他の動物にない高度の認知も進化の過程で身につけてきた。他の動物に比べて極端に発達した大脳新皮質が司る人間の認知は，人間が集団で生活し，言語や道具を使い，複雑な社会生活を営んできた過程で形成されたと考えられている。そしてこの認知によって，未来や過去を考えることができるがゆえに，不安や落胆といったネガティブな感情を生み出す。しかしその一方で，認知の力を利用して感情をコントロールできるのも人間のみである。

2. 臨床的な心理サポートと教育的な心理サポート

心理サポートには大別して，精神疾患などの心の問題を抱えた人に対する臨床的アプローチから，それらの問題は持っていない健康な人に対する教育的アプローチがある。スポーツの世界における臨床的アプローチは，精神科医や臨床心理士などの人々によって行われる。一方，健康なアスリートや指導者を対象とした教育的アプローチはスポーツメンタルトレーニング指導士によって行われる。もちろんこれらのアプローチは明確には分けにくいグレーゾーンもあるが，重篤なバーンアウトやうつ症状などの相談があった場合は，臨床の専門家に委ねる必要がある。

ところで臨床的アプローチでは，臨床的なカウンセリングが多く使われるため，臨床的アプローチとカウンセリングが同義であると思われることが多い。しかし，広義のカウンセリングは，専門的な相談援助行為であり，教育的なカウンセリン

グも含まれる。したがって，スポーツメンタルトレーニング指導士が行う教育的アプローチにおいてもカウンセリングは用いられる。カウンセリングとメンタルトレーニングが対立する概念として語られることがあるが，それは正確には臨床的アプローチで用いられる狭義のカウンセリングと教育的アプローチで用いられる心理的スキルトレーニングの対比であることが多く，カウンセリングはあくまでそれぞれのアプローチにおいて用いられる方法であることに注意したい。

3. スポーツメンタルトレーニングとは

■1―スポーツメンタルトレーニングの定義

メンタルトレーニング（mental training）という用語は，心理的スキルトレーニング（psychological skills training）と同義に用いられてきた。心理的スキルとは，パフォーマンス向上のために学習して身につけることができるスキル（技能）である。近年は，スポーツ以外の分野においてもメンタルトレーニングが取り入れられており，スポーツにおけるメンタルトレーニングを特にスポーツメンタルトレーニングと呼ぶ。スポーツメンタルトレーニングとは，アスリートをはじめとするスポーツ活動に携わる者が，競技力向上ならびに実力発揮のために必要な心理的スキルを習得することを目的とした，スポーツ心理学の理論に基づく体系的で教育的な活動である。また，競技力向上・実力発揮に加えて，心身の健康や人間的成長も視野に入れた活動である。

心理的スキルの種類については，日本人アスリートを対象とした研究から徳永・橋本（2000）が心理的競技能力と呼んで大きく5つの因子とさらに細かく12の下位尺度に分類したものが国内では頻繁に用いられている（表1-1参照）。したがって，これらの心理的スキルを身につけるために行うトレーニングがスポーツメンタルトレーニング

表1-1 心理的競技能力（徳永・橋本，2000）

5つの因子	12の下位尺度
1．競技意欲	①忍耐力，②闘争心 ③自己実現意欲 ④勝利意欲
2．精神の安定・集中	⑤自己コントロール能力 ⑥リラックス能力 ⑦集中力
3．自信	⑧自信，⑨決断力
4．作戦能力	⑩予測力，⑪判断力
5．協調性	⑫協調性

である。そのため，スポーツメンタルトレーニング指導士の活動は，心理的スキルの指導を中心に行うことが多い。しかし，次項で述べるように，心理的スキルの指導という狭義のメンタルトレーニング指導に限定せず，競技力向上のための諸々の心理サポートを含んでいる。

■2―スポーツメンタルトレーニング指導士とは

日本スポーツ心理学会が認定するスポーツメンタルトレーニング指導士の定義は，「スポーツメンタルトレーニング指導士－資格認定申請の手引き」によれば「競技力向上のため心理的スキルを中心にした指導や相談を行う専門的な学識と技能を有すると本学会が認めた資格」である。そして，指導士の活動内容は「スポーツ心理学の立場から，スポーツ選手や指導者を対象に，競技力向上のための心理的スキルを中心にした指導や相談を行う。狭い意味でのメンタルトレーニングの指導助言に限定しない。ただし，精神障害に対する治療行為は含めない。」とされている。具体的な活動内容は，第7章1節に記載されているとおり，多岐に渡る。スポーツ技術の練習法に関する心理的な指導・助言を行うには，運動制御や運動学習の知識が欠かせない。練習ではできるのに，試合ではできないという相談は多いが，不安や緊張などの感情制御の問題だけではなく，練習方法が実戦向きでないなどの問題を含んでいる場合も多い。また，技術向上の停滞による動機づけの低下という問題も，技術練習のやり方を修正することにより解決する

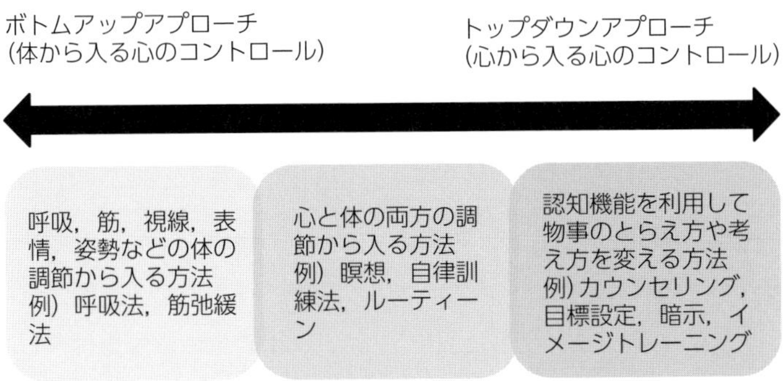

```
ボトムアップアプローチ                    トップダウンアプローチ
（体から入る心のコントロール）           （心から入る心のコントロール）
←――――――――――――――――――――――――――――→

呼吸，筋，視線，表    心と体の両方の調    認知機能を利用して
情，姿勢などの体の    節から入る方法      物事のとらえ方や考
調節から入る方法      例）瞑想，自律訓    え方を変える方法
例）呼吸法，筋弛緩    練法，ルーティー    例）カウンセリング，
法                    ン                  目標設定，暗示，イ
                                          メージトレーニング
```

図1-4 メンタルトレーニングにおけるボトムアップアプローチからトップダウンアプローチまでの連続体

場合もある。技術や作戦は基本的にはアスリートと指導者が話し合うものであるが，それが心理的な問題に関連している場合は，スポーツメンタルトレーニング指導士が運動制御や運動学習の十分な知識を持ったうえで指導助言する必要がある。

また，指導者のコーチングに対しても心理的な側面からの指導・助言を行うことが求められる。さらにアスリートの現役引退に関する指導助言もスポーツメンタルトレーニング指導士の役割に含まれており，キャリアトランジションに関する豊富な知識も持つ必要がある。このようにスポーツメンタルトレーニング指導士は単に心理的スキルを指導するだけではなく，アスリートや指導者を取り巻く社会環境やその人が持つ人生哲学までを考慮したうえで，心理サポートを行うことが求められる。

4. メンタルトレーニングにおけるトップダウンアプローチとボトムアップアプローチ

ところで，解剖学的にも異なる脳の部位が異なる階層の感情を司ることは先に述べた。それらの階層は互いに関連し，影響を及ぼし合っているため，メンタルトレーニングにおいては多様な方法が可能になる。たとえば，失敗することを恐れたり，他者評価を気にしたりして，過度に緊張して手足が震えるような情動反応が現れているアスリートがいたとする。そのアスリートに対して，その情動反応の引き金になった試合に対する考え方や周囲の人たちとの人間関係のとらえ方を変えるというような，より高次な階層から入るアプローチがある。つまり大脳新皮質が司る認知や高次の感情から切り込むことによって情動反応までも制御しようとするトップダウンアプローチである。

一方で，呼吸を整えたり，視線を変えて青空を見たり，身体の状態や身体に入る知覚情報を変化させることによって情動反応を沈めるというアプローチもある。これらは，大脳辺縁系が司る情動反応を制御したり，うまく利用したりする方法である。つまり，情動反応を変えることによって高次の感情にも良い影響を及ぼすことを狙うボトムアップアプローチである。また，それらの両方をうまく組み合わせて使う方法もある。

メンタルトレーニングというと心の変化を目指すトレーニングであるため，認知や感情という複雑な心理機能に直接働きかけるというイメージが一般的である。しかし，心の階層性を考えれば，身体に直接働きかけることも有効な方法であるといえる。メンタルトレーニングを行う人の個性を考慮して，ボトムアップからトップダウンまでの多様な選択肢の中から，適切な方法を選び提供していくことが，スポーツメンタルトレーニング指導士の仕事である。

（関矢寛史）

1-3 メンタルトレーニングを支える理論と科学的根拠

あるスポーツ競技を観戦中のことである。私の隣の席にいた仲間連れが、「あの選手、メンタルトレーナーがついてるらしいよ」「あっそう！どんなことやってんのかなあ。何か怪しいよね」「自分がメンタルトレーナーだって名乗れば、誰でもできるらしいよ」と話していた。何が怪しいのかと聞きたかったが、周りの状況からは困難であった。世間の多くの人がそうでないとしても、メンタルトレーナーのことをこのようにみている人がいるのかと思うと残念でならなかった。

過去にも似たような話があった。1984年のロサンゼルスオリンピックを契機に、わが国のスポーツメンタルトレーニングに対する関心と必要性は急激に高まり、アスリートの心理的な競技能力を高めるさまざまな実践が行われてきた。それらは、スポーツ心理学の知識を基盤とした大学教員が中心であったと思うが、中にはスポーツ経験だけに依存した自称「メンタルコーチ」が出現した。また、流行を追い風に、スポーツとは門外漢の「メンタルトレーナー」が現れたりもした。

そこで、日本スポーツ心理学会は、学問的な基盤を背景としたメンタルトレーニングの実践と普及が学術団体としての使命であると考え、2000年4月に「スポーツメンタルトレーニング指導士資格認定制度」を発足させた。学会ホームページの「制度規定」には、以下のように記載されている。

「この制度は日本スポーツ心理学会がスポーツ選手や指導者を対象に競技力の向上やスポーツの普及に貢献し、スポーツ心理学会の研究と実践の進歩と発展に資するとともに、競技力向上のための心理的スキルを中心にした指導や相談等を行う専門家の養成をはかるため、スポーツ心理学について一定の学識と技能を有する本学会会員に対し日本スポーツ心理学会認定スポーツメンタルトレーニング指導士の称号を付与し、その資格の認定を行うことを目的とする。」

本制度の発足から16年。当初の理念や考え方は、今も踏襲されているのか。冒頭の会話も視野に入れながら、本題の「メンタルトレーニングを支える理論と科学的根拠」について考えてみたい。

なお、メンタルトレーニングとは何かについては、心理的スキルを中心とした一般的な定義から人間的な成長をも含めた広義なものまで及んでおり、研究者間でやや温度差がある。ここでは、「能力開発的な視点から、競技力の向上や試合での実力発揮を可能にするための自己コントロール能力を高めること」としておきたい。

1. メンタルトレーニングを支える理論

メンタルトレーニングは、なぜ学術的な基盤を持たないといけないのか。なぜ理論的な背景や科学的な根拠が必要なのか。その理由はいくつか考えられるが、最大の理由は、科学的に確かめられた方法なので「効果が期待できる」ということであろう。また、理論やエビデンスを背景とした指導やそれらを用いた説明によって、アスリートがその方法を納得して練習できる、指導者を信頼して取り組める、社会的に認知されるなども大きな理由である。経験だけに依存したメンタルトレーニングでは、その人の指導理念や価値観が支配的となり、非科学的で説得力のない「怪しい」方法が取られる可能性がある。学問的な基盤を持って取り組むことは、スポーツ心理学者としての使命

である。

メンタルトレーニングには、どのような理論が関係しているのか。3つの理論を紹介する。

1─動機づけ理論

アスリートの競技意欲は、試合場面における高いパフォーマンスの発揮、日頃の豊富な練習量、それに伴う実力アップなどにおいて、きわめて重要であることが従来から指摘されている。いかにしてアスリートのやる気を高めるのか、それを持続させるのかは、指導者にとって非常に重要なコーチング課題である。

競技意欲を高めたいとき、メンタルトレーニングでよく使用されるのが「目標設定」である。目標を決めることによって、行動の到達点が明らかになるので、競技意欲が湧いてくるというわけである。この技法の詳細は他に譲ることにするが（第4章2節参照）、主観的な成功確率が50%のときに動機づけが最大になるというアトキンソン（Atkinson, 1957）の期待–価値理論がある。簡単に言えば、高すぎも低すぎもせず、自分の力で達成可能かどうかが五分五分のような目標を設定すると、動機づけが高まるという理論である。この理論の妥当性は、行動のパフォーマンスや持続性を変数としたこれまでの多くの研究で検証されている。メンタルトレーニングで目標設定を行う際に、このような方法がよく取られるのは、アトキンソンの期待–価値理論といった理論的根拠があるからである。将来の理想目標は別として、短期的な現実目標として、きわめて達成困難な目標や簡単に達成できる目標では動機づけが高まらないことは、容易に想像される。

また、動機づけと運動パフォーマンスとの間に逆U字の関係のあることがよく知られている。高すぎず低すぎもしない中程度の動機づけ水準で、運動パフォーマンスが最大になるという理論である。実際のメンタルトレーニング指導において、動機づけが高すぎる場合はリラクセーションの方法、低すぎる場合はサイキングアップや集中力を高める心理技法が取り入れられているのは、この理論に依拠しているからである。もうすぐ試合が始まるというのに気持ちが乗っていないアスリートに、呼吸法や筋弛緩法でリラックスさせているようでは、よいパフォーマンスは到底期待できない。

松田ほか（1983）は、アスリートの競技意欲を意図的に強化することを目的とした実践を行った。具体的には、競技意欲を高める訓練プログラムを作成して、ソフトテニス選手などに導入したのである。その際には、これまでの達成動機づけの理論や研究知見を基盤に、いわば学術的な視点で訓練プログラムが作成されたのである。その結果、選手個人の競技意欲は予想したように高まり、チームのモラールや雰囲気も高まったという。動機づけ理論に依拠した実践の成功例として高く評価される。

この他にも、動機づけに関する理論として、達成動機（McClelland et al., 1953）、自己効力感（Bandura, 1977）、原因帰属理論（Weiner, 1972）、学習性無力感（Seligman & Maier, 1967）、自己決定理論（Deci & Ryan, 1985）、達成目標理論（Dweck, 1986 ; Nicholls, 1984）などがあげられる。いずれの理論も、意欲、不安、情動といった心理面やそれらのコントロールに深くかかわっており、メンタルトレーニングを効果的に行ううえでの理論的根拠を与えてくれている。メンタルトレーニングの担当者は、これらの理論から導かれる有効な方法を考えだす努力を惜しんではならない。

2─認知行動理論

冒頭に示したスポーツメンタルトレーニング指導士の「制度規定」には、「競技力向上のための心理的スキルを中心にした指導や相談等を行う専門家の養成をはかる」と記載されている。したがって、メンタルトレーニングを実施する際には、

表1-2 心理的スキル，それを獲得するための心理技法（例示）

心理的スキル	心理技法
リラクセーション	腹式呼吸，漸進的筋弛緩法，自律訓練法
注意の集中	イメージリハーサル，ルーティーン
あがりのコントロール	肯定的思考，バイオフィードバック
不安のコントロール	セルフトーク，系統的脱感作法
プレッシャーのコントロール	キーワード法，マインドフルネス
自信	ピークイメージ，自己暗示
コミットメント	目標設定，パフォーマンス分析
チームワーク	チームビルディング，コミュニケーション

（心理技法は重複することがある）

学習可能な技能としてとらえられている心理的スキルの指導が欠かせない。これらの内容については第5章に詳述されているが，認知行動理論を拠り所としているものが多い。認知行動理論とは，行動理論（学習理論）と認知理論の両方から人間の思考，態度，行動などを説明するものである。

心理的スキルとそれを獲得するための具体的な方法である心理技法の一例を紹介すると，表1-2の通りである。スポーツ現場では，心理技法を用いた心理的スキル獲得の指導が多く行われているが，これらの理論的背景を十分に理解しないで指導しているケースも決して少なくない。それぞれの理論を理解した正しい方法で指導することによって大きな効果があることを認識すべきである。

3 ── カウンセリング理論

アスリートの心理的問題は，たとえば「ゾーンに入れるようになりたい」「自分だけの独自な技能を身につけたい」といった競技力の向上に直接関係するものばかりではない。「日頃の練習がつまらない」「仲間関係がうまくいかない」「周りの人から信頼されていない」「毎日が何となく憂鬱である」などのように競技以外の悩みも多い。このようなケースでは，上述した動機づけ理論や認知行動理論だけでなく，カウンセリングの考え方に基づいて指導や相談が行われることがある。

カウンセリング理論には，精神分析や交流分析などいくつかみられるが，メンタルトレーニングとの関連でいえば，ロジャース（Rogers）が提唱した来談者中心療法をあげることができる。この療法のエッセンスは，平易にいえば「人は誰でも自己を成長させようとする内部からのエネルギーを持っている」ということである。したがって，メンタルトレーニングの実施にあたっては，アスリートが主体的に自らの心理的問題を解決していくのをサポートする立場を取り，「傾聴」「受容」「共感的理解」といったカウンセリングの基本的態度を持って対応することになる。そのためには，カウンセリングの知識や考え方の理解はもとより，スーパーヴィジョンを受けるなどの経験を通して，カウンセリングの技術を高めておくことが必要である。

カウンセリングは，時間を要する地道な作業である。プロスポーツのように，成果の「即効性」と「時間的制約」が求められる場合の対応は，かなり難しい。相当な力量と熟練が求められる。

2. メンタルトレーニングの科学的根拠

「メンタルトレーニングは本当に効果があるのか」「何をどのように行えばよいのか」「どのような心理技法が心理的スキルを獲得するのに有効なのか」といった事柄は，研究者だけでなくメンタルトレーニングを受ける側にとっても重要な関心事である。これらの問題について，国内外を問わず，これまで莫大な量の研究と実践が行われてき

た。それらの知見は，たとえば，わが国でいえば，日本スポーツ心理学会［編］の『スポーツメンタルトレーニング教本』（2002，2005），『スポーツ心理学事典』（2008），『スポーツメンタルトレーニング指導士活用ガイドブック』（2010），日本スポーツ心理学会大会での研究発表抄録集などにおいて広く公開されており，いわゆるメンタルトレーニングの科学的根拠が明らかにされている。それらについて記述するのは別の機会にして，ここでは，イメージトレーニングに関する一例を紹介することにする。

イメージトレーニングは，メンタルトレーニングにおける代表的な心理技法である。外部から観察可能な実際の身体運動をともなわないで，心の中で運動場面や運動遂行の様子を想像して行う練習法のことである。たとえば，テニスのサーブを行ったり，最高のプレー（ピークパフォーマンス）をしているイメージを描くといった方法である。スポーツ技能の向上（運動学習），試合場面での実力発揮（リラクセーション，集中，やる気）といった目的で広く使用されている。前者を「メンタルプラクティス」，後者を「メンタルリハーサル」と呼ぶことがある。

これまでの研究知見の蓄積は，枚挙にいとまがない。ジェイコブソン（Jacobson, 1932）のイメージと筋電反応に始まり，イメージの種類，イメージの描き方，イメージと生理的反応，イメージを描く能力，イメージトレーニングの方法などがあげられる。描いたイメージが，微細ではあるが実際の動きと対応した生理的反応（筋電，GSR，呼吸）を示したという知見は，イメージトレーニングを指導する際の理論的根拠となっている。

運動のイメージは，誰かが，あるいは自分が何かを行っているのを外から傍観的に「見ているイメージ（外的イメージ）」と，自分が実際に何かを行っているときに感じられる「遂行しているイメージ（内的イメージ）」に分類される。そして，一般的にいえば，後者を用いたイメージトレーニングの有効性が示唆されている。また，イメージを描く能力には，明瞭性（いかに鮮やかなイメージが描けるか）と統御可能性（描いたイメージを自分の意思で動かせるか）の2つがあることが知られている。これまでの研究によると，イメージトレーニングの効果として，両方の能力が高いことや，統御可能性の重要性が報告されている。これらのイメージ化の能力は，練習（リハーサル）によって高められると考えられていることから，誰でも描けるやさしいイメージから実際の競技場面でのイメージへと，「易から難へのステップ」で取り組むことが有効である。

これらの他にも，効果的なイメージトレーニングを行うためには，身体的練習と組み合わせる，よいイメージを強化する，運動を言語化する，音やリズムを利用する，サクセスストーリーを描く，静かな場所で集中して行うなどが重要であるとされている。

さて，メンタルトレーニングには科学的な根拠があることを，イメージトレーニングを例にあげて指摘してきたが，他の心理技法においても例外ではない。前頁の**表1-2**にも示したが，リラックスするための腹式呼吸や漸進的筋弛緩法，必要に応じて注意を集中するためのイメージリハーサルやルーティーン，あがりをコントロールするための肯定的思考やバイオフィードバック，不安やプレッシャーをコントロールするための系統的脱感作法やマインドフルネス，競技へのコミットメントに必要な目標設定やパフォーマンス分析，チームワークを高めるチームビルディングやコミュニケーションなどにおいても研究の蓄積がみられている。

3. おわりに

メンタルトレーニングには，それを支える理論的な背景や科学的な根拠があること，またそれらを踏まえて実施することが重要であることを説明

してきた。学問的に有効性が認められている方法でアスリートに指導や相談などを行うことが実践者としての倫理であることや，そうすることによってメンタルトレーニングの効果が期待できるといった理由からである。日本スポーツ心理学会が認定するスポーツメンタルトレーニング指導士においては，世間からの社会的な信頼や認知を得るためにも，特にこの考え方を強く認識して指導にあたっていただきたいと強く願っている。

　ところで，スポーツ現場に目を向けると，科学的根拠の明確な方法だけが取りあげられているというわけではない。それらが稀薄，あるいは不明な方法も見受けられる。たとえば，「縁起を担ぐ」ということが行われている。優勝したときと同じユニフォームを着るとか，同じ朝食を取るなど，過去に成功したときと同じ行為をすることである。「勝利をもう一度」という強い願いからであろう。広義に解釈すればルーティーンの一種と考えられなくもないが，科学的に十分確かめられた方法とは言い難い。しかしながら，そうすることが，成功を予感させる，その気にさせる，リラックスさせる，安心感を持って試合に臨ませるといった心理的効果を生み，実際に勝利の再現につながることもある。

　また，こんな感じになれば優勝できるといった「予感」，ここで勝ちにでるかどうかの「勝負勘」，練習や試合での「ひらめき」といった言葉がある。これらは，スポーツ経験を通して培われた感覚や勘として獲得された知識（経験知，暗黙知）である。なぜそれらを感じるのか，どのようにして身につけたのか，そのメカニズムは現時点において十分に明らかにすることは困難であるが，競技力の向上や実力発揮に強く関係している言葉であることは確かである。

　このように，理論的な背景や科学的根拠が稀薄，あるいは不明であっても，スポーツ現場で有効とされる経験知が存在しているという事実がある。「科学（的根拠）はすべてである」と言いたいが，科学的に証明できない未解決な問題が依然として残されているのである。一見説明できないような問題でも，実は心理学の理論やこれまでの研究知見で説明できるということもあるが，スポーツ心理学者という立場からすれば，これらの未解決な問題にも積極的に目を向け，科学的根拠を明らかにしていくことが必要である。そうすることが，メンタルトレーニングに限らず，今後のスポーツ心理学研究をさらに発展させていくことになる。

〈西田　保〉

暴力(体罰)指導の予防に果たすメンタルトレーニングの役割

スポーツ指導者の暴力は2013年に大きな社会問題となり，スポーツ指導のあり方が問われた。問題は学校運動部での厳しい練習や過度の勝利志向という日本独自の競技スポーツ文化で起きているため，暴力指導の根絶には指導者への厳格な倫理教育とスポーツ指導環境の改善が必要だと考えられる。

■暴力指導の背景

背景には，学校運動部における教員指導者と児童・生徒（被指導者）の関係がある。

図1-5は2013年の問題発覚時に高校3年生であった女子体育系大学生290名に，感じたことを回答させたものである（阿江，2015，複数回答）。体罰はなくならないと考える者が4割を超えた。体罰を否定する回答は多いが，競技の好成績に必要と考えている者もいて，スポーツから指導者の暴力をなくすことの困難さがわかる。

■指導者の考える暴力根絶の環境整備

阿江・大石（2016）は，教員免許更新講習参加者から暴力を用いない指導のために整備すべき環境について，3因子を見出した。競技スポーツのあり方因子（一貫トレーニング，複数種目加入や加入人数の制限，さまざまなレベルの大会の設置），学校運動部理念の強化因子（文武両道の強化，スポーツ理念），指導環境の改善因子（指導者の数を増やす，指導の外部委託，指導者の経済的な保障）であった。

■指導者への心理的なサポート

スポーツ指導者は，指導環境や自分の得意とするスポーツを指導できないなどの不満や，知識不足に不安をかかえており，アスリートだけではなく指導者にも心理的なサポートが時には必要である。

また，指導者とアスリートの関係がアスリートファーストであるという基本理念を，指導者だけでなく児童・生徒（被指導者）に教育することもメンタルトレーニングの一部である。とくにスポーツ指導者にはアスリートを人間として尊重し，人権を守らなければいけないことを具体的に示す必要がある。

■指導者-アスリート関係への介入

指導者がアスリートをどのように見ているか，アスリートが指導者をどのように見ているか，その間にスポーツメンタルトレーニング指導士が入ることが理想である。指導者がスポーツメンタルトレーニング指導士の場合は，立場の使い分けが重要である。

指導者-アスリートのコミュニケーション不足が互いの不満の原因であることが多いので，コミュニケーションの工夫が大切である。双方向の信頼が生まれれば，暴力を根絶することができるであろう。

（阿江美恵子）

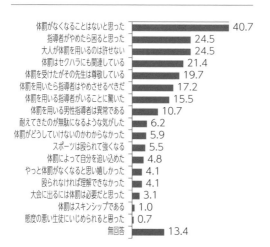

図1-5　体罰問題のとらえ方（体育女子大学生290名）

1-4 メンタルトレーニングの現状と課題

1. メンタルトレーニング発展の経緯と現状

■1―メンタルトレーニングの始まり

　今日でいう「メンタルトレーニング」の源泉まで遡ることは難しい。ビーリー（Vealey, 2007）は，文献から確認できるスポーツメンタルトレーニングの先駆者たちを紹介している。1938年にメジャーリーグ，シカゴ・カブスのチーム・パフォーマンス向上を任されたグリフィス（Griffith），1943年にボクサーやパイロットにリラクセーションと心理的準備を強化したイエーツ（Yates），当時メジャーリーグ史上最弱のチームといわれたセントルイス・ブラウンズに，心理面のコンサルタントとして，1950年に雇われたトレーシー（Tracy）である。

　体系的な心理面の強化トレーニングの原型は，1950年代のソビエト連邦（旧ソ連）にみることができる。宇宙飛行士養成訓練に，呼吸の調整や緊張・不安の解消などの心理的自己統制のトレーニングが採用されている。この心のトレーニングは，1950年代のうちにアスリートに応用され，スポーツにおけるメンタルトレーニングとして形を成していった。このようなことから，旧ソ連はアスリートとコーチに対する心理面のトレーニングを組織的・体系的に行った最初の国とされている。

■2―オリンピックとともに

①東欧諸国のオリンピック戦略

　旧ソ連では，1957年に国家プロジェクトとして，トップアスリートに対する心理面強化を含む包括的なトレーニングが開始された。その成果は，1960年のローマ・オリンピックにおける大量のメダル獲得に結実した。このような取り組みは，1970年代から1980年代にかけて東欧諸国に広がり，1976年のモントリオール・オリンピックでは，旧ソ連，旧東ドイツの金メダル獲得に大きく貢献した。

②北米西側諸国の台頭

　1980年代に入ると，西側諸国でもナショナル・トレーニングセンターといった中核的機関が整備され，フルタイムのスポーツ心理学者を雇用して，アスリートの強化・育成の施策にメンタルトレーニングを組み込んでいった。メンタルトレーニングは学問的な研究が行われる一方で，職業化した専門家によるサービスの方法になっていった。1982年にアメリカオリンピック委員会は，11名のスポーツ心理学者（メンタルトレーニングが専門）を雇用し，各競技団体に1名ずつ配置することを要請した（エリートアスリート・プロジェクト）。彼らの働きによって，プログラム化されたメンタルトレーニングとアスリートやコーチに対する心理サポートで構成される心理コンサルティングの体制が整備された。このプロジェクトは大きな成果をもたらし，1984年のロサンゼルス・オリンピックでは，旧ソ連の不参加の影響もあったが，アメリカの躍進を強力に支えた。プロジェクトのメンバーであったナイディファー（Nideffer）やスウィン（Suinn）を始め，多くのスポーツ心理学者が，それぞれの哲学とモデルを基盤としたプログラムを開発し世界に発信した。蓄積された科学的根拠と資格制度による専門家を基盤としたメンタルトレーニングは，競技力向上と実力発揮に不可欠なものとして世の中に信認されていった。

■3―メンタルトレーニングの動向

　当初は東欧諸国に比べて西側諸国の組織的・体

系的なメンタルトレーニングは遅れていた。しかし，その後の発展は目覚ましく，北米の（スポーツ）心理系学会が中心となって，学習・行動理論を基に心理的スキル向上をねらいとしたトレーニングプログラムの開発と実践，それと並行して専門家の育成とコンサルタント資格制度の整備を推し進めた。その間，スポーツ心理学は学際的な領域として，社会における貢献が認められるようになり，メンタルトレーニングが与える恩恵も広く期待されるようになった。

ビーリー（2007）は，スポーツにおけるメンタルトレーニングを理解するための枠組みを示した（図1-6参照）。心理的スキルの多様性に対してメンタルトレーニングプロセスの重要性をあらためて指摘している（代表的な例は表1-3参照）。初期の臨床心理学的技法主体から，さまざまな心理技法を無作為に適用する時代を経て，メンタルトレーニングを指導する専門家は，信ずる哲学から導かれる介入モデルを基盤とすることで，心理的スキルに有効となるトレーニングの戦略と技法を提供するようになった。

4 ― わが国のメンタルトレーニングの発展

① 「あがり」の防止から

体系的な心理面の強化トレーニングは，日本でもオリンピックを見据えて展開されたが，その歴史は他国に比べて浅くはない。1960年のローマ・オリンピックの頃から始まった日本体育協会のスポーツ医・科学研究においても，10年以上にわた

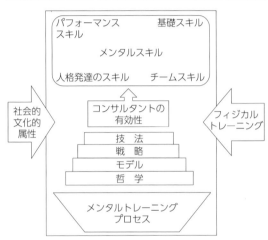

図1-6 スポーツにおけるメンタルトレーニング理解のための枠組み（Vealey, 2007）

表1-3 メンタルスキルトレーニングプロセスの例（Vealey, 2007）

創案者	哲学	モデル	戦略	技法
Vealey, 2005	選手が最適な発達，経験，パフォーマンスを得られるよう支援する。コーチは教育的メンタルトレーナーとしての役割を担う。	内なる強み（インナーエッジ）を得る。三大心理的スキルのためのメンタルトレーニング諸技法の基礎。	P^3思考（意図的，生産的，可能性を信じる）ゴールマッピング，心的エネルギー・マネジメント，特別レシピのサンプル・プログラム	セルフモニタリング，ソートストップ・セルフトーク，イメージ，身体的リラクセーション，目標設定，行動マネジメント。
Martin, Thompson, & McKnight, 1998	ゴールは選手が自分自身を教育／管理できるよう教えること。教育とメンタルヘルス（病気ではなく）に焦点を当てる。	総合的な心理教育的アプローチ；現実療法と行動カウンセリングの組み合わせ。	問題に焦点を当てたプロセス 1. 問題のカテゴリーを確認 2. 問題のタイプを確認 3. 問題の原因を確定 4. 問題の解決策を選択	目標設定，目標達成スケーリング，セルフマネジメント計画，セルフトーク。
Danish & Nellen, 1997；Danish, Petitpas, & Hale, 1992	矯正ではなく最適化。療法士ではなく教育者／スキル・トレーナー。個人の成長よりも不均衡としての問題が先行する。発達的教育に焦点。	人生の開発介入：ライフスキル，GOAL（目標に向けた努力），SUPER（教育とレクリエーションを促進するための統合されたスポーツ）。	1時間のスキル主体のワークショップ10回，ピアティーチングとモデリング，STAR（止まって冷静に，選択肢を考え，選択肢の結果を予想し，効果的に対応する）。	目標設定，熟達したモデリングのためのスキット，セルフトーク，身体的リラクセーション，行動マネジメント。
Singer, 1988	メンタル戦略の直接指導で，適切な認知プロセスを活性化させることにより学習とパフォーマンスが高まる。	自己ペースで学べるスポーツスキルのための情報処理メタ戦略。	5段階戦略：準備，イメージ，集中，実行，評価。	セルフトーク，イメージ，集中プラン，センタリング，身体的リラクセーション。

り「あがり」の防止に関心をもって研究が進められた。1964年の東京オリンピックでは選手強化対策として，射撃選手などに臨床心理学的技法を用いた心理的コンディショニングが試みられた。日本のトップアスリートに対するメンタルトレーニングの始まりは，「あがり」による過緊張の防止といった競技場面の心理的問題に特化したものであった。しかし，今日のようなアスリートのための心理技法は少なく，この取組みに対する現場から理解・協力は得られなかったようである（中込，1994）。わが国には伝統的に精神の強化について，体力や技術面のハードトレーニングの過程で身につけられるという認識があった（松田ほか，1985）。東京オリンピックでは，「東洋の魔女」と称された女子バレーボールチームが金メダルを獲得した。そして，強固な師弟関係に基づくスパルタ練習が大々的に報道され，伝統的な心理面強化策があらためて美化された。そのようなトピックスに飲み込まれ，臨床心理学的な技法を中心とした初期の取組みが一般化されることはなかった。

② メンタルトレーニング研究の隆盛

1984年のロサンゼルス・オリンピックでは，日本選手の国際競技大会における精神力の問題が浮き彫りにされた。このような背景から，再び日本体育協会のスポーツ科学委員会の中に「スポーツ選手のメンタルマネージメントに関する研究」プロジェクトが立ち上げられた。プロジェクトでは，東京オリンピックの強化策の反省を踏まえ，あえて「メンタルマネジメント」という用語を採用している。ここでのメンタルマネジメントは，心理面の自己管理を意味しており，積極的なトレーニングにより精神力を高め，自分で自分の精神をコントロールできるようになることを企図している。

このプロジェクトは，2002年まで5段階のテーマを設定して，研究を中心に勢力的に進められた（猪俣，2005）。1964年の東京オリンピック当時に行われた問題志向の対処型トレーニングに対して，自ら心理的問題を解決できるように，適正な心理技法の学習を通して心理的スキルを身につけるプロセスを強調した。この展開は，結果的にメンタルトレーニングの守備範囲を広げることを意味し，あらゆるアスリート・愛好家に恩恵をもたらすことを示したのである。それとともに，さまざまな心理的問題をもつ選手に対応するための心理技法の研究開発の重要性を示すこととなった。

プロジェクトの成果として，日本の目指すべきメンタルトレーニングの1つの方向性が示された。しかし，これ以降，メンタルトレーニングとその有効性が正しく認知され，スポーツ界に定着するまでには至らなかった。メンタルトレーニング研究の隆盛にもかかわらず，メンタルトレーニングの指導者育成が追いつかず，理論的基盤をもたないメンタルトレーニングの横行による現場の混乱，さらには未知の心理技法に対する漠然とした疑念が，普及の足かせになったと考えられる。

5 ― メンタルトレーニングを取り巻く環境の変化

① 心理サポートの資格制度

1990年代の欧米各国におけるメンタルトレーニングにかかわる資格制度の発足から少し遅れた2000年に日本スポーツ心理学会認定の「スポーツメンタルトレーニング指導士」の資格制度がスタートした。スポーツ関連の学会認定としては日本最初の資格である。スポーツの高度化とともにメンタルトレーニングへの関心が高まる中，資格制度の発足を機に，提供するメンタルトレーニングの質を保証して普及を促すねらいがあった。なお，2004年には，日本臨床心理身体運動学会が認定する「認定スポーツカウンセラー」の資格も発足した。アスリートや指導者に対する心理サポートとして，メンタルトレーニングとカウンセリングの2つのアプローチを専門とする資格が整備されたことになる。

② 選手サポートの拠点づくり

2001年に国立スポーツ科学センター（JISS），2008年にはナショナル・トレーニングセンター

(NTC)が開所し，スポーツ基本法の理念やスポーツ振興基本計画に基づくアスリートに対する医・科学的支援および強化・育成が開始された。トップアスリートのための世界水準の中核拠点が整備されたのである。JISSでの心理サポートは，主に医・科学支援事業の中で重要な要素として位置づけられている（第7章3節参照）。

また，2008年にはチーム「ニッポン」マルチサポート事業が始まり，心理，生理，バイオメカニクス，メディカル，栄養，情報などの分野が連携した包括的サポートが本格化した。それまで「メンタル面」は日本代表選手の実力発揮の主たる阻害要因とされていたが，マルチサポート事業が始まり，2012年のロンドン・オリンピックではメダル獲得数が大きく増加している。ここにも，心理サポートの専門家が行う成熟したトータルサポートの貢献をうかがうことができる。

そして，パラリンピックの競技性の成熟を背景に，2014年に競技性の高い障害者スポーツに関する事業の所管が厚生労働省から文部科学省に移管され，いよいよJISSとNTCを拠点としたパラリンピック強化指定選手（パラトップアスリート）の強化・育成が始まろうとしている。

2. メンタルトレーニングにおける今後の課題

❶―メンタルトレーニング指導者の立ち位置

アメリカを中心に学習・行動理論をベースとするメンタルトレーニングの隆盛は，日本のメンタルトレーニングに強い影響を与えている。しかし，日本で展開されているメンタルトレーニングには，指導者が依拠する心理学的理論やモデルに違いがみられる。西野・土屋（2004）は，代表的なものとして行動理論の他に，深層心理学理論や実存主義心理学理論をあげている。とりわけ深層心理学理論を背景としたカウンセリングによる臨床的アプローチはわが国独自の展開をみせている。

煙山ほか（2009）は，心理的スキルの習得による実力発揮を主な目的とした狭義のメンタルトレーニングに対し，これらに加えてアスリートの長期的キャリアの視点から人間的成長や自立を促す広義のメンタルトレーニングの広範な役割を示している。メンタルトレーニングには，アスリートのバーンアウトやドロップアウト，受傷や対人関係を原因とする多様な日常・競技ストレスなど，さまざまな心理的・社会的問題に対する予防や対処としての機能が期待されている。深層心理学理論や実存主義心理学理論をベースにしたカウンセリングや集団への介入プログラムは，これらの問題に有効であることが実証されつつある。また，アスリートのキャリアをジュニア期から競技充実期，引退およびその後と長期的にとらえれば，個々の主体性や人間的成長を企図する広義のメンタルトレーニングの展開は必然であり，このアプローチが行動変容を促すことで，競技力向上を実現することも自明である。

メンタルトレーニングの環境が大きく変化する中で，メンタルトレーニング指導の専門家は，メンタルトレーニングに際して自らの拠り所とする哲学や理論を基盤とするであろう。ただし，現状では多様な理論やモデルに対応して多様な実践形態がみられる。この多様性が混乱を引き起こすことなく，競技現場のニーズに対応できる間口の広さになるよう，ますます「本質」を大切にした実践が求められ，専門家としての実力アップが欠かせない（土屋，2010）。とはいえ，まずはメンタルトレーニングの実践例報告が適切な作法で公表されることが求められる。メンタルトレーニングの専門家が，自らの実践報告を積極的に公表し続けることで，情報に価値が付加され，いずれエキスパートシステムとして機能するはずである。

❷―メンタルトレーニングのチャレンジ

①多様性への対応

ここ10年のメンタルトレーニング実践報告の中

には，対象者やベースとするアプローチの観点から興味深い報告がみられる。内界探索に方向づけられたメンタルトレーニング（中込ほか，2006），パラアスリートのメンタルトレーニング（内田ほか，2007），小学生を含むジュニア選手のメンタルトレーニング（阪田ほか，2015）と，いずれも最近になって盛んに開発研究が進められている分野である。そこには，慎重な試行錯誤が垣間見える。たとえば，視覚障害をもつアスリートに従来的な視覚イメージによるメンタルトレーニング指導は考えられない。試合において必要な注意集中とその阻害要因も異なる。さらに，それらは障害の種別やクラスによってもさまざまであり，生育環境，競技環境，社会的・心理的スキルなどの個人差も大きいことが知られている（第6章7節参照）。

メンタルトレーニングはスポーツを行うすべての人に心理的な恩恵を与えることができる。しかし，その多様性を受け入れるための研究開発と実践はまだ十分とはいえない。

②**新たな取り組みに向けて**

メンタルトレーニングに対する動機づけが低いアスリートに，その効果を説き権威的に指示しても，メンタルトレーニングに対する専心・継続は容易ではない。これまでに，禁煙や薬物乱用，あるいは座位中心の不健康行動の変容過程を説明する計画的行動理論（Theory of Planned Behavior：TPB）やトランスセオレティカルモデル（Transtheoretical Model：TTM）といったモデルが提唱され，介入方略の実証効果が得られている。アスリートが長期にわたるメンタルトレーニングプログラムに積極的に取り組むには，こういった行動変容理論に基づく介入方略を，プログラムの中に仕込んでおくことも必要と考えられる。

また最近では，メンタルトレーニングの効率化を企図したシミュレータやバーチャルリアリティの活用が試みられている。その先には，脳と外部機器を直結するインターフェイス技術であるBMI（Brain Machine Interface）のスポーツ応用も見え隠れする。たとえば，パラアスリートのメンタルトレーニング環境にBMI技術を組み込んだシミュレータを導入することで心理的スキルの向上だけでなく，トレーニングに対する専心・継続にも大きな変化が見込める。多くの課題はあるものの工学系などの新たな分野との連携は，メンタルトレーニング環境とメンタルトレーニング・プログラムに新しいアイデアを提供する可能性がある。

③**―メンタルトレーニングの普及に関連して**

最近の実態・意識調査でも，メンタルトレーニングの経験があるアスリートの低率に対し，必要と認める率の高さが報告されている（深見，2015）。そして，メンタルトレーニング実践を阻害する要因として，未だに選手の「懐疑・無関心」があげられている（池田ほか，2012）。JISSでは，トップアスリートの心理特性をとらえるための新たな心理評価尺度開発（立谷ほか，2015）を進めており，その期待は大きい。しかし，多様なアスリートの多様な心理的課題に対して，現状では，ターゲットとなる心理的スキルの向上と，それによるパフォーマンス，実力発揮，競技力，競技生活などの変化を適正にとらえることができる指標や方法がなかなか見当たらない。ましてや，メンタルトレーニング後のフォローアップも実施率が低く，本当にトレーニングが有効だったのかはっきりしない。このような指導者側のサポート資源の不足がメンタルトレーニングに対する懐疑を助長しているかもしれない。いずれにしても，啓発活動のための教育プログラムは欠かせない。メンタルトレーニングの普及を視野に，正しいメンタルトレーニングの理解を促すのであれば，ねらいはジュニア期であろう。たとえば，学校教育の場で社会的スキルやライフスキルを含めた心理的スキル獲得のためのメンタルトレーニングが学習課題とされることが望まれる。

（水落文夫）

Sport Mental Training Textbook

第2章
メンタルトレーニングの展開

2-1 アスリートとの関係づくり

　わが国では，1964年の東京オリンピック開催に向けて行われた「あがり対策」の実践的取り組みが当時の記録として残っている（第1章4節参照）。その時点でのわが国におけるメンタルトレーニングへの組織的な取り組みは，けっして世界に遅れをとっていたわけではなかった。しかし残念ながら，その後，現場から積極的に受け入れられず，メンタルトレーニングのフィールドの拡大，および実践の積み重ねには至らなかったようである。むしろ下降線をたどった感がある。実践領域では，フィールドが確保されない限り，発展はありえない。

　現場に入るとき，心理面の指導をする専門家は他のスタッフより「部外者」との見方がなされることを認識しておかなければならない。現場との良好な関係なくしては，メンタルトレーニングを実施していくうえで重要となる「アスリートと指導士との関係性（支援的人間関係）の深まり」は期待できない。

　競技力向上や実力発揮を目的としたメンタルトレーニングでは，その多くが心理的スキルの学習を具体的な作業課題としている。ここでは，この作業を首尾よく行うための基盤となっているアスリートと指導者との関係性から述べてみたい。「心の作業」では，両者間の関係性が，トレーニング効果に大きく影響しているからである。以下に述べる5つの視点は，その関係性を深めるうえでの手がかりとなるはずである。

1. 特異な三者関係

　カウンセリングルームに自発来談してきたアスリートへの心理サポートとは異なり，多くのメン

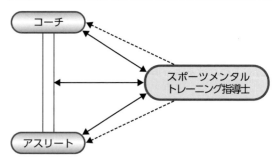

図2-1　アスリート，コーチ，スポーツメンタルトレーニング指導士の関係

タルトレーニング指導では，当該のアスリートのみとの関係づくりだけではすまされない。そこには図2-1のような三者のかかわりが展開している。特に，チームスポーツのアスリートを担当する場合，図のような関係を通例としている。

　現場指導者（コーチ）がメンタルトレーニングを指導する状況もあるが，ここでは，部外者であるメンタルトレーニングを専門とする者（以下，メンタルトレーニング指導士，あるいは指導士と表記する。第7章で後述される日本スポーツ心理学会が認定した「スポーツメンタルトレーニング指導士」だけを指しているわけではない）を位置づけて述べていく。

　アスリートの競技力向上を目的としていても，指導士はアスリートだけでなくコーチ，あるいはコーチとアスリートの間に位置し，両者の関係に介入することもある。アスリートの考えやコーチの意向などを指導士が同時に受け止めなければならない状況も生み出される。基本は，直接の指導対象者（クライエント・アスリート）との関係を中心にすべきであり，その者にとって不利となるような情報を他者に開示してはならない。そうしなければ，メンタルトレーニング指導士の専門性

が発揮できない旨を，周囲より理解を得る必要がある。

ところが，コーチは日頃からアスリートとの関係が密であることにより，心理面の指導において好都合な立場にあるといえる。またコーチは指導する競技の心理特性を熟知しており，必要とされる最大公約数的な心理的スキルを理解している。さらに練習や試合の中で，指導した心理技法を実践へとつなげるよう直接働きかけることができる。

しかし，コーチングで築かれた関係性が，メンタルトレーニング指導のすべてにわたって積極的に機能するとは限らない。対象となるアスリートの実力発揮における問題や課題が，日々の競技場面での経験やパーソナリティレベルの特徴と強い関係にあるならば，おのずとメンタルトレーニング指導においても，より個人的な側面にかかわることになる。そこでは逆に，コーチの役割とは別の役割，つまり心理援助者として接することが求められる。

現場では，アスリートがクライエントであっても，指導士はコーチとの良好なラポール（信頼と親愛の絆）形成に心がけるべきである。しかし，それはアスリートの個人的な情報をすべて伝えることを意味してはいない。心理的介入は「見えない」ので，周囲を不安にさせることがある。指導士がどのような方針でメンタルトレーニング指導を行っており，そして今，どのような状況にあるのか，求めに応じて説明する必要がある。

また，コーチの専門的立場から，アスリートにかかわる情報提供が指導士になされることもある。選手理解において貴重な情報ではあるが，心理的側面（たとえば，性格ほか）への言及には注意すべきであろう。人がどのように自己表現するかは，関係性の中で行われるのである。指導者からの情報とは違った印象を自分が受けても不思議はない。むしろギャップがあるなら，そこを選手理解の手がかりとするとよい。アスリートが指導士の前で表現すること，あるいは自身の理解，感覚を大事にすべきである。

2. 専門性

メンタルトレーニングの指導は，アスリートの競技力向上や実力発揮といった面で役立つ心理サポートであり，研究的関心を主たる目的としてはならない。アカデミックなスポーツ心理学を志向している者は注意を要することになろう。あくまでもアスリートが主役であり，アスリート個々への尊重・配慮に十分心がけなければならない。

メンタルトレーニング指導士は，心理面での知識や技術において専門性を求められている。高度な競技経験のある指導士であっても心理サポートの場合では，身体面での動き・技術についてのコーチングを守備範囲としてはいない。

仮に指導士が担当するアスリートの種目経験者であっても，直接，アスリートへのコーチングは控えなければならない。これは「動き」にかかわる情報を聴く，あるいは話題としてはならないというのではなく（むしろ選手理解において重要な情報となり，またアスリートにとっては，指導士に語ることによって理解を深めることができる），それに基づいてコーチと同じような指導をすべきではないということである。

指導士の専門性として，競技場面での心理的特徴を種々の側面（たとえば，個人の心理的競技能力，集団のダイナミックス）から評価するための技法，そしてメンタルトレーニングとして適用するいくつかの心理技法（たとえば，リラクセーション，イメージ）への習熟がある。それらの習熟過程では，当然のことながら，知識だけではなく体験を通じた学習が不可欠である。活字による理解に終わらず，また指導する前に自身でも相当の実習経験を積んでおくべきである。

さらに，メンタルトレーニングの指導では，精神病理学的な問題を対象とはしないが，適当な専門家にアスリートをリファー（照会）しなければ

ならないような状況に遭遇することもあり，それらの問題に対する若干の知識をもっておく必要がある。専門性を保有しているというのは，守備範囲を明確に自覚し，さらに実践している状態と考える。換言するなら，自身の限界をわきまえておく必要がある。現在，日本スポーツ精神医学会と日本スポーツ心理学会との間で，リファーマップを作成する作業に着手されている。

　アスリートが，日々競技力向上のために練習を継続するのと同じように，指導士も専門性の研鑽を積まなければならない。このような相似形ともいえる指導士としての姿勢が，目に見えないところでアスリートとの関係づくりに影響していると考えておいたほうがよい。日本スポーツ心理学会が明示している「メンタルトレーニング指導士の社会的責任と倫理」が参考となるはずである（『スポーツメンタルトレーニング指導士−資格認定申請の手引き』）。

3. 学ぶ姿勢

　江川（1989）のスポーツ心理学研究者と実践スポーツ学者とを区別する主張を「指導士はメンタルトレーニング技法の知識においては（スポーツ心理学の）専門家であるが，実際の競技場面でのその実践においては（スポーツ心理学の実践では）アスリートが専門家である」と置き換えてみた。メンタルトレーニングを指導していく過程で，競技心性などについて，指導士側は，逆にアスリートから学ぶことがしばしばある。指導士自身の中で専門的知識や技術をアスリートに提供していることだけを実感しているならば，アスリートとの関係のあり方について再検討してみる必要がある。

　関係を深めるためには，「アスリートから学ぶ」といった姿勢を心がけなければならない。それによって，アスリートと指導士の関係が深まり，アスリートの積極的・自発的な取り組みが期待できるようになる。指導した心理技法が実際の競技場面に適用され，さらに応用発展されるためには，アスリートの主体的な動きがなければ実現できない。

　また，指導士側からの一方的な選手理解ではなく，そこでは「視点の移動」（河合，1995）を行い，アスリートの立場から彼らの経験を受け止めていく。それによって，共感的な対応や新たな理解がもたらされるのである。

　特にトレーニング初期において，指導士には「選手理解」といった大きな課題が課せられており，その段階では，教育指導的側面の発揮を抑えなければならない。次節で解説されるカウンセリング技法（面接）が，そこでは主体となる。競技力の向上を一様に希望しているとしても，そのためにどのようなかかわりをすべきか，そして，以後どのような技法を導入していくのがよいのかは，選手個々によって異なる（ケースバイケース）のである。

　スポーツでは，アスリートが「あがり，集中力，意欲・精神力」などといった用語で大きくくくれる問題や課題解決を訴え，あるいは向上的変化を期待してメンタルトレーニングに訪れる。コーチからの指導士への要請もそのあたりにある。

　しかし，「あがり」（試合などでの緊張・不安によるパフォーマンスの低下）だけをとってみても，体験の仕方やその背景は，訴えるアスリートにより微妙に異なっている。したがって，すべてにリラクセーション技法の適用が功を奏するとは限らない。指導士のほうで，理解しようとする「聴く姿勢」が維持されるならば，アスリートも理解してもらおうと，多くの情報を伝えようとするはずである。それによって，当初とは異なる理解がもたらされる場合も生ずる。

　さらに，アスリートにとって，自分の体験を他者（たとえば，メンタルトレーニング指導士）に理解してもらおうとして語ることは，自分の中でのさらなる理解へとつながっていくはずである。

特に動きを語ることがイメージトレーニングと等価としての機能を果たすことがある。

また，メンタルトレーニングの場は，指導士自身にとって専門性をトレーニングする場でもある。また，メンタルトレーニングを通して，アスリートやチームにかかわる機会は，指導技術を向上させるだけでなく，競技の心理的理解を広げてくれる。

さらに，アスリートの「生き方」にまで触れるようなかかわりをするならば，しばしば自分の生き方について見つめ直すきっかけを与えられもする。その意味からも，指導士はアスリートと互角の立場にあることを再度強調しておきたい。

4. 場の設定

一定のプログラムに基づいて，メンタルトレーニング指導を行っていく場合（たとえば，メンタルトレーニング講習会），3つの状況（場）でトレーニングが継続されていくことになる。

1つ目は，定期的に決められた場（たとえば，メンタルトレーニングルーム等）で，指導者のもとに各種技法の学習を行う。2つ目は，そこで学習したことを継続したり，課せられた課題を実行する自宅トレーニングが加わる。さらに3つ目として，ある程度プログラムが進んだ段階では，それまでに学んだことを日々の練習や試合状況で試みるよう働きかける。

このような3つの場でメンタルトレーニングを実践していくことにより，技術・体力トレーニングとの共同歩調を目指すのである。その他，アスリートに帯同し，ワンポイントアドバイスを与えるような介入をするメンタルトレーニング指導も行われる。

ここでは，定期的に継続される状況を中心に述べる。メンタルトレーニングでアスリートがより個人的な心理的課題にじっくり取り組んでいくためには，どのような環境下で実施されるかが大きく影響している。これは指導士が専門性を発揮するうえでも同じである。環境は，互いにとって心理・物理的に「守られた空間」でなければならない。その中にあってはじめて，密な関係づくりが実現し，充実した時がもてるのである。

以下では，特に時間と場所について，述べていくことにする。現場でメンタルトレーニング指導を実施していく場合，それらを指導士側の要望だけで具体化するのは稀である。多くの場合，アスリートの練習スケジュールを配慮しながら決めていかなければならない。それは，いつでもどこでも両者の都合がよいときに，というわけではない。継続する場合には，できる限り時間や場所が固定されるほうが望ましい。アスリートにとっても指導士にとっても，安定した場が確保されることによって，質の高い心理的作業が展開できる。身体面のトレーニング，そして心のトレーニングが定期的に繰り返されると，アスリートの中にメンタルトレーニングへの積極的な構えができるはずである。もちろん，それは指導士においても同じである。

さらに，それとは別に，メンタルトレーニングは，邪魔されない静かな環境でないと，各種の心理技法の実習成果を上げることができない。理想的には，心理相談室，あるいはメンタルトレーニングルーム等の専用の部屋があるとよい。ここでもまた，できる限り同一の部屋を使用して継続することが望ましいと考えられる。

ここでは，時間と場所を中心に述べてきた。しかし，もう1つの大切な要因として，「料金」の問題がある。現時点では，有料でのメンタルトレーニングを行っている者はきわめて少ない。いずれこの問題について，日本スポーツ心理学会でも真正面から検討していく必要がある。いつの日にか，スポーツメンタルトレーニング指導士がスポーツ現場での専門職となっていくことを期待したい。

5. メンタルトレーニング実施中の関係づくり

メンタルトレーニング指導において，アスリートと指導士との関係性を深めるといった視点より，これまで4つの側面から述べてきた。

ここでは，さらにメンタルトレーニング指導が個別になされている状況にしぼって，同じ視点から説明を加えてみる。つまり，心理技法の指導を介しながら，目の前にいるアスリートに指導士が，さらにコミットするための手がかりの1つを述べてみたい。

実習中のアスリートの体験に「添う」という意味で，各種の心理技法を指導していて困難を感ずる状況がいくつかある。心理テストの結果をもとにしたセッション，目標設定，そしていくつかの認知行動技法では，言語報告や視覚レベルで作業過程に触れることができる。ところが，リラクセーション技法やイメージ技法の実習では，表出した動作の観察だけでは限界がある。

そこで前者では，タイミングよく一連の教示を与えるために，実習初期はアスリートと一緒に実施するようにしている。後者のイメージの実習では，課題設定によって異なるが，一連のイメージの流れを事前に話し合っておき，それをアスリートに語りかけるようにしている。流れのペース（イメージの進展段階）の確認には，イメージ想起に阻害とならない範囲で，何らかの合図（たとえば，膝の上に置いてある手の指を軽く上げる）をアスリートに求めることにしている。また，両技法においても，実習後，振り返りの作業（専用の記述シートを用意しておくとよい）の中で，体験のギャップを埋めていくようにしている。こうした心理的作業のあとの振り返りは，トレーニングの一部でもあるので大切にしたい。

メンタルトレーニングでは，まず特定の心理技法に関する説明を指導士から行い，そしてアスリートの実習へと移っていく。その後，アスリートと指導士との間で振り返りの作業が行われる。そこでは，実習中の心身の変化や，それが引き金となり競技場面での関連した経験にも言及することがある。

また，継続されるメンタルトレーニング指導では，学んだ技法についてだけでなく，日々の競技経験についてもしばしば話題となる。

さらにアスリートの場合，自身の競技での専門的な動きについても語ることが多く，聴く側は，動きの表層的な特徴の理解にとどまってはならない。語られた問題とする「動き」が心理的課題を想起させることがある。少なくとも，どこかでそのアスリートの心理特徴や課題とそれらが通じているのであろうといった姿勢が求められる。まさにカウンセリングの状況がもたらされるのである。

メンタルトレーニングに取り組んでいるアスリートのこのような内的体験，あるいは内的作業に指導士が「添う」ことにより，関係性の深まりが期待される。

本節を終えるにあたって，ひとこと付け加えておかねばならない。指導士とアスリートの関係性が深まると，アスリートの中での指導士の存在，あるいは影響が大きくなり，そして，アスリートはより内的なことを指導士に語る状況が生み出されてくるのである。したがって，指導士には各種メンタルトレーニング技法の知識や指導技術だけでなく，カウンセラーに求められるアスリートや自身の内的な心の動きへの理解や共感能力を身につけていく必要がある。

（中込四郎）

女性アスリートに対するメンタルトレーニング

メンタルトレーニングの対象が女性アスリートの場合，同性である女性のメンタルトレーニング指導士よりも異性である男性メンタルトレーニング指導士のほうがより緊張感が高くなるものと予想される。ここでは女性アスリートが対象の場合に理解しておいたほうがよいと筆者が考えるポイントについて述べていく。

■依存−支配の関係，ハラスメント

依存したいという願望が一般的に男性アスリートに比して女性アスリートは強いのではないかと経験的に感じる。この依存願望にスポーツメンタルトレーニング指導士が乗ってしまうと，依存−支配の関係となり，自立したアスリートが育たないばかりか，感情の行き違いが生じるとハラスメントになりかねないこともあるので注意が必要である。特に女性はえこひいきを極端に嫌うので，アスリートと公平に接することを心がけてほしい。

■自己実現意欲の高低との関連

自己実現意欲が高い女性アスリートは，生活も思考も競技中心となり，競技中心→競技に直接的に関与する身体機能のみに関心や興味を持つ→月経等への関心が薄れる→月経異常に無頓着→FAT（The Female Athlete Triad：摂食障害，無月経，骨粗鬆症の3徴候）→疲労骨折→選手生命の危機様態となりかねない。特に試合で結果が出ているときほど競技に関心が集中しやすく，月経周期などの身体生理を軽視しがちなので注意を要する。一方，自己実現意欲が低く，競技継続に関して自己関与が少ないと考えられるアスリートは，主体性がなく，コーチングスタッフへの不満が多くなる傾向にあるため，練習を含めた競技生活が充実したものとなりにくく，それが競技力の伸び悩みにつながる可能性が高い。アスリートとしてのアイデンティティの確立を促す働きかけが必要になると考えられる。また，周囲からの評価を大変気にするので，励ましなどの声かけを常に求める傾向にあることを意識しておいたほうがよい。

■人間関係を重視する

監督やコーチを絶対的に信頼し，心理的な一体感をつくることによって競技に集中した状態（フローやゾーン）をつくろうとする女性アスリートは少なくないと考えられる。一方で監督やコーチとの相性が悪い場合には，自分のことを理解してもらえない，自分のことをちゃんと見てくれないと不満が募ることになりかねない。筆者は女性アスリートから，「自分は自分を応援してくれる人を喜ばせたいから頑張るのだ。」という内容の言葉を何度も聞いたことがある。周囲の人の理解や一体感が，女性アスリートにとって大切な要素であると言えるのではないだろうか。

■女性性との両立の問題

この問題はアスリートが行っている競技種目の特性が強く影響する。たとえば，新体操やシンクロなど審美的な要素が強い種目において，アスリートは女性性との両立に葛藤をきたさないで競技を続けることができるが，柔道やウェイトリフティングなど男性的な要素が強い種目においては女性性との両立に葛藤をきたすアスリートも出てくることに注意を払ってほしい。ただし，アスリートとしてのアイデンティティがしっかりと確立し，自己の目標を目指して競技を続けているアスリートに関しては，競技者アイデンティティが強固で安定しているため，葛藤は少なく，競技継続において問題となることは少ないものと考えられる。 （三宅紀子）

2-2 メンタルトレーニングに活かすカウンセリング

1. 面接と「見立て」

　メンタルトレーニングや心理サポートでは，まず対象者（アスリート）に面接し，彼らがメンタルトレーニングや心理サポートに何を求めているか，どのように競技に取り組んでいるか，どのような競技遂行上の問題があるか，などを聴くことから始めなければならない。聴くことによって，何が問題となっているか，どのような支援が適切であるか，問題解決にどれぐらいの期間が必要かなどの「見立て」をするのである。

　アスリートが語ることは，表面上の言葉のみでなく，その背景も含めて，あるいは身体が語っていることも聴かねばならない。表面上の言葉とは異なる問題（課題）が見えてくることがあるからである。それが未解決の発達課題や人格上の問題で，競技遂行に悪影響を及ぼすときには，それらの解決を優先するべきかどうかを見極めねばならない。そうでないと，メンタルトレーニングや心理サポートが進展しない。たとえば，ヘイマンとアンダーソン（Heyman & Andersen, 1998）は，リラクセーションやイメージを用いたメンタルトレーニングが意識的なコントロールを緩め，意識下に抑圧されていた幼児期の虐待の記憶を蘇らせ，リラクセーションやイメージを怖がるようになった事例を紹介している。筆者の心理サポート体験でも，勝とうとする気持ちが強すぎて非常に不安になると訴え，その不安に耐えかねて，勝とうとする気持ちを抑えたほうが良いと考えたアスリートがいた。そうすると不安は軽減されたものの，やる気がなくなっていた。勝ちたい気持ちと不安は表裏一体のものであり，不安を抑えることはかえってマイナスの影響をもたらしたのだった。そのアスリートには背景に家族関係の問題があり，その問題に触れていかねばならなかった。そういったアスリートに，良いときのプレイをイメージしてその通りにやってみようと教えたとしても，イメージを浮かべることがかえって不安を高めることにつながるだろう。カウンセリング場面と同様に，背景の問題に焦点をあててじっくり話を聴いていかねばならない。

　このように，「メンタルトレーニングを教えてほしい」と訴えて心理サポートを求めてきたとしても，話を聴いて心理的スキルトレーニングプログラムの提供や心理技法の指導では競技遂行上の問題が解決しないと判断したときには，たとえば，カウンセリングや心理療法の訓練を積んだ専門家に照会する必要があるだろう。

　人格上の問題や発達課題が競技遂行にそれほど影響していないと思われても，すぐに心理技法や心理的スキルトレーニングを行うのではなく，まず対象となるアスリートにかかわる情報を詳細に聴くことが必要である。アスリートの競技上の特徴，改善したい競技上の問題，心理的特徴，人間関係の特徴，などについて詳細に聴くのである。そのときに，スポーツメンタルトレーニング指導士（以下，SMT指導士）が習熟している2〜3の心理検査を合わせて実施するのも良い。ただし，その結果はラベリングに用いるべきではない。このようにして，彼らの置かれている競技状況，パーソナリティ，競技上の問題を理解できると「見立て」が可能となる。つまり，そのアスリートがどのような問題（課題）を抱えているのか，どのような心理サポートが必要か，必要な心理的スキルトレーニングは何か，どれくらいの期間実施す

るのか，などについて見通しを立てることができる。そうしたうえで，実際にメンタルトレーニング・プログラムの提供や心理技法の指導を行うのが良い。

このような見立ては状況の変化に合わせて変更していくべきものである。そのためにも，定期的に面接し，アスリートの状態，進捗状況を定期的にチェック（アセスメント）しなければならない。定期的な面接によって，SMT指導士などがアスリートの心理状態や心理的スキルトレーニングの実施状況を理解することができるであろうし，同時にアスリート自身もSMT指導士と話すことから自分自身の状態を確認できるであろう。定期的な面接は心理サポートを円滑に行うためには必須のことである。

また，アスリートの競技にかかわる身体や心の状態を理解するだけでなく，彼らの競技以外での生活の様子や価値観，競技観なども理解しておくと，彼らの考え方や感じ方に沿った心理サポートがよりやりやすくなる。バラグ（Balague, 1999）がエリートアスリートとかかわるときに，彼らのアイデンティティ，価値観，そして彼らにとっての競技の意味を理解することが，提供するサービスの質を決める，と述べていることと同様である。

2. 傾聴

面接ではアスリートが語ることに耳を傾けねばならない。そのとき，アスリートに「この人は，本当に自分の話を聞いてくれる人だな」と思われ，「ここにきちんと通ったら，何とか解決の道が見いだせるかもしれない，という気持ちが出てくるか否か，が問われる」（山中，2006）。また，傾聴は「本人にさえ気づいていない新しい可能性が，その場に生まれでてくるという確信に裏づけられている」（河合，1970）。傾聴はアスリートにとってはその存在を受け留めてもらったという体験になり，それによって可能性が開かれていく。

また，一口に傾聴といっても簡単にできるわけではない。聴きやすい話は傾聴しやすいのは当然であるが，アスリートの苦しく，つらい体験を聴くときはそれを受け止めることができなかったり，辛くて聴けなかったりするかもしれない。また，自分自身が抱えている問題と重なるような場合，聴き手は無意識に避けてしまいがちである。話を聴くということは聴き手の感情が揺さぶられるということであり，そのときでも「中心を外さない」（河合，2008）で傾聴し続けることが求められる。

傾聴は，アスリートの体験していることを詳細に聴き取ることから始まる。彼らの体験世界をいかに共有できるか，その世界にいかに近づけるかがカギとなる。特にアスリートのこころの世界を理解するためには，心理的な側面だけでなく，競技中の身体動作，身体反応・症状など身体的な側面の語りにも耳を傾けねばならない。身体が語る内容からこころの動きを感じ取ることで，彼らの体験世界をより深く共感的に理解できるようになる。

アスリートが訴える競技遂行上の問題をSMT指導士が受容的，共感的に聴き続けると，次第にアスリート自身が自分の問題に気づいて，自分の力で問題となっている競技状況を乗り越えていくようになる。しかし，じっと傾聴することは簡単ではなく，かなりの心のエネルギーが必要である。中込（2004, 2013），中込・鈴木（2015），鈴木（2014）が報告している心理サポートの事例に示されているアスリートの心の変化や競技行動の改善はSMT指導士の傾聴に支えられてもたらされたものである。

3. 面接するうえでの留意点

心理サポートはアスリートのために行われるものであるから，まずアスリートを第一と考え，アスリートの立場に立って，彼らの話を共感的，受容的に傾聴することが不可欠である。また，監督

やコーチからのアスリートについての情報は，参考にしたとしても，アスリート理解のための主たる情報源とするべきではない。指導者が語るアスリートの問題と実際に面接してSMT指導士が理解した問題が一部重なり合うことはあっても，同じとは限らない。まったく異なるということもありうる。

そして，たとえば「あがってしまう」「緊張し過ぎてプレイがうまくいかない」と訴えてメンタルトレーニングの指導を求めてきたときには，まずアスリートと面接してその問題となっている競技状況をじっくり聴かねばならない。そのとき，カウンセラーに必要な3つの基本的態度（Rogers, 1957），つまり無条件の積極的関心，共感的理解，自己一致や純粋性・真実性が指導士に望まれる態度である。先入観にとらわれず，アスリートが語る心の世界を尊重し，その世界を共有できるように聴いていくのである。

ところで，SMT指導士の多くは競技経験者であろう。そうすると，アスリートの話を聴きながら自分自身のアスリート時代のあがりや過緊張の体験を思い浮かべるかもしれない。それ自体は当然のことであるが，対象者と聴き手のあがりや過緊張は言葉は同じであっても体験としては異なるはずである。したがって，対象となるアスリートの話を少し聞いただけで彼らの苦しい状況を自分自身の体験に照らしてわかったとしてはならない。簡単にわかったとしてしまうと，アスリートの立場から彼らの置かれている競技状況を理解することは困難となる。理解するためには，対象となるアスリートのあがったときのプレーや演技，身体や心の状態，などについて具体的に聴く必要がある。アスリートが訴える競技状況をあたかも自分がその場にいるかのように感じられるまで聴くのである。そのようにすると，アスリートの競技遂行上の問題を受容的・共感的に理解できるようになる。

また，SMT指導士がアスリートと同じ種目の経験者であるときに特に気をつけておかねばならないことの1つに，アスリートの競技遂行上で問題となっていることを十分に聴かずに，理解したつもりになることである。メンタルトレーニングの指導を求めているアスリートの訴える競技遂行上の問題は，同じ種目の経験者であっても，その体験は異なるはずである。ボールを投げる，キャッチする，走る，跳ぶといった身体の動きは誰でもできることであるが，各個人によって体験内容は異なるはずである。同じ種目の経験者だからと少し話を聞いてわかったとするよりも，まったくわからない人としてアスリートの話を詳細に聴かねばならない。

SMT指導士がアスリートと同じ種目の経験者であるときに注意しなければならない2つ目は，話を聞いていて競技上改善すべき点が見えてきたときに競技の指導をする可能性である。競技の指導をすることはSMT指導士の役割を逸脱している。「△△のプレイはこうしたほうが良い」「○○コーチの指導は良くない」などSMT指導士が競技の指導者のような役割をしてしまうと，アスリートに葛藤を生じさせたり，競技指導者との軋轢を引き起こしたりする。そうすると，必要な心理サポートを実施できなくなるだけでなく，心理サポート自体を拒否されるかもしれない。担うべき役割の範囲を越えることは行うべきではない。

4. 関係性

実際にアスリートと面接し，メンタルトレーニングを実施するときに重視するべきことは，どのようなプログラムを提供するか，どの心理技法を用いるかということ以上に，SMT指導士とアスリートとの関係性である。信頼関係が築かれていないと，提供される支援や指導が活かされなくなる。そのためには，まずアスリートの語ることをじっくり受容的・共感的に聴かねばならない。SMT指導士に尊重され，傾聴されている，とい

うことを実感するにしたがって，信頼関係は深まり，メンタルトレーニングは進展し，効果的となる。

また，ペティパスほか（Petitpas et al., 1999）が，スポーツ心理学者とアスリートとの関係がカウンセラーとクライエントとの関係での心の動き（心理力動：サイコダイナミックス）ときわめて類似している，と述べていることは，SMT指導士が知っておくべき要点の1つである。たとえば，アスリートと面接するときにアスリートの表す感情はカウンセリング場面でクライエントが表す感情と同様である。カウンセリング場面ではクライエントが表わすカウンセラーに向けられる怒り，好意，甘えなどの感情は，幼児期に重要な他者（特に親）に向けられるべき未解決の課題（感情）であると考えられている。それは「（感情）転移：transference」と呼ばれる。面接時にアスリートから表される怒りは，幼児期に十分に世話をしてくれなかった親に向けた感情であるかもしれないし，また，好意や甘えは親に満たされなかった愛情欲求の表れかもしれない，と考えるのである。SMT指導士がアスリートと面接を通してかかわるときに，アスリートから表される怒りや好意などの多くは，感情転移の可能性があるのだ。

また，アスリートからの転移感情が向けられるときに生じる指導士の感情にも注意を払わねばならない。カウンセリング場面では，クライエントの（感情）転移によって引き起こされるカウンセラーの感情を「逆転移（counter-transference）」と呼んでいる。たとえば，アスリートから甘えたい，世話してもらいたい態度や感情を向けられたときに，SMT指導士がアスリートを世話をしたい，しなければならないという気持ちが生じたのであれば，逆転移が起こっている可能性がある。また，アスリートから「…を教えてほしい」「助けてほしい」といったことを求められたときに，すぐに答えを教えようとか，助けようという気持ちが生じたのであれば逆転移が生じている可能性がある。逆転移によって，指導士が世話をしたり，答えを出したり，助けたりすることでアスリートの助けとなることもあるが，かえってアスリートの自立を妨げるということもあるので注意しなければならない。

メンタルトレーニングの指導や心理サポートにおいては，これまでこのようなアスリートとの関係性やそこで生じる感情についてほとんど配慮されてこなかった。感情に突き動かされて，アスリートのために善かれと思ってした行動が，かえってマイナスの影響を与えてしまうことが少なくない。これらの関係性にかかわる事項は，今後，SMT指導士がメンタルトレーニングや心理サポートを進めるうえで，最も考慮すべきことの1つとなるであろう。SMT指導士は，自分自身の心の動きに細心の注意を払わねばならない。

最後に，SMT指導士の役割の違いによってかかわり方や面接の仕方が異なることも考慮にいれるべきである。たとえば，SMT指導士がコーチングに心理面を活かすような現場密着のコーチ的役割をするのか，一般的な心理スキルトレーニングの指導を行うのか，期間限定でかかわるのか，長期に渡ってかかわるのか，どのような理論的なバックグラウンドをもってかかわるのかなど，その要求されている役割に応じて，かかわり方を変えていかねばならない。また，アスリートの心理に深くかかわるようになればなるほど，プライバシーの保護，面接の場の確保など，アスリートを守る空間を作ることが必要である。さらに，対象となるアスリートの年齢（発達差），競技レベル，性差なども考慮に入れなければならない。

〔鈴木　壯〕

メンタルトレーニングとカウンセリングの連携

筆者が心理サポート活動の研鑽を始めた頃，スポーツメンタルトレーニング（競技力向上のために心理的スキルの獲得を目指す教育的アプローチ；以下，SMT）とスポーツカウンセリング（心理療法・カウンセリングにより心理的課題の解決や成長を目指すアプローチ；以下，SpC）の2つのアプローチは対立構造を持ち，その連携について取り上げられていた。学会等で議論される様子を拝聴するたび，両者の間には大きな隔たりを感じていた。その後，SMT・SpC双方の心理専門家との交流を続ける中で，一部では両者の距離は以前よりも近づきつつあるが，未だ課題は多いと感じている。ここでは，SMTとSpCの連携を考えるにあたって，今後求められることについて述べる。

■それぞれのアプローチへの理解と協働

上述したように学会等でそれぞれの立場から，心理専門家間の連携について議論されるとき，筆者は互いのアプローチに対して抱いているイメージが，実際の作業と乖離していると感じることが多い。たとえば，マートンの区分（第1章1節参照）をそのままアプローチ法に置き換え，競技力向上を目的とするのであればSMTによるサポートが適切であり，睡眠障害や摂食障害，問題行動などの心理的問題を抱えた人々に対するサポートはSpCが適していると誤解している専門家も多い。もちろんマートンのいう各心理専門家の守備範囲を遵守することは重要なことであるが，SMTやSpCは心の理解のために用いる理論や，それに基づいたアプローチ法の違いであって，その連携については異なる議論として扱うべきである。第1章2節で述べている通り，SMTに広義のカウンセリングは含まれており，SMTで用いられる技法の多くは心理臨床場面でも用いられているものである。SMTの技法指導を通して心理的スキルの向上だけでなく，心理的成長を期待して心理サポートを行っている者も多いだろう。SpCにおいてもSMTで取り扱うようなイメージや注意の集中，目標設定などに関するコンサルティングを行うこともある。SpCにより心理的課題の解決や成長を果たしたアスリートがそれと同期して競技力向上を認めるなどの報告（中込，2004；前田，2006；米丸・鈴木，2016など）もなされている。それぞれどのような取り組みの中で，「心理的スキルの向上」や「心の成長」などの動きがみられるのか，さらに詳細な検討が必要である。そのようなSMTとSpCの垣根を越えた議論から，競技力向上を心理専門家として支える際に有益な知見を得ることができるのではないかと筆者は考えている。

■事例を共有する場

互いのアプローチについて理解を深めるためにも，両者の立場を超えて，事例をもとに検討していくことが重要である。実際の心理サポート現場で何が起こっているのか，アスリートとの関係性の中でどのような作業を行っているのかなど，実質的な資料をもとに検討を重ねていくことで，それぞれのアプローチを理解することが可能となる。そのための整備（用語の整理，検討資料の提示方法など）が当面の課題であろう。

現在，研修会や独自の研究会などで，事例をもとに立場を超えて検討できる場は増えてきている。SMTとSpCの連携に関しては，未だ不明な点も多く，上述した内容以外でも解決すべき課題は多い。まずは，互いのアプローチの効用と限界，独自性や共通性について議論を重ね，連携や共同のあり方をさらに模索していく必要がある。

（平木貴子）

2-3 メンタルトレーニング・プログラム作成の原則

　現場でメンタルトレーニングを指導する場合，先にトレーニングプログラムができあがっていて，それをそのまま個々のアスリート，あるいはチームに適用するということは少ない。競技団体や特定のチームからの要請があり，講習会形式で多人数のアスリートにメンタルトレーニングを継続していく場合以外は，アスリートの状況に合わせて，プログラム内容・進度等を柔軟に変えることのほうが実際的である。メンタルトレーニングの展開は，「アスリートと指導士との間で創造していく」部分が大きい。したがって，「どんな技法を教育・指導する」（何を）よりも，「どのように教育・指導する」（どのように）かが重要となってくる。

　また，「教育・指導」を一方的なかかわりと理解すべきではないということを付け加えたい。「教育」には，「教える」と「育てる・育つ」といった２つの面があり，後者では，指導士とアスリートの間に生まれる人間関係を基盤とする「トレーニング環境」がより強く影響している。

　メンタルトレーニングをアスリートの「心理的競技能力の向上」と位置づけるならば，指導士は，アスリートの「内的（心理的）変容」，あるいは「心の変容」を共にしていることになる。そこではアスリートの「心の世界」に触れることにもなり，指導士の人格が影響を与えることになる。メンタルトレーニングの効果は，導入される心理技法の種類によってのみ規定されるのではなく，技法を介した両者の「関係性」によるところが大きいと考えなければならない（第２章１節参照）。

　さらに，メンタルトレーニングの必要性が叫ばれる背景には，競技の高度化にともなう実力発揮の困難さだけにあるのではないことも，プログラム作成において考慮しなければならない。

　近年，身体面のトレーニングの合理化・効率化によって，アスリートの中で心理的作業が総じて減少し，その結果，通常の練習の中で経験していたであろう心理面の強化につながる機会が少なくなったように見受けられる。

　こうした背景も重なり，自覚して心理面の強化に取り組む必要が生じたようにも思われる。そうであるならば，トレーニングをプログラム化して，効率よく行おうとすると，背景となった問題に再び戻ることになろう。「心」のトレーニングを極端にマニュアル化して考えることは危険である。「心」はすべからく二律背反的なものととらえておくべきである。

　このようなことから，トレーニングプログラムの作成について，以下に述べる内容は，比較的共通性の高い，あくまでもガイドラインとして位置づけるべきものである。指導士とアスリートの「関数関係」によってトレーニングは展開していくと，繰り返し強調しておく。そのためにも指導士は，できるだけ「引き出し」を多く用意（多様な技法での習熟）しておく必要がある。

1. トレーニングの諸側面

　次に示すように，メンタルトレーニングは，アスリートのどのような心理的側面に働きかけるのか（水準），どのような時期に行われるのか（時期），そして何を目的とするのか（目的，心理的スキル）などによって便宜的に分けることができる。指導者は，自分が今，どの側面，目的から指導をしているのか自覚しながら行うことになる。

1 ─ 水準

①認知・知識トレーニング

球技系のスポーツを中心に行われている戦略の知的理解，ゲーム状況での判断や予測能力を高める認知面からのトレーニングがここに含まれる。また，視覚能力の向上を目的としたトレーニングなども加わる。

ここでは，担当するアスリートやチームの競技特性に対する理解が他よりも多く求められ，必然的に，現場の指導者との情報交換が密となる。この水準は，メンタルトレーニング指導士（第2章1節にて定義したように広くとらえている）よりも，各競技の特徴を熟知している現場コーチが担う役割が多くなるはずである。あるいは，すでに彼らによってかなりの部分が実践されているようにも見受けられる。また，メンタルトレーニングを狭義にとらえるならば，このようなトレーニングを含まないとする立場もある。

②情動・動機トレーニング

欧米を中心とするメンタルトレーニング・プログラムの多くは，ここに位置づけられるものが多い。リラクセーション，イメージ，目標設定，積極的思考，セルフトーク，他の技法が相当する。本書でも中心をなす内容となっている。

一般的に，不安・緊張といったネガティブな心理的側面を抑制・コントロールし，意欲や前向きな思考などに対しては，直接引き出すような方向で働きかけが行われることになる。その背景となっている心理的側面に注目することはしない。各心理要因への意識的コントロール能力を強化している。

③人格変容・成長（カウンセリング）

狭義のメンタルトレーニングでは，このような水準からのアスリートへのかかわりを含めないとする立場が一般的である。しかし，競技力向上や実力発揮という視点からは，他でみられるような特定の心理技法を表立って指導することなく，カウンセリングを主体としたやり方も含めることができる。

安定したパフォーマンスの向上では，人格レベルでの内的変容がともなうことを経験する。単なるアドバイスではない，アスリートの「生き方」にかかわる内的課題や問題を扱うようなカウンセリングによっても，競技力向上が期待できる。

このようなカウンセリングを主体とする立場をとらなくても，継続されるメンタルトレーニングの指導では，カウンセリングの状況がかなり生ずる（生じている）ことを付け加えておく。

アスリートは特異な環境におかれていることから，競技生活における一部で偏りが予想される。カウンセリングを通じて，心の「癒し」がなされるならば，潜在しているアスリートの能力が競技の中で生かされるようになり，パフォーマンスレベルでの変化へとつながるはずである。

2 ─ 時期

①長期

試合期，オフ期に関係なく，日常的に継続されていくようなトレーニングである。特定の心理的課題の解決ではなく，各心理的競技能力の全般的な向上を目的としている。全般的な技法から体系的に構成されているメンタルトレーニング・プログラムの実施がここに相当する。

②競技期・調整期

アスリートの競技会出場を考慮しながら進められるトレーニングである。ピークパフォーマンスの分析や心理的コンディショニングの方法などがここに含められる。

③競技開始直前・競技中

競技会で予想される心理的側面に的をしぼり，必要な心理技法を指導していく。パフォーマンスルーティーン，劣勢状況での認知情動技法による対処やイメージリハーサル等が含まれる。

3—目的

①問題対処型
アスリートの訴える特定の心理的問題や課題を中心に，その軽減・解決を目的としたトレーニングである。

②試合前コンディショニング型
試合に向けた心理的調整を目的としたトレーニングである。

③日常継続型
全般的な心理的競技能力の向上を目的としており，多方面からのトレーニングを行うことになる。

4—心理的スキル

第5章で詳述しているような心理的スキル（競技意欲の向上，緊張・不安コントロールなど）をトレーニング課題に設定し，プログラムを作成していく。

以上のように，メンタルトレーニングの指導はいろいろな側面から展開されている。メンタルトレーニング指導士は，おもにどの側面からアスリートに自分がかかわっているのか，自覚しておく必要がある。メンタルトレーニングを指導していくにあたって，アスリートの心理的訴えや専門的動作を含む競技遂行状態を理解するうえで，それらは手がかりとなるはずである。

さらに，同一の技法を指導していても，どの側面で展開しているのかによって，アスリートの体験が異なるのである。

2. プログラム作成の中で配慮すべき観点

1—トレーニングを希望した背景

アスリートがどのようなルート（経緯）でメンタルトレーニングを希望して訪れたのかは，その後継続されるトレーニングの展開に影響する。理想的には，本人の主体的判断による希望であることが望まれる。

指導者から，チーム単位でのメンタルトレーニングの実施要請を受けた場合，各アスリートのトレーニングへのモチベーションはさまざまであることを承知しておかねばならない。受け身的な参加が伝わってくるアスリートには，トレーニングの初期に，明確な目的・課題意識をもたせることがポイントとなる。

さらに，アスリートが何をどのようにしたいのか（期待），メンタルトレーニングをどのように考えているのか，受け止めているのか（イメージ，想像），そして，これまでどのようなメンタルトレーニングに関する経験をしてきているのか（心理面でのトレーニングヒストリー）についても情報を得ておく必要がある。

現状では，アスリートから指導士のところにメンタルトレーニングを希望して自発来談，ないしは問い合わせがある場合，その多くが競技場面で何らかの心理的問題を自覚していると考えておいたほうがよいようである。したがって，まずは訴えをじっくり聴くことから始まる。

2—トレーニングへの動機づけの工夫

心理面の課題に取り組む（トレーニングする）場合，アスリート自身のモチベーションが心理的作業の広がりや深まりを強く規定している。言い換えるならば，メンタルトレーニングへのモチベーションがトレーニング効果に影響しているのである。

動機づけの工夫は，指導士がアスリートと出会うそのときから始まることになる。アスリートにどれだけの課題・問題意識をもたせることができるか（第2章4節「アセスメント」の項参照），と同時に，アスリートのほうで「今後，この指導士と自分の心理面を強化する作業，トレーニングを共にしてみたい」といった思いをもってもらえるようにしなければならない。

初回のセッションだけで，このような信頼を十

分に得ることには限界があり，以後のセッションで常に心がけていくことになる。「このアスリートにとって，自分とのセッションがどのような意味をもっているのか，そして，自分はこのアスリートにとって何ができているのか」を指導士は自身に問いかけ続けるのである。

途中であっても，トレーニングの効果を部分的にでも実感できることは，その後の継続への動機づけに大きく影響してくる。技法によっては，スモール・ステップ化によって，アスリートが変化を実感できるよう工夫することが望ましい。早急に狭義のパフォーマンスレベルでの評価を求めるのではなく，内的な変化（競技への取り組み）を大切にする。また，トレーニング日誌をつけることは，動機づけを高めるうえでも勧められる。

3─トレーニングの継続

メンタルトレーニングを利用するアスリート，あるいは要請されたチームが，いつも指導士の勤務地等の近くにいるとは限らない。基本的には，継続的に直接来てもらうことが望ましい。もし，それが不可能ならば，適当な指導士にリファー（照会）することも考えておく必要がある。

現状では，指導士側がチームの練習の場に出向き，指導することが多い。指導士，そしてチーム両者のスケジュールを考慮しなければ，定期的継続は困難となる。さらに，指導士が出向くことによって，一部のアスリートにトレーニングへの受け身的な状況を生み出すこともある。このような関係を自覚しておく必要がある。

そのため，アスリートの競技スケジュールと指導士のスケジュールを照合しながら，トレーニングのアポイントメントを確実にとっていくことになる。アスリートは競技会や合宿などで遠征することがあり，一定間隔で直接の指導を受けるのが，不可能となることがしばしばある。プログラム作成においては，そのあたりも留意しておくとよい。

基本的には，やや間隔があくことになったとしても，次回のアポイントメントを双方で取り交わしておくほうがよい。その際，変更は状況に応じて可能であることを伝えながらも，できる限り具体的な日時を決め，双方が守るようにする。

4─技術・体力トレーニングとの共同歩調

技術・体力面との共同歩調があってはじめて，メンタルトレーニングの効果がパフォーマンスに反映されていく。一般的に，メンタルトレーニングは3つの状況で行われていくことになる。最初は，メンタルトレーニングルームやカウンセリングルーム等の決められた場所に来てもらい（指導者が出向く場合であっても，ふさわしい場所を固定する），指導士のもとで技法学習が行われる。そして，そこで学習した各技法を次の指導日までに自宅で継続してもらうことになる（第2章1節参照）。時には，課題を与えることもある。

さらに，トレーニングが進んだ段階では，日々の練習や試合状況で学んだ技法を試してもらうことになる。このような段階の指導では，新たな技法学習に費やすよりも現場での実施状況，他の報告を受けることが多くなっていく。

3．プログラムの一般的な流れ

繰り返しになるが，現場では，先にプログラムが決まっているのではなく，アスリートやチームの状況を考慮しながら，具体的なプログラムを立てていくことになる。どのような課題・問題をもっているのか，何を期待しているのか，トレーニングの経験度合はどの程度なのか，などの情報を得てから具体化することになる。

メンタルトレーニングで導入される各心理技法の学習には，固定した階層・順序性があるわけではなく，また，できるだけ多様な技法をプログラムに組み入れればよいというわけでもない。だからといって，特定の技法に習熟していれば事足りるというものでもない。指導士として，指導でき

る技法のレパートリーを増やす努力は，別次元のことである。

結果として，2，3の技法の指導で十分なアスリートもいる。たくさんの心理技法を経験する（量）よりも，それぞれの技法にどのように習熟していくのか（質）が問われる。

このようなことを念頭におきながら，あえて一般的な流れを示すことにする。以下に言及されるような順序で展開していく。

1—アセスメント

心理的競技能力を中心としたアセスメントから，メンタルトレーニングは始まる。アセスメントでは，面接や関連の心理テストなどを通して情報を得る。身体面のアセスメントとは異なり，心理面のそれは，すでにトレーニングの一部であることを特徴としている。もちろん，やり方によっては，単にアセスメントの範囲にとどまってしまうこともあるので，工夫が必要である。

そして，特別な心理テストを実施することだけがアセスメントではない。個々のアスリートに，競技特性や競技状況での特徴について語ってもらうこと（面接）も，アセスメントとしての重要な情報収集となっている。

2—リラクセーション技法

多くのメンタルトレーニング・プログラムからは，比較的初期に共通してリラクセーション技法を導入しているのが認められる。この技法をプログラムの早期に採用する背景には，スポーツでは共通性の高い技法である点や，継続の機会を増やすことなどによって，トレーニング効果をあげるといった理由が考えられる。

さらに，以後，導入されるであろう各心理技法の学習を行ううえで，リラクセーションが必要とされており，メンタルトレーニングの「心理的基盤づくり」（身体に対する鋭敏さのアップ，精神状態をクリアにする）として，この技法が位置づけられているのではないかと考えている。

3—イメージ技法

イメージ技法は，通常の運動技能の練習の中でイメージトレーニングやメンタルプラクティスとして，また競技開始前のメンタルリハーサルとして用いられており，アスリートにとって使用頻度が高い。もちろん，メンタルトレーニングの中では，さらに多様な目的でイメージが用いられており，それに応える技法となっている。

しかし，行動変容を起こすほどの質の高いイメージ（鮮明性や統御性）を想起するのは容易ではない。そのためには，イメージを描くための基礎トレーニングを十分に積まなければならない。想起しやすい身の周りの課題を設定した練習から入り，段階を踏んで実際の競技動作や理想的な競技状況の創造へとつなげていくことになる。

イメージ技法をメンタルトレーニング・プログラムの中で採用する者は多く，それぞれがどのような考えに基づき，工夫や展開しているのか，分析・検討すると興味深い。

4—メンタルリハーサル

ここでは，狭義のイメージリハーサルを意味していない。メンタルトレーニング・プログラムでは，ゴールセッティング，ピークパフォーマンスの創造，ストレスマネジメント等の技法を学習するとき，イメージを併用することが多い。

たとえば，ゴールセッティングでは，設定した目標の実現をイメージレベルで先取りしたりする。また，ストレスマネジメントでは，ストレス状況をイメージレベルで想起することになるが，どれだけリアリティをもつかが重要となる。

このように，いくつかの技法では，イメージを併用することからこの段階をメンタルリハーサルとしてまとめた。ここはイメージ技法の実践的・応用的段階と位置づける。

（中込四郎）

2-4 メンタルトレーニング実施上の原則

　ここでは，各心理技法に関する展開ではなく，メンタルトレーニング・プログラムを実施していくうえで，全般的あるいは共通性の高いと考える留意点について述べることにする。

1. ラポールの形成

　心理相談と同様に，メンタルトレーニングにおいても，指導者にはカウンセリングマインド（傾聴，共感）が必要となる。心理的作業を共にしたり働きかけを行う場合，両者の人間関係（支援的人間関係）の質が，そこでのできばえを大きく左右している。これは「心理的変容は，人間関係で生じる部分が大きい」と言い換えられる。

　このことは，メンタルトレーニングの指導においても言えることであるが，特に，指導者側は，トレーニング初期において，双方の信頼関係を築くことにエネルギーを注ぐ必要がある。現場のコーチから，メンタルトレーニングを指導してやってほしいとリファー（照会）されて訪れたアスリートやチームであるならば，なおさらである。

　しかし，「心理の専門家なのだから，何か役に立たなければ，何かしなければ」といった強い思いが，良好な関係を結ぶうえでは阻害となることがあり，注意しなければならない。特に，競技現場に出て，アスリートの練習スケジュールの合間にメンタルトレーニングの指導をするようなときは，アスリートと直接かかわることのできる時間は限られており，それ以外では，手持ちぶさたで無為な時間を送っていると感じさせられることがある。しかし，それはアスリートとのラポールを形成するには，通過しなければならない意味のある時間ともなっている。言葉を交わさず観察をもっぱらとしていても，どこかでアスリートとつながっていると考えたほうがよい。無駄のようでも実は意味があり，それはその後のかかわりにもつながっていくのである。

　メンタルトレーニングでは，指導士がアスリートに心理技法を指導することになるが，一方的な指導状況とはならない。そこでは，指導者とアスリートが心理技法を介在しながら，キャッチボールをしている状況を生み出す必要がある。トレーニングを展開していく過程で，指導者側は競技心性などについて，アスリートから逆に学ぶ機会を豊富に与えられるのである。

　前述したように，指導士はメンタルトレーニング技法については専門家であるが，実際の競技場面での実践においては，アスリートが指導者を越えていると考えておいたほうがよい。関係を深めるためには，「アスリートから学ぶ」といった姿勢を常に心がける必要がある（第2章1節参照）。

　アスリートが，メンタルトレーニングを希望して指導士のところを訪れるのには，共通して実力発揮と関連した面での不十分さを感じているといった背景がある。このような状態は見方を変えるならば，「自分の期待どおりのパフォーマンスが実現できていない」，さらに「本来の自分を十分に表現できていない」ともいえる。したがって，アスリートが，メンタルトレーニングの場を「自由に自分を表現できる場」と体験するならば，それだけでも有益な体験となるはずである。

　上述した競技現場におけるパフォーマンスのありようとメンタルトレーニングでの作業とでは，かなりの隔たりを認めるが，ベースとなる「心の経験」にまで落とすと，意外と近いのではないかと考える。

2. 構造，契約，再契約
　　（仕切り直し）

　前述の人間関係を深めるということは，アスリートの側の要求に指導者側がすべて応えるということではない。しかし，トレーニングの場所，各セッションの日時などについては，きちんと決めて継続していくことになる。

　チームに帯同する機会の多いメンタルトレーニング指導士の場合，各アスリートの身近にいて生活を共にしているので，アスリートとの関係の深まりを感触として得やすいかもしれないが，逆に，そのような状況は，自身の専門性を発揮していくうえで，新たな困難さや問題を生じさせることも考えておかなければならない。このあたりについては，今後，さまざまな経験を持ち寄り，ガイドラインを明示する必要がある。

　アスリート個人が，指導士のもとに自発的に訪れたような経緯でメンタルトレーニングが継続されていった場合，基本的には，そのアスリートのことで現場コーチに会うことは稀である。

　ところが，チーム全体へのメンタルトレーニングを要請された場合，コーチのほうからトレーニングの状況へ介入してくることがときどきある。このような場合，どのような状況であれ，アスリート個々に不利益になるような情報を公にしてはならない。そのアスリートにとってコーチへの情報開示が必要であると判断しても，アスリートの了承を得てからにすべきである。

　やや論点のずれを危惧しないでもないが，次に，指導士側の「守秘義務」について述べておきたい。

　代表クラスのアスリートの場合，匿名性を配慮して語ったり記述したりしても限界があり，関係者はそのアスリートを特定する可能性が高い。自分が行ったメンタルトレーニングについて，周囲から意見を求められるような場合，種目やパフォーマンスの変化に関する情報の提示を避けることができないといった問題がある。

公表する際には，アスリートの了承を得るのはもちろんのこと，表現に配慮しながら慎重を期すべきである。少なくとも，行ったトレーニングの実質的な内容よりも，アスリートの付帯情報やパフォーマンスへの言及により，自分の報告を価値づけしているように感じられるものであってはならない。

　より個別の問題・課題を扱っていくためには，チーム全体での一斉指導では無理があり，その枠から外れて個別に対応していく必要に迫られる。チーム全体のメンタルトレーニングを担当していく中で，（アスリートだけでなく指導士も）個別の対応が可能であるならば，どこかでその旨を事前にアスリートに伝えることになる。

　メンタルトレーニング講習会の終了後，個別の指導を希望するアスリート，心理技法の学習を中心としたセッションからカウンセリング中心のサポートへの移行，そして，目指す大会参加を終え当初の契約が一区切りしたあと，さらに継続を希望してくるなど，現場でのメンタルトレーニングには多様な展開が予想される。このような場合は，きちんと再契約（仕切り直し）をする。

　アスリートは，ときどき「わずかな投資で奇跡を期待する」（Garfield, 1984）といった思いを秘め，あるいは誤解してメンタルトレーニングを希望してくることがある。アスリートの要求を把握し，それに対して自分がどこまで応えられるのか，ある程度明確にしておくべきである。「見立て」と同時に，「トレーニングの方針」を双方で了解しておくのが望ましい。

3. アセスメント

　アセスメントがトレーニングとなり得るためには，アスリートが，指導士の前でどれだけ自身について多方面から，そして深く振り返ることができるかが関係している。初期のアセスメント（以後もアセスメントは繰り返される）では，問題・

課題意識をどれだけ強くアスリートにもたせることができるかが重要である。そのための工夫もしなければならない。

面接では，アスリートからメンタルトレーニングを希望した経緯やそれまでのトレーニング経験だけでなく，パフォーマンスヒストリーならびに練習や試合状況での様子を聞いたりする。

そこでは，アスリートが自由に自分を表現できる雰囲気をつくらなければならない。指導士を前にして語ることによって，アスリートが自己理解を深めるためには，アスリートの側が，指導士に対して「聴いてくれる，受け止めてくれる，わかってくれる」といった感触を得ることができることが前提となる。そのためにも指導士の側には「わかろうとする」姿勢が強く求められる。見方を変えると，指導士の「わかり」と同じだけ，アスリートも自分への理解を深めるといえなくもない。

長期にわたって競技を行ってきたアスリートが，仮にメンタルトレーニングを経験したことがないと言及したとしても，心理的側面にかかわってこなかったわけではない。

指導士は何らかの心理技法を指導するとき，事前に準備していた方法をすぐに提示するのではなく，まずは，アスリートから当該の心理的側面にどのようにかかわってきたのかをじっくり聴くことが大事である。あまり自覚することなく，アスリートが用いてきていた心理面でのテクニックであっても，理にかなっていることが多い。言及された方法を大切にしながら（そこをベースとして），検討していくことが優先される。

特に，このようなことは，緊張・不安の軽減方法（リラクセーション）や競技開始前・競技中の心理的対処の方法において，よく指導場面で経験する。理想的には，指導士がこれから導入しようとする技法に対して，アスリートがこれまでの自身の方法を振り返りながら，その必然性や意味を認識した状態で取り組めるとよい。そのほうがアスリートが問題・課題意識を強め，メンタルトレーニングへのモチベーションを高めることができるからである。

集団状況では，互いが用いてきた方法を出し合うことが，レパートリーを増やすことにもつながる。さらに，他者の経験を通して，自己理解も深まっていくはずである。チームでの指導では，参加者がグループに分かれて実習した内容・体験について討議するのも有効となる。

4. 振り返り・練習日誌

技法の学習では，知的な理解にとどまるのでなく，体験を通した理解に重きがおかれている。指導士は，アスリートの体験を理解するために，関与しながらの観察をしていくことになる。

イメージ技法等においては，表面的な観察だけでは，アスリートがどのようなイメージ体験を行ったのか，わずかな情報しか得ることができない。一般的には，実習後にアスリートからの言語や記述による報告を求めている。それは，指導士側の理解を深めるだけでなく，アスリート自身においても，体験を語り直すことで習熟につながっていく。アスリートの振り返りの量・質的側面は，指導者側の応答によって影響される部分がかなりあり，ここでも共感的な「聴き方」が重要となる。

集団状況では，個々に語ってもらうのが無理な場合が多く，グループで互いの経験を語り合う方法をとり，自己理解につなげていく。また，グループでの話し合いを，全体の場に出し合うのもよい。

多くのアスリートは，身体面のトレーニングを主要な内容として，トレーニング日誌をつけている。メンタルトレーニングでは，そこに心理面についても記載していくように求めたり，それとは別に，心理面だけのトレーニング日誌を準備したりする。これはトレーニング継続へのモチベーションにもなるが，日誌への記載は，自己理解を深

めることにつながり，それ自体もトレーニング（モニタリング技法）として位置づけられる。技法によっては，所定の書式を作成しておき，活用してもらうとよい。必要とされる技法の学習が一段落したところでは，トレーニング日誌に記載された内容が話題となり，セッションが継続されていくことになる。継続的な振り返りは，後述されるモニタリング技法（第3章5節参照）の役割を果たしている。

メンタルトレーニングを体系的に学びたい人が集まって継続される講習会では，予定される期間中の経験を各自に記録（ノート）してもらうように要請する。内容としては，講習会のそれぞれのセッションで学んだこと，自宅でのメンタルトレーニングの記録，そして，練習や試合状況での心理面からの振り返り等である。

また，講習会の中で指導者側から配布される補足資料も記録の中に組み入れ，各自が最終的にはオリジナルな「メンタルトレーニング・ワークブック」を作成できるようにする（第6章1節参照）。

5. フォローアップ

短期間で集中的に行われる講習会形式でのメンタルトレーニングは，心理技法の学習（練習）を行ったと位置づけるべきである。つまり，それぞれのやり方を学んだにすぎないことになる。安定した競技力の変化・向上を望む（実現する）ならば，さらに継続する必要がある。また，心理面のトレーニング効果は，右肩上がりの直線で表されるものではない。このあたりを受講者には強調すべきである。

一定期間を要したメンタルトレーニングの指導が一区切りした後，一部のアスリートはトレーニングから遠ざかってしまう。メンタルトレーニングを日々の競技生活の中に定着させるためにも，フォローアップのセッションを事前に決めておくとよい。さらに新たな技法を指導するのではなく，メンタル面へのその後のかかわり，あるいは練習や試合での様子をじっくりうかがうこともメンタルトレーニングにつながっているのである。

また，集団状況でメンタルトレーニングを実施する場合，個人差を十分に配慮した展開には限界があり（個々の心理的競技能力・特性，競技特性，関心），期間中だけでなく終了後も個別で対応できる機会をつくっておくとよい。

メンタルトレーニングの指導の中で経験したものをベースとして，各アスリートがそれを独自に発展させることが次の目標となる。各アスリートには，指導者側から提示された技法，あるいはトレーニングでの経験をもとに，オリジナルプログラムを作成し，そして，さらに継続して実施してもらうことが期待されている。そのためにもフォローアップのセッションは欠かせないようである。

実力発揮，あるいはトップを目指したプロセスは，創造的であり主体的である。そのような動きを止めるような指導であってはならない。メンタルトレーニングの中で，アスリートの創造的取り組みを刺激したり，体験できるようなプログラムの提供，そして指導的介入をしたいものである。

一方的に技法を指導するだけのトレーニングは，指導者の枠組みにアスリートをとどまらせてしまうことになる。アスリートはある程度までは強くなるが，それ以上を超えることができず，自らの個性を生かしきれなくなる。メンタルトレーニングの指導が依存関係を生み出してはならない。目の前にいるアスリートは，優れた「スポーツ心理学の実践家」として我々指導士を越えていると，謙虚に考えたほうがよい。実際にメンタルトレーニングの中で，我々は，アスリートからたくさんのことを学ぶ機会を得ている。

（中込四郎）

2-5 メンタルトレーニング実施後の振り返り

どのようなアスリートに対して，どのようなメンタルトレーニングのプログラムを，どのように実施すべきか。このことは，スポーツメンタルトレーニング指導士（以下，SMT指導士）にとって，最大の関心事の1つであろう。この問いへの答えは，メンタルトレーニング実施後の振り返りの作業をていねいに行うことでもたらされる。

1. 振り返りの重要性

■1—振り返りの意義

メンタルトレーニングの振り返りあるいは評価とは，第3章1節で詳述されるとおり，トレーニング効果の把握に役立つ資料を収集し，一定の基準や価値観によって意味づけすることである。したがって，メンタルトレーニング実施後の振り返りや評価では，収集される資料の質や収集の方法，分析の観点や方法，そして採用される基準や意味づけを行う者の価値観によって，導かれる結果が異なることも予想される。

このことから，振り返りや評価を行う際には，単に「できた－できなかった」「役立った－役に立たなかった」といった表層的な理解にとどまらず，実施したプログラムに対して，あるいはそこでの指導関係に対して，より多次元的な振り返りを行う必要がある。

振り返りを通じて，実施したプログラムの有効性と限界を示すことができれば，より洗練されたプログラムや指導方法の開発へとつながるはずである。また，指導関係をていねいに振り返ることで，アスリートへの理解，アスリートとの関係性への理解も深まるはずである。

さらに，この振り返りの作業を通じて，SMT指導士は，自身の指導力を高めていくことができる。これらがメンタルトレーニング実施後の振り返りや評価の意義である。

■2—振り返りの視点と考え方

①メンタルトレーニング技法やプログラム

メンタルトレーニングの指導場面では，試合での実力発揮や練習における質の向上を目的に，種々の心理サポートが行われる。そこで扱われたメンタルトレーニング技法や提供されたプログラムが，アスリートの実力発揮にどのように役立ったのかを振り返る視点が「メンタルトレーニング技法やプログラムの評価」である。

ここでは，主としてアスリートのパフォーマンス（競技成績）の変化を中心に振り返りがなされる。他に，プレー内容の変化，練習および試合時の行動や態度の変化，心理的競技能力の変化等は，観察や測定により数量化が可能であり，これらも多面的に取り扱う必要がある。

また，SMT指導士の理論的立場によっては，その変化の背景にあると思われる自己認知や状況認知の変化，思考・判断様式の変化，人格構造の変化などについても検討が必要となる場合がある。特に，カウンセリングをベースとしたメンタルトレーニングのような，比較的長期にわたる指導では，人格のさらに深いレベルでの変化に対する理解も求められる。

②アスリートやチームとの指導関係

一方，実際の指導では，指導する者とアスリートとの間の人間関係が重要な意味をなす。SMT指導士からみると，それはアスリートの実力発揮を期待し，言語的・非言語的コミュニケーション

を通して，種々の心理サポートを行う人間関係であるといえる。人間関係である以上，國分（1980）が指摘するとおり，役割関係（social relation）だけでなく，人間と人間の双方向の感情交流（personal relation）も起こる。

メンタルトレーニング実施後の振り返りでは，ややもすると指導したメンタルトレーニング技法やプログラム構成に関心が向けられる場合が多い。しかし，自身とアスリートとのかかわりの視点なくして，その指導の評価は成り立たない。したがって，この「アスリートやチームとの指導関係の評価」の視点も欠かすことができない。

❸—振り返りを行う主体

①メンタルトレーニング指導士による振り返り

SMT指導士は，メンタルトレーニングを通じたアスリート―指導士関係において，指導内容を決定しプログラムを展開している当事者である。つまり，アスリートやチームに「関与しながらの観察」を行うことのできる立場にあり，アスリート・チームの変容プロセスを，時系列的な流れに沿って丹念に記録することで，より有効な振り返りが可能となる。

また，SMT指導士には一定の研修経験が求められており，このことからも，より客観的で公共性の高い評価資料の選定ができると期待される。指導の前後で，指導記録をもとに評価を行うことにより，実施したプログラムや技法，指導方法，さらに指導関係が適切であったかどうかを検討することが可能となる。

②アスリートやチームの関係者による振り返り

一般に，メンタルトレーニング実施後の振り返りや評価は，SMT指導士によってなされることが多いが，メンタルトレーニング指導関係において，もう一方の当事者であるアスリート（あるいはチームの関係者）による評価も有効である。アスリートはあらかじめ課題としている行動や心理状態の改善に対して切実な思いをもっており，同時に指導にともなって生じた変容過程について，最も多くを知る立場にある。

さらにアスリートは，自分自身の変化だけでなく，SMT指導士の役割や取り組みに対しても評価することができる。たとえば，SMT指導士の実施した心理サポートに対して，アスリートがその有効性を評価するような試みもなされている（土屋，2001）。

なお，アスリートの変容過程について振り返りを行う際には，SMT指導士とアスリートとの共同作業として慎重になされ，その人間関係の中で了解され，深められていくことが有効と思われる。

③第三者による評価

上述のSMT指導士による評価，アスリートによる評価，あるいはアスリートと指導士の共同作業による評価は，いずれも当事者による評価である。このような当事者による評価は，「成功例に依拠して自賛する」ことにつながりかねないとも指摘されており（船越，2000），今後は，アスリートならびに指導士のいずれとも利害関係にない第三者が，評価資料の収集と分析を担当するようなケースも必要になるかもしれない。

たとえば，現在，競技連盟の委嘱によって，SMT指導士がチームに派遣される場合が増えている。そこではアスリートやチームのニーズと，指導士の力量（展開できるプログラムや技法，資質や研修経験）とのマッチングが重要となる。その基礎資料を収集するためにも，メンタルトレーニングの評価体制の構築が急がれる。

すでに北米の実践家の報告には，アスリートによる評価項目として「他のスポーツ心理学者・コンサルタントと代えてほしい」といった項目さえ見受けられる（Orlick, 1986）。心理アセスメントにおいて複数の検査用紙を用いたテストバッテリーが有効なように，メンタルトレーニング実施後の振り返りや評価においても，SMT指導士による評価のみならず，アスリートやチームの関係者による評価，さらに第三者による評価を組み合

わせることで，多面的かつ包括的な振り返りや評価が可能になると思われる。

2. トレーニング効果の検討方法

1—統制群法

指導したメンタルトレーニングの有効性や限界を検討する研究法の中で，最も一般的に用いられる方法に統制群法がある。統制群法は，同一母集団内において，実験操作を行う群（実験群）と行わない群（統制群）をおき，両者の比較から実験操作の影響を査定する方法である。メンタルトレーニング指導の振り返りでは，特定の技法の有効性や効果を検討する際に役に立つ。

しかしながら，メンタルトレーニング指導の実践場面では，実際にかかわっているチーム内で，実験群と統制群を設定することが適さない状況に直面することも少なくない。なぜなら，メンタルトレーニング指導の目的は研究ではなく，あくまで心理サポートにあるからである。

2—単一事例研究法

前述のとおり，一般的には研究を目的としてメンタルトレーニングを実践するわけではないので，評価の段階でサンプル数が不十分であったり，統制群の設定が困難であるといったことは当然起こりうることである。そのような場合でも，限られた状況の中でできる限り，客観的資料の収集に努める必要があろう。

たとえば，小標本（単一事例）といった制限のある場合は，非反復型のシングル・ケース実験計画法（A–B型実験計画）に基づいて，客観的資料を収集することも可能である。図2-2に示すように，ベースライン時（A）とメンタルトレーニング指導後（B）の間で，数量的な変化の推移をグラフ化すれば，変動水準の変化や勾配の変化が視認でき，客観的資料とすることができる。

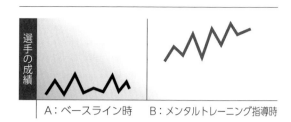

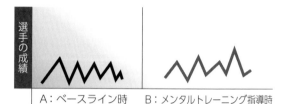

図2-2　A–B型実験計画の例

図2-2において上図は，下図に比較してメンタルトレーニングの指導と成績の変化（成績水準の変化）の関連がはっきりと視認できる。この場合縦軸はアスリートの記録（競技成績）や順位（たとえばランキング）の他，ある特定の行動や反応の出現回数をプロットしてもよいだろう。また，第3章1節で示されたような，心理検査や生理心理学的指標の活用も有効であろう。

3—臨床事例研究法

上記の方法ではいずれも，評価の段階でアスリートが「被験者」として対象化されることになる。メンタルトレーニング指導の実践家の中には，このような仮説検証的な発想をもってアスリートと接することに対して，疑問を感じる者も少なくないと思われる。そのような方法よりも，SMT指導士が自身とアスリートとのかかわりの視点を大切にし，後述するような指導記録の作成を通じて，選手理解を深め，評価を行う方法を選ぶ者がいる。そこでは，指導の時系列的流れに沿って1つの大きな流れやストーリーを読み取り，それを1本によりあわせていく方法が採用される。いわゆる臨床事例研究法（田畑，1974）と呼ばれているもの

である。

一般的に事例研究法は，通常の実験計画法に比較して，以下のような制限があるとされている（吉村，1989）。
①小標本（サンプルの代表性が保証されない）
②定性的データが中心（主観性の強いデータ）
③事後研究（独立・従属変数の未決定性）
④被験者主導型（条件統制がなされていない）

これに対して臨床事例研究法では，主観性の強い定性的データが中心でありながら，「万人にとって共通の，ユニークな事例」（田畑，1974）にするための工夫が求められる。現在，中込（2013）や鈴木（2014）などによって構築が目指されている「臨床スポーツ心理学」は，これらの要請に応えていくものと期待されている。

3. 振り返りの実際

■ 指導記録の作成

①指導状況の再現

どのような検討方法を採用するにしても，メンタルトレーニング実施後の振り返りでは，指導記録が評価資料の中心となる。したがって，指導記録の作成にあたっては，指導状況がありありと再現されるような記載が求められる。アスリートとのコミュニケーション全般にわたる記述を心がけるべきである。そこには，単に言語的なコミュニケーション（面接や指導時の逐語記録）だけでなく，非言語的なコミュニケーションにも注目することで，アスリートへの理解が深められる場合が多い。

たとえば，表情や視線，ジェスチャー，服装から，いわゆる立ち居振る舞いに関しても，印象に残っているものを書きとめておくと，指導が進む中で，それらのうちのいくつかについてはその意味が了解され，選手理解につながる場合も多い。

②指導記録の作成方法と利用方法

この指導記録を作成する段階では，アスリートとの関係をもう一度追体験することで，指導時（面接時）には気づかなかったことや聞き落としたこと，フィードバックや共感の足りなかったところに気づくことができる。また，アスリートの語ったことを丹念に振り返っていくと，語られなかったことにも思いが及び，その後の選手理解に役立つ場合がある。

また，次回指導時には，これらの記録のうち，少なくともアスリートの主訴（問題意識），それに対するそのアスリート自身の取り組みの変化，周囲の対人関係の変化，選手の洞察力の4点だけでも，振り返っておくとよい。前回とのつながりの中で，そのときどきの指導が位置づけられるので，全体の流れの中で一貫した指導関係を構築し，アスリートを理解していくのに役立つはずである。

③アスリートとの関係性への洞察

以上は，指導時におけるアスリートの観察を主とした記録であるが，これらを再現し記録していく中で，同時にSMT指導士自身の心の動きについても書きとめておくのが望ましい。

たとえば，あるメンタルトレーニング技法を指導したなら，なぜ，その技法を選択したのかといったことも，自身の心の動きを理解する手がかりになるはずである。このような知的な心の動きだけでなく，アスリートの主訴（問題意識）がどの程度把握できていると感じたのかといった共感性の手がかりや，そのアスリートに対してどのような印象をもっているのか，それは指導士自身のパーソナリティのうちの，どの部分（特徴）に起因している可能性があるのかといった自己盲点的な心の動きについても意識化する必要があろう。

いずれにせよ，指導記録は評価の手がかりであり，糧である。より深いレベルでの選手理解や指導関係の振り返りにつなげるためには，SMT指導士自身の内的な作業が不可欠である。

④指導記録の扱い

　指導記録は，原則として開示されることはない。わが国ではこれまで，指導記録や相談内容がアスリートの実名と一緒に公表されているものも散見されるが，心理サポートの専門家であるSMT指導士は厳に慎むべきである。SMT指導という関係は終わっても，アスリートの人生は続くし，SMT指導士の人生も続く。新たな人生を自己発見的に歩んでいこうとしているアスリートに対して守秘義務を遵守することはSMT指導士の責務である。

2 ― 振り返りを行う時期

　SMT指導士は，日常的に自己点検・評価を心がけるべきである。アスリートに対する指導ごとに指導記録を作成しながら，定期的に振り返りを行っていく必要がある。

　このような日常的な評価の他に，折に触れて集中的な評価を行う必要もある。たとえば，メンタルトレーニング・プログラムの初期の段階で，あらかじめ目標とする試合が設定されているような場合，その一応の終結段階で振り返りを行う必要がある。

　また，チームやグループを単位とした講習会（ワークショップ）形式のメンタルトレーニング・プログラムなどを実施した場合は，それが終了した時点で集中的な評価が必要である。

　なお，アスリートとの指導関係が中断したような場合や，指導の中で展開が停滞したり，あるいは指導しているアスリートやチーム内に負傷や疾病，その他事故が頻発するといった状況では，このような自己点検・評価に加えてスーパーヴィジョンを受けることで転機となる場合もあろう。

3 ― 振り返りの場

①ケースカンファレンス

　ケースカンファレンスとは，担当しているメンタルトレーニング指導事例について，関連するスタッフにありのままを報告し，より効果的な指導方法を検討する会議のことである。たとえば現在，各地域におけるSMT指導士のネットワーク作りが進んでおり，地域や機関によってはSMT指導士を中心とした専門職が集まり，継続的な会議を行うところが増えている（例：JISS事例検討会）。

　ケースカンファレンスでは，アスリートの状況（競技歴や生育歴，家族構成，主訴），アセスメントの結果，担当者の見立てとメンタルトレーニング指導計画などに続き，主として指導記録に基づいて，トレーニングの状況とその推移が詳細に報告される。そこでは，担当者の視点を通じたアスリートの状況や指導状況が報告されることになるが，その追体験のなされ方は参加するSMT指導士それぞれに固有であるため，さまざまな角度から選手理解を深める手がかりが得られるはずである。また，ここでの討議にスーパーヴァイザー資格を持つ上級指導士が参加することで，指導状況の点検・評価にとどまらず，報告する担当者ならびに参加者の指導技量の向上と，指導者としての基本的態度の醸成にも役立つと期待できる。

②ワークショップや学会での振り返り

　SMT指導士に対する社会的認知が高まるにつれて，他のスポーツ関連の専門職（コーチやスポーツドクター，アスレティックトレーナーなど）から，事例報告を求められる機会が，今後ますます増えていくものと思われる。また，地域のスポーツ関係団体から，ワークショップなどにてメンタルトレーニング指導の実際的な内容を報告するように依頼される場合もあろう。このような機会はSMT指導士にとって，振り返りの絶好の機会となる。異なるアイデンティティをもつ専門職からのコメントは，SMT指導士に新たな気づきをもたらせてくれる可能性が大きいからである。

　なお，匿名性に配慮した報告であっても，ワークショップや研究会，学会等での事例提示にあたっては，あらかじめアスリートやチームの承諾を得るのが原則である。

〔土屋裕睦〕

Sport Mental Training Textbook

第3章

メンタルトレーニング技法の基礎
―評価技法を中心に

3-1 メンタルトレーニングの評価

スポーツメンタルトレーニングを「専門家として実践」する者（以下，SMT指導士）は，アスリートに対して心理的技法指導などの多様な心理サポートを行うが，心理サポートという言葉は，多くの誤解や歪曲を含んだ表現である。たとえば，自らのアスリートとしての経験のみを頼りに，「心構え」をアドバイスするなどの，「何か役に立つようなことをしてあげる」といったことは，たとえそれが効果的であったとしても，専門家としての心理サポートには含まれないだろう。

山本・鶴田（2001）が指摘するように，実践すなわちpracticeの語には，練習や訓練といった意味が含まれている。複数の視点からその実践活動を評価する過程を経ているかどうかが，専門家による実践といえるかどうかの境界であるといえよう。つまり，メンタルトレーニング活動を評価するということは，専門家として欠くことのできない過程であり，メンタルトレーニングを受けている対象者からのポジティブな感想や美辞麗句のみで自ら指導内容を自賛している者は専門家とはいえない。山本・鶴田（2001）では図3-1に示したような観点から職業的専門性が説明されており，図中①〜⑤の特性と意義を自覚して体得していく過程が，臨床実践において重要であるとしている。

そういった点から本節では，メンタルトレーニングの評価について概略を述べる。各項目の詳細については，後の節において詳述する。

1. 評価のための基準の設定

メンタルトレーニング実践の評価をする際には，その評価の基準が必要となる。以下にその基準を設定するための準備段階における注意事項について述べる。

❶ 初回の面接におけるメンタルトレーニング指導目的の明確化

メンタルトレーニングにおける評価では，指導に携わる当初にアスリート個人やチームとの話し合いの時間を設け，何を解決していこうとするのかについて明確にしておくことが重要である。初回面接においてメンタルトレーニング指導の評価を行うための「ものさし」の役割を担う「見立て」（第2章2節参照）を行うことが重要である。

❷ 適切な尺度の選定

メンタルトレーニングの活動を評価する際には常に対象者の主訴を念頭に置きながら，目標とするメンタルトレーニングの成果に適した評価基準を設定することが重要である。評価方法や尺度の詳細は後述する。

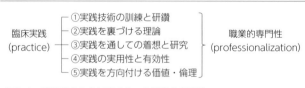

図3-1 実践概念の含む意味合いと職業的専門性（山本・鶴田，2001）

表3-1　科学の知・臨床の知の比較（山本・鶴田，2001より一部改編）

科学の知	臨床の知
1. 研究者と対象の分離（非関与）	1. 実践者の対象への関与
2. 独立変数の統制と操作	2. 実践者を含む文脈（状況）の明確化
3. 多数の標本の抽出と測定	3. 少数事例の選択と叙述
4. 反復・再現可能な量的データ	4. 再現困難な質的データ
5. 数量化による客観性の保持	5. 合意による妥当性確認
6. 価値の排除	6. 価値の実現

3 ― 評価のための価値観 ― 科学と臨床

評価とは，第2章5節にある通り，得られた資料やデータを「一定の価値観や基準によって意味づけをしていくこと」である。ここでいう価値観の考え方としては，「科学の知」と「臨床の知」を使い分けることが必要である（表3-1参照）。「科学の知」からは理論的背景を，「臨床の知」からは実践の方法を知ることができる。メンタルトレーニングの評価を行う際には，この両者の価値観をバランスよく持つことが重要であり，どちらかに過度に偏ることは避けるべきである。

2. アスリートやチームの状況を評価する方法

一般的にメンタルトレーニング指導において評価を行う際には，心理検査を用いることが多いようであるが，そればかりが評価ではない。以下にメンタルトレーニングの評価方法として有効性が高いと思われるものを紹介する。これらの中からさまざまな組み合わせによる評価基準を設定し，時期や状況に応じて使い分けていくことが必要となる。ここでは特に，アスリートへのフィードバック等で共有していくことによって効果を生むであろう評価方法について概略を述べる。

1 ― 心理検査

アスリートに対する心理検査を概観した徳永（2004）による成書では，150あまりの体育・スポーツに関連した心理尺度が紹介されている。また一般心理学の尺度にも適したものがある場合も多く，心理尺度集などを利用して慎重に選定する必要がある。また，多面的な評価が可能となるテストバッテリーを用意しておくことも重要であろう。心理尺度に関しては後の節で詳述されるので参照されたい（第3章2節参照）。

2 ― 生理心理学的指標

バイオフィードバック（Bio Feedback：BF）（第4章4節参照）とは，心拍などの不随意の自律神経制御による生体情報を，センサー等で人間が知覚できるように音などに変換してフィードバックする手法のことであり，生理学的指標を用いた評価技法の代表的なものといえる。

アスリートの自律性の神経調節をつかさどり，心身に影響を及ぼす（菅生・岩﨑，2004）とされている自律神経活動はよく用いられている指標である。リラクセーショントレーニングの効果の検討に，比較的測定が簡便である心電図から心拍変動を算出して，副交感神経の活動量を推定しているものがよく見られる（菅生・内田，2010）。

また近年，精神神経内分泌免疫学指標として，「ストレスホルモン」としてよく知られているコルチゾールなどのバイオマーカーを用いる試みも見られ，特にコルチゾールの「起床時反応」などは慢性的ストレスの指標として近年研究例が増えている（門岡・平田・菅生，2013）。

3 ― 風景構成法 (Landscape Montage Technique：LMT)

臨床スポーツ心理学の領域においては，臨床心

理学的なアスリート理解の方法が導入されており，特に風景構成法の報告例がよく見られる（たとえば，鈴木，2004；中島，1996；中込，1999）。心理アセスメントでありながら，その過程が治療の過程でもあり，無意識レベルの理解を目的として，アスリートに対する実践が増えてきている。実施に際しては，臨床心理学などの基礎的知識を必要とし，ある程度の鍛錬とスーパーヴァイズが欠かせないものである。

4 ― 対象者自身による振り返り－質的な評価

メンタルトレーニング指導を受ける対象者自身による振り返りを言語化して評価する方法を紹介する。

①ピークパフォーマンス分析（クラスタリング）

ピークパフォーマンスの振り返りとして，クラスタリングはよく用いられる方法である（第3章5節参照）。

②アスリート自身による自己分析

SMT指導士が，アスリートの認知構造を理解するために，段階を踏んだ質問紙を用意して，それに答えていく「書き込み用紙」によって，より競技に適した認知構造を作り上げていくような方法もよく用いられている（たとえば，高妻，2002）。

書き込み用紙による自己分析は，ある一定の認知構造の理解を促す狙いを持っているが，理解を容易にしようとするあまりに，心理的負担を感じずに書き込める誘導的用紙になりがちである。アスリートは「わかったつもり」になりがちであるし，SMT指導士は誘導的に導くことで，セッションが「うまくいった」と思いこみやすいので注意が必要である。こうした用紙を用いる際には，アスリートによる洞察が含まれ，SMT指導士の共感のもとに深められていくような内容が望ましい。

5 ― 内省報告

①メンタルトレーニング指導に対する内省報告

指導したメンタルトレーニング技法を，アスリートがどのように適用しているかを確認するためには，その実施方法や対処による心理的変容をアスリートに語ってもらい，内省報告を得ることが重要である。アスリート自身の自己理解を深め，さらにはSMT指導士にとっては自分の支援の方法を洞察することにもつながる。

内省報告を得る際には，アスリート自身の自己洞察を促すような態度で接し，あくまでも誘導的にならずに聴くことが重要となる。特に焦点を当てるべきは，アスリート自身に起きた「変化」であり，技法の「効果」ではないことに注意が必要である。アスリートはメンタルトレーニング指導を受けている最中に担当者に対しては直接「効果がない」ことを表明することは難しい。特に人間関係の調和を重視するわが国のアスリートにおいては，そうした傾向が強いことは考慮するべきである。「効果があったかどうか」という問いかけよりも，「どのような変化が起きたか」という問いかけがより優先されるべきである。

②競技場面での対処に対する内省報告

メンタルトレーニングのかかわりが深まってきたあとには競技場面での心理的課題への対処について語ってもらう時間を積極的に取るべきである。アスリートは，指導された技法をそのまま教わった通りに実施するよりは，より工夫や修正を加えて，自らの競技場面に当てはめながら実施することが多い。そうした実施方法を聞き取ることは，利用方法の検討にもつながっていくことから大変有用である。

SMT指導士はそうしたアスリートの内省報告の中から，アスリートに対して自ら指導した技法の内容を想定し，再度基礎的・理論的内容を確認したり，忘れてしまっている内容を示唆していくような態度が必要である。しかし，この場合も

あくまでも「示唆」が重要なのであって，正解をマニュアル的に指導するということとは異なる。メンタルトレーニングやスポーツ心理学の知識を広範に持ち，対象となるアスリートにとって最も有用である方法を探索しながら丹念に聞きとっていくといった姿勢が，アスリートの自己解決に導いていき，よりよい関係性を育んでいくだろう。

③語りの変化

アスリートはメンタルトレーニング技法の指導を通しても，また語ることによる自己洞察を通しても，何らかの気づきを得て，その語る内容が質的に変化してくることはよく起こる。こうした変化はつかみづらいものである。SMT指導士としては，詳細に指導記録をとっておくことによって，アスリートに有形・無形のフィードバックも可能となる。SMT指導士が語りの変化に敏感に気づくことも重要であり，そうした感受性を働かせて，アスリートの言葉に耳を傾けておくことが重要であろう。また中込（2004）をはじめとする多くの臨床事例に触れておくこともSMT指導士としての重要な責務である。

3. プログラムの効果を評価する方法

前項では主にアスリートに対する直接評価を目的としたものを紹介した。この項では実施されているメンタルトレーニング・プログラムの実施状況を評価するために用いられる評価の視点を紹介する。これらの評価視点はメンタルトレーニングを指導する者がプログラム開始当初から詳細に記録をしていくことが肝要となる。

■1 競技の実施状況

メンタルトレーニングは，原則的にはアスリートの競技力向上を意図して行われるものであることから，アスリートの競技成績は1つの有用な情報となる。しかしながら，それのみに固執して，「負けたから失敗，勝ったから成功」といった一面的な評価は避けるべきである。以下に競技の実施方法を評価する方法を紹介する。

①競技の結果

競技成績や試合の勝敗などはメンタルトレーニングの効果を検討する際には欠かすことのできない視点である。しかしながら，成績の良し悪しによって評価する視点に偏ると，さまざまな問題が生じる。1つは勝利によって，メンタルトレーニングが効果的に行われていない可能性をすべて排除してしまうような考え方である。勝利には心理的側面以外にも多様な要因があり，そのことがすなわちメンタルトレーニングの成功とは言い切れない。また逆に，むしろ競技成績が望んだものでなかったときにこそ，心理的課題やメンタルトレーニングの方法論の問題を検討するよいきっかけとなる。

競技成績は，SMT指導士に正負の感情を惹起させるものである。しかしながら，そのこととメンタルトレーニングの評価を同一視することには問題がある。

②目標達成度

目標設定技法などによってあらかじめ設定された競技目標に対して，主観的にどの程度達成することができたかをたずねるものである。リッカート法や，百分率（％），Visual analogue scaleなどによって回答を求めることも多い。自らの目標に照らして主観的に評価をすることは，モニタリング能力の育成にも役立つため有用性は高いといえる。

③実力発揮度

「実力発揮度」は前述の「達成度」と同様にとらえる考え方もある。ここでは，達成度が主観的評価とするならば，実力発揮度はアスリート自身が持っている力をどの程度発揮できたかという客観性の高い評価である。たとえば，練習時のベストタイムに対して，試合でのタイムがどのくらいの比率であったか，といったものである。

④成功率などの競技統計（ボックススコア）

競技においては，その種目独自のボックススコア等の競技統計があり，競技成績よりも，競技の実施状況をより詳細に把握できる。特にアスリートにとっては競技の「精度」が洗練されていくことが重要なのであり，SMT指導士が過度に心理的側面のみに焦点を当て続けることは，アスリートの主訴との乖離を招きかねない。強化現場との距離感を近づけるためにも，アスリートとの意思疎通のためにも，競技統計を熟知しておくべきである。

2 ── 競技に対する態度やかかわり方の質的変化

先述の通り，勝敗などの競技遂行状況のみによるメンタルトレーニングの評価は難しい側面がある。むしろアスリートの心理的変容をたとえば逐語的記録などによって記述していき，アスリートとしてだけでなく人間的な変容を吟味する視点のほうが重要な場合もある。

こうした評価はケースカンファレンス（第2章5節参照）などで，経験の深いSMT指導士や場合によっては臨床心理学や精神医学の専門家などを交えて行われる。SMT指導士は常にアスリートの競技に対する態度やかかわり方に着目して，詳細な指導記録を残しておくことが重要である（第2章5節参照）。

3 ── SMT指導士とチームとの関係性

SMT指導士がチームに所属してサポートを実施するような場合，そのチームとの関係性を定期的に検討する機会が必要である。これらは主観的な評価が難しいため，前項と同様に，指導記録などが重要な基準となる。問題が発生した場合には，積極的にスーパーヴィジョンを受けるべきであろう。

4. メンタルトレーニングの評価における秘匿性への配慮の問題

心理検査の結果や個別対応のアスリートとの面接内容などには守秘義務を負う。しかし，競技の指導者からその面接内容の一部の開示を求められることがある。その場合には，必ずアスリートの了解を得なければならない。

これらの問題に対しては，SMT指導士とチームとの関係，契約の内容，チームや指導者の性格や指導上の哲学などを考慮して，指導者とよく話し合うことが大切である（菅生，2008）。その際，SMT指導士は，守秘義務について慎重な説明が求められるだろう。心理サポートに携わる者にとっては常識的なことであっても，チームワークにとっての阻害要因となってしまったりすることも起こり得る。SMT指導士は，こうした指導者やチームからの要請に対しては「心理サポートの常識だから」といったあいまいな説明ではなく，なぜ守秘を保つことが必要であるのかを，自らの言葉で説明を試みるべきである。また，このような困難な問題は，自分のスーパーヴァイザーに相談して意見を求めるべきである。

〔菅生貴之〕

3-2 心理検査

1. 心理検査の目的

心理検査の目的は，メンタルトレーニングをどのように進めるのかということとかかわっており，大きくまとめると次の点が目的としてあげられる。

■1―自己理解

アスリートやコーチが自己の断面を客観的に把握するために用いる。人は自分自身をよくわかっているようでいて，自分では気付かない面もある。自己の心理的特徴を理解して長所を知って，その長所を生かすように心掛ける。また自分に不足している部分を知ってその部分を補い強化する。心理検査はアスリート自身が自分の特性に気付き，向上していく意欲を持つ動機づけとなる。

■2―アスリートの理解

メンタルトレーニングを進めていくにあたって，アスリートがどのような心理的特徴であるのかを，スポーツメンタルトレーニング指導士（以下，SMT指導士）が把握しておくことが必要である。アスリートの行動や面接や指導から得られた情報を心理検査結果とすり合わせることで，より総合的にアスリートを理解することができる。アスリートの心理面や個性を十分に理解することでより良好な関係を築くことが容易であり，アスリートの持つ可能性をより多く引き出すことができる。

■3―適切な目標設定や練習メニュー

自己を客観視できると自分の特徴を生かす術がわかり，より実現可能な目標設定ができるようになる。そのため，自己理解がしっかりできて自己認識が客観的で健全なアスリートは，競技生活における挫折も少ないといえる。

また練習メニューの作成も，アスリートの特徴に応じた内容に組み立てることが可能になる。

■4―心理的安定

心理検査を受けることによって被検者自身が精神的に安定し，気持ちが前向きになることが望ましい。検査に使用されている言葉がポジティブなもの，結果がわかりやすく自己肯定や自己向上意欲を促すものであると心理検査を受けるということ自体が被検者を心理的安定へと導くこともある。

■5―心理サポート

心理検査の説明，検査の実施，検査結果のフィードバックなどを通して，被検者とコミュニケーションをとることで被検者と検査者の相互理解が進む。心理検査は単なる評価手段ではなく，心理検査の一連のプロセスがそのまま心理サポートの一環となる。SMT指導士は，そのことを意識して心理検査を行う必要がある。

2. 心理検査実施上の留意点

■1―実施には被検者の十分な理解を得る

心理検査の目的を理解しないままに受検すると回答が恣意的になったり，あるいはいい加減になってしまうこともある。被検者自身がその必要性を十分に認めて納得したうえで受検することで検査の正確性が担保できる。そのためには被検者と検査者との信頼関係が成立していることも必要である。心理検査の目的とともに，行う心理検査の

内容や検査結果の役立て方等についてきちんと説明して被検者の自発的な合意を得たうえで行う。

2―心理検査結果は被検者自身のものである

心理検査の結果のフィードバックはできるだけ速やかに被検者にわかりやすく伝えることが求められる。心理検査結果は受検した人自身のものである。そのため受検者自身がその結果を理解できないものでは役に立たない。丁寧な説明と競技に役立てるアドバイスがあることが望ましい。

また、検査者には守秘義務がある。被検者以外の競技関係者、たとえば監督やコーチなどがアスリートの心理検査結果の開示を求める場合、検査者サイドで判断するのではなく、被検者の了解を得たうえで個人情報に十分な配慮をして被検者が納得できるようにはからう。

3―心理検査でラベリングや選抜を行わない

ものごとは見方が変わると見え方も変わる。心理検査でわかるのは被検者のすべてではない。心理検査はあくまでその検査を通しての心理的特徴を客観的に把握するためのものであり、人間理解の助けとなるものでもあり、特にメンタルトレーニングの場では被検者がよりよい方向に進むための示唆を得るものである。分類してラベリングしたり、選抜のために使用するものでないことを肝に銘じたい。

4―テスト・バッテリーを組む

心理検査結果の妥当性と信頼性を高めるためには、性質の異なる複数の心理検査を組み合わせることが望ましい。ただし、あれもこれもと検査を行うことは被検者の心理的・時間的・身体的負担となるため、心理検査を選ぶ際にはよく精選することが必要である。

5―検査は複数回実施する

心理検査はできれば定期的に実施する。検査種類によっては検査時のコンディション等が結果に影響するものもある。検査の信頼性を高めるためにも複数回の実施が望ましい。複数回実施することで被検者自身が心理検査による客観的評価とその時々の状況や競技成績を重ね合わせて自己理解することができ、コンディショニングに役立つ。

また、SMT指導士は、練習計画の中で適切な時期を選んで定期的に検査を行うことで、被検者の心理的特徴の経時的変化に対して適切に対応したサポートができる。

6―前向きなフィードバックを行う

SMT指導士は、心理検査結果を被検者にわかりやすく解説するとともに、これからの競技や練習に役立つ前向きなフィードバックを行う。一方的なフィードバックではなく、被検者とのディスカッション形式でのフィードバックが望ましい。そのためには十分な時間をとり、1対1で心を開いて話ができる環境整備も必要である。

7―心理検査の短所を知っておく

被検者は、圧迫感や侵害感が生じて自己の心の中を覗かれ見透かされるような印象を持つ場合もある。あるいは検査者に対して服従的・依存的になることもある。事前の説明を丁寧に行い、検査の主体は被検者であることをしっかり伝えておく。

検査者は、心理検査偏重に陥らないように注意したい。心理検査の結果に頼り過ぎて、心理検査なしでの選手理解が心もとないようでは信頼関係を築くことも適切なサポートを行うことも難しい。心理検査は手掛かりの1つであることをわかったうえで、心理検査の結果のみでアスリートを決めつけて見ることのないように注意する。目の前のアスリートと、全体的なまとまりのある総合体である一人の人間として向き合う覚悟が必要である。

8―心理検査についての十分な知識と経験を有すること

まず何よりも検査を行う検査者が用いようとす

る心理検査について学術的・専門的な十分な知識と理解があることが重要である。心理検査の種類によっては，結果の解釈が比較的容易にできるものと，解釈に熟練を要するものがある。SMT指導士は，それぞれの心理検査法の基盤となる人間理解の理論を熟知したうえで，検査を行い，的確なフィードバックを行うことが求められる。

❾—心理検査施行に際して検査者が配慮すべき留意点

①被検者が落ち着いて検査を受けることができるように，机や椅子の状態や配置，空調や照明，騒音や人の出入りの有無など，検査を行う場の環境の整備に努める。

②被検者の心身状態に注意する。激しい身体運動の後や精神的に大きな負荷がある状態では，検査結果に歪みが生じ，日頃のありのままのアスリートの状態が反映されにくい。空腹時や満腹時も避け，時間的余裕があり，トイレを済ませ，生理的・心理的に落ち着いた状態で検査を行う。できれば心身ともに負荷の少ない午前中に検査を行うのが理想である。

③検査の種類によっては比較的長い時間を要する場合もあるため，被検者の疲労や眠気にも注意を払う。複数の検査を行う場合には，行う順序を考え，途中に休憩や軽い運動を入れてリフレッシュするなどの工夫も必要である。

④検査に必要な用紙や筆記用具などは事前に数量的余裕をみて準備しておき，スムーズに検査を進めることができるようにしておく。

⑤検査の多くは検査のやり方や手順が決まっているため，手引書などに従って行う。検査に慣れているから，時間の制約があるからといって，定められた手順を踏まないで検査を実施した場合には，検査結果の信頼性が揺らぐことになる。

3. アスリートの心理的特徴を評価する

少し前までは心理学分野で開発された心理検査が競技関連にもそのまま利用されてきた。今日では，アスリートや競技に特化した心理検査も多く開発されてきている。さまざまな心理検査の中から，それぞれのアスリートや競技に適した検査を選んで活用を工夫するとよいだろう。アスリートや競技との関連性の理論的検証がなされている心理検査を用いることによって，アスリートの不適応行動の原因を探り適切な対処法を講じることが可能である。

心理検査には，個人内で比較的一貫性のある心理的特徴である心理的特性を測定・評価する検査法と，試合前や試合中あるいは練習時等のときと場合によって変化し得る心理状態を測定・評価する検査法がある。メンタルトレーニングを行う際には，アスリートの人間性を理解したうえでアスリートの心理的状況を把握することが必要であるため，これらを区別して状況に応じて適切に用いたい。競技でよく利用される検査法について簡単に解説する。

❶—心理的特性を測定・評価する検査法

①心理的競技能力診断検査（DIPCA.3）

52項目の文章に5段階評価で回答することにより，競技にとって必要な心理的スキルである「心理的競技能力」を測定・評価する。競技意欲（忍耐力，闘争心，自己実現意欲，勝利意欲），精神の安定・集中（自己コントロール能力，リラックス能力，集中力），自信（自信，決断力），作戦能力（予測力，判断力），協調性（協調性）の5因子（12尺度）で構成されている。検査に要する時間は約15分である。検査後すぐに自己採点・自己評価ができるため，必要な心理的スキルを効率よく把握できる。

②内田クレペリン検査（UK法）

一桁の数字の連続加算作業により，軽い負荷をかけた状態で行動するときの能力特徴とその能力を発揮するしかたの特徴を測定・評価する。連続加算作業を1分毎に行を変えて15分間行い，5分

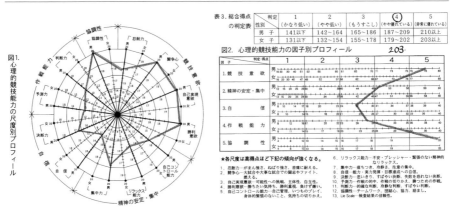

図3-2 心理的競技能力診断検査（DIPCA.3）プロフィール

間の休憩を挟み，さらに15分間行う。全体の作業量や1分毎の作業量の変化のしかた（曲線）や誤答から，行動特徴を類型化する。判定は人柄理解に重点を置く第一系列と選別・序列化に重点を置く第二系列の2通りがあり，競技の場合には第一系列の判定法がよく用いられる。第一系列の判定法では，意思緊張，慣熟，興奮，休憩効果，疲労の作業5因子の特徴から人柄を10類型16種類に分類化し，全体作業量をもとに心的エネルギー5段階評価と，曲線の形と後期作業量増減率をもとに精神健康度5段階評価，さらに曲線傾向をもとに，上昇，平坦，下降の3通りの評価を行い，これらの評価を組み合わせて心理的特徴を把握する。検査に要する時間は約45分である。判定技術習得には熟練を要するが，得られる情報量も多く，被検者が意識していないさまざまな行動や心理的特徴が明らかになるため，選手理解や問題行動改善やトレーニング方法の工夫に役立つ。

③**矢田部・ギルフォード性格検査（YG性格検査）**

120問の文章に「はい，いいえ，どちらでもない」の3択で回答することにより，4つの性格特性傾向（情緒的安定性，人間関係性，行動特性，社会的活動性）と12尺度の強さの程度（抑うつ性，回帰的傾向，劣等感，神経質傾向，客観性，協調性，攻撃性，活動性，のんきさ，思考的外向，支配性，社会的外向）について測定・評価し，被検

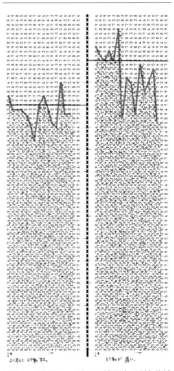

図3-3 内田クレペリン検査（UK法）曲線

者の性格と特性の偏りを明らかにする。判定基準に従ってA～E類型の5系統の型に分類化することもできる。検査に要する時間は約15分である。採点・評価が比較的容易なためアスリートが感じている問題点を効率的に抽出することができる。この検査法は自己認識評価であるため，短期間で変化することはほとんどない。

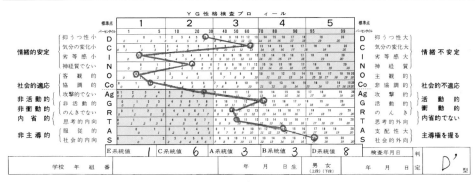

図3-4 谷田部・ギルフォード性格検査（YG性格検査）プロフィール

④東大式エゴグラム（TEG）

55問の文章に「はい，いいえ，どちらでもない」の3択で回答することにより，対人的交流を行う際の中心となって働く自我状態を分析・評価する。交流分析理論に基づき5つの自我状態（CP：批判的な親・支配性，NP：養育的な親・寛容性，A：おとな・論理性，FC：自由な子ども・奔放性，AC：順応した子ども・順応性）の高低から性格特徴や行動パターンを明らかにし，意識的に行動を修正し自己成長をはかる手立てやコミュニケーションスタイルを見直すきっかけとする。検査に要する時間は約15分である。検査後すぐに自己採点・評価ができ，競技における人間関係のありかたへの見直しや自己への気づきを促すことができる。

⑤特性不安検査（TAI）

STAI状態・特性不安検査の中の，比較的一貫して性格の一部として有する不安の程度を検査・評価する。20問の文章に「ほとんどいつも」から「ほとんどない」の4段階評価で回答する。普段の不安の程度を把握することで，競技に対する不安の除去や解消のための有効な方法を適用することができる。

2 ― 心理状態を測定・評価する検査

①POMS 2

気分状態を7つの尺度（怒り-敵意，混乱-当惑，抑うつ-落込み，疲労-無気力，緊張-不安，活気-活力，友好）からとらえて測定・評価する。活気-活力と友好の2つのポジティブ尺度が高得点となり，残りの5つのネガティブ尺度が低得点となる状態が，一般的に良好な気分状態であるとされ，アスリートのコンディショニング状態を評価する指標として利用できる。成人用の65項目あるいは青少年用の60項目の文章に「まったくなかった（0点）」から「非常に多くあった（4点）」までの5択で回答する形式である。35問の文章で構成される短縮版もあり，使用目的によって使い分ける。5分から10分程度の比較的短時間で回答し，自己採点・自己評価も容易である。

②状態不安検査（SAI）

特性不安検査（TAI）と対をなす検査であり，20問の文章から成る。ある特定場面や状況で体験される不安を測定・評価するものであり，アスリートの競技パフォーマンスを向上させるための状態把握に利用される。

③競技状態不安検査（CSAI-2）

試合中の不安状態を，27問の文章への回答から，認知的不安，身体的不安，自信の3尺度から測定・評価できる。測定は短時間ででき，試合中だけでなく，試合前の不安状態も測定できるため，コンディショニングに役立つ。

〔東山明子〕

> コラム

スポーツドクターとのかかわり

■スポーツドクターの標榜診療科

　日本スポーツ協会が認定するスポーツドクターについて，その公式HPで検索すると，2018年6月9日時点で情報を公開しているドクターが4,434名（全国）とある。このうち精神科ないしは心療内科で登録しているドクターは76人（1.7％）でしかなく，支援者の絶対数が少ない。

　スポーツドクターとはいえ，精神疾患の専門家が対応するとは限らないため，ゲートキーパーとして，まずどこに依頼するべきかを考えたい。精神科医が扱うべき疾患と，標榜科に拘泥しない疾患があることは知っておきたい。

■精神科医が扱うべき疾患

　スポーツに関連した精神疾患の中で，とりわけ精神科医が対応すべきは摂食障害である。対応を誤れば生命維持にも支障をきたしかねない。現場での拙速な判断は避けるべきである。迷わず精神科医の下を受診し，加療が続くよう，道筋を付けるのが指導者や保護者らの責務といえる。

　次いで問題となるのがオーバーコミットメントにみる「燃え尽き症候群」やうつ病である。これらの疾病には自責の念が高まるといった特徴がある。場合によっては責任を取る形での退部や辞職，時には自殺をほのめかすといった形で突然，問題が露見するなどが考えられるため，現場は混乱するであろう。この場合も精神科医の下へ受診するよう取り計らうのが指導者らの役目といえる。

　その他，ドーピングなど物質依存が問題となる場合も精神科への受診が薦められよう。さらには，頭部外傷後遺症やてんかんなど器質性障害が併存する場合には，精神科医だけでなく，脳神経外科医とも協調した対応が求められる場合もある。

■必ずしも精神科医だけが対応していない悩み

　悩みの内容を拝聴した結果，悩むこと自体はむしろ当然ではないかと考えられる場合（＝これを了解可能な悩みという）は，必ずしも精神科医だけが対応している訳ではない。アスリートらがマッサージなどの施術を受けている際に，ついこぼす本音などを拾い上げているのはドクターではなく，むしろアスレティックトレーナーやマネージャーなど，より身近な存在にある方たちかもしれない。彼らによる傾聴の過程を通じて，アスリート自身の中で問題点が整理され，次につながるような行動に結びついている間は，大きな問題にはならないだろう。

　しかし，あまりにも身近過ぎて，互いの適正な距離感がつかめないと，言葉のやり取りの過程で傷つけあう恐れがある。つい感情的な対応に陥ったり，互いの主張に折り合いがつかないでいると消耗してしまう。意欲の喪失や不安に駆られてパフォーマンスが落ちるといった問題へと発展しかねない。問題点を整理し解決の糸口をつかむための具体策を練るためにも，たとえばスポーツドクターに立ち会ってもらい，医学的知見から意見を得るのは，1つの方法かもしれない。

■日本スポーツ精神医学会の活用

　スポーツドクターはアスリートの心性を理解しているため，そのうえでの医学的助言が期待できよう。しかし悩みの内容が，了解の程度からかけ離れるほどに，より専門的な，精神科医としての支援が必要となる。実際には精神科を標榜するスポーツドクターがごくわずかであるため，対応困難事例に遭遇した場合には，日本スポーツ精神医学会など専門家集団に問い合わせてみるとよい。いずれにせよ独りで抱え込まないことが重要である。　　　　（黒川淳一）

3-3 スポーツ集団の評価と育成

1. スポーツ集団の種類

目的の違いから大きく2つに分けられる。

1 — プロスポーツ集団

目標は勝利であり，競技レベルは高い。スタッフも多数いて，目標達成までの時間は限られている。勝利という目標が非常に明確であるが，勝利至上主義になりすぎると非情な論理が優先されアスリートに不満がたまると予想される。また，起用に関して監督の個性が強く働く。「チームのために自分がしなければならないこと」として自分の役割を納得させることが重要な課題となる。

職業としてのスポーツであるため，現役生活をできるだけ長く続けさせることや，契約更新されずに引退する若いアスリートの生活にも目を向ける必要がある。

2 — 学生（生徒）スポーツ集団

目標はスポーツ技能の獲得やチーム成員の親和であるが，小学校の高学年になると大きな大会も開催されるため，勝利志向もみられる。技能レベルはさまざまで，スタッフ，資金は不十分なことが多く，指導者の目標達成までの時間は長いが，アスリートは限られた学生生活の時間内で，スポーツ活動を行っているにすぎない。日本では競技スポーツの多くが学校教育の一貫である部活動でアスリート育成を行っている。そのため教育年齢の子どもの学業とスポーツトレーニングの両立は子どもに葛藤を生じさせている。

したがって，この集団では総合的な発達についての観察が大切である。

2. チーム集団の心理的風土の評価

マートン（1991）は，心理的風土にあたる「チーム文化」を次のような言葉で表している。

「チーム文化とは，チームでものごとがなされる方法を意味している。…誰と誰が話し合っているとか，練習のやり方とか，ゲームの儀礼だとか，勝敗に対してみなが受け入れる反応とか，服装の規則等に関係している。」

したがって，指導者，被指導者それぞれの特性がスポーツ集団としての環境を構成すると考えられる。

1 — リーダーシップ

指導者の集団運営はチームに大きな影響を与える。リーダーシップの基本的な考え方では，指導者の指導がどのような形で表現されるかによって，次のように分類されている。

- 専制型…勝利志向，命令的，課題志向
- 民主型…選手志向，協調的，人間志向
- 両方の併用…状況により専制型と民主型を使い分ける
- 自由放任型…まったく指示を与えない

リーダーシップのタイプは自由放任型が最も効果がないことが見出されているが，民主型，専制型両方とも一長一短がある。成員のやる気がないときや時間が少ししかないときは専制型が効果的であり，また個人種目では民主型が効果を示すことが多いため，民主型，専制型は状況に応じて使い分けると効果的である（マートン，1991）。

表3-2 コーチング行動評価システム
(Smith et al., 1977)

1. 反応型行動（成員の行動に対する反応）
A. 好ましいパフォーマンス（に対して） 　①肯定的な強化 　②何もしない（強化を与えない） B. ミスまたはエラー（に対して） 　③ミスについては励ます 　④ミスに対して技術的な教示を与える 　⑤罰を与える 　⑥罰を含んだ技術的な教示を与える 　⑦ミスを無視する（何も与えない） C. 間違った行動（に対して） 　⑧監督管理する
2. 自然発生的行動
A. 試合に関係する状況 　⑨一般的な技術教示 　⑩一般的な励まし 　⑪指揮をとる働きかけ B. 試合と関係ない状況 　⑫一般的なコミュニケーション

❷―コーチング行動の評価

指導者とアスリート（被指導者）の人間関係の問題は，コーチング行動が原因となることが多い。指導者がどのようなコーチング行動をとるかを，表3-2に示した。チェックリストにして，練習場面，試合場面でどのような行動が多いかを直接評価や観察によって明らかにすると良い。日本のコーチはほめることが下手だとしばしばいわれるが，チームではアスリートとコーチの良好な人間関係が必要とされている。

❸―集団の社会的環境

チームの環境は，何を目標とするか（課題），伝統，チームメンバーの競技レベル，スタッフの人数，目標達成までに用いることのできる時間等によって異なる。また，チーム内の規則，上下関係，フォーマル・インフォーマルなリーダー，仲違い，目的意識の違い，えこひいきなど，チームが集団としてどれくらい効果的に機能しているかを明らかにすることが必要である。

バンデューラ（Bandura, 1982）は，集団の直面する問題を解決するために集団として努力する力を集団効力感と名づけた。集団効力感は集団に関する多様な要因をまとめたものといえるだろう。

能力の高いアスリートが揃ったのに成績が上がらない場合は，能力が高いゆえに競争が激化し，主導権争いをして集団効力感が低下しているのである。そのような状況を的確に判定することが集団への介入で大切なことである。

❹―集団凝集性

集団凝集性は，集団が強く結びついている様子で，明確な目的とメンバーの感情的な欲求の満足を追求するために集団に結びついている力動的なプロセスである（Carron et al., 1998）。キャロンほか（Carron et al., 1985）によればスポーツチームの凝集性は，個人の課題魅力－社会的魅力次元と，集団の課題への統合－社会的統合の次元でとらえることができた。

チームパフォーマンスに集団凝集性が強く影響するかについては一貫した結果が得られていない。しかし，良い成績を上げられなかったチームが凝集性を高めると，良い成績を上げる可能性は高くなる（Carron et al., 2005）。

❺―成員の心理的状況の測定

チームの心理状況を把握する評価の方法として以下の尺度を紹介する。

①チーム心理診断テスト（SPTT）

これは猪俣ほか（1992）の作成した50項目，「チームの有能感」「コーチ信頼」「メンバー関係」に「応答の正確性」を加えた4下位尺度からなるテストである。これを用いると自分の所属しているチームをどう感じているかが明らかになる。

②動機づけ雰囲気尺度
（Motivation climate scale）

集団が熟達目標（上手になることを目指す）を重視する熟達雰囲気と成績目標（高い成績を目指す）を重視する成績雰囲気の2つに分けられる。

チームを熟達雰囲気と感じるアスリートはチームへの満足度が高く，競技不安が低いが，成績雰囲気が高いと感じるアスリートは不公平感を持ちやすく，緊張や不安が高くやる気が低いことが示されている（Walling et al., 1993）。

パパイアノウは体育授業での動機づけ雰囲気の「学習志向－成績志向」を測定する尺度を作成したが，それは以下の5つの下位尺度から構成されている（オウェールほか，2006）。①クラスの学習志向（熟達／課題），②教師による課題志向（熟達／課題），③クラスの自我（成績）志向，④生徒の失敗に対する恐れ，⑤努力なしの勝利，である。スポーツ集団に応用すると，それぞれの下位尺度で集団のメンバーがどの方向に関心を持っているかが，集団全体としての動機づけ雰囲気を決定づけていると言える。

③POMS (Profile of Mood States)

前節でも紹介されている，個人の「最近の1週間」の気分状態を明らかにするテストである。チーム内のアスリート個々の気分状況を明確に反映しているので，現在調子を落としていたり，心理的問題を抱えているアスリートを抽出するのに有効である。

④東大式エゴグラム

前節で紹介されているが，25の基本パターンを用いると集団成員の特徴がつかめる（TEG研究会，1991）。

⑤ソシオメトリックテスト

集団内の成員の相互選択，排斥状況を調べる検査である。状況を設定して，メンバーの名前を回答させるものである。集団の人間関係の様子を図示するソシオグラムを用いると孤立者や中心者，下位集団などの存在を分析することができる（主として子どもの研究で用いられており，成人についての使用は慎重な考慮を要する）。

3. スポーツ集団の育成

1 ― 集団の発達段階

タックマンとジェンセン（Tuckmany & Jensen, 1977）は図3-5に示したような集団の発達段階を提唱している。集団は継続性があまり長くなると組織の硬直化が生じると考えられているが（古川，1990），スポーツ集団は常に新しい成員が加入するという特徴を持つため，新たに加わった成員をいかに1つのチームにまとめるかということが育成のポイントとなる。形成直後には動揺し，メンバー間の葛藤が起きやすい。葛藤はチーム内に下位集団（小さなグループ）をつくる。小さなグループ同士の衝突や感情の行き違いは，集団の凝集性を低下させる。また，集団内で孤立するアスリートにも注意を払う必要がある。

チームが達成期にあり，集団目標に全員が向かっているとき，ほとんど問題は見られなくなる。しかし，課題の達成が完了してしまうと休止状態になり衰退する。

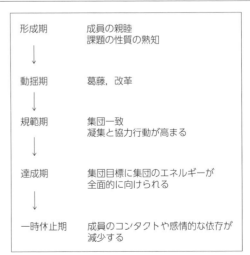

図3-5 集団の発達段階（Tuckman & Jensen, 1977）

2 ― 集団内の個人

スポーツ集団内の個人的問題は，個々のアスリートの問題と同じである（怪我，不安，緊張，やる気，個人のスキル，スポーツ以外の個人的問題など）。集団内の人間関係で，指導者との関係，集団内での孤立なども問題となる。

集団に固有のものでは，学年差による上下関係はハードな集団規範であると考えられる。規範の改善はなかなか難しいが，それは規範を逸脱する人間に同調を説得する斉一性への圧力が生まれるからである。さらに無理やり規範に従うことから服従が生まれる。また，話し合いによる合議は正しい決定を生むと期待されるが，集団合議によりとんでもない決定がなされ，それがより危険なものになる場合がある（リスキー・シフト）ことが示されている（山岸，2001）。集団になったときの人間の行動を理解しておくことが重要である。

3 ― 集団育成のプログラム

強力な集団とは何かについて，ザンダー（1996）は次の4つの特徴をあげている。
・成員が自由に相互作用する
・互いの行為に依存している
・集団に魅力を感じる
・集団の外部に対してパワーを発揮できる

最初から強力な集団ができあがっているのではないので，集団に問題があるときはより良く集団を育成するためのチームビルディングプログラムに沿って集団に介入することが望まれる。キャロンほか（Carron et al., 2005）はチームビルディングを「課題目的と社会目的の両方のためにチームを高め，改善することである」と述べている。具体的な内容については第5章5節に詳述されている。

チームビルディングは指導者の行う直接的なアプローチと，指導者以外が行う間接的なアプローチがある。間接的なチームビルディングのプログラムには，環境に関するもの（一体感），構造に関すること（規範，リーダーシップ等），集団プロセス（コミュニケーション，協力，目標設定等）などが含まれている（Carron et al., 2005）。

ザンダー（1996）はさらに集団成功への願望，意思決定の過程の改善をこれらに加えている。

4. 集団育成をけん引する指導者の役割

1 ― 指導の目的

マートン（2013）は，指導者のかかげる指導の目的を以下の3つに分類している。どこに優先順位を置くか迷う指導者は多いだろう。
・勝てるチームを持つこと
・若者に楽しみを与えること
・若者の成長を助けること

アメリカスポーツ教育プログラム（ASEP）は「Athletes First, Winning Second」を標語にしているが，「Winning First, Athletes Second」で運営されているスポーツ組織は現実にあり，オリンピック種目の競技団体は，日本でも勝利第一をかかげている。指導者はスポーツ指導だけでなく，スポーツが人間にとってどのような意味を持つ活動であるかをスポーツ集団・選手に教育する役割を担っている。

2 ― 教員スポーツ指導者

日本式スポーツ活動では，学校運動部で教員が指導することが他国とは異なる特徴である。教員スポーツ指導者が，「勝てるチームを持つこと」を目標にすると「教育」からスポーツが離れてしまう。教員スポーツ指導者を生かして，スポーツを通じて若者を成長させることが重要である。

（阿江美恵子）

指導者へのメンタルトレーニング

指導者へのメンタルトレーニングについて，3つの構成要素「スポーツ指導者，トレーニングプログラム，スポーツメンタルトレーニング指導士（以下，SMT指導士）」に分けて考える。

■スポーツ指導者（受ける側）

スポーツ指導者には，メンタルトレーニングに興味のある人とそうでない人がいる。たとえば，筆者はさまざまな団体（JOC各競技団体，プロ野球，日本女子プロゴルフ，Jリーグなど）の指導者を対象に講義を行うとき，心理学やメンタルトレーニングに対する誤解や，否定的な意見を持つ指導者にも出会う。さまざまな思考背景を持つ方々には，図3-6をもとに，メンタルと一言でいっても，いくつもの異なるメンタル要素があること，そしてそれに気づき，それらを個々に高めることがいかに選手の実力発揮には役立つかの基本を説明する。

また，メンタルトレーニングを受けたいという指導者には，トレーニング内容を決めるために，最初に「あなたはメンタルトレーニングをどんなものだと考えて依頼にきたのか」を確認する。

ここでできる仕分けは下記の3つである。

・一選手あるいはチーム全体のためか，それとも指導者本人のメンタルのためか
・どんなメンタルをどのように鍛える，整える，あるいは作ることを期待しているのか
・SMT指導士の中で，なぜ私への依頼なのか（女性だから，経営者だから，代表コーチや選手の経験があるから，など）

■SMT指導士（教える側）

筆者は，メンタルトレーニング指導において，基本トレーニングの軸を持ってはいる。しかし，それを一方的に指導しても効果には限界がある。最初に依頼を受けた時点で，たとえ指導者の心理学に対する理解が偏っていても，まずは「相手の期待と理解にそって」，トレーニングプログラムを共に計画する。常に立ち位置としては，「指導者の補佐」に徹する。しかし，ここで若手の指導士に誤解をしてほしくないのは，「なんでも言う通り聞くのではなく，相手の非現実的な期待や，メンタルに対する誤解には，こちらから，さまざまな質問を投げかけることによって，相手の本当に望んでいることを抽出する質問スキルは必要」ということである。これは自分自身，指導士になって何年もできなかった。メンタルトレーニング指導を始めて20年になるが，10年目頃からようやく整理されてきたに過ぎない。この仕事は熟練すればするほど，やりがいは増す仕事であるため，ぜひ焦らず頑張りすぎず，失敗にはしっかり落ち込みながら，指導経験を増やしてほしい。そのために，SMT指導士にとって大事なことは，我々こそがメンタルトレーニングを日々自らに課し，常に内省を続け，自己客観力を強化することと，自分の指導の限界の判断力を磨き，効果的なリファーができるシステムを自分の周囲に確立しておくことである。

（田中ウルヴェ京）

図3-6　アスリートの実力発揮へ向けた流れの図式
（田中，2016）

3-4 コミュニケーション能力の評価

1. コミュニケーション能力とは

■1—コミュニケーション能力は必要か

　コミュニケーション能力とは，送り手としてメッセージを発信・伝達する能力と，受け手としてメッセージを受信する能力のことである。簡単にいえば，自分の思いや考えを表現する力と，相手の思いや考えを理解する力といえる。スポーツ場面では，指導者や所属しているチーム内の他のアスリート，対戦相手，審判，観客，および自分を支えてくれている家族など，たくさんの人との人間関係が存在しており，集団種目・個人種目を問わず，コミュニケーション能力は重要なスキルの1つといえよう。

■2—コミュニケーションの種類

　コミュニケーションには，「言葉」を用いた言語的コミュニケーションと，「身体の言葉」を用いた非言語的コミュニケーションの2種類がある。コミュニケーション能力が不足しているために起こる人間関係の悩みは，スポーツの現場においても問題となることから，この2種類のコミュニケーションでの送り手・受け手としての能力を効果的に発揮することは非常に重要である。図3-7は，スポーツ場面における主な言語的コミュニケーションと非言語的コミュニケーションをまとめたものである。アスリートや指導者は，自身のコミュニケーション能力を見直し，向上させていく必要がある。

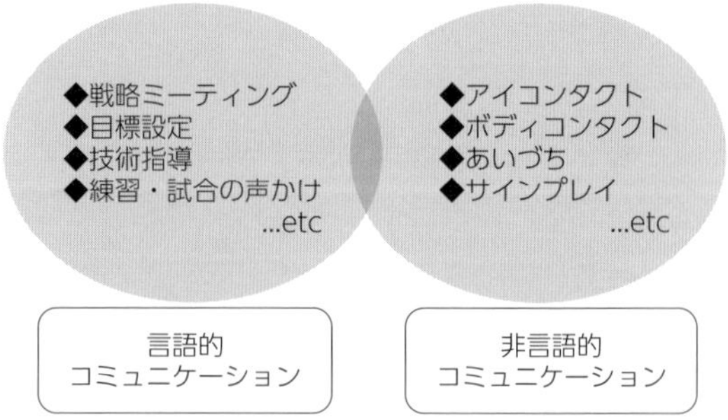

◆戦略ミーティング
◆目標設定
◆技術指導
◆練習・試合の声かけ
　…etc
言語的コミュニケーション

◆アイコンタクト
◆ボディコンタクト
◆あいづち
◆サインプレイ
　…etc
非言語的コミュニケーション

図3-7　スポーツ場面での主なコミュニケーション能力
（今村，2005）

2. 言語的コミュニケーション

■1—ロジカル・シンキングに基づくコミュニケーション

　ロジカル・シンキングとは，論理的（ロジカル）に考える（シンキング）ことであり，相手に分かりやすく伝えるために物事を整理し，筋道を立てて考えることである（西村，2003）。ロジカル・シンキングとは，目標を明確にもち，目標を達成するまでのシナリオに関して筋道を立てて考えていくことであり，言語的コミュニケーションにおける戦略ミーティングや目標設定，技術指導などにおいて役立つ。

　ロジカル・シンキングでは5W1H（Why, What, Who, When, Where, How）を基本として思考し，コミュニケーションにつなげていく。ロジカル・シンキングをベースとした言語的コミュニケーションをできるようになると，今までとの違いを分析し，今後の結果への影響について考え，他者へ伝えることができるようになる。たとえば，試合でいつも通りのプレーを発揮できなかった際に，

何が原因だったのか，どのように対処していけば良いのか，今後はいつまでにどんなトレーニングが必要なのかを考え，チームメートやコーチと話し合うことができる。

一方で，ロジカル・シンキングができないと，根拠のないものに原因を帰属したり，失敗を責任転嫁したりして（たとえば，運が悪かった，体調が悪かったなど），効果的なコミュニケーションにつなげられなくなる。ただし，「なぜ（why）」を用いた問いは，否定的な材料と結びついて発せられると，相手に追及されているような印象や，人格を否定されているような感情をもたせ，お互いの関係を悪くする作用があることも認識しておきたい。そのかわり，「どうやって（how）」＋未来の肯定的材料と結びつけることが人間関係においては肝要である（岩井，2002）。

ロジカル・シンキングに基づくアスリート間やアスリートと指導者間の双方向のコミュニケーションは，他者や物事に対する思い込みを未然に防ぐことにも役立つ。たとえば，あるアスリートを他の2人が見た際に，一人は「彼はやる気がないな。たるんでいるな」と漠然と感じ，もう一方は「彼は今日は疲れているな。昨日，部活の後に一人で残って練習していたからかもしれないな」と感じるかもしれない。人は自分の過去の経験などの先入観を通して，事実をとらえる傾向にある。「なぜ」その事実が生じ，それに対し「どのように」「いつまでに」対処していくのかを互いに話し合うことで，先入観による歪みに陥らずに，相互理解を深めることが可能となる。

2　アサーティブなコミュニケーション

相手がどう思うかを考えすぎてしまい，自分の気持ちを抑え込んでしまう受身的なアスリートは，チーム内の揉めごとを避け，その場をおさめることは得意な反面，自分の気持ちを抑え込んでしまうためにストレスを感じたり，自己否定的になったりしがちである。また，自分の考えを押し通そうとしたり，権利を主張したりする攻撃的なアスリートは，強烈なリーダーシップを発揮する場合もあるが，他者との相互尊敬ができないために，人間関係が長続きしないこともある。

アサーション（主張，断言）とは，コミュニケーション・スキルの1つである。「自分の気持ちを確認し，気持ちが伝わる表現」と「相手の気持ちを理解し，尊重した表現」を用いた，自己と他者を大事にする自己表現と考えられている（平木，2009）。アサーションは，自分の気持ち，考え，および信念などを正直に率直に，その場にふさわしい方法で表現するだけでなく，相手が同じように発言することを奨励しており，「話す」と「聴く」の相互作用を含んだコミュニケーションの方法である。

アサーションを基本とするコミュニケーションがうまくとれないアスリートは，ロジカル・シンキングをしておらず自分の気持ちや考えを把握できていなかったり（もしくは無視している），自分のプレーや行動に対して，その結果や周囲の反応を気にしすぎたりしていることが多い。

3　受け手としての言語的コミュニケーション

相手の話を聴く場面では，自分の興味や関心，過去の経験などの先入観で人の話を聞いて判断しがちである。大切なことは，相手の話に耳を傾け，相手の考えや経験のバックグラウンドを考慮しながら情報を整理したうえで，その場にふさわしい方法で応答することである。普段から相互の信頼を深め，協働作業を行う意識を持てるようなチームミーティングの時間を持つことが大切である。

3. 非言語的コミュニケーション

1　スポーツ場面における非言語的コミュニケーション

非言語的コミュニケーションは，会話をスムーズにし，良い人間関係を築くうえで重要である。

非言語的コミュニケーションは，大きく分類すると，視線，表情，姿勢，および動作などの視覚的なものと，声の大きさやトーン，話し方などの聴覚的なものに分けられる。スポーツ場面で用いられる非言語的コミュニケーションには，①サインプレーなどで用いられるジェスチャー，アイコンタクトなどの動作，②励ますために肩を叩いたり，喜びを共有する際のハイタッチなどの接触行動，③溜息や沈黙などの準言語などがある。また，島崎・吉川（2012）は，指導者が用いる非言語的コミュニケーションとして，身体動作（身振り手振り，足組み，しぐさ，くせ，姿勢），表情，身体接触，視線（目線，アイコンタクト），付属品・人工物（服装，ヘアースタイル，化粧など），近言語（話のテンポ，声の大きさ，強弱，長さ），および対人距離（話をする際の距離，立ち位置）をあげている。

　これらの情報から相手に自分の考えを伝えたり，また相手が何を要求しているのかを理解したりするためには，密度の高い時間を共有することが必要不可欠である。練習や試合場面だけでなく，日常生活においても仲間と共有する時間を増やすように配慮することが大切である。また，的確な判断や予測が求められるプレー中において，味方がどのように動くのかを論理的に考えることは，先に述べたロジカル・シンキングをベースとした非言語的コミュニケーションととらえることができよう。

2─二重拘束メッセージ

　非言語的コミュニケーションが言語的コミュニケーションと矛盾していると，他者に混乱をきたすことがある。言葉と表情，口調などに乖離があると，二重拘束（ダブル・バインド）メッセージとして他者に伝わる。対人コミュニケーションにおいて言語よりも非言語が占める要素が大きいことを示したメラビアンの法則によれば，表情（視覚），声の調子（聴覚），会話内容（言語）で矛盾した情報が与えられた際に，人は表情や声の調子を優先して受け止め，話し手の感情や態度を判断するとされる。たとえば，無表情なままで「今日のミスは気にするな」と励ましても，相手は責められていると受け止めるかもしれない。あいづちを打ちながらよそ見をしていれば，自分の話に興味がないと思われるし，腕組みをして話を聴けば，話や意見を受け入れる気がないと伝わることもある。とくに，指導者や年上のアスリートのように立場が上の場合，腕組みをして相手の話を聴きがちであり，注意が必要である。このように，言葉や言動よりも，表現の仕方，姿勢，表情，声，および服装など，非言語的コミュニケーションの要素が大きな影響をもつことがあることを留意しておきたい。

4. ネットコミュニケーションの出現

1─ネットコミュニケーションとは

　インターネットの出現とPCやスマートフォンなどのデジタル機器の普及を背景に，スポーツ現場におけるコミュニケーションのあり方も多様化しつつある。チームメートや指導者との情報共有や報告に，メールやSNS（Social Networking Service）からの発信・発信への返信など，文字を中心としたインターネット上のコミュニケーション（ネットコミュニケーション）を用いるアスリートやチームもみられるようになってきた。

2─ネットコミュニケーションの留意点

　ネットコミュニケーションでやり取りされる情報は，主に文字のみであり，顔を合わせてのやり取りであれば非言語的な情報（たとえば，顔の表情や声の調子）で補完される感情状態や細かいニュアンスが伝わりにくく，対人関係の混乱や対立を招く要因となる（倉澤，2014）。また，メールを用いたコミュニケーションの特徴として，対面

でのコミュニケーションと比較して相手から得られる情報が少ないため，言葉のすれ違い，誤読，誤解によって感情的問題に発展する可能性があること，メールの頻度や1通あたりの長さにより，嫌われている感じを相手が抱く可能性があること，携帯端末を用いたメールの場合，一定の時間内に返信がないと不安になるといった問題も指摘されている（小林，2001）。実際に，代表選抜チームのように，日頃は顔をあわせることの少ないアスリートや指導者間でネットコミュニケーションが用いられ，有用性が述べられる反面，上述の問題が表面化し，心理サポートの対象課題となった事例もある。

　ネットコミュニケーションは，対面でのコミュニケーションと同程度に重要度が増してきている。考えや気持ちが正確に伝わるように言葉を選び，たとえ顔が見えなくとも，対面でのやり取りを想定しながらネットコミュニケーションを進めることや，あくまで対面でのコミュニケーションを補完したり，充実させたりするための要素であることを理解しておくことが大切である。

5．コミュニケーション能力の評価

1——コミュニケーションスタイルを知る

　アスリート間や指導者とアスリート間のコミュニケーションの改善や，他者理解を含めたコミュニケーション能力の向上に向けて，各人のコミュニケーションスタイルを把握することは重要である。対人関係におけるコミュニケーションスタイルや自己への気づきを高めるものとして，東大式エゴグラム第2版（新版TEGⅡ）がある。このTEGⅡでは，対人的交流を行う際に中心となって機能する自我の状態を，役割と機能の面から「批判的な親（CP）」「養育的な親（NP）」「成人（A）」「自由な子ども（FC）」「順応した子ども（AC）」に分類し，それぞれの得点の高低とバランスから特性を確認することができる（図3-8参照）。なお，各自我状態の一般的な特徴は，**表3-3**に示す通りである。

2——コミュニケーションを円滑に促す「4つの開示」を知る

　自分の考え方や感じていることを上手に開示することは，互いの価値観や背景を理解し，相互作用を含んだアサーションを基本とするコミュニケーションを円滑に促すために重要である。普段から，コミュニケーションにおける開示のあり方を確認しておくことが大切である。

①行動の開示

　どんな些細なことでも，自分のやろうとしていること，やっていることを伝え，分かりやすい人間になる。

②価値観の開示

　「こういうのは嫌いなんだ，ごめんね」「こういうのは好きだな，ありがとう」など好き・嫌いを

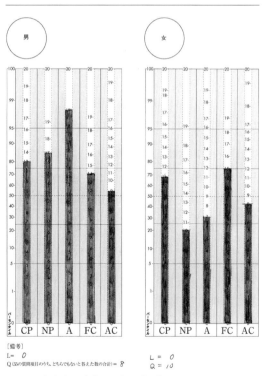

図3-8　東大式エゴグラム（TEG）プロフィール

表3-3 各自我状態の一般的な特徴 (野村, 2006)

批判的な親（CP）	責任感が強い 厳格である 批判的である 理想をかかげる 完全主義
養育的な親（NP）	思いやりがある 世話好き やさしい 受容的である 同情しやすい
成人（A）	現実的である 事実を重要視する 冷静沈着である 効率的に行動する 客観性を重んじる
自由な子ども（FC）	自由奔放である 感情をストレートに表現する 明朗快活である 創造的である 活動的である
順応した子ども（AC）	人の評価を気にする 他者を優先する 遠慮がちである 自己主張が少ない よい子としてふるまう

上手に伝える工夫をする。

③感情の開示

　上手に自分の気持ちを伝える。とくにネガティブな感情を伝える際には，「どうして…しないの？」のような相手の行動を指摘するのではなく，「私は…と感じる」「私は…と思う」のように自分の意見を伝える言葉を使用すると，直接的なインパクトを緩衝する効果がある。

④事実の開示

　事実を客観的に明確にし，共有する。ネガティブな事実を伝える際には，「気分を悪くするかもしれないけれど…」などのように自分の意見を伝える言葉で開始することで，直接的なインパクトを緩衝する効果がある。

3──指導者に必要な「勇気づけ」のコミュニケーションを知る

　コーチングにおける指導者の言動や態度は，選手の技術獲得や練習の質に大きな影響を与えるものである（島崎・吉川，2012）。「勇気づけ」とは，教育法の1つとして着目されるようになった考え方であり，自己尊重と自己信頼を築くことを支援するために，個人の長所や潜在力に焦点を当てるプロセスを指し，単に「ほめる」こととは異なる（岩井，2002）。

　アスリートを信頼し，長所も短所も知ったうえで長所の可能性を信じ，好ましくないプレーや行動を発見しても，アスリートそのものを否定しない態度をもつことが基本となる。たとえば，アスリートが良いプレーを発揮したときに「良いシュートだったな。よく期待に応えてくれた」と指導者の期待を達成したことを言葉として発したり，失敗したときに「あそこでミスをするなんて，お前にはガッカリした」と期待が外れたことに失望を表明したりするようなコミュニケーションではなく，「良いシュートだったな。とくに相手をかわしてからの身体の使い方が抜群に良かった」といったように，具体的に良かった・悪かったプレーを分析してコミュニケーションに用いる。そして，アスリートを評価するような態度ではなく，選手に対する関心と共感を示した態度でコミュニケーションを取ることが肝要である。

　勇気づけができる人の特徴として，他者との対人関係を尊敬と信頼を基本に構築すること，あらゆる困難に立ち向かうプラス思考を備えていること，目的（未来）思考であること，より高い視点やより幅広く長期的な観点から，なにが本質的かに関心をもって対処することなどがあげられている（岩井，2002）。逆に，アスリートを恐怖で動機づける，マイナス思考，聞き下手，皮肉っぽいなどの言動は，アスリートとの関係性を損ねていく。アスリートとのコミュニケーションの前提として，指導者は自身の態度を確認しておきたい。

〈内田若希〉

3-5 モニタリング

1. モニタリングとは

モニタリングとは、「監視すること」あるいは「継続的にチェックすること」を意味する。メンタルトレーニングの場面で用いるモニタリングとは、心身の状態やパフォーマンスなどを定期的・継続的にチェックし、振り返ることを指している。

このようなモニタリングの作業を繰り返すことは、各自の生理的・心理的状態とパフォーマンスとの関係を理解することや、そのアスリートに最適な生理的・心理的状態を把握することにつながる。また、さらに詳しく分析することによって、試合に向けて心身の状態をピークにもっていくためのコンディショニングにも効果的である。

次では、代表的なモニタリングの技法や心理テストの活用を紹介する。

2. モニタリングの方法

■1―情動プロファイリング

ハニン（Hanin, 2000）は、長年にわたりスポーツパフォーマンスと情動の関係を調査し、パフォーマンスに先行する情動状態が、その後のパフォーマンスの成功・失敗に大きく影響することを指摘している。彼のIZOF（Individual Zone of Optimal Function）理論では、スポーツパフォーマンスに最適な情動の種類や水準（強さ）はアスリートによって異なり、そのアスリートのパフォーマンスにとって重要な情動が、そのアスリートのパフォーマンス発揮に最もよい水準（ゾーン）に入っているときに、よいパフォーマンスが達成されるとしている。

このIZOF理論では、パフォーマンスに有効なポジティブ情動（P＋）、パフォーマンスに障害となるポジティブ情動（P－）、パフォーマンスに有効なネガティブ情動（N＋）、パフォーマンスに障害となるネガティブ情動（N－）の4つに情動は分類される。ここでいうポジティブ情動とは、一般的にポジティブとされている情動（例：楽しい）という意味で、ネガティブ情動（例：悲しい）はその反対である。

情動プロファイリングの手法は、まず、「不安だ」「楽しい」「緊張した」などの用語が記載されている情動チェックリストの中からベストパフォーマンス時に感じた情動、およびワーストパフォーマンス時に感じた情動を選び出す。また、適切な表現がリストにない場合、あるいはより適切な語句がある場合は自分の言葉で表現し、リストに書き加える。

次に、別の評価シートに選び出した情動を記入し、ベスト時およびワーストパフォーマンス時ごとにそれらの情動を感じた程度（水準）を10段階で評価する。最後に、これらの結果をグラフに示す。モニタリングの方法として繰り返し使用する場合、情動を選び出す作業を省略し、すでに選出した情動の強さを評価するだけでかまわない。そうすることで負担が軽減され、頻繁にモニタリングすることが容易となる。

図3-9は、冬季種目選手のベストパフォーマンス時とワーストパフォーマンス時の情動状態を示したものである（蓑内, 2005）。

この選手の場合、「確信した」を除き、ほとんどの情動でベスト時とワースト時の間に大きな差があることが理解できる。情動状態とパフォーマ

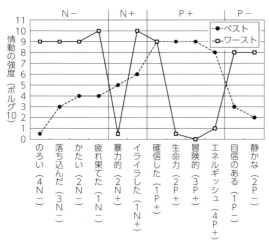
図3-9　情動のプロファイリング

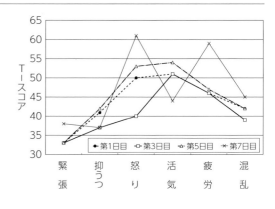
図3-10　合宿期間中におけるPOMSの変化

ンスの関係についてさらに詳しく分析した結果，この選手は「疲れ果てた」「生命力」という情動がパフォーマンスを左右するカギとなっていることが把握できた。そのため，これらの情動の生起につながる行動や環境を整えるようにし，パフォーマンスの向上・安定に努めている。

2 ── POMS

POMS（Profile of Mood States）は，スポーツ選手の気分の状態を測る指標として広く使用されている尺度である。緊張，抑うつ，怒り，活気，疲労，混乱の6つの下位尺度から構成され，精神状態のみならず，身体状態を理解するうえでも活用されている（POMS2については，第3章2節参照）。気分は変動が激しく，運動の前後や運動中にも変化することが知られている。また，スポーツ状況だけではなく，私生活の状況も測定結果に反映しやすい。

図3-10は，ある球技種目の選手を対象として，合宿中の毎朝食後に測定されたPOMSの結果を示したものである（蓑内，2007）。ここからも気分が日によって変動することが理解できる。POMSと同時に実施された質問調査から，心理的・生理的運動強度，体力レベル，競技経験などがPOMSの変動に影響することが示唆されている。

POMS使用の問題点として，質問項目が65と多く，時間がかかることがあげられる。繰り返し頻繁に測定するには選手に負担感を感じさせる量である。この問題の解消法として，POMSの短縮版の使用や，POMSの6因子の強度を直接評価する方法などがある。

3 ── 心理的競技能力診断検査

心理的競技能力診断検査（DIPCA.3）は，現在，スポーツ心理学の分野で最も広く使用されている心理尺度の1つであろう。この尺度はアスリートの心理特性を測定するものであるが，1年や半年といった期間でも変化を示すとされている（徳永，1996）。実際，筆者らは約10年間にわたり，1年に2回の頻度で日本代表レベルのアスリートに対してこの検査の実施を継続した。その結果，全体的な傾向として年齢の上昇とともに，得点も向上する傾向がみられた。しかし個別にみると，一様に向上しているわけではないことも理解できた（蓑内ほか，2007）。

節目の国際大会の前後でも得点の変化がみられた。しかしながら，この変化は，心理的競技能力の向上が競技成績に影響したのか，あるいは反対

表3-4 日誌の例

日誌：自分と仲良くなるために

___月___日(__)　場所：_____　相手チーム：_____　スコア：_____ - _____

1．今日の自分のでき具合いはどうでしたか？　　0　1　2　3　4　5　6　7　8　9　10　超

2．今日のゲームプランはどのようなものでしたか？

3．そのゲームプランはうまくいきましたか？　はい・いいえ
　　もし，いいえなら，その理由を考え，次にはどのようにすればよいのか，考えてみましょう。

4．今日のあなた自身のゲームの目標は何でしたか？

5．それは達成できましたか？　はい・いいえ
　　もし，いいえなら，その理由を考え，次にはどのようにすればよいのか，考えてみましょう。

6．今日のゲームが始まるまでの準備はどうでしたか？
　　身体面：
　　精神面：

7．今日のゲームの精神状態を振り返りましょう。
　　まったく興奮しなかった　0　1　2　3　4　5　6　7　8　9　10　超　すごく興奮した
　　　　　　　　　　　心配　0　1　2　3　4　5　6　7　8　9　10　超　安心
　　　　　　　できなかった　0　1　2　3　4　5　6　7　8　9　10　超　自分をコントロールできた
　　　　集中できなかった　0　1　2　3　4　5　6　7　8　9　10　超　集中できた
　　　　　　自信がなかった　0　1　2　3　4　5　6　7　8　9　10　超　自信があった

8．ゲーム前やストーンを投げる前に考えていたことは何ですか。

9．一番よいストーンが投げられたとき，何を考えていたか，何に集中していたか書いてください。

10．今日のゲームで役立ったメンタルスキルがあれば書いてください。

11．次の試合までに取り組むべき課題は何ですか。

に，競技成績によって心理的競技能力が変化したのかについては，十分に確認されていない。

ある選手は，約半年間行ったメンタルトレーニングの効果を漠然とは理解できていたが，具体的な変化としては把握できないでいた。そこで，メンタルトレーニング実施前と実施後のDIPCA.3の結果を見せたところ，明らかに向上していることに気づき，メンタルトレーニングの効果をあらためて理解できた。このように検査の継続的実施は，心理的状態の変化の把握にも役立つ。

4 ― 日誌

試合や練習を振り返り，記録に書き留めておくことは，その日のパフォーマンス内容や練習内容について自分で評価することになる。そして，その評価は今後の目標や行動の確認，コンディションの把握などに役立つ。このように日誌をつける作業は，自分自身を客観的にとらえ，自分の個性

や特徴を理解する機会を提供してくれるものと考えられる。

表3-4は，試合期間中の冬季種目の選手に記入してもらった日誌の例である。競技種目や個人によって振り返るべき対象が違ってくるので，記入する日誌内容は異なるものになる。

また，精神面に限定せず，身体面や栄養，休養，睡眠など，各自のパフォーマンスに関連すると思われる項目を設定することによって，より総合的な心身とパフォーマンスの関係の理解が可能となる。しかし，欲張って項目数を多くすると日誌を継続するのが難しくなるため，最初はその日のパフォーマンスと精神状態，身体状態を簡単に記入するだけでもかまわない。

5 ― クラスタリング

ベスト（ピーク）パフォーマンス時には，これまでにない身体的・精神的状態が経験されることが多い。たとえば，思うように身体が動く，ラケットが手の一部になった，起こることが事前に予測できたといった，一般的には経験できない主観的知覚を体験することである。自分のベストパフォーマンス時の状態やその過程を理解することは，その再現にも役立つと考えられる。ここでは，ベストパフォーマンス状態を理解するためのクラスタリング技法について説明する。

クラスタリングでは，大きめの厚紙，大きめの付せん紙，鉛筆を用意すると便利である。

まず，ベストパフォーマンス・プレーをした状況を自分で同定する。その状況は必ずしも勝った試合とは限らない。そして，そのときの状況をできるだけ詳しく思い出し，1枚の付せん紙に1つの出来事を記入する。このとき，何を考えていたかという認知過程だけでなく，動作や感情，見たり聞いたりしたことも記入する。すべて記入し終わると，関連のあるものが近くになるように付せん紙を配置し，グループ分けをする。最後に，関連しているもの同士を線で結ぶ。この作業を行うだけでも，自分のパフォーマンスに何が影響しているのか理解できるはずである。

これと同じ方法でワースト（最悪の）パフォーマンス時の分析を行い，ベスト時の状態と比較することによって，さらに詳細な分析が可能となる。この二者を比較する方法で，ある選手は，積極的な気持ちや大きな声を出すこと，緊張の程度，睡眠のとり方，笑顔，感情などが自分のパフォーマンスに関連していることを理解した。

ガーフィールド（1988）はアスリートへのインタビューなどをもとに，ピークパフォーマンス時に共通する特徴を8つにまとめている。それらは，

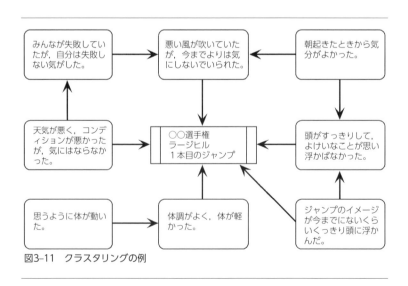

図3-11　クラスタリングの例

①精神的リラックス，②身体的リラックス，③自信，④今の状態への集中，⑤意欲，⑥高度な意識性，⑦制御性，⑧安全性（守られているという意識）である。

図3-11は冬季種目選手のピークパフォーマンス時の状態を示している。これを見ても，精神的・身体的リラックス，制御性，自信，安全性などがピークパフォーマンスと関連していることがわかる（簔内ほか，1995）。

6 — 時系列的振り返り

先に紹介したクラスタリング技法は，ある程度の競技経験や知的レベルが要求される。競技経験が浅いアスリートや中学生以下のアスリートでは，自分の精神状態の振り返りについて十分に記入できないことがある。そのようなときには，もう少し簡単な方法で自分のパフォーマンスを振り返ることもできる。大会前夜の過ごし方，朝起きてからの行動，ウォーミングアップ時の行動，試合直前の行動や思考などを，時間の経過にともなって簡単に振り返る方法である。時系列的に出来事を振り返るとアスリートは理解しやすく，記入しやすい。

表3-5は冬季種目選手の時系列的振り返りの例である。よいときと悪いときとの比較や，よいときの共通事項を整理することで，自分に適した心理状態や行動などが理解できる。

3. モニタリングの活用

モニタリングの方法にはさまざまなものがあるが，いずれの方法でも，モニタリングを実施・継続することは，自身の心身の状態とパフォーマンスの関係の理解に役立つ。さらに一歩踏み込むことで，パフォーマンスの安定・向上に最適な自身の心身の調整方法（コンディショニング）の理解へも応用が可能となる。

たとえば，ピークパフォーマンス分析や時系列的振り返りの分析に記入された行動や思考を，コントロールできるものと，そうでないものに分類する。そして，選手自身がコントロールできることを理解し，コントロールできることに意識をもっていくようにする。最初のうちは，コントロールしやすい行動に限定したほうがやりやすい。それを実践するだけでもパフォーマンスは安定してくる。

よいときと悪いときの心理過程を比較して，その違いが理解できても，心身のコントロールに直結しない場合がある。たとえば，「楽しい」という感情がパフォーマンスに影響しているということがわかったけれども，「楽しい」感情を作ることができないといった状況である。このような場合，「楽しい」感情は何に由来するのかをさらに振り返って考えるようにする。そして，行動レベルや自分でコントロールが可能な部分にまで要因を追求する。

ある選手は，「楽しい」という感情が控え室での会話に起因することを見いだした。気の合った選手との雑談が「楽しい」感情を生み，競技に集中することにつながっていることに気づいたのである。それ以来，その選手は控え室での過ごし方にも配慮するようになり，以前にはよくあった試合中の大失敗もなくなった。

（簔内　豊）

表3-5　時系列的競技の振り返りの例

	よいとき	悪いとき
ウォーミングアップ	ゆっくりストレッチして，汗をかくまで体を動かすと調子がよい。	アップが短かった。そうなると調子が悪い。
公式練習	調子が悪いと感じていたが，コーチから体にキレがある，などと言われた。	調子がよいと感じていたが，コーチに動きがよくないと言われた。
アドバイス	1，2個だとそのことだけに集中して滑れてよい。	たくさん言われると，いろいろと考えてしまい，うまくできない。
競技直前	目をつぶって腹式呼吸し，審査員と目を合わせてから競技を始めると，最初の演技が決まった。	余裕で何もせず前の選手の演技を見ていたら，だんだん自分の体が冷えて，動きづらくなった。

Sport Mental Training Textbook

第4章

メンタルトレーニング技法の基礎
―心理技法を中心に

4-1 行動変容技法

　行動を起こしたほうがよいとわかっていても，できない…そんな経験はないだろうか。

　トレーニングをすること，食べ過ぎないで体重を制限すること，プレー中に味方と声をかけ合うこと。これらは，実行したほうがよいとわかっているのに，なかなかできない行動である。私たちが，何らかの行動をとったほうがよいとわかっているのに，行動できないのは，なぜだろうか。

　本節では，この疑問に答えるために，行動変容技法について学ぶ。

1. 行動変容技法とは

　『スポーツ心理学事典』（日本スポーツ心理学会，2008）によると，行動変容技法とは，「健康（筆者注：「競技力」と置き換えて理解して欲しい）の促進，維持，および回復のために，適切な行動を獲得（不適切な行動を除去）するための方法」である。

　『スポーツ心理学事典』では，行動変容技法として，いくつかの技法が紹介されている。そのうちの5つを以下に列挙する。

①目標設定

　どのように行動を変容させるかという目標を立てる技法である。

②セルフモニタリング

　自分の行動を自分で観察して記録することにより，行動を把握・管理する技法である。

③刺激コントロール

　環境を操作することによって行動のきっかけになる刺激を作り，行動の出現頻度を増やす技法である。

④オペラント条件づけ

　ある反応に対して強化子（たとえば，何らかのご褒美）を随伴させることにより，新たな行動が形成されることである。

⑤行動契約

　契約書に設定した目標や開始する日時を書き留めて，自らサインすることによって行動変容の契約を結び，目標達成のための動機づけを高める方法である。

　以下では，これらの行動変容技法の主要な背景理論である「行動分析学」について説明する。

2. 行動分析学とは

　まず，行動分析学とは，どんな学問であるのか。大河内・武藤（2007）は，スキナーが1930年代に創始したこの学問を「個体と環境との相互作用を明らかにする学問」であると述べている。また，杉山ほか（1998）によれば，行動分析学とは「人間および人間以外の動物の行動について研究し，行動にも法則があると主張する学問」である。別の表現をすれば，行動分析学とは，行動の機能と関係性に注目し，行動に関する問題を解決するための学問であるといえよう。

■─行動分析学を用いることのメリット

　行動分析学に基づいて，アスリートに働きかけることには，いくつかのメリットがある。島宗（2014）は，行動分析学を用いることで，私たちが陥りやすいワナを回避することができると述べている。以下では，島宗（2014）に基づいて解説する。

　「積極的である」と評価されている野球に取り組んでいるアスリートがいるとする。そのように

評価されているのは，「プレー中によく声を出す」「バッティングで初球からどんどん振っていく」「疑問に思うことがあれば，コーチに自ら質問する」「全体練習後に自主練習を行っている」などの行動をとっているためであり，一連の行動を要約して，「積極的である」と評価されている。

ここでいう「積極的である」という言葉のように，同じような側面を持つ行動の集まりに名前をつけたものを「要約語」と呼ぶ。この要約語は便利である。しかし，これは行動の集まりにつけられた名前であり，複数の行動をまとめて言い換えているに過ぎない。したがって，要約語は，行動の原因にはなり得ない。

「思い込み・決めつけ」にも気をつけたい。「不安があるから，良いプレーができないのだ」という考えがある。しかし，この考えは，「なぜ，不安があるのか。それは，良いプレーができないから。ではなぜ，良いプレーができないのか。それは不安があるから」という循環論に陥ってしまう危険性がある。

「やる気がないから，練習しないのだ」という考え方も同様である。やる気があるかどうかは，練習するかどうかで確認することになる。また，やる気を説明するために新たな変数を設定し，その変数を設定するために，また，新たな変数を設定することになる。これでは，いたずらに変数を増やしてしまうだけである。さらにいえば，やる気は直接操作することができない。

島宗（2014）の言葉を借りれば，私たちは，間違った思い込み，不正確な思い込みで，知らず知らずのうちに，自分の人生に自分で限界を設定している可能性がある。行動分析学を用いることで，不適切な限界を設定せずに済む可能性が高まるのである。

2 ─ 「行動」かどうかを判定する2つのテスト

では，行動分析学でいう「行動」とは何であろうか。杉山ほか（1998）によれば，行動分析学では，それが行動であるかどうかを判断するために，2つのテストを活用する。

1つ目は，「死人テスト」である。これは，行動であると判断するためには「死人にはできないこと」でなければならないというものである。受け身なこと，状態，「〜しない」ということは，どれも行動ではない。なぜなら，これらは死人でもできることだから。すべての行動の原理は，「〜する」という行動に当てはまる。そして，「〜しない」という行動には当てはまらない（島宗，2000）。

もう1つは，「具体性テスト」である。行動分析学では，それが「瞬間に起こるアクション（杉山，2005）」であれば，行動であると判断する。島宗（2010）の言葉を借りれば，このテストは「ビデオクリップ法」とも呼ばれ，「ビデオで撮影して，誰が見てもそれとわかるもの（奥田，2012）」が行動であるということになる。

3 ─ 「行動的翻訳」と「課題分析」から始める

まず，分析しようとする行動を具体的に絞り込むことが大切である。杉山（1988, 2005）は，あいまいな目標を具体的で操作可能な行動のレベルに落とし込むことを「行動的翻訳」と呼んでいる。たとえば，「サッカーのシュートがうまくなりたい」という目標は，残念ながら具体的な目標ではない。この場合，たとえば「ゴールキーパーが取れないシュートを打てるようになること」と翻訳することができる。

この行動的翻訳を行っても，設定された標的行動を直接形成することが困難な場合がある。標的とする行動そのものが複雑であったり，いくつもの行動がつながって標的とする行動になっていたりするためである。そこで，標的とする行動を個々の構成要素に分けて，それらを適切な順序に並べることが必要になる。これを「課題分析」と呼ぶ（杉山，1988）。

上記の場合であれば，「味方からのパスをトラップして，シュートしやすいところにボールを置

くこと」「トラップしたら短い時間でボールを蹴ること」「狙ったところにボールを蹴ること」「自分の体重をボールに乗せて，強いボールを蹴ること」などに整理することができる。

3. 行動随伴性

つづいて，行動分析学の中心的な考え方である行動随伴性について解説を行う。

1―行動随伴性とは

何らかの行動を行った直後に，環境（自分の周りにある諸条件）が変化したとする。その環境の変化が原因となって，行動が繰り返されるようになったり，繰り返されないようになったりすることがある。このような行動と環境変化との関係を「行動随伴性」と呼ぶ（島宗，2014：図4-1参照）。

意志的ではない生理的な行動（レスポンデント行動と呼ばれる）は，原因があってから行動が生じる。梅干しを口に入れると唾液が出てくるのは，レスポンデント行動である。

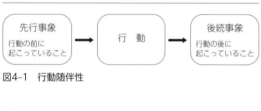

図4-1　行動随伴性

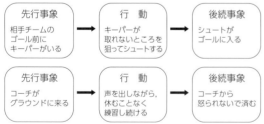

図4-2　行動随伴性の例

表4-1　4つの基本随伴性 (杉山, 2005)

	出現	消失
好子	強化	弱化
嫌子	弱化	強化

しかし，意志的な行動（オペラント行動と呼ばれる：図4-2参照）の原因は，行動の前ではなく，後に続く結果にある（奥田，2012）。意志的な行動であるオペラント行動に注目する場合は，行動随伴性の枠組みでとらえる必要がある。

2―4つの基本随伴性

杉山（2005）は，表4-1に示した「4つの基本随伴性」として整理している。この4つの行動原理で，あらゆる行動を説明することができる。以下，島宗（2014）に基づいて，用語を解説する。

「好子」とは，何らかの行動をとった直後に出現すると，その行動をとる頻度を高めるもの（たとえば，誉められること）のことである。「嫌子」とは，何か行動をとった直後に出現すると，その行動をとる頻度を低めるもの（たとえば，怒られること）のことである。「強化」の随伴性とは，行動の頻度を増やす随伴性のことであり，「弱化」の随伴性とは，行動の頻度を減らす随伴性のことである。

たとえば，あなたのチームが劣勢のとき，あなたがチームメートに「下を向くな！ここからが勝負だぞ！」と声かけをした（＝行動）とする。その声かけによって味方の動きがすぐに改善すれば（＝好子），声かけをするというあなたの行動は強化されるであろう。

反対に，あなたが声かけをしても，味方が「うるさいな〜，そんなことわかっているよ」という表情をすれば（＝嫌子），声かけをするという行動は弱化されると考えられる。

3―「誉める」という好子

最もシンプルな好子は，「誉める」ことである。行動を定着させるためには，新しい行動が生じたときに，指導者が肯定的な評価をする，つまり「誉める」ことが重要である。誉められたという結果がともなうことで，アスリートは，またその行動をとろうという気持ちになる。その行動をしたら，よいことが生じるという状況をつくるので

ある。指導者やスポーツメンタルトレーニング指導士（以下，SMT指導士）は，対象者が自ら行ったよい行動を見逃さない観察力を備えていることが好ましい。まず，小さなことでかまわないので，好ましい行動を見つけてあげる。そして，その好ましい行動を，少しでも継続できるように働きかけることが望ましい。

たとえば，あるアスリートが，チーム全体の練習前に自主練習をしていたとする。そのアスリートを見ていたコーチから「おっ，感心だな。次の試合，期待しているぞ！」と言われれば，そのアスリートは自主練習を行う機会を増やすであろう。反対に，そのアスリートが自主練習をしていないときに，「今日は自主練習をしていないじゃないか。気が向いたときだけトレーニングしたって意味がないぞ。そういう姿勢で取り組んでいるから，この前の試合で失敗したんじゃないのか？」と言われたら，そのアスリートは自主練習をしなくなってしまうかもしれない。

誉めるタイミングは，行動が生じた直後がよい。島宗（2010）によれば，環境の変化によって，強化や弱化が起こるためには，後続事象が行動の直後に生じる必要がある。杉山ほか（1998）によれば，行動の後60秒以内に好子が出現したり，好子が増加したりするという経験をすると，その行動は将来起こりやすくなる。指導者やSMT指導士は，すぐに，かつ上手に誉めることができるのが望ましい。できない場合は，誉める練習をすることもよいであろう。

4　嫌子を使った弱化の使用は控える

表4-1に基づけば，嫌子を使って行動を弱化させることは可能である。しかし，奥田（2012）によれば，弱化を多用することは，原則的には控えたほうがよい。奥田（2012）は，弱化を多用することには，6つの副作用があると述べている。以下では，その一部を紹介する。

まず，行動自体を減らしてしまうという副作用が考えられる。叱られないようにするために，何もしないようになってしまう可能性がある。次に，一時的に効果があるが持続しないという副作用もある。叱られないと行動しないのであれば，常に叱ってくれる人の存在が必要となってしまう。そして，罰的なかかわりがエスカレートしてしまうという副作用がある。たとえば，コーチが繰り返し厳しく怒っても（弱化を使っても），アスリートの行動が変わらない場合，コーチの怒る際の言葉や声の大きさが徐々に増してしまい，虐待につながりやすい。

杉山（2005）も嫌子を用いることには注意を促している。その理由として，好子を使う場合は，毎回の行動に好子が出現しなくても行動が維持されやすいが，嫌子を使う場合は，嫌子を頻繁に与え続けなければならないことを述べている。

つまり，行動分析学のスタンスは，「アメとムチ（好子の出現による強化と嫌子の出現による弱化）」ではなく，「アメとアメなし（好子の出現による強化と好子の消去による弱化）」である（奥田，2012）。

5　行動随伴性を考える際のポイント

行動を起こしている理由を考える際に間違いやすいのは，その状態に注目してしまうことである。そうではなく，行動に焦点を当てて，その状態になる前には何をしていたのか，望む状態になるためには何をすべきなのか，を考えるべきである（島宗，2010）。そして最も大切なことは，その行動をとっている理由として考えられるものを考え続けることである（島宗，2010）。

4. 行動分析学に基づく働きかけ

1　行動を変えるための具体的な方法

代表的な方法として，「シェイピング」を取り上げる。シェイピング（杉山，2005）とは，現時

点で達成可能な目標を設定し，それが安定して達成できるようになったら，少しずつ目標を引き上げ，最終目標を達成できるようにすることである。

杉山（2005）は，効率の良いシェイピングの秘訣として，以下の3つを述べている。1つ目は，すぐに強化することである。2つ目は，目標を少しずつ引き上げることである。3つ目は，挫折したときの対処の仕方であり，挫折したら「目標を少し下げる」か「1つ前の段階に戻って練習して出直す」ことである。あるところでつまずく理由は，「前の段階で技能が十分身についていない」か「次の目標が高すぎるか」のどちらかである。

2 ─変わりにくい2種類の行動

ここまで述べてきたように，環境を変えれば，行動は変わる。しかし，島宗（2010）は，変わりにくい2種類の行動をあげている。1つは「塵も積もれば山となる型」の随伴性である。これは，1回の行動による環境変化が小さすぎて，行動を強化するのに不十分な随伴性のことである。もう1つは「天災は忘れた頃にやってくる型」の随伴性である。これは，行動による環境変化の確率が低すぎて，行動を強化しない随伴性のことである。

このように，自然の随伴性（＝生活のなかにすでに存在している随伴性）では，適切な行動を効果的にサポートできない場合は，「パフォーマンス・マネジメント」を実践することが望ましい（杉山ほか，1998）。

パフォーマンス・マネジメントとは，「個人や企業，社会が抱える行動的問題を行動分析学に基づいて解決する方法（杉山ほか，1998）」のことである。パフォーマンス・マネジメントの鉄則は，1）口約束でなく文書に残すこと，2）効果的な好子や嫌子を探すこと，3）パフォーマンスは最低週に1回チェックすること，4）ルールをはっきり規定することである。パフォーマンス・マネジメントについては，島宗（2000）に詳しいので，参照されたい。

行動分析学に基づいたコーチング法は，「当たり前」のコーチングである（杉山，1988）。しかし，それを科学的方法論に基づいて体系的に行うことが，行動分析学の真髄である。

5. スポーツ界から体罰を一掃するために

非常に残念なことであるが，スポーツ場面において，暴力行為によってある行動を行わせようとしたり，ある行動を行わせないようにしたりしたことが，少なくとも過去にはあった。この「体罰」に関して，わが国のスポーツ界は，被害者が自ら命を絶ってしまう等，大変遺憾な事件を繰り返し経験している。私たちSMT指導士は，行動分析学を学ぶ必要があるのではないだろうか。

「嫌子を使った弱化の使用は控える」で述べたように，私たちは罰的なかかわりを持つことをできるだけ避け，罰的なかかわりについて，細心の注意を払わなければならない。

なお，体罰に関しては，日本行動分析学会が提示している「体罰」に反対する声明を参照されたい。

最後に「誉める」ことの重要性（武田，1985）を強調して，本節を終える。

「あまり誉めるとクセになる，誉めないと選手が一生懸命にやらなくなる，誉めると弱い人間ができてしまうといった迷信が，私たちの社会には横行している。」

「もう一つの迷信は，勝つことが何よりのごほうびだという考え方である。もちろん，選手である以上勝ちたいに決まっている。しかし，練習は勝つための手段であり，勝てばすべての苦労も苦しみも忘れてしまうというのは，コーチの勝手な論理ではないだろうか。競技というのは，その性格上，すべての人，すべてのチームが勝つことは許されない。（中略）勝つだけがごほうびならば，負けた人たちというのはなんにもごほうびがもらえず，やる気をなくしてしまうに違いない。」

（荒井弘和）

4-2 目標設定技法

　目標設定は，アスリートの練習への継続的な取り組み姿勢や，試合に対する明確な競技行動を生み出す「やる気」を高めるための教育を担っている。目標が定まらず，何のために，どのような方法で，どこまで練習を行い，試合に備えるのかが不明確なまま練習に取り組むアスリートが多い。目標が不明確なまま取り組んだアスリートは，追い込まれると途端に思うようなプレーができなくなる。原因は，目標設定の誤り，競技行動の準備不足にある。

　本節では目標設定の原理・原則を概説するとともに，我々がアスリートに行っている目標設定の目的，方法，そして競技場面におけるアスリートへの心理サポートなどを紹介する。

　適切な目標設定は，アスリートの競技行動を明確化し，①アスリートの不安を軽減させる，②アスリートに自信を持たせる，③競技に集中させる，④満足感を与える，など，アスリートの心理面に大きな影響を与え，積極的な行動を生み出す効果が期待できる。

　しかも目標設定は，アスリートの行動を方向づける内発的な動機づけの役割を果たし，練習の質（運動量，回数，時間）を高めることに有効である。さらに目標設定は，アスリートがやらされる練習から自ら進んで行う練習に意識改革を促す。

1. 目標設定の原理・原則について

　目標設定には，「外発的な動機づけ」を「内発的な動機づけ」に変えるという目的がある。その場合，アスリートが，自分で決めた目標に向かって努力できる状態を作り出すことが必要である。それゆえ，指導者やスポーツメンタルトレーニング指導士は，あくまでも補助者として役割を担うことが大切である。

　ロックとレザム（Locke & Latham, 1985）は，「目標設定が行動の持続，パフォーマンスに影響する」という研究の中で，「人の行動の多くは目的をもっており行動は意識的な目標によって方向づけられる」ことを示した。

　設定される目標の内容と強さ，目標の選択，目標のレベルと行動の誘発性，目標と感情について実証的な研究がなされている。表4-2は，ロックとレザム（1985）の研究成果に基づいたスポーツ

表4-2　スポーツにおける目標設定（Locke & Latham, 1985）

①明確な目標は一般的な目標よりも行動を的確に制御する。
②質の高い明確な目標は十分な能力と目標への深い関与があれば，目標が高ければ高いほどパフォーマンスを向上させる。
③明確で困難な目標は，「ベストをつくす」という目標や目標がない場合よりも高いパフォーマンスをもたらす。
④短期目標に加えて長期目標の利用は，長期目標だけを利用するよりも高いパフォーマンスをもたらす。
⑤目標は活動の方向づけ，努力の喚起，持続の増進および適切な課題方略の探索への動機づけによって，パフォーマンスに影響する。
⑥目標設定は目標に関する進歩の程度を示すフィードバックがあるとき，最も効果的となる。
⑦目標が困難である場合，目標への関与の程度が高ければ高いほどパフォーマンスは高くなる。
⑧目標への関与は，目標の受け入れ，リポートの提示，目標設定への参加，トレーニング，選択および報奨や報酬がかかわることによって影響される。
⑨目標の達成は特に課題が複雑で長期にわたる場合は特に，適切な活動プランすなわち方略によって促進される。
⑩競争はより高い目標の設定や目標関与の増大の程度に応じて，パフォーマンスを向上させる。

表4-3 目標のタイプ（石井, 1997）

一般的な目標 「ベストをつくす」	具体的な目標 「100 mを10秒5で走る」
簡単な目標 少しやれば成功する程度のもの	挑戦的な目標 成功の確率が50％ぐらいのもの
現実的な目標（短期的な目標） 「地区大会でベスト4」	理想的な目標（長期的な目標） 「全国大会で優勝する」
勝敗目標（結果目標） 「大会で勝つこと」	プレー目標（パフォーマンス目標） 「1ゲーム20得点あげること」
チーム目標 「アシストで得点 （フォーメーション重視）」	個人目標 「自分で得点（個人技重視）」

表4-4 目標設定の原理・原則（石井, 1997）

①一般的で抽象的な目標ではなく，詳しくて具体的な目標を設定する。
②現実的で挑戦的な目標を設定する。
③長期目標も大切であるが，短期目標を重視する。
④チーム目標よりも個人目標を重視する。
⑤勝敗目標よりもプレー目標を設定する。
⑥目標に対して，その上達度が具体的かつ客観的に評価されるよう工夫する。

への適用に関する指摘である。目標設定は行動を持続させるための自己調整に強く影響すると考えられる。

石井（1997）は，スポーツ場面で設定される目標は「一般的か具体的か」「簡単か挑戦的か」「現実的（短期的）か理想的（長期的）か」「勝敗目標（結果目標）かプレー目標（パフォーマンス目標）か」「チーム目標か個人目標か」といったように対となる目標とそれぞれの組み合わせによって設定されると述べている（表4-3参照）。

石井（1997）は，研究成果をもとに目標設定の原理・原則を表4-4のようにまとめている。

2. 目標設定の具体的な方法

有効な目標設定を行うには，原理・原則の理解のみならず，具体的な方法論が必要になる。そこで，石井（1997）をもとに，ガーフィールド（Garfield, 1984）の方法論と，岡澤（2005）が行った実践を紹介する。その後，筆者が球技スポーツのジュニア選手に，試合会場で行っている取り組みを紹介する。

1 ——ガーフィールドの目標の明確化とトレーニングプランの具体化

第1段階：使命の表示
①スポーツを始めたときの達成希望は何か。
②スポーツで最も楽しかったときや最もうまくいったときにどんな気持ちや感情をもったか。
③現在の自分のレベルと，最終的なレベルは。
④目標達成から得られるものは何か。

第2段階：長期目標の表示
①長期目標を人に話してみよう。
②具体的には，どのような方法で達成するのか。
③そのプログラムをいつ始めるのか。
④達成できる日はいつなのか。
⑤目標達成時の場所，周囲の人，天気，環境など思いつくまま，詳細にリストアップしよう。

第3段階：ピークパフォーマンスの評価表
ピークパフォーマンスを再現するためには何が必要なのか，成功するために必要な能力は何かを明らかにし，量的に簡単に測定できる数や時間などの尺度で目標達成を評価する。

第4段階：トレーニング計画の構成
①長期目標によって得られるものを記入
②トレーニング項目と段階の2つの水準を区別
　〈トレーニング項目の内容〉
　　・少し努力すれば達成可能な現実的目標
　　・具体的な数字で設定

第5段階：目標をメンタルイメージに変える
①目標設定に記入した言葉
　　→メンタルイメージに変える
②イメージ化
　　→・達成場面を想像することができる
　　　・動機づけを高めることができる

2 ——ジュニア選手に対する目標設定の実践例

岡澤（2005）は，球技スポーツのジュニア選手に対して行った目標設定について，以下のように

活動状況を整理して，詳細に解説している。

①具体的目標の設定

女子選手（中学生と高校生5名）に対して，週1回，2年間にわたりメンタルトレーニングを実施し，その後は必要に応じて来訪する方法をとった。選手は，目標設定ができていなかった。

そこで夢について尋ねたところ，5名とも「オリンピックでメダルを取りたい」ということだった。次に「メダル獲得の手段」「目標とするオリンピック」について尋ねたところ，目標とするオリンピックは明確になったが，メダルを獲得するための具体策は不明瞭だった。

選手が考えた方法は，「誰にも取られないようなサーブを開発する」「頑張る」など，努力の方向性が見えない目標設定だった。このような目標設定では，どのように頑張ればよいのかが不明であり，内発的な動機づけを高めることは困難である。

②目標達成のためのシミュレーション

オリンピックでメダルを獲得するには，どのような選手であるべきかを自己分析してもらった。世界には「どんな強い選手がおり，その選手に勝つ方法は何か」を自身で分析し，検討した。

メダル獲得という目標は，長期目標であることを確認し，実現には「どのような選手になるべきか」，そのためには「どのようなトレーニングを行うべきか」を書き出す作業を行った。不鮮明ではあるが，目標達成可能な選手像が見えてきた。

しかし，この目標は努力が実るという実感が持てないため，通過点として今年度の目標として設定した。

③勝敗目標とプレー目標

石井（1997）は，勝敗目標よりプレー目標を重視すべきであると述べているが，他の多くの研究結果も，このことを支持している。

どのようなプレーで大会での順位が決まるのか，目標とするプレーを身につけるには，どのような努力が必要なのかを具体化することで，勝敗目標をプレー目標に置き換えることが可能となる。

④理想目標と現実目標

B4用紙の中央に，「オリンピックでメダル獲得」と目標を書き，それを円で囲む。次に，その目標（理想目標）達成のためにはどのような選手になるべきか，思い浮かぶこと1つを付せん紙1枚に書き込む。この作業を繰り返し，心・技・体に分類して目標の周囲に貼り付ける。

この作業は，心・技・体に偏りが生じないように調整が可能であり，内容の1つひとつを達成するために，どのようなトレーニングや工夫が必要なのかを具体的に記述してもらった。同じように，今年度の目標（現実目標）でも行ったところ，かなり具体的ではあるが思いつきも多かったので，「なぜそれが必要なのか」「そのようなトレーニングで目標達成が可能なのか」を選手に確認した。

技術，体力に関しては，指導者からフォローを受けて，その知識をもとに選手に対応し，選手が納得したうえで今年度の目標とした。その後は，目標の達成度，面接や試合時の行動分析等を通して確認し，達成できない理由や今後のトレーニング方法については，面接時に目標の修正を行った。

結果として，この年の目標はほぼ達成できたので，目標設定は妥当だったと考えられるが，オリンピック出場という理想目標は達成されていない。世界選手権では，女子ダブルスで世界大会でのメダルの夢が現実のものになった。これは，内発的な動機づけによって競技を続けてこられた成果であるとも考えられる。

❸ ジュニア選手の試合に入るときの目標設定の活かし方

マートン（1991）が，「自信とは，選手の希望ではなく，実行予定を含んでいる。自信は，いつでも「やるぞ」といっていることとは限らず，何ができそうか将来のことまで考えて，綿密に計略をはり巡らせることも含んでいる。だから自信は，達成したことに対する満足だけではなく，これから何ができるかの判断でもある」と述べている。

さらに,「選手が獲得すべき最も重要な自信は,いつでも勝利するとか,決して失敗しない,などという確信ではなく,最善を尽くして自分のミスを繕うことが可能という確信である」とも述べている。すなわち,練習中でも試合中でも,最善を尽くしてより良い方法を探り当て,実行するという行動目標を常に持ち続ける能力ということになる。

したがって,スポーツメンタルトレーニング指導士は,目標の設定が練習での行動目標だけでなく,試合時の競技行動へ影響を与える行動目標でもあることを考慮すべきである。試合前の心理的な準備行動はとても重要であり,選手が試合で「どう戦いたいのか」を明確にする習慣を身につけてもらうために,試合中の行動目標をしっかり立案し,競技行動の基礎になるようにサポートすることが大切である。

筆者は,2020次世代ターゲットエイジ事業の一環としてジュニアの日本代表チームに帯同し始めたが,このマートンの指摘を帯同中に体験することになった。選手たちはジュニアの日本代表であり,競技レベルがかなり高い。しかし,彼らのほぼ全員が試合にどのような気持ちで臨めばよいのかわからなかったのである。

彼らの多くは,日本の競技団体主催の小学生の研修合宿に参加し,スポーツ栄養・心理・医学,トレーニング,技術指導を受けたはずだった。しかし,研修は受けたが,それを日常のトレーニングの中で実行できていなかったということになる。

このような問題を解決するには,試合時の問題を例として示しながらより実感が得られるように工夫する必要がある。試合前のウォーミングアップの際,試合中にどのようなプレーをするのか,試合終了まで最善の対処方法を考えながらプレーを続けられるよう,指導することが大切になる。

3. おわりに

目標設定は,すべてのアスリートに有効な心理技法の1つである。目標設定を行うことで,アスリートがどのレベルで悩んでいるのかが的確に理解できる。目標設定は,特に自立したアスリートへ導くために有効であると思われる。これは強制されず自ら進んで練習やトレーニングに取り組み,競技に内発的に動機づけられたアスリートになるからである。

目標設定には,技術・体力に関する内容も含まれる。スポーツ心理学を専門とする我々には,苦手な領域ではあるが,このことは,我々に監督・コーチやトレーナーと共同でサポートすることを余儀なくさせるだろう。目標設定を行うことで,アスリートとのコミュニケーションがスムーズに行えるようになるという利点もある。アスリートが考えた内容をスタッフ全員が考えるようになるからである。

メンタルトレーニングを実施する際に,アスリートは不安を解消したいため,あるいは自信を取り戻すために相談にやってくるのである。アスリートが解決しなければならない問題を明らかにしてくれるのが目標設定である。このように目標設定は,アスリートだけでなくチーム全員に役立つ心理技法である。

(吉澤洋二)

4-3　リラクセーション技法

　どのような競技であれ，スポーツをしている人の多くが，「リラックスすること」や「重要な場面で力まないこと」の大切さと難しさを痛感しているのではないだろうか。試合などの重要な場面で本来の能力を十分に発揮するためには，自分の身体と心（以下，身心）の状態を冷静に把握し，目的とするパフォーマンスに適した状態に身心が調整される必要がある。

　そのような身心の自律的な調整を可能にするためのポイントを説明し，調整スキルの向上に役立つ具体的な技法として，筋弛緩法，呼吸法，自律訓練法を取り上げて概説する。

1. リラクセーション技法の理解

❶―身体から心へ

　身心の調整に有効な東洋的行法である瞑想や坐禅の基本的な考え方として，「調身→調息→調心」があるが，この「身体から心へ（身心）」という順番が重要である。リラックスしたい場面で，心を落ち着けようと頑張ることは，交感神経系の活動を賦活して興奮が生じるため，かえって逆効果になる場合が多い。そこで，心を調えようとする前に，まず，行動や筋などの随意系，続いて自律系の中でも意図的な制御が可能な呼吸の調整を行い，身体面から調えていくのである。この位置づけを表4-5に示したが，現代のメンタルトレーニングにおいては，筋弛緩法や呼吸法や自律訓練法

などの技法が活用されている。

❷―セルフモニタリング

　身心の調整において重要なポイントは，自分の身体と心の状態を無理にコントロールしようとせず，そのときの状態や自然な変化を冷静に観察することである。この自己客観視（セルフモニタリング）のスキルは，自律訓練法においては受動的注意と呼ばれて最も重視されており，近年はマインドフルネスという概念で注目され，アスリートのメンタルトレーニングの技法としても取り入れられている（Gardner & Moore, 2007）。

　リラクセーション技法は，他のトレーニング法と同様に，十分な練習もせずにその場で実施してリラックスするような即効性の効果は期待できず，一定期間の練習の継続によるスキルの向上を目的とするものである。また，そのスキルの中核は，セルフコントロールではなくセルフモニタリング（自己客観視）である。身心の状態を，自分で意図的にコントロールしようとせずに見守ること（受動的注意・マインドフルネス）によって，自律的に身心の調整過程が進んでいく。自律訓練法などのリラクセーション技法の練習を長期間継続することによって，自分の身心の状態に気づき，目的に応じた調整が自然に進むような自律的な調整スキルを身に付けることが期待される。

❸―リラクセーションとアクティベーション

　緊張や覚醒とパフォーマンスの関係は，これまで逆U字の図で説明され，高すぎる（または低すぎる）覚醒水準が問題とされることが多かった。しかし，同じ水準の興奮状態でもポジティブな緊張とネガティブな緊張があることから，より実際

表4-5　調身・調息から調心へのアプローチ

瞑想の基本	調身 ⇒	調息 ⇒	自己観察 ⇒	調心
調える対象	行動と筋	生理状態	注意・認知	心理状態
現代の技法	筋弛緩法	呼吸法	自律訓練法	

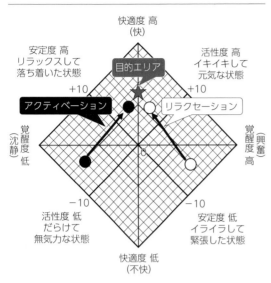

図4-3 心理状態の二次元モデル

的に，快適な興奮と不快な興奮を分けて考えることが提案されている（Thayer, 2003）。この考え方では，従来の覚醒度（興奮－沈静）の軸に快適度（快－不快）の軸を加えた心理状態の二次元モデルを活用して，図4-3に示したように，心理状態の変化の方向と大きさをベクトル（矢印）で表わすことができる。矢印が図の左上に向かう場合は，不快な興奮が減少して心理状態の安定度が増すリラクセーション効果があることを表わしており，図の右上に向かう場合は，快適な興奮が増加して心理状態の活性度が増すアクティベーション効果があることを示している。

目的とするパフォーマンスの発揮に最適なエリアは，競技種目・プレー場面・個人差によって異なる。たとえば，バスケットボールでは，試合全体の平均としては右上の活性度の高いエリアが適しているが，フリースローの場面では，よりリラックスした状態が求められる。また，個人差があり，フリースローでも興奮状態を好むアスリートもいる。単純にリラックスすれば良いということではないので，身心の自己調整の準備段階として，まず各自の能力発揮に最適な心理状態の特徴を明確にすることが大切である。そのうえで，心理状態の安定度の上昇が必要な場合にはリラクセーション効果が，活性度の上昇が求められる場合にはアクティベーション効果が得られるように，適した技法を活用するのである。

具体的な技法の説明は後述するが，自律訓練法の練習は，短時間（1～2分）のリラックス状態の後，消去動作と呼ばれる軽運動を実施することを何回か繰り返して行う。また，筋弛緩法では，骨格筋の緊張と弛緩を，呼吸法では，吸息と呼息において横隔膜や肋間筋の緊張と弛緩を繰り返す。つまり，これらの技法は，アクティベーションとリラクセーションをバランスよく組み合わせることで成り立っているのである。これまでリラクセーション技法の効果は，「高すぎる覚醒水準の低下」として単純に理解されることが多かった。しかし，覚醒水準が高くても活気のある快適な状態であれば問題ないし，覚醒水準が下がってもだらけて不快な状態になっては意味がない。各技法がもたらす実際の効果は，「リラクセーションとアクティベーションの繰り返しによる覚醒水準の変動とともに，快適度が増加していく」という観点で理解することが有効である。

また，自分の身心の状態とその変動を観察する毎日の練習の積み重ねによって，自己客観視および身心の自律的調整スキルを向上させることがリラクセーション技法を活用する本来の目的である。

2. 骨格筋の活用：筋弛緩法

身体の中でも自律系は調整が難しいため，まず随意筋や呼吸などを活用して，身心の緊張状態や覚醒水準の変動を観察する。

しかしながら，随意筋といえども，意図的に筋を弛緩させることは原理的に困難である。筋線維への脳からの指令は，収縮させることだけで，直接伸展させる（ゆるめる）ことはできない。可能なのは，力を入れることと，それをやめることだけである。そこで，筋弛緩法では，骨格筋を直接

弛緩させるのではなく，逆に，一定時間力を入れて各身体部位の筋の緊張した状態を味わった後に力むのをやめ，脱力（筋弛緩）してリラックスした感じを味わうことを繰り返す。

ジェイコブソン（Jacobson）が開発した原法は時間がかかるため，いくつかの身体部位ごとに筋群をまとめて（①手，②腕，③顔，④首，⑤肩，⑥胸，⑦腹，⑧背中，⑨脚，⑩全身），順番に実施する簡易法が行われることが多い（五十嵐，2001）。本節では，最後のステップの全身について，その具体的なやり方の例を以下に示す。

【簡易法：全身】
・握りこぶしを作り，
・腕に力を入れながらひじを曲げ，
・胸を広げ，両肩を開きながら背中を反らし，
・両肩を上げて首を後ろに反らし，
・最後に眉間と口に力を入れた後，
・一気に脱力して椅子などに体を預け，
・身心のリラックスした感じをゆったりと味わう。
これを2～3回繰り返す。

緊張しやすい場面でのみ筋弛緩法を実施するのではなく，日頃から練習を継続して，筋が緊張した状態と弛緩していく過程を繰り返し体験することを通して，脳と身体の自然な調整のスキルが向上していくことを目指した活用が望ましい。

3. 呼吸の活用：呼吸法

呼吸は，睡眠中も無意識に繰り返されるが，意図的に止めたり深呼吸したりすることもできる。自律系と随意系の特徴を併せ持っているため，古くからさまざまな呼吸法が身心の調整に活用されてきた。安静時の心拍数の変動を測定すると特徴が顕著に見られるが，生理心理的覚醒水準は，呼吸のリズムに合わせて大きく変動している。吸息時には横隔膜が下がって心拍数が増加し，呼息時には横隔膜が上がって心拍数が減少する。基本的に，深く長く息を吐くリズムで呼吸をしているとリラクセーションが進み，呼気を強く短くして浅く早い呼吸を繰り返すとアクティベーションが進む。健康のためであれば，リラクセーション効果が期待できる長くゆっくりと息を吐く呼吸法が適している。しかし，スポーツなどの活動では，高いパフォーマンスの発揮に適した覚醒水準が課題や状況や個人差に応じて異なるので，どのような呼吸のリズムが良いかは単純に決められない。

自分の呼吸とそれに伴って生じる身心の変化を観察し，息を吸う際に覚醒水準が上昇して興奮していく感覚と，息を吐く際に覚醒水準が低下して沈静していく感覚を味わうことが，呼吸法の基本である。しかし，吸息時にエネルギーが体に入ってきて興奮し，呼息時にそのエネルギーが出ていって沈静するイメージだと，元の状態に戻るだけなので，心理状態の二次元モデルに基づいて，快適な興奮と不快な興奮を分けて理解することが有効である。吸うのは酸素で吐くのは二酸化炭素であるというように，吸息時には活力や活気などの快適な興奮をもたらすエネルギーを吸い込んで活性度が上昇し，呼息時には不安やイライラなどの不快な興奮をもたらすエネルギーを吐き出して安定度が上昇するというイメージである。そのようなイメージで呼吸を繰り返すことで，より快適な状態へと身心の調整が進むが，結果としてリラクセーション効果が得られるか，アクティベーション効果が得られるかは，吸息と呼息のリズムのバランスによって異なる。

リラクセーション効果を目的とする場合の呼吸法の例を以下に示す。

【吸息時】
・背筋を伸ばし，目を見開き，
・両肩を上げながら，
・鼻から大きく息を吸う。
・その際，新鮮な酸素とともに快適な興奮をもたらすエネルギーが入ってくる感じをイメージしながら，身心が興奮していく感覚を観察する。

【呼息時】
・上半身の力を抜き，
・両肩を下げながら，
・ゆっくりと息を吐く。
・その際，不要な二酸化炭素とともに不快な興奮をもたらすエネルギーが出ていく感じをイメージしながら，身心が沈静していく感覚を観察する。

　徐々に自然な呼吸に戻しながら，呼吸に伴って生じる身心の変化をゆったりとモニタリングしていると，次第に不快な興奮状態が沈静して，身心のリラクセーションが進んでいく。

　気分を盛り上げていくようなアクティベーション効果（サイキングアップ）を得たい場合は，吸息時は同様に実施するが，呼息時に，腹に力を入れて強く短く何回かに分けて吐くようにすると，覚醒水準が下がらず，呼吸を繰り返すに従って，身心の活性度（快適な興奮状態）が上昇していく。

　また，アクティベーション効果をもたらすためには，呼吸法以外にも時間や環境の条件に応じて，軽い運動を繰り返して心拍数を上げたり，気分を高揚させる音楽を聴いたり，チームで大声を出したり，身心を切り替えるスイッチとなるような言葉を言ったり（セルフトーク），さまざまな方法がある。実際に，どのような運動や音楽や言葉の活用が自分の気分の調整に有効であるか，事前に最適なものを見つけて，切り替えのキューやルーティーンとして機能するように，目的や個性に応じて自分の方法を作り上げていくことが重要である。

4. トレーニング：自律訓練法

1—自律訓練法とは

　自律訓練法（Das autogene Training）は，ドイツの神経科医シュルツ（Schultz, 1932）によって開発された，身心の機能の自律的な調整スキルを身につけるためのトレーニング法である。

　自律訓練法における調整は，その場でリラックスしようとするような意図的なコントロールではない。身体や脳の自律的な調整が自然に機能する状態を目指して毎日の練習を積み重ねていくのである。一定の言語公式を心の中で繰り返しながら，自分の身心の状態を他人事のように観察しモニタリングする「受動的注意」と呼ばれる状態を維持することが，技法の中核的な特徴である。それによって，脳幹部や自律神経系を基盤とする身心の機能における，エネルギー消費的な活動モードとエネルギー回復的な休息モードの柔軟な切り替え（Umschaltung）が可能になることが，効果のメカニズムだと考えられている。このUmschaltungというドイツ語は，自動車などのギア・シフトを意味する。人間の体を自動車に例えて説明すると，身心（エンジン）の過剰な興奮状態のパフォーマンスへの悪影響を緩和する自律訓練法の効果の本質は，意図的にブレーキをかけて心拍数やエンジンの回転数を下げることよりも，ニュートラルポジションを活用して，自分の状態を冷静に観察し，状況に応じてギアを柔軟に切り替えられるようになることにある。

　自律訓練法には，自発的なイメージを活用した黙想練習などの上級練習もあるが，基本となるのは身体の各部位に関連する6段階の言語公式を用いる標準練習である。その中でも第一公式の四肢重感練習と第二公式の四肢温感練習が特に重要であり，この段階までは不快な反応もほぼ見られないので，以下に具体的な練習のやり方を紹介する（松岡・松岡，2013）。

2—練習の進め方

①練習姿勢

　基本的に楽で安定した姿勢であれば良いが，毎回同じ姿勢で練習を行うことにより，長期的には，その姿勢を取るだけで自然に身心の反応が起きる条件付け効果が期待できる。そこで，普通の事務用椅子に腰かけて行う単純椅子姿勢（図4-4参照）で練習することが推奨される。就寝時などには，

図4-4 自律訓練法の練習姿勢

図4-5 自律訓練法の練習の流れ

仰向けに寝て行う仰臥姿勢で実施してもよい。

単純椅子姿勢では、両脚を軽く開いて座り、腕の力を抜いて両手を太腿の上に置く。目を閉じて、体の感覚を味わいながら手足や腰の位置などを楽な場所に調整する。

②標準練習（四肢重感・温感練習）

姿勢が調ったら、背景公式「気持ちが落ち着いている」を心の中で1～2回唱えて練習の準備ができたことを確認し、四肢重感練習を始める。まず右腕（利き腕）に注意を向けて、第一公式「右腕が重たい」を心の中で繰り返しながら、右腕に感じられるさまざまな感覚を味わう。続いて、同様に、「右腕→左腕→右脚→左脚が重たい」の順に、各身体部位の状態をモニタリングし、感覚を味わう。1～2分経ったら消去動作と呼ばれる軽い運動をして、ゆっくり目を開ける。これを2～3回繰り返して1セッションの練習とし、毎日2～3セッション行う（図4-5参照）。

四肢重感練習を1～2週間続けて、四肢の筋が弛緩した感覚がすぐわかり、手や足の温かい感覚が出てくるようになったら、順番に、第二公式「右腕→左腕→右脚→左脚が温かい」を繰り返す四肢温感練習を追加していく。練習に習熟すると重感や温感などを感じる反応が早くなるので、公式が増えても練習時間は延長せず、消去動作を挟んで短時間（1～2分）の練習を繰り返す。

腕や脚が重たくなることや温かくなること（コントロール）を目指すのではなく、その時々の環境や身心の状態に応じた腕や脚の重たさ（筋の緊張・弛緩の状態）や温かさ（末梢血流の増減による皮膚温の状態）を客観的な態度で観察し（受動的注意）、そのわずかな変化に気づけるようになること（モニタリング）が大切である。

③消去動作と練習記録

練習を長くやりすぎたり、突然中断したりすると、だるさなどの不快感が残ることがある。練習を終える際には、必ず、以下のような消去動作と呼ばれる運動を行うことを徹底する。

・両手を数回、握ったり開いたりする。
・両手を握って、ひじの曲げ伸ばしを数回する。
・大きく伸びをしてから、ゆっくり目を開ける。

面倒でも練習日記を作成し、練習中の体験や感じたことを毎日記録しておくことが重要である。自己客観視の促進や練習継続の動機づけになるだけでなく、専門家によるチェックや指導を受ける際には不可欠な情報となる。

2～3か月練習を継続して、自律訓練法の練習姿勢を取るとすぐに身心が安定した状態になり、消去動作をして目を開けるとリフレッシュした快適な状態になるような、スキル習得の段階を目指す。

5. おわりに

自律訓練法や他のリラクセーション技法の継続的なトレーニングの効果として、自己の客観視と身心の状態を切り替えるスキルが向上する。それによって、負荷の強い練習期間における身心のコンディションの調整や、試合などでの適度な緊張状態への自律的な調整が可能になるので、重要な場面における本来の能力の十分な発揮に役立つことが期待できる。

（坂入洋右）

コラム

アスリートの日常・競技ストレスの実態

先日，あるアスリートが過食後に自己誘発性嘔吐を繰り返し不安定状態に陥った。これは，極限状態で起こったストレス反応の一例である。

アスリートは，常に卓越したパフォーマンスを追及することから，日々の厳しいトレーニングによって過度なストレスを受けている。また，競技力の問題だけでなく，人間関係や怪我・病気，プレッシャー，経済状態，学業，最近ではスマートフォンの依存的な使用など，さまざまな問題があり，これらによる過度なストレスは，心身の健康やアスリートのパフォーマンスに悪影響を与える。しかしながら，適度なストレスはモチベーションを高め，競技力を向上させるための材料へと転換させることが可能である。アスリートは，ストレッサーに対しどう対処するのか，あるいはそのストレスをどう活かすのか，問題事象に対するアスリートの認知的評価やコーピングスキルの技量を考慮し，戦略的にトレーニング計画を練ることが重要といえよう。ストレッサーに対する感受性は個人差が大きく一様ではないが，トップアスリートの実態はどうなのか。一例を紹介する。

■トップアスリートの日常・競技ストレス

2012年のロンドンオリンピックで日本選手団主将を務めたやり投げの村上幸史選手に，本稿掲載の承諾を得て，日常・競技ストレスの有無について質問したところ，即座に「あまりないです」という回答に拍子抜けした。

村上選手といえば，2009年世界陸上で銅メダルを獲得した正真正銘のトップアスリートで，恐らく，想像を絶するような多くの試練を乗り越えてきたはずである。当然，相当なストレスを経験していると予想し多くの回答を期待したが，まったく期待はずれであった。しかし，それでもと，何かしらストレスを探すよう懇願したところ，じっと考え込んで吐露してくれた。

まずストレスを感じるときは，思い通りのパフォーマンスを発揮できないときや，怪我などが原因で出場する試合のスケジュールが狂わされチャンスを失ったとき，ライバルの記録更新などによりライバルの記録が気になったとき，だそうである。そしてトップアスリートの宿命であろうか，メディアや他人の目を過剰に意識してしまうことがストレスとなることから，日頃，人目を避けて行動するよう心がけているそうである。

彼の卓越したところは，これらのストレスは誰もが強く持つものと予想されるのに，ストレス反応として表れていないことである。つまり，ストレッサーを認知しているにもかかわらず，彼は悪影響を受けていないのである。

■トップアスリートのストレス対処法とは

その秘訣は，第一に1週間のトレーニングのうち必ずレクリエーション活動の時間を取り入れること，第二に仕事とトレーニングのメリハリをつけることだそうである。特に，レクリエーション活動は競技に役立つ点が多いと彼は強く信じている。事実，これらの活動をトレーニングに取り込んで日常化し，自ずとストレス対処スキルとして機能させることでストレスマネジメントを成功させているのである。

男子テニスで世界トップのジョコビッチ選手は，プレッシャーはアスリートの特権と表現し，感情の浮き沈みの末に勝利が待っていると述べている。プレッシャーなどのストレッサーやそれに伴うトラブルも事前に想定し対処している点は村上選手と共通している。トップアスリートは，日常からストレスの対処に努め，それらをエネルギーとして活かすことを平然とやってのけるのである。

（髙橋正則）

4-4 バイオフィードバック法

　ヒトが運動するときには，身体（生体）各部位からさまざまな情報が脳に送られ処理されている。しかし，ヒトはそのような生体情報にはほとんど気づいていない。この節で扱う生体情報は，「視る」情報や「聴く」情報とは区別され，生体内の意識にのぼらない情報である。ここでは生体内の意識にのぼらない情報を非意識的情報と呼ぶことにする。前者（視る）は外受容器と呼ばれる「耳目」から得られ，後者（聴く）は内受容器と呼ばれる「筋紡錘・腱紡錘（ゴルジ腱器官）」に代表される体内にあるセンサーから得られる。非意識的情報は，生体内で起こっている種々の精神生理学的な変化であり，脳波（EEG），筋電図（EMG），皮膚電気反射（GSR），皮膚温（ST），血圧（BP）などである。たとえば，皮膚電気反射は，「うそ発見器（図4-6参照）に応用されているので理解しやすいと思う。

　このような非意識的情報を，スポーツの心理トレーニングに利用したものが，「バイオフィードバック（biofeedback：BF）法」である。BFは，その名の通り「バイオ（生体）」からの情報を「フィードバック（帰還）」させるものである。

図4-6　うそ発見器（竹井機器工業製）

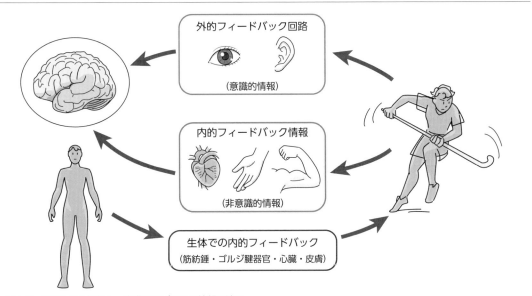

図4-7　意識できる情報と，意識にのぼらない情報の流れ

1. バイオフィードバックとは

堀野（2012）は，BFとは，通常では客観的に認識不可能な生体現象を，電子機器を用いてヒトが客観的に認識可能な情報に変換し提示する技法，加えてBF情報を利用して，生体現象の自己制御をヒトに獲得させる手続きをBF訓練と定義した。

1960年代後半から精神医学やリハビリテーションの分野で，BFに関する研究が盛んに行われるようになり，治療を目的とする技法が開発され使用された。情緒障がいや心身症を含むストレスに対する弛緩法（リラクセーション）としての応用と，脳性まひや痙攣のような神経‒筋再教育法（Neuro-Muscular Re-Education）への応用などがある（佐久間，1987）。

一方，スポーツメンタルトレーニングの現場では，生体の自己制御機能を習得もしくは精緻化する技法として，漸進的弛緩法や自律訓練法がよく用いられている。しかし，これらの技法は，生体の自己制御機能を高めるまでに相当の時間と努力を必要とし，また，自己制御能力の向上の評価は，実施者の内省報告のみしか方法がなく，客観的評価が難しいという欠点がある。これに比べてBF法は，生体の自己制御機能の習得や精緻化を比較的短期間で行えて，さらにトレーニング効果を客観的に評価できる。

BF法は，図4‒8で示すように脳や筋肉，皮膚の電気反射や温度，血圧のような非意識的情報を機器で処理し，視覚および聴覚情報に変換する。これを外的フィードバック情報として脳に送り込むことで内的フィードバック回路の機能を強化するものである。

2. バイオフィードバックの理論モデル

ヒトの運動や精神生理的処理を代表する意識の自律的コントロールには，自己制御あるいは随意的制御を必要とする。言い換えれば，生体情報を参照する自己コントロールが必要である。この生体情報の制御機能を強化するために，BF法は効果的な方法といえる。ヒトがこの制御能力を獲得

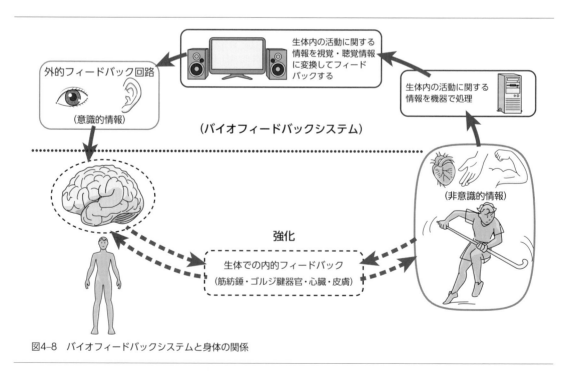

図4‒8　バイオフィードバックシステムと身体の関係

していく過程でBFが果たす役割について，シュワルツ（1992）はオルソン（Olson, 1987）が紹介している3つの理論モデル（学習理論モデル，サイバネティクスモデル，ストレスマネジメントモデル）を取り上げて，その重要性を説明している（堀野，2012）。ここでは，それを基にしてBF法が自己制御機能を強化しさらに精緻化していく過程で果たす役割を概観する。

1—学習理論モデル

生体の自己制御機能は，BFという強化因子によって条件づけられる道具的条件づけ（オペラント条件づけ）であるという立場をとっている。ここでは，ある活動（運動）が上手にできるようになったとき，つまり生体の自己制御機能の操作を習得するまでの過程を学習ととらえる。学習は，適切な反応によって得られた報酬で強化される。したがって，BF情報は自己制御機能の学習過程において効果的に作用する強化因子（報酬）であるとして，BF法による自己制御機能の獲得過程を学習理論から説明している。

2—サイバネティクスモデル

ヒトの生体機能を機械論的に説明するサイバネティクス理論は，ウィナー（Wiener, 1961）によって提唱された。ウィナーは，生体機能の働きは入出力系とフィードバック回路から構成され，環境からの情報の入力とそれによって生じた生体の変化（出力）の間にある多様な情報処理過程の働きを仮定した。BF法では，この理論を応用して人工的に外部回路（外部ループ）を付加して，生体内の情報を供給することで，通常の生体機能の制御過程に対して，出力が入力に作用するフィードバック制御回路を新たに構築するものである。ヒトの自律神経系や中枢神経系などの制御回路には，この外部フィードバック回路は存在せず，内部フィードバック回路により自動的に処理が行われている。また，骨格筋反応では，筋紡錘や腱紡錘から情報を処理する内部フィードバック回路が存在し機能する。しかし新奇な運動を練習する場合，末梢からの求心性フィードバック回路が十分に働かないため，BF法によってこの回路の働きを強化することができる。

3—ストレスマネジメントモデル

ストレスの自覚は，ストレッサーの特定を含めて，その形態が多様であり主観的要因が大きく影響し，通常，心身の緊張を伴う。BF情報を提供することで，心身が弛緩した感覚を自覚できるようになる。BF法によって，緊張／弛緩の状態の区別ができるようになり，最終的にはストレスとうまく付き合うことができるようになる。BF法は非侵襲的技法であり，ストレス対処法の一技法である。

このように，BFに関する3つの理論モデルは，外部フィードバック回路（BF回路）の人工的な付加が，ヒトの生体に新しい自己制御機能を作りあげて，それを強化していくという考え方で一致している。

3. 主なバイオフィードバック法

メンタルトレーニングでよく使われているBF法については徳永（2005）を引用しながら解説する。

1—EMGバイオフィードバック法（EMG-BF法）

ストレスに起因する心身の状態に影響を受けて，筋電図は緊張度を増すが，通常，それに気づかないことが多い。EMG-BF法は，筋の緊張／弛緩状態に気づき，最終的には筋緊張の自己制御ができるようになることを目的とする。この方法は，筋電位を音や光信号に変えて，外的フィードバック回路（機器）を通して生体に提供する方法で，メンタルトレーニングではこの音や光の程度を手

図4-9　EEG-BF法

図4-10　GSR-BF法

がかりにしてトレーニングを行う。

2 ─ 脳波バイオフィードバック法（EEG-BF法）

脳活動によって，脳波の周波数が変化する。一般的には，δ波，θ波，α波，β波に大別される。α波は，安静閉眼時（リラックス時）に現れる10 Hz前後の帯域の脳波である。EEG-BF法では，これを音や光信号に変えて，外的フィードバック回路（機器）を通して生体に提供する方法で，メンタルトレーニングではこの音や光の程度を手がかりにしてトレーニングを行う（図4-9参照）。他に，集中時の生体指標としてFmθ波を用いる場合もある。

3 ─ GSRバイオフィードバック法（GSR-BF法）

ガルバーニ（Galvani）が発見したGSR（Galvenic Skin Response：皮膚電気反射）は，ストレスに起因する心身の状態に影響を受ける自律神経系のはたらきによって変化する。GSR-BF法は，リラックスすると皮膚の電気抵抗が高くなり，緊張時にはそれが低くなることを利用して，皮膚の電気抵抗を音信号に変えて，外的フィードバック回路（機器）を通して生体に提供する方法であり（図4-10参照），メンタルトレーニングではこの音の高低を手がかりにしてトレーニングを行う。

4 ─ 皮膚温バイオフィードバック法（ST-BF法）

GSR-BF法と同様に皮膚の生体情報を利用するものである。手の皮膚温は緊張時に低く（冷たく）なり，リラックス時には高く（温かく）なる。皮膚温センサーでピックアップした情報を音信号に変えて，外的フィードバック回路（機器）を通して生体に提供する方法であり，メンタルトレーニングではこの音の高低を手がかりにしてトレーニングを行う。

5 ─ 心拍バイオフィードバック法（HR-BF法）

心拍（HR）は，ストレスに起因する心身の状態に影響を受ける自律神経系のはたらきによって変化する。つまり，緊張時にはHRが増加し，リラックス時にはそれが減少する。この変化を音や光信号に変えて，外的フィードバック回路（機器）を通して生体に提供する方法であり，メンタルトレーニングではこの音や光の程度を手がかりにしてトレーニングを行う。

6 ─ その他のバイオフィードバック

その他のBF法として，心拍周期，呼吸パターン，血圧，指尖脈波などの生体情報を音や光信号に変えて，外的フィードバック回路（機器）を通して生体に提供する方法もある。メンタルトレー

ニングでは，この音や光の程度を手がかりにしてトレーニングを行うことが可能である。

７──バイオフィードバックで今後求められること

いくつかのBF法をみてきたが，いずれの方法も外的フィードバック回路（機器）を用いて生体にBF情報を提供するために，これまでは生体情報を収集する機器，収集した生体情報を他の媒体に変換する機器，変換した情報を提供する機器といった大掛かりなシステムであった。近年はITの発達で驚くほどそれが小型軽量化したが，機器を使用することに変わりなく，スポーツの練習現場での使用には工夫が求められる。

4. バイオフィードバック法の適用，その注意点と効果

１──バイオフィードバック法の選択

アスリートのパフォーマンス向上のためにBFトレーニングを適用していく場合，まず，注意すべきことは，「用いるBF法の選択」であろう。選手本人（必要なら監督・コーチ）に対して，解決しようとする「心理的課題」についての十分な聴き取りを基にして，BF法を適切に選択することが大切である。課題には２つのことが考えられる。１つは，競技ストレス（あがり，緊張など）への対応，もう１つは運動スキルの習得の手助けである。いずれにしても，BF法の適切な選択が課題解決に繋がるので，十分に吟味することが必要である。

２──バイオフィードバック法の適用時期

つぎに，注意すべきことはBF法の適用時期である。たとえば，運動スキルの習得や修正にEMG–BF法を適用しようとしたとき，それの即効的な効果は，実験的研究ではすでに評価されているが，習得した運動スキルの習慣化や固定化の困難さ，さらに適用時期の見極めの重要性が指摘されている。また，初心者や未熟練者で修正すべき要素の数が多い場合，筋感覚情報の処理に混乱をきたし，逆にパフォーマンスを低下させることもある。EMG–BF法の適用時期としては，学習の前期段階よりも後期段階，つまり運動段階と呼ばれている時期に筋感覚フィードバックを適用することが有効であり，運動スキルの習熟段階の高いレベルのアスリートへの適用に限られるようである。

３──感覚への気づきを高める

どのようなBF法であっても，使用する生体情報は非意識的情報であり，生体内で起こっている種々の精神生理学的な変化に注意を向けることは，それ自体，高度なスキルを必要とする。アスリートは，普段の練習から筋感覚情報をはじめとして種々の生体情報を十分に使いこなしているため，同じようにそれを適用しても普段のトレーニングとあまり変わらないのは当然である。これは，「感覚への気づき」と呼ばれるものであり，メンタルトレーニングでは基本的な要素である。特にBF法の場合，この「気づく」というスキルを再認させて，それを使いこなすことが最終目的となる。ただし，アスリートのパフォーマンス向上において，BF法はあくまで補助的な手段である。

（荒木雅信）

4-5 注意集中技法

　注意集中とは，スポーツの現場では，一般的に「集中力」と呼ばれることが多く，「注意もしくは意識をあることに集中して，それを持続する能力」（遠藤，2006）ととらえられている。この集中力は，スポーツにおいて，実力発揮のために大変重要だと考えられている。そのため，さまざまなトレーニングや技法が考案されてきた。また，この注意集中や集中力については，心理学において，注意（attention）という専門用語で研究が行われ，さまざまな知見が明らかにされている。

1. 注意集中とは

　注意の主なはたらきとして，選択的注意，分割的注意，注意の切り替え，持続的注意の4つが想定されている（原田・須藤，2011）。

　「選択的注意（selective attention）」とは，多くの情報が存在する環境の中から，目的の達成に必要な情報を効率よく取捨選択するはたらきのことである。たとえば，良いプレーをするためには，ボールや選手の位置といった運動に関連する情報にだけ注意を向け，観客の歓声やヤジなど直接運動に関連しない情報をできるだけ排除することが必要となる。

　また，注意のもう1つのはたらきとして，「分割的注意（divided attention）」がある。この分割的注意とは，人が一度に行える情報処理には限界があり，その処理に必要な資源としての注意を，同時に実行される個々の処理に対して，適切に配分することである。たとえば，ボールや選手の位置だけでなく，状況判断に必要なフォーメーションの変化や作戦の指示など，同時に注意を向けなければならない対象がある場合には，どれか1つの対象だけでなく，複数の対象に適切に注意を配分して運動を実行しなくてはならない。

　さらに，刻々と変化する状況の中で1つの対象にだけ注意を向けるのではなく，スポットライトのように注意を向ける対象を，1つのものから他のものに切り替えるはたらきも注意は担っている。この「注意の切り替え（switching of attention）」は，特に，ボールゲームにおいて重要である。ボールや選手の位置など，めまぐるしく変わる状況において，注意を向ける対象を適切に素早く切り替えることが必要とされる。

　加えて，注意には，長い時間同じ対象に注意の焦点を合わせ続けていく，「持続的注意（sustained attention）」というはたらきも担っている。この持続的注意も大変重要で，実際の競技場面では，いろいろなストレスの中で，注意を1点に集め，今まさに実行しようとしている運動に注意を集中し，それを持続させることで良いプレーが実行されているのである。

　このように注意には，さまざまなはたらきがあり，これらを総称して一般的には注意集中や集中力と呼び，アスリートが実力発揮するうえで必要不可欠な能力とされている。

2. 注意のスタイル

　注意についてはスタイルがあり，ナイデファー（Nideffer，1976）によると，注意は，方向（内的－外的）と範囲（狭い－広い）という2次元で説明でき，その組み合わせから，4つのスタイルに分類されている（図4-11参照）。また，日常生活の経験に対する質問に答えることにより，個人の注意スタイルと対人関係のスタイルの両方を測定

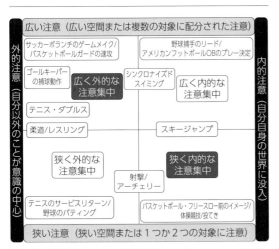

図4-11 注意集中の4つのタイプ（ナイデファー，1981を改変）

できるTAISが開発されている。このテストの注意尺度については以下の意味が示されている（加藤・細川，1995）。

①**広く－外部への注意**

（BET：Broad external attention）

この尺度の高得点は，外部からの多くの刺激を同時に有効に統合できると自分自身を考えている個人が得る。

②**外部刺激によるオーバーロード**

（OET：External overload）

この得点が高いほど，外界の情報によって混乱したりオーバーロードになることによって，失敗を犯しやすい傾向がある。

③**広く－内部への注意**

（BIT：Broad internal attentional focus）

高得点者は自分自身を，いくつかの異なった領域のアイデアや情報を有効に統合できる，または分析的であるとみている。

④**内部刺激によるオーバーロード**

（OIT：Internal overload）

この得点が高い人ほど，一度にあまりに多くのことを考えすぎて失敗しやすい。

⑤**注意の焦点が狭い**（NAR：Narrow attention）

この得点が高いほど，自分自身で有効に注意を狭くできる（たとえば，勉強したり，読書したりなど）人間だと考えている。

⑥**注意の焦点が縮小**（RED：Reduced attention）

この得点の高い人は，注意を狭くしすぎて，課題に関連した情報をすべて含めることに失敗しミスを犯す。

このTAISを用いてオリンピック選手などの優れたアスリートを調査した結果，環境の変化が小さいクローズドスキルのアスリートは，NARの得点が高くてOETの得点が低い，すなわち，注意を有効に狭くして外界の情報により混乱することが少ないこと，および環境の変化が大きいオープンスキルやチーム競技のアスリートは，BETの得点が高い，すなわち，多くの情報を有効に用いることができるという報告がなされている（Nideffer，1990）。

このようにスポーツで求められる注意のスタイルは，競技種目や状況によってさまざまであり，その競技種目や状況に見合った注意のスタイルを身につける必要がある。

3. 注意集中が途切れると

大事な試合で緊張する，あるいは，観客の声援やヤジでプレッシャーがかかる場面など，集中力や注意集中が途切れ，思うように実力発揮できないことがしばしば起こる。このようなプレッシャーなどによる集中力の途切れ，すなわち，注意集中のはたらきが悪くなることによってパフォーマンスが低下する現象は，現在のところ2つの理論・仮説から説明されている。

その1つが，処理資源不足理論（樋口，2000）あるいは，注意散漫仮説（田中，2014）である。人は，注意を向けて必要な情報を処理するための心的な資源には限界があり，一度に多くのことに注意を向けることは難しい。「失敗すると恥ずかしい」「負けるのは嫌だ」など，運動に直接関連しない事柄や考えに注意が取られると，いつもは

運動の実行に配分されていた心的資源としての注意が不足する。そのため運動に対して注意が散漫になり，パフォーマンスが低下するのである。プレッシャーが強くなりすぎると，自分で何を考え，何をしているかがさっぱり分からなくなるといった状態に陥る。このような状態では，通常，運動に関連する情報に向けている注意が，運動に無関連な事柄や考えに向き，注意集中のはたらきが悪くなるのである。

　また，注意集中のはたらきが悪くなることによるパフォーマンスの低下を説明するもう1つの理論（仮説）は，過剰な意識的制御理論（樋口，2000）あるいは，意識的処理仮説（田中，2014）である。緊張した競技場面で，失敗したくないと強く思えば思うほど，アスリートは運動を慎重に行おうとする。そうすると，いつもは意識せず実行している運動に対して，過剰に注意が向いてしまい，運動がぎこちなくなってしまうのである。アスリートが競技場面で実行している運動は，通常，長期にわたる練習を繰り返すことによって，意識せずに実行できるように自動化されていることが多い。このように自動化された運動に対して，慎重に実行しようとして過剰に注意が向けられると，運動自体がぎこちなくなり，パフォーマンスが低下するのである。このような現象は，「自動化の崩壊」あるいは「脱自動化」と呼ばれている。

　それでは，このような注意集中が途切れることによるパフォーマンスの低下を防ぐためにはどうすればよいのであろうか。1つには，運動の実行に関連しないネガティブな事柄や考えに注意が向かわぬように，運動の実行自体に集中し，ポジティブなイメージを作り出すことである。後にあげるプレ・パフォーマンス・ルーティーンを行ったり，トリガーワードを口ずさみ，ネガティブなイメージからポジティブなイメージへと注意を切り替えることでパフォーマンスの低下を防げると考えられる。さらに，自動化の崩壊や脱自動化が起こらないように，練習のときから動きの重要なポイントを意識して運動を実行したり，動き以外のポイントを意識したりと，過剰に運動に注意が向かないようにしておくことである。たとえば，シュートを打つ前に意識する動きのポイントを確認するであるとか，シュートを打つ前に見るべきところをあらかじめ決めておき，そこを見て集中した後，シュートを打つといった対処法が有効であろう。その他，プレッシャー時のゴルフパッティングの対処法については，田中（2014）が，膨大な文献をレビューし対策について検討を加えているので，ぜひ参考にしてほしい。

4. 身体の内的・外的への注意

　運動を実行したり，練習したりするときに，どこに注意を向ければ効果的かという問題は重要である。これまで，運動を実行するときには，1つひとつの身体の動きに注意を向けることが大事だと考えられてきた。しかし，ウルフ（Wulf, 2010）は，多くの実験を行い，運動において身体外部への注意（external focus）のほうが身体内部への注意（internal focus）よりも効果的であることを示した。ここでいう身体内部への注意とは，運動を行う際に自分自身の身体の動きに注意を向けることである。また，身体外部への注意とは，身体の外部の器具や環境に対して身体の動きが与える影響に注意を向けることである。たとえば，ゴルフでは，自分の腕に注意を向ける身体内部への注意よりも，クラブの軌道に注意を向ける身体外部への注意のほうが，ショットが正確であること，あるいは，バスケットボールのフリースローでは，手首の運動に注意を向ける身体内部への注意より，ゴールリングに注意を向ける身体外部への注意のほうが，シュートが正確であることが報告されている。このように身体外部への注意は，身体内部への注意よりも効果的だと考えられる。しかし，このことについては，身体内部に注意を向けることで，先にあげた自動化の崩壊や脱自動化が生じ，

身体外部への注意を向けて運動を行うよりも，パフォーマンスが低下したと考えることもできる。いずれにしても，身体外部に注意を向けて運動すると，身体内部に注意を向けて運動するよりも，パフォーマンスが良いと考えられることから，指導者は，単に集中しなさいというだけでなく，注意を向ける対象も考慮してアドバイスを行う必要がある。

5. 注意集中を高める技法

注意集中を高める技法は，さまざまなものが考案されている。その基本的な考え方は，「あのときこうやればよかった」といった過去に起こった出来事や「失敗するのでは」といった未来に予想される結果に注意を向け集中するのではなく，今行うべき運動や運動に関連する情報に注意を向け集中させることを目的している。

1—パフォーマンス（遂行）目標

スポーツにおける目標設定で，目標の内容を基準に見ると，結果目標とパフォーマンス目標に大別できる。結果目標とは，「試合に勝つ」「決勝に残る」「日本一になる」など，競技における最終的な結果に関する目標のことである。この結果目標は，練習時などでアスリートの動機づけを高め，質の高いトレーニングを可能にする効果がある。しかし，プレーの直前やプレー中に，将来，予想される結果目標を意識しすぎると，かえって不安やマイナスイメージを引き出すこととなる。プレーの直前やプレー中に注意集中を高めるためには，結果目標ではなく，「フリースローを75％成功させる」「ファーストサーブを100％入れる」「自己最高記録を更新する」などの競技成績や自己の能力を基準とした数値で表すことのできるパフォーマンス目標を設定するほうが良い。このパフォーマンス目標は，アスリートに，運動に関連した情報と現在コントロールが可能な自己の動きの両方

に注意を向けることを促すと考えられる。また，パフォーマンス目標よりもより細かく，「腕をしっかり伸ばして打つ」「膝を柔軟にして待つ」「練習通りの動きを心がける」など，パフォーマンス目標を達成するために必要な具体的な動きに関するプロセス目標に注意を設定することでも注意集中を高める効果が期待できる。しかし，プロセス目標だけを過剰に意識して，いつもは意識しない自動化された動きに注意が向くと，自動化の崩壊や脱自動化が生じるため注意が必要である。

2—プレ・パフォーマンス・ルーティーン

トップクラスのアスリートの中には，プレーの直前に，あらかじめ計画された一連の系統的な準備動作を行ってからプレーを実行する者も少なくない。たとえば，有名な野球のメジャーリーガーは，打席に入り，バットをかざすなどの一連の動きをしてから打撃を行っており，またあるラグビーの日本代表選手は，ペナルティーキックの前に，指を立てゴール方向を見ることから始まる一連の動作を行ってからボールを蹴っている。このようなプレーの直前に行われるあらかじめ計画された一連の系統的な準備動作をプレ・パフォーマンス・ルーティーンと呼んでいる。このプレ・パフォーマンス・ルーティーンは，プレーの直前に運動に関連する情報に注意を向けさせ，運動の実行に適切な心理状態を作り出すことで，注意集中を高めることができる。また，プレ・パフォーマンス・ルーティーンは，過去の出来事や未来の結果ではなく，今行わなければならない動き（ルーティーン）だけに注意を向ける効果がある。さらに，プレ・パフォーマンス・ルーティーンの実行に集中することで，通常，無意識に実行している自動化された動きに対して，過度に注意が向くことを防ぐ効果も期待できる。

プレ・パフォーマンス・ルーティーンは，プレーの前に比較的時間があり自己ペースで行えるクローズドスキルで行われることが多い。しかし，

ボールゲームなどのオープンスキルでも，ミスした場合など，プレー中に行える短時間の簡潔なルーティーンを決めておき，それを実行することでも実施可能である。

このプレ・パフォーマンス・ルーティーンは，大事な試合や重要な局面でのプレーの直前にだけ実行してもほとんど効果はない。日頃の練習の中で，さまざまな状況を想定し，プレ・パフォーマンス・ルーティーンを行い，いつでも同じ一連の動きができるように心がけることで，大事な場面で注意集中ができ，実力発揮ができるのである。

3 ─ トリガーワード（キューワード）

緊張やプレッシャーにより注意集中が途切れそうな場面で，ネガティブなイメージや考えをポジティブに切り替えるために用いる印象的で短いポジティブなフレーズの言葉をトリガーワード（trigger word），あるいはキューワード（cue word）という。たとえば，「リラックス」「落ち着け」「気合いだ」「ボールをよく見る」など，印象的で短い言葉をつぶやくことで，注意や気持ちをポジティブな方向に切り替えるきっかけとなり，注意集中を高めることができる。この方法でも，今行うべき特定の運動や課題にアスリートの注意が向かうように意識的に言葉をつぶやくと効果的であり，さらに，何度も同じ言葉を繰り返すことも注意や考えの切り替えが難しい場面には，効果を発揮する。このトリガーワードは，必ずポジティブな言葉を用いることが大切である。失敗やミスをしたときほどネガティブなイメージや気持ちになりやすいので，そのときにでも注意や気持ちをトリガーワードでポジティブな方向に切り替わるように日頃から練習しておく必要がある。

4 ─ メンタルリハーサル

メンタルリハーサルは，メンタルプラクティスや視覚化と呼ばれることもあるが，ここでは，運動している状態を頭の中にイメージして，そのイメージを系統的に使用して運動のリハーサルを行う練習のこととする。このメンタルリハーサルも，注意集中を高める大変効果的な練習方法である。

具体的には，競技場面で起こるさまざまな状況を想定して，あらかじめイメージの中でどのようにするかについて練習しておく方法である。たとえば，緊張やプレッシャーで注意集中が途切れそうな場面などを想定して，プレ・パフォーマンス・ルーティーンを用いて注意集中するとか，トリガーワードで注意を切り替えるといった具体的な対処法を頭の中で準備し練習しておけば，実際にそのような場面に直面したときに適切に対処できると考えられる。

また，今までで最も良いプレーができたときのことを思い起こして，そのときの状況や心理状態をイメージし，それを何度も想起することで，その最良の状態を実際の場面でも再現できるように練習する方法（ピークパフォーマンス法）や，今までに注意集中がうまくいかなかった状況を思い起こして，それに適切に対処するイメージを作り上げる方法も効果がある。

特に，注意集中を高めるためには，注意集中がうまく働かない状況下において，具体的に，どこに選択的に注意を向け，注意を適切に配分し，状況によって注意を切り替え，注意を持続させるかを具体的にイメージして，そのときに行うべき事柄を決めておけば，不慣れな環境やアクシデントにも適切に対処できると考えられる。

〔兄井　彰〕

4-6 イメージ技法

本節では，イメージ技法の活用範囲，イメージトレーニングの手順・展開方法，イメージが浮かばない場合の対処法について概説する。

1. イメージトレーニングの位置づけ

1──イメージとは

イメージ（心像：imagery）とは，「感覚刺激が存在せずに感覚経験に類似して生起し，しかも心理的効果をもたらす心理過程」（長谷川，1991）であり，「ごく大ざっぱにいえば，人が心の中に抱く絵のようなものをいい，視覚的なものに限らず，五感それぞれに，またそれらの統合されたものとして存在する同様のものをいう」（田嶌，1992）と説明される。

イメージには，残像，直観像，記憶心像，想像心像があり，鮮明性と統御可能性の次元から，これらの特徴が記述されている（Richardson，1969）。

スポーツメンタルトレーニングにおいて，イメージ技法はさまざまに用いられており，その定義もスポーツメンタルトレーニング指導士（以下，SMT指導士）の理論的立場によってさまざまになるだろう。

ここではイメージトレーニングを，アスリートに目を閉じてある場面の状況を思い浮かべてもらい，それを内的に体験することで，実際の競技場面において，より望ましい心理状態を準備したり，より高いパフォーマンスを発揮するための心理技法と定義しておく。

2──イメージトレーニングの活用範囲

江川（1989）は，競技スポーツにおけるイメージの活用範囲として，以下の4点をあげている。
①新しい技術や動作パターンの習得
②フォームの矯正・改善
③競技遂行に先立つリハーサル
④心理面の改善・対策

さらに，最近では加藤（2000）が，イメージトレーニングおよびその関連用語（たとえば，メンタルプラクティスやイメージリハーサルなど）を整理し，これらによって期待されうる効果を列挙している。

そこでは，イメージ技法を用いることで，自信ややる気を喚起し，望ましいセルフイメージが確立できると指摘している。このことはイメージの活用により，たとえば「あがり」の克服等，単に特定の競技場面における心理面の改善だけでなく，思考習慣や生活習慣の改善をも期待できることを示している。つまり，イメージ技法を心理的コンディショニングにも，積極的かつ発展的に活用していこうという位置づけである。

3──イメージの有効性を規定する要因

イメージの有効性については，先行研究のレビュー（Murphy，1994）やイメージを行った場合の効果量を算出するメタ分析（Feltz & Landers，1983）からの確認がなされてきた。これらによれば，一般的にイメージの有効性を認める研究が多い中で，その機序は十分に明らかになっていない。

その1つの理由として，イメージの有効性を説明する理論が，研究者により複数提示されており，必ずしも共通理解が得られていないことによる（土屋，1996a）。最近では，PET（ポジトロン放出断層撮影法）やfMRI（機能的磁気共鳴画像法）などの脳機能イメージング法によって，脳活動が

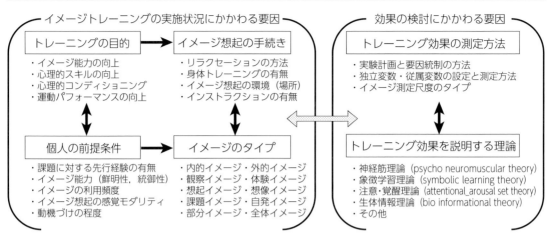

図4-12 イメージトレーニングの有効性を規定する要因の関連図

非侵襲的に観察できるようになっており，生理心理学や脳神経科学からも新たな知見がもたらされている。

その他にも，図4-12に示すように，イメージトレーニング実施状況にかかわる要因には，トレーニングの目的やイメージ想起の手続き，想起するイメージのタイプ（描き方），さらにそれに先立つ個人の前提条件などが関連しあって，イメージの有効性に影響を与えると考えられる。より効果的なイメージトレーニングのためには，これらさまざまな介在変数を考慮に入れてトレーニング計画を立てる必要がある。

2. イメージトレーニングの基礎

1──リラクセーショントレーニングの重要性

メンタルトレーニングにおいては，競技遂行に適した覚醒水準の維持を目的に，リラクセーション（あるいはサイキングアップ）の必要性が指摘される。一方，イメージトレーニングの準備段階としても，リラクセーションは重要である。

まず第1に，リラクセーションがイメージ想起に必要な精神の安定・集中状態をもたらすからで

あり，第2にイメージトレーニングに必要な心理的心構え（態度）の形成に役立つからである。後述するように，イメージトレーニングでは，それをどう体験するかが重要であり，その主体であるアスリートのイメージに対する心構えは重要である。

たとえば，呼吸法や漸進的筋弛緩法から自律訓練法を紹介し，「身体に働きかけることで心が落ち着く」ことを体験的に理解してもらうようにするとよい。特に，自律訓練法において強調される「受動的注意集中」は，イメージを受動的・受容的に体験するための心構えづくりにも役立つ場合がある。

なお，リラクセーションからイメージ想起へと進む手続きは，スウィン（Suinn, 1986）のVMBR（Visuo-motor behavior rehearsal：視覚－運動行動リハーサル）など，代表的なメンタルトレーニング・プログラムに共通して認められており，リラクセーションはイメージトレーニングに先立つ心理的調整として欠かすことのできない手続きと考えられている。しかし，実際の指導場面では，イメージの展開に従い，手のひらを動かしながら主要局面における身体動作を象徴的に表現したり，閉眼状態でありながらイメージ体験で競技開始に

合わせてサイキングアップを行うアスリートもいる。これらはイメージの中で実際の競技状況をよりリアルに体験しようとするアスリートの，工夫や試行錯誤の過程である場合が多い。したがって，指導にあたってはリラクセーション時の安静状態にこだわるよりも，イメージ想起を妨げないのであれば，むしろこれらをアスリート個々の創造的な取り組みととらえて，見守っていくことが重要である。

2―自発イメージの体験

競技場面を課題としたイメージトレーニングの導入に先立って，比較的中立的な課題を与え，自発イメージを体験する機会を設けるとよい。さらに，イメージ体験終了後は，SMT指導士との間で振り返るとよい。

ここでの課題は，たとえば「海辺」「草原」「駅」（土屋ほか，1998）等が考えられる。たとえば「草原」を課題とした場合，思い浮かべる草原は，アスリートそれぞれにユニークであり，さらにイメージが自然に，かつ自由に展開していくことが体験される。このイメージの自律性への理解は，リラクセーション時に言及したイメージを受動的・受容的に体験する心構えづくりにも役立つであろう。

さらに，イメージ体験終了後は，SMT指導士との間で振り返りを行うと，ラポール（信頼と親愛の絆）形成に役立つ場合も多い。この種のイメージが感情表現を豊かに含んでいることがその理由であるから，SMT指導士のイメージ体験に対する共感能力が，ラポール形成の基盤となる。

3―イメージ想起のためのトレーニング

イメージ想起能力には個人差がある。視覚イメージについても，また運動イメージについても個人差が認められている。また，実証的な確認は必ずしも十分ではないものの，感覚様相の優位性（モダリティ）に関する個人差も想定される。イメージの基本練習として，比較的イメージしやすい対象（たとえば，慣れ親しんだ風景や用具，競技場）から始めたり，視覚イメージから筋感覚イメージへと段階的に進めたりといった工夫がなされている。

他に猪俣（2000）は，効果的なイメージトレーニングの一般原則として，以下の8項目をあげている。

①イメージトレーニングおよびその効果に対する理解を深める
②イメージトレーニングを行う環境を整える
③リラックスした状態での注意集中
④体系的な練習
⑤イメージにおける運動の速度をコントロール
⑥視覚的シミュレーションを利用する
⑦イメージトレーニングに身体運動を加える
⑧段階的なイメージ化

4―理想的な動作遂行状態の明確化

通常，アスリートの動作は自動化されており，身体各部位の細かな動きが常に意識されているわけではない。また，注意を向ける内的なポイントも固定化される傾向が強く，自分の競技場面の映像をビデオで確認したり，コーチやチームメートから競技スタイルを指摘されると，新たな気づきがもたらされることも多い。このような気づきから，より望ましい動作の明確化をはかることが，イメージトレーニングの準備として必要となる。

これまでイメージトレーニングでは，上級者の競技遂行の様子を思い浮かべるようイメージを続け，それができるようになったら遂行者を自分に置き換えるといった方法も提唱されてきた。

一方で，あくまで自分のイメージ体験の中で，理想とする競技遂行状況を作り出していく方法もある。そこでは，その動作を遂行するための心理的課題を整理・検討し，イメージ体験の中でその課題の解決を目指すとよい。理想的な動作遂行状態が明確になれば，このような創造的なイメージ

も可能となる。この取り組みを通して，実際の競技場面における理想的な動作遂行がもたらされるケースは多い。

3. イメージトレーニングの実際

■1─イメージトレーニングの手順

一般的なイメージトレーニングの手順には，以下のような4段階がある。

①イメージストーリーの作成

まずイメージトレーニングの準備段階として，あらかじめイメージする内容を「イメージストーリー」として枠づけし，これから描こうとするイメージの場面・状況，自身の心身の状態，周囲の様子等を，あたかも脚本のように設定するとよい。その後イメージストーリー全体の流れを吟味し，動作遂行上のチェックポイントを付け加えていく。イメージトレーニングを継続しているアスリートには，このチェックポイントを「キーワード」として，象徴化して記載する者も多い。

たとえば，後半ラストスパートに向けたピッチの切り替えに対して「ギヤチェンジ」といったキーワードを用いることで，そこで求められる身体感覚や心理状態を表現している例などが認められる。これらの言葉は，イメージ体験を集約したものであると同時に，その言葉がイメージを促進する手がかり（「キューワード」）や引き金（「トリガー」）にもなっている。

②リラクセーション

イメージストーリーの作成が終わると，リラクセーションへと移行する。イメージトレーニング実施までに，アスリートはリラクセーショントレーニングを継続してきているので，それぞれになじんだ方法で実施するとよい。

③イメージ想起

心身の十分なリラックス感が得られたら，課題イメージへと進む。ここでは，あらかじめ作成されたイメージストーリーに従って，イメージを思い浮かべていくことが中心である。

④イメージ体験の振り返り

イメージ終了後は，そこでの体験を振り返るとよい。一般には，イメージ中の体験をトレーニング・ログに記録していく方法がよく用いられているようである。イメージ体験をありありと記載することもまた，イメージ体験を深め，気づきを生み出す方法である。さらに，イメージ状態診断チェック表（高野ほか，1996）などを用いて，イメージの振り返りを行うことで，個々のイメージの特徴や課題が確認されることもある。

■2─イメージトレーニングの展開方法

一般に，イメージトレーニングの初期段階は，課題イメージが中心であるが，展開はさまざまである。たとえば，徳永・橋本（1991）は，イメージトレーニングを「イメージの基本練習→感情イメージ→課題イメージ」と段階的に発展させることを推奨しており，その課題イメージには，以下のものが組み込まれている。このような取り組みは，体験する内容をあらかじめ焦点づけるために有効な方法と思われる。

①目標設定の確認と達成イメージ
②技術面のイメージ
③体力面のイメージ
④精神面のイメージ
⑤作戦イメージ
⑥試合前の心理的準備

また，これらの組み合わせから，「日常継続型イメージトレーニング」「問題解決型イメージトレーニング」「試合前コンディショニング型イメージトレーニング」のように，実施目的に合致した展開方法を作り出すことも可能である。

■3─イメージの阻害様態とその対処法

長期にわたってイメージトレーニングを継続していくと，アスリートからはイメージ想起にかか

わる集中の困難，鮮明性の低下，不安・緊張等の訴えが投げかけられる場合がある。イメージを中核としたメンタルトレーニング・プログラムを展開する中で，かつて筆者らが直面した訴えには，以下のようなものがあった（中込，1996）。

①自分のやろうとする課題がはっきりしない
②イメージ想起に集中できない
③イメージが浮かばない，鮮明でない
④イメージが途切れる，流れが速すぎる
⑤イメージ想起中のいらだち，不安

一般的に競技レベルが高いほど，イメージ想起能力が高いという報告は多いが（たとえば，徳永・橋本，1984），比較的高い競技レベルのアスリートからも「イメージがはっきりしない」「イメージが安定しない」といった訴えを聞くことがある。

このような場合は，残像を用いた導入（たとえば，IMカードの利用）の他，イメージ想起の環境設定を行うことが有効である。たとえば，高橋（1996）は，より鮮明で安定したイメージが描けるよう「メンタルスクリーン」にイメージを描くことをアドバイスしている。

上述のような訴えの背景に，イメージの侵襲性への怯えや強い不安が認められる場合は，「イメージ体験ルーム」のような仮想空間を設定するとよい。田嶌（1987）の「壺イメージ療法」と同じように，イメージ体験の一種の危険性に対する「安全弁」が働くことを期待すると同時に，アスリート自身が部屋に入ったり出たりすることで，そこでの体験から自由に距離をおくこと，つまりイメージとの付き合い方を吟味してもらうこともねらっている。メンタルスクリーン同様，イメージを安定する効果をねらうと同時に，スクリーンを眺めるよりも，その空間に身を投じることで，その体験をじっくり味わう，確かめる，距離をおいて眺めてみる，といったさまざまなイメージとの付き合い方を体験できる。

なお，中込（1996）は，先に列挙したアスリートからの訴えをイメージの阻害様態ととらえ，具体的な対応策を論じる一方で，以下のようにコメントしている。すなわち，「身体面のトレーニングで生じる問題事象が選手の飛躍するための課題を提示しているのと同じように，イメージの阻害様態は，心理面での特徴や課題を自身や指導者に投げかけているとも読み取ることができる」。

また米丸・鈴木（2013）は，カウンセリングをベースとした心理サポートにおいて，アスリートが「身体」について語ることは，イメージトレーニングと同様の意義があると指摘している。

アスリートを対象としたメンタルトレーニングでは，「外界の模造としてのイメージ」を取り上げることが多いが，一方で，その体験のされ方は個人によって，あるいはその個人のおかれた状況によってさまざまであり，ユニークである。

たとえば，イメージストーリーで設定したイメージをなかなか描くことのできないアスリートに付き添う場合，そのイメージが描けないそのアスリートのありように注意を向けていくことで，イメージ体験上での転機が訪れることもある（土屋，1996b）。

これまでアスリートのイメージトレーニングでは，「どのようなイメージを思い浮かべるべきか」に多くの関心が払われてきたように思われる。しかし，実際の指導場面では，イメージを通じて選手の現段階でのありようが如実に語られることを目のあたりにすることになる。「そのイメージをアスリートがどのように体験しているか」「アスリートのイメージ体験にどう付き添うか」が，イメージトレーニングにおけるSMT指導士の課題である。

（土屋裕睦）

コラム

スポーツ傷害とメンタルトレーニング

受傷アスリートは，痛みやチーム内における立場の変化，回復への不安などからストレスを感じ，怒りや抑うつ気分を経験することがある。このような時期に，メンタルトレーニングの技法であるイメージトレーニングやセルフトークなどを通して，心理的な適応をもたらすスキルを向上していくことが大切である。

メンタルトレーニングは，受傷後のネガティブな心理的反応に対処するだけでなく，怪我の回復や回復後のパフォーマンス向上に有効である。ここでは，受傷アスリートにとって有用なメンタルトレーニングについて，注意点などにふれながら紹介する。

■目標設定

長期間のリハビリテーションでは，不安や焦り，孤独などを感じるアスリートが多い。そのため，リハビリテーションの過程において回復や復帰への自信を高めるには，短期・長期の目標を設定することが重要である。

受傷アスリートの中には，早期に復帰したいという強い思いや回復への焦りから，自分勝手にトレーニングや練習を行い，再度受傷することもある。一方で，リハビリテーションの重要性がわからず，与えられたトレーニングを継続できないときもある。そのため，アスリートがスポーツ医学の専門家と一緒に目標を設定，調整し，回復度を評価していくことも大切である。（目標設定については，第4章2節参照）

■イメージトレーニング

イメージトレーニングでは，リハビリテーションに関するイメージを取り入れることができる。イブレバとオーリック（Ievleva & Orlick, 1999）は，怪我をした部位に一番負担がかかる動作をうまく行っているイメージや怪我をした部位の強度や可動性が十分に回復しているイメージなどを勧めている。

チームスポーツのアスリートは，チーム内における自分の動きをイメージし，復帰後，チームの戦略に合わせて動けるように準備しておくことも大切である。また，長期間のリハビリテーションから復帰するアスリートは，完璧なイメージだけでなく，受傷前のようにプレーはできないが，その状況にうまく対処している自分をイメージすることも重要である。（イメージトレーニングについては，第4章6節参照）

■セルフトーク

受傷アスリートは，痛みや思うように身体を動かせないこともあり，自分の状況をネガティブに考える傾向がある。そのため，自らの回復や復帰後のパフォーマンスについて前向きに考えるトレーニングも必要とされる。現在，自分がリハビリテーションで努力していることが回復や復帰後のパフォーマンスにつながることや，同じ怪我を経験したアスリートが，復帰後に成功した事例を思い浮かべて自分を励ますことで自信を高める効果があることがわかっている。（セルフトークについては，第4章8，9節参照）

このようなメンタルトレーニングの他にも，痛みの緩和や回復の促進などに呼吸法，漸進的筋弛緩法，自律訓練法などのリラクセーションも大切なスキルとしてあげることができる（リラクセーション技法については，第4章3節参照）。メンタルトレーニングを継続し，痛みや復帰への不安に対処しながら，リハビリテーションへのモチベーションを高めていくことができる。

（直井愛里）

4-7　情動のコントロール技法

　今日のスポーツにおいて経験される情動に関連した研究について，ワインバーグとグールド（Weinberg & Gould, 2007）は，過剰な不安や覚醒のコントロール，その克服法に関する研究から，幸福感，熱意，フラストレーション，怒り，決意，悲観，恐れ，疲労といった内容に拡大されていることを指摘している。このように一言で情動と言っても多様で，「幸福感」のようによりポジティブなもの，「怒り」のようによりネガティブなものがあることがわかる。

1. 緊張・不安とは

　通常緊張（感）として意識される覚醒は，個体内に生起する生理的・心理的活動が混ぜ合わさったものであり，ある特定の場面においての動機づけの強度としても参照される。すなわち，思考や運動をつかさどる大脳皮質の興奮の強さと関係しており，その強さは，ウトウトした状態でまったく興奮していない不活発な段階から熱狂といったものすごく興奮した段階までの間を変化することが知られている。高度に覚醒される（緊張する）と心理的にも身体的にも活性化され，心拍数や呼吸数が増加し発汗を経験することになる。

　また，不安は，イライラ感，心配感，懸念等によって特徴づけられ，身体の活性化もしくは覚醒と関連した負の情緒的状態として考えられている。したがって，イライラ感や懸念に代表される思考的側面は認知的不安と呼ばれ，身体的な緊張の程度に関連する側面は身体的不安と呼ばれる。さらに，不安は，比較的安定したパーソナリティ特性としての不安と何かの刺激や場面に対してストレス反応として喚起される状態としての不安に分けて考えることができ（Spielberger, 1966），それぞれ特性不安・状態不安と呼ばれ，不安を考える際の重要な分類となっている。

2. 何が緊張や不安を引き起こすか

　前述のように緊張や不安はストレス反応として生起するが，ストレス反応を呈するまでには環境の問題と個人の問題が大きく関与している。すなわち，緊張や不安等を引き起こす原因としては状況的側面とパーソナリティ的側面が考えられる（Weinberg & Gould, 2007）。

1―状況的要因

①大会の重要性

　一般的に，大会の重要性が増せば増すほどストレスは大きくなる。このことは，公式戦といえども他の通常の試合よりも優勝決定戦のほうがストレスフルである，ということからも理解できる。

②不確定性

　結果もしくは他の感情や評価に関して感じる不確定性の程度が大きくなればなるほど状態不安とストレスは大きくなる。たとえば，まったく互角の実力を持つチーム同士の対戦等は結果がどちらに転ぶかわからず，不確定性の最たるものであろう。

2―パーソナリティ的要因

①特性不安

　高特性不安者は低特性不安者よりも競技場面をより脅威的で不安を生起させるものとして知覚しやすい。

②自尊感情

　自尊感情は脅威の知覚と状態不安の変化と関係

する。自尊感情の低い者は自信に欠け，状態不安を呈しやすい。

③社会的体格不安

社会的体格不安は，他者に体型を見られるときにどの位不安になるかの程度を示しており，高社会的体格不安者は，体力評価時によりストレスを感じ，自身の身体に関してより否定的に考えやすい。

3. 緊張や不安はパフォーマンスにどのように影響するか

緊張や不安といった情動がパフォーマンスに対してプラスに働くのか，マイナスに作用するのか，といった論議は今日に至るまでにいくつかの理論を基に行われているが，最終的な結論には至っていないのが現実であろう。しかし，緊張が低い場合にはそれを高めることによりパフォーマンスの改善は期待できるが，緊張が高すぎるとパフォーマンスは悪化する（杉原，1993）。

緊張や不安とパフォーマンスの関係を説明する理論には，古くは①動因理論，近年では，②覚醒とパフォーマンスの間には覚醒が最適に機能するある幅を持った帯域（最適機能帯）が存在するというIZOF理論（第3章5節参照），③不安は単一次元の現象ではなく少なくとも認知不安と身体不安という2つの下部構造からなっており，両者はそれぞれパフォーマンスに対して異なった作用を持つという多次元的不安理論，④急激な変化や破局を意味し，不連続な現象に関する数学的理論を応用したカタストロフィー（破局）理論，⑤覚醒の効果に関する個人的解釈は快－不快の次元を構成し，これによって同じ水準の覚醒でもまったく逆の効果を持つものと解釈されてしまうというリバーサル（逆転）理論，等をあげることができる。ここでは最もポピュラーな理論と考えられている，⑥逆U字仮説理論について考えてみたい。

図4-13は，刺激の強さとパフォーマンス（運動のできばえ）の関係を示したものである。図を見てわかるように，刺激によってもたらされる緊張の強さとパフォーマンスは逆U字の関係にあり，試合時等のプレー場面において，アスリートの感じる緊張が強すぎても弱すぎても良いプレーは期待できないということになる。心地よい緊張，軽い興奮，注意の集中といった自分にとって最適の緊張のレベルがあり，このようなときに普段の実力が最も発揮できる（ピークパフォーマンス）と考えられる。したがって，アスリートとしていろいろな強さの刺激から引き起こされる緊張をいかに最適レベルの緊張として受け止めることができるかが重要な能力ということになる。要するに，緊張が強すぎる場合（一般的に言われる「あがり」，「サイキングアウト」状態）には，リラックスできることが必要であり，緊張が弱すぎる場合

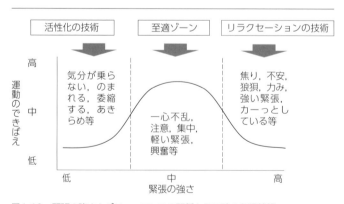

図4-13　緊張の強さとパフォーマンスの関係とその時の心理状態
(杉原，1993に加筆修正)

（杉原（1993）はこれを「さがり」と呼んでいる）にはアクティベーション（活性化，もしくはサイキングアップ）することが求められるということである。この両技術はともに試合場面等において重要な心理的スキルである。

4. どのように情動をコントロールするか

■1──リラクセーションテクニックの応用

緊張や怒り等の強い情動反応をコントロールするための第1ステップは，練習や試合において，どのように自己の情動状況がパフォーマンスに影響するか，自己チェックや自己認識することであろう。そして，そのうえで増加した不安に関連した緊張を低減するための手法を習得し，必要に応じて実践していくことが求められる。すなわち，緊張といった情動反応をコントロールするための心理的スキルとしてトレーニングすることが重要である。

■2──情動のセルフコントロール

ワインバーグとグールド（Weinberg & Gould, 2007）は，情動のコントロールを促す諸方略として以下のようなものを提示しており，具体的コントロール方法を考える際に参考になる。

・自己声明の修正：ネガティブからポジティブな声明への変更…セルフトークのコントロール。
・イメージトレーニング：ネガティブな情動の修正，もしくはポジティブな情動の使用。
・ソクラテス的問答法：アスリートが自己発見のプロセスによって自らの自滅的な思考を再評価することができるように考えさせる質問を行う。
・補正経験：重要である振る舞いに従事するという意識的な決定を行う。それは不安を減らすことができ，過去の間違いを訂正することができる。
・代理学習：適切な行動を真似る。それによってそのような行動が発現しやすくする。

・自己分析：スポーツにおける情動をモニタリングする。それによって自己認識が高まる。
・物語の読み聞かせ，比喩，詩化：文学的な技術を用いて選手を勇気づける。たとえば，過去のスポーツスターの話や引用を用いて，その場面を見直したり扱ったりするための方法を考える。
・リフレーミング（枠組みの再構築化）：たとえば，決勝戦だとしても「練習試合と同じだ！」と考え直す，というように見通しを改める。

ここでは上記のワインバーグとグールドの例示（Weinberg & Gould, 2007）も参考にしながら，スポーツの競技場面において応用可能な不安や怒りといったネガティブな情動のセルフコントロール法に関する方略について具体的に言及する。

①積極的・肯定的思考とセルフトークの使用

最近，ポジティブシンキング（積極的思考）という言葉を巷でもよく耳にするようになった（第4章9節参照）。そしてこのことを説明するために，ボトル半分のワインについて「もう半分しかない」と見るか，「まだ半分もある」と見るか，ということが良く引き合いに出される。すなわち，ある事態（ボトル半分のワイン）に対しては，消極的・否定的側面（もう半分しかない→心配になる）からも考えることができるし，積極的・肯定的側面（まだ半分もある→安心，慌てない）からも考えることができるのである。どうせ考えるなら積極的・肯定的側面から考えたほうがストレスへの対処という意味では優れた認知的方略である。テニス選手の試合中のセルフトークを観察した研究（Van Raalte et al., 1994）によると，勝者と比べると敗者は，否定的なセルフトークが明らかに多く，なおかつ否定的セルフトークの後で失点する傾向が高かった。明らかに消極的に考えたりセルフトークを言うことはパフォーマンスにとっても良い影響を及ぼさない。

このように，少なくとも自分自身くらいは，自分を誉めたり，ポジティブに評価することが必要である。ミスした後など，思ったほど他者は好意

的・補佐的に考えてはくれないのが現実である。

②否定的思考の中止（ソートストッピング）：自分を悪く考えることは止める

　日本人はよほどの自信家でない限り，自分のことを良く言うことよりも悪く否定的に考えることのほうが多いと思われる。このことはミスをしたり，競っていたり，焦っているとき等において顕著であり，自分やプレーの結果を悪く考えたり，セルフトークでも自分を否定的に言うケースが多く発現される。たとえば，ミスした後に「何をやっているのだ，オレは！」「今日はダメだ！」「次もうまくいかないかもしれないな…」というように自分や事態を否定的に考えがちになる。こうなると，ただでさえプレー状況は思わしくないうえに，ネガティブな情動を喚起してさらに事態を悪化させることにつながりかねない。

　また，前の試合での負けやうまくいかなかった忌まわしい記憶などをいつまでも思い出してくよくよ考えたり，最悪のケース，今やっている試合の中で以前の失敗を思い出して否定的な考えに輪をかけるということも経験することがあると思われる。

　このようにネガティブな思考が頭をもたげそうになったら，考えることそのものを止めることが一番である。「ストップ」という言葉を口に出したり，赤信号を思い浮かべたりすることをきっかけにするとよい。これなら試合中でも時間をとらない。そして，「さあ来い！」「次はやってやるぞ！」といった積極的な部分に意識を切り替えることが重要である。

　この思考停止は，認知的行動変容技法の一種であり，人の強迫観念を取り除くことに効果があることが分かっている。

③キューワードを用いる：自分にとってリラックスにつながるような言葉を持つ

　スポーツの場面で窮地といったら，ミスした後や試合の競った場面等の心理的に焦った，追いつめられた場面ということになる。そのような場面において，普段から自分にとって安心感につながるような言葉を持っていると，それを口にすることによって焦っている気持ちにブレーキをかけ，過度の緊張を緩めることにつながり，場面を必要以上に意識することなくプレーできることが期待される。たとえば，自律訓練法や筋弛緩法といった代表的なリラクセーションに役立つさまざまな技法の中に心の中で唱える幾つかの公式ともいうべき言葉がある（第4章3節参照）。そのような言葉も，唱えながらのリラクセーショントレーニングによりリラックスできるようになると，今度はその言葉を思い浮かべたり，口にしたりするだけで条件反射的にリラックス状態を作ることができるようになり，このことは怒り等の情動のコントロールにも役立つ。すなわち，自分にとってリラックスの手がかりやヒント・きっかけとなるような言葉を発することによって，ネガティブな感情から意識をそらす効果が期待できるのがキューワード法である。「リラ〜ックス」「勇気」「NO.1」「らく〜に」等，自分の好きな言葉でかまわない。焦っているときには，自分のキューワードに意識を集中し，目を閉じて吐く息に合わせて静かに，たとえば「リラックス」と繰り返しつぶやいてみる。試合前でも試合中でもいつでも良い。あくまでもその言葉を信じ，余分なことを考えずにその言葉に注意を向け続けてみる。

　また，直接的にスポーツのプレーに関係がなくても，ネガティブな感情が頭をよぎったら，「1から10まで数える」といったテンカウント法もキューワード法と同じ意識を紛らわせる方法であり，怒りや不安といった情動から注意をそらすことに有用である。

④瞑想する（イメージトレーニングの応用）：目を閉じて静かに考える

　試合前に緊張していると感じたら，控え室等の静かな場所を探し，腰を下ろして目を閉じてみる。そのときに，これからやる試合で自分がうまくプレーしているポジティブな姿をイメージするとよ

い。このことにより，現在の不安等のネガティブな情動から心を解き放つことができる。瞑想することによって，自身への意識性が高くなったり，余裕を感じたり，リラックス感，自然であるという感じ，注意の集中，等の心理状態を経験することができる。瞑想時には以下のことに注意する必要がある。

・安静な場所を確保し，楽な姿勢をとる。
・心理的な方策：注意を単一の思考や言葉に向け，何回も繰り返す。「リラ～ックス」「落ち着いている」「らく～に」等の言葉を呼気時に繰り返す。
・受動的態度：心をあるがままに任せて，どんな考えが入ってきてもそれに頓着せずに自分の言葉に注意を集中し続ける。

また，瞑想した後に自分が大勢の観衆の中でも思う存分プレーしている姿等をイメージトレーニングすることも情動のコントロールにつながる。

⑤**儀式を活用する**：クセ，もしくはルーティーン化したものを持つ

テレビなどでテニスのトップアスリートによる試合を見ていると，サービスやリターンの直前にボールを決まった回数コートに弾ませたり，シャツの袖を引っぱったりしていることに気づくであろう。このことは，野球やゴルフの選手でも観察され，トップレベルになればなるほど決して無造作・無頓着に構えて次のプレーに移るという選手は見あたらない。

このようなプレー直前にある一定の動作を常に繰り返すといったパターン化された準備動作は，実は選手にとっては1つの「儀式」もしくは「クセ」とも言うべきものでプレーの確実性と関係している（田中ほか，2001）。ミスをしたり，競っていたり，相手のペースにはまり焦っているようなとき，すなわち過緊張の場合に，動作はいつもよりも知らずに速くなっていることが多い。こんなときには次のプレーをミスするケースが当然多くなってくる。これはプレッシャーのかかった状態から早く脱出したいという心理が働き，普段よりも気が急くばかりでなく動作も速くなり，プレーの正確性が低下するからである。

したがって，普段からプレーの前に必ず行う準備行動・一定の所作（ルーティーン）を決めておき実行するとよい。これを常に行うことにより，特に怒りといった強い情動反応に伴う緊張場面では，普段通りのことをやっているのだという確実感・安心感を持つことができ，焦って次の動作に移ろうとする自分にブレーキをかけることができる。インプレー中は自然と身体が動くことに意識がいき余分なことを考える余裕はないと思われるが，時間的に間がありネガティブなことを考えやすいインプレーに移る直前（静から動に移るとき）などに行うとよい。

なお，ルーティーンを考える際には以下のポイントに留意する必要がある。

・自分にどのような言葉を語りかけるのか，というルーティーンとして口に出す言葉を選ぶ。たとえば，「集中」「ゆっくり」「OK」「ブロックアウト」「タイミング」といったスパイカーとしての自分に合った言葉を試合状況に応じて用いることになる。
・常に何を見るようにするのかという視覚をコントロールする。たとえば，事前に決めておいた会場にあるもの，掲揚ポール，時計，ボール，アンテナ，旗，といったものを自身のコントロールや集中力を回復させるきっかけとなるポイントとしてプレーの合間に必ず見るようにする。また，内的な面では，たとえば自分の最高のアタック場面を短時間でもイメージをすることが有効である。
・どのような動きを行うかといった行動面のポイントである。たとえば，深呼吸をする，手をたたく，ユニフォームの胸のマークにさわる，両肩の上げ下げをする等，次のプレーを待つ間にやれることは少なくない。

（遠藤俊郎）

4-8 暗示技法

1. 暗示について

「暗示」という言葉の定義は，非常に難しく，未だ学会などでも議論されている。しかし，一定の説明はなされているので，それらを引用しながら解説する。

まず，「暗示」を広辞苑（第6版）で調べると，「①別のものを示して，それとなく感づかせること。『暗示を与える』『将来を暗示する』。②〔心〕感覚・観念・意図などが，理性に訴えることなく無意識のうちに他人に伝達される現象。『暗示にかかる』」と記されている。

次に，心理学の専門書をみてみると，「暗示とは，対人的な影響過程の一種で，認知，感情，行動面での変化を無批判に受け入れるようになる現象，またはそのような現象を引き起こすための刺激，その際の心理過程をいう。言語によって与えられることが多いが，ジェスチャーによるなど非言語的なものもある」（笠井，2002a）と記述されている。さらに，山中（2005）は，「暗示とは，自分がそうしているという意識なしに，自然にそうなったとか，他人にそうさせられたなどという，自動感あるいは被動感をともなうことが多い」と述べている。

これらの説明を総合的にみてみると，暗示というのは，「無意識，無批判，自然にそうなってしまう現象」であるということがいえるだろう。

2. 暗示技法について

暗示は「意識しないうちにそうなってしまう現象」であるが，この暗示を技法として用いるということは，「意識しないでそのようになりたいという目的や意図があって取り入れるもの」といえる。

暗示には，「ジェスチャーによる非言語的なものも含む」と説明されているが，「暗示技法」のほとんどは言語によるものであり，他者から与えられても最終的には，「自己暗示」になるといえる。この「自己暗示」について笠井（2002b）は，「他者から与えられる他者暗示に対して，士気を高める，リラックスする，病気からの回復を促すなどのために，自分で自分自身に暗示を与えること」としている。そして，暗示技法の代表的なものとして，覚醒状態で毎日繰り返すクーエ（Coue）の方法，段階的な自己暗示から構成される一種の自己催眠法であるシュルツの自律訓練法をあげている。これらは，それぞれ独自の確立された方法であるとともに催眠療法や弛緩のための諸技法の補助法でもある。

また，スポーツメンタルトレーニングの技法で用いる暗示技法について，長田（1970）は，「直接的に暗示の目的を述べたものを投げかけることによって，その態度，行動，考え方に影響を与えるもので，日常生活，教育の場やスポーツ場面で最も多くみられるものである」と述べている。

つまり，暗示技法とは，平たくいえば，「自分がそうなりたいということを，こころの中で唱える技法で，その目的は，そうなりたい自分を獲得できるようになること」といえる。

3. 暗示技法とセルフトーク

暗示技法に似た方法として，セルフトーク（以下，ST）という技法がある。この2つは非常に似ており，明確に線引きをするのは難しいと思われ

る。STとは，「自己対話であり，自分の感情・感覚，ものの考え方を認識し，その評価や信念を変化させたり統制したりして，自分自身を強化していくものである」（Hackfort & Schwenkmezer, 1993）といわれている。暗示技法とSTは非常に似ている技法であるが，その違いの1つとして，「声に出す・出さない」ということがある。暗示技法の基本は，「こころの中で唱える」ということであるが，STは「こころの中で唱えても，声に出しても構わない」技法である。実際，海野・山田（2002）は，「セルフトークとは，自分自身に対する語りかけのことであり，外的に発言するセルフトークと，内的に発言するセルフトークがある」と述べている。この「声に出す・出さない」による効果の違いまでは言及できないが，暗示は声に出さないがゆえに個人のものと言え，STは声に出すこともあり，周りにも影響を与える可能性があるといえる。海野（2005）は，「『ボールを見ろ』といった注意を方向づけるセルフトーク，『私はあがり症』といったラベルを貼るセルフトーク，『よし』，『ダメ』といった評価を与えるセルフトーク，『食らいつけ』，『落ち着いて』，『楽しく』，といった動機づけに関連したセルフトークなど多様である」と述べている。つまり，STには負のものがあり，そしてそのことを外に発信することにより，周りに影響を与える可能性が考えられる。

4. メンタルトレーニング技法の中の「暗示技法」

　ここで，メンタルトレーニング技法として使われる「暗示技法」についていくつか紹介する。

■1─暗示呼吸

　腹式呼吸にプラスの暗示語とマイナスの暗示語を加えて行う呼吸法である。吸うときには「太陽や大空などの大きいものを吸い込む。力・光を吸い込む。やる気・勇気・元気・自信を吸い込む」というようにプラスのものを吸い込む。吐くときには，「不安，恐れ，迷い，緊張，ストレスなどを吐く息とともにぜーんぶ吐いてしまう。身体の外へ出ていく」というようにマイナスのものを吐く。長田（1995a）は自ら考案したこの暗示呼吸について，「もっと呼吸を積極的に利用できないかということで，呼吸に暗示を添える『暗示呼吸』を考え出した。要すれば健康によくない青息，吐息，溜息を体外に放出して，希望の大気を吸うのである」と述べている。また，「呼吸は身体的な場面では生物学的必然性を伴って行われるが，精神的な場面ではその安定と集中のために意図的，意識的に行われることが多い」とも述べ，呼吸を積極的に活用することが，こころのコントロールに役立つということを示唆している。

■2─暗示放尿

　字のごとく，暗示を添えながら，おしっこをする技法である。「尿とともに，不安や恐れ，迷い，暗いじめじめしたものが，ぜーんぶ体外へ出ていってしまう，放尿し終わったあとは心身ともにすっきりして，ゆったり，のびのびした気分で，いい試合ができる」という暗示を添えながら用をたすものである（長田，1995b）。この暗示放尿は，筆者も講習会や個別の心理サポート等でたびたび説明・指導するが，「試合前のルーティーンの1つとして行っています」という声がよく聞かれる。1984年のロサンゼルス・オリンピックで，体操競技で総合優勝を成し遂げた具志堅幸司選手は，現役時代にこの「暗示放尿」を続けた。具志堅選手が引退をするときに，彼の心理サポートを手がけていた長田に，「暗示放尿だけは，10年間続けました」と報告した（長田，1995b）。「暗示放尿」の科学的な効果の説明は難しいが，1つの技法を10年間続け，引退後にそのように述べるということは，効果を実感していたのだろう。

```
┌─────────────────────────────────────────────┐  ┌──────────────────────────┐
│                    AT                       │  │           OAT            │
│  背景公式：気持ちが落ち着いている             │  │ 背景公式：気持ちがとても落ち│
│  第1公式（四肢重感練習）：両腕・両脚が重たい  │  │ 着いている。ゆったりしている。│
│  第2公式（四肢温感練習）：両腕・両脚が温かい  │  │ 楽に呼吸している。         │
│  第3公式（心臓調整練習）：心臓が静かに規則正しく│ │ ・腹式呼吸・暗示呼吸       │
│    打っている。心臓が自然に打っている。       │  │ 第1公式（四肢重感練習）：  │
│  第4公式（呼吸調整練習）：自然に呼吸（いき）  │  │   両腕・両脚が重たい。     │
│    をしている。とても楽に呼吸（いき）をして   │  │ 第2公式（四肢温感練習）：  │
│    いる。                                    │  │   両腕・両脚が温かい。     │
│  第5公式（内臓調整練習）（腹部温感練習）：    │  │ ・（イメージトレーニング） │
│    太陽神経叢が温かい。お腹が温かい。胃の    │  │                          │
│    あたりが温かい。                          │  │                          │
│  第6公式（額涼感練習）：額が心地よく涼しい。  │  │                          │
│    額が快く涼しい。                          │  │                          │
└─────────────────────────────────────────────┘  └──────────────────────────┘
```

図4-14　ATとOATの違い

3──暗示語を積極的に用いた「自律訓練法」

ドイツの精神医学者シュルツ（Schultz）によって創案された自律訓練法（Autogenic Training：以下，AT）については，第4章3節の「リラクセーション技法」を参照されたい。本節では，長田が用いた「暗示を積極的に用いた『自律訓練法』(Osada Autogenic Training（以下，OAT））」について紹介したい。

図4-14には，ATとOATの公式を示した。OATの特徴は，最初に呼吸法（腹式・暗示呼吸）を行い，次に重感と温感を行うことである。最初に呼吸法を行うのは，「呼吸は人間が生きる基礎であり，根本であるから，最初にあって訓練の終わりを支配する」という長田の考えが基になっている。また，重感と温感のみを行うのは，この2つで十分な効果が得られ，繁雑を嫌うアスリートにとってやりやすいという長田の経験則からの判断からであった。これらのことに関して，「催眠の草分けである成瀬に長田が自分の方法について相談したところ，正当であるという返事をもらったとのことであった」（長田，1995c）。また，温感後にイメージトレーニングを行うのは，より鮮明なイメージを描かせるためである。

5.「公式」と「暗示」の違い

笠井（2000）は，「自律訓練法では，いつでも決まった一定の暗示の言葉を使っており，このためにそれぞれの練習の暗示の言葉は『公式』と呼ばれています」と述べている。つまり，AT（標準練習）には，暗示というのは存在しないと言える。この笠井が述べていることを厳密にあてはめると，「暗示語を積極的に用いた『自律訓練法』」というのは適切ではないであろう。しかし，長田は，自身の長年の経験から，ATを独自の方法にアレンジしてアスリートに用いて効果をあげている（長田，1996）。

6. OATの具体的な行い方

1──OATの姿勢

姿勢は，主として仰臥姿勢で行う。横になって，軽く目を閉じ，両腕は体側につかないようにして，手のひらは自然に開いて下に付ける。両足は自然にVの字に開く。

慣れてきたら，競技現場などいつでもどこでもできるように椅子姿勢で行ってもよい。椅子姿勢では，椅子に座り，足裏は自然に床につけ，両手

のひらを下に向けて，太腿部の上に置く。目を軽く閉じ，顔はやや下げる。

❷——OATを行う際の注意点

①適度な明るさ
②暑すぎず寒すぎない環境
③ベルトやネクタイなどの締め付けるものは外す
④トイレは済ませる
⑤空腹時はさける

などがある。ただ，競技現場で行う場合には，環境が悪くても行えるようになることが大事である。また，「リラックスしよう！」と意気込むのではなく，受動的な態度で臨むことが非常に重要である。

❸——消去動作（※基本的にはATと同じ）

OATの練習後には，必ず消去動作を次の手順で行う。

① 手のひらの開閉運動を，最初はゆっくり，徐々に早く・強く行う。
② 両腕の曲げ伸ばし運動を，最初はゆっくり，だんだん強めに行う。
③ 大きく伸びをし，最後に目を開け，全身を叩く。最初は軽く叩き，徐々に強めに行う。
④ もしも，気分がすぐれなかったら，もう一度①から行う。

7. OATの具体的な流れ

適切な姿勢をとり，腹式呼吸を2回程度行い，その後に暗示呼吸を行う。そして，右手の重感から始まり，左手－両手－右足－左足－両足－両手両足－全身の順序で行う（慣れてきたら，両手－両足－両手両足－全身の順序で行う）。その後，温感を同様の手順で進める。温感まで終わると，十分なリラックス状態となっているので，イメージトレーニングを行う。イメージの内容は，「イメージリハーサル」を行うことが多い。

8. OATの効果：OATを継続的に行ったアスリートの「声」

これまで，たくさんの講習会やサポートで，ATを説明・指導し，アスリートも実践している。その「声」の一部を紹介する。

・「寝つきがよくなり，どこでも眠れるようになりました。終わった後は，身体がとてもすっきりします」（競泳）
・「身体がポカポカ温かくなって，とっても気持ちよくなります。寒いときにやると，とっても良いです」（射撃）
・「以前より寝つきも早くなり，試合前日でもぐっすりと眠れるようになりました。イメージトレーニングを行うことで，次の試合のシミュレーションになります」（サッカー審判員）

9. おわりに

筆者は，アスリートのタイプや要望，サポートの状況等によってシュルツのATと長田のOATを使い分けたり，両方行ったりする場合がある。ATやOATを指導する際には，日本自律訓練学会の基礎講習会や関連諸学会のATや催眠に関する講習会，また日本スポーツ心理学会・資格認定委員会が行うATに関するワークショップ等に参加して，ATの理解を深めたり，OATの文献を読むなどを行うことが非常に重要である。また，自分自身でも日常的に行うことを強く勧める。

また，アスリートには，合う・合わないなどの個人差もあると思われるが，専門家の指導の下，積極的に用いて欲しい。

（立谷泰久）

4-9 ポジティブシンキング（積極的思考法）

本節ではメンタルトレーニングの技法の1つであるポジティブシンキング（positive thinking：以下，PT）を概説する。

1. ポジティブシンキングとは

PTは，ストレッサーを自分にとって有利なものとして解釈し，競技に対する動機づけや意欲，自信の向上，最適な緊張状態の形成に役立て，覚醒水準を最適なレベルに導いて集中力を高め，パフォーマンスに対してプラスに働く思考のことである（猪俣，1997）。PTは積極的思考という訳の他に「合理的」「現実的」「挑戦的」「自己肯定的」といった意味内容も含んでいる（土屋，1994）。

心理的スキルとしてのPTは，「think positive（ポジティブに考える）」だけで問題が解決するというものではない（Martens, 1987）。個々のアスリートによって，どういう考え方や意識の作り方が「ポジティブ」であるかが違うからである。たとえば，アスリートによっては「頑張ろう！」という言葉がポジティブにパフォーマンスに影響する場合とそうでない場合がある。あるいは，「think（考える）」ということ自体がパフォーマンス発揮にはよくないのではないかと感じるアスリートもいる。多くのアスリートが，ベストの力が出せるときというのは，「余計なことを考えていないとき」だと報告している（ホッグ，2003）。筆者がメンタルトレーニングで携わるトップアスリート，たとえばオリンピック選手やプロ選手は，心理的スキルという自覚なく，オリジナルな方略で意識的に「何も考えない状態」を作ることができたりもする。しかし，そのようなトップアスリートにとっても，「常に大事な本番で考えない状態を作れるために」，自分が日頃無意識に，あるいは自動的に考えていることが，いったいどんなことで，それらが自分のパフォーマンスにどう影響しているのかを知ることは重要である。こういった「自分の思考傾向とPTの関連」をしっかり把握しておくことこそが，トップアスリートにとっても，いわゆる「無我の境地」状態をさらにブラッシュアップできるとして，メンタルトレーニングに取り入れている。その意味では，PTは，どのような競技レベルのアスリートにおいても有効と考える。

アスリートにとって，PTを習慣づけることは，大事な本番での，いかなるハプニングが起きても冷静に対処行動を選択するためにも重要である。以下，個々のアスリートのパフォーマンス発揮のための，PTという心理的スキルをトレーニングするうえで重要な基本事項を紹介する。

2. セルフトークに気づく

アスリートの競技人生を通して，PTが大事な理由は大きく2つある。前述の通り，本番でのパフォーマンス発揮に影響するからということ，そしてもう1つは，アスリートとしての自分を自分自身がどうとらえているか，というセルフイメージに影響するからである。どちらにしろ，PTのトレーニングの最初の段階では，まず「自分は日頃，何を考えている人間なのか」ということを振り返る現状把握を行う。これにはセルフトークに気づくというプロセスを使う。セルフトークとは，自分の心の中での会話であり，自分の身に起こったできごとや事実に対する「意見や考え」のことである（ホッグ，2003）。図4-15はアスリートが

	現在の自分のセルフトークを考えながら，以下の質問に答えなさい
試合時	・良いパフォーマンスを行ったとき
	・悪いパフォーマンスを行ったとき
	自分とどれくらい対話をするか？ まったくしない　　　　　　　　よくする 　1　　　2　　　3　　　4　　　5
練習時	・厳しいトレーニングメニューを見たとき，どのような考えが浮かぶか？
	・自分とどれくらい対話をするか？ まったくしない　　　　　　　　よくする 　1　　　2　　　3　　　4　　　5
	・練習中どんなことを自分自身と話しているか？

図4-15　アスリートのためのセルフトークに気づくトレーニング（ホッグ，2003）

表4-6　ポジティブなセルフトークの重要性（ホッグ，2003）

・ポジティブで建設的なセルフトークは，感情や行動に効果的に影響し，理想的なパフォーマンスを可能にする。
・ネガティブで破壊的なセルフトークは，恐れや不安を増し，自分を信用できなくさせる。
・ネガティブなセルフトークの継続は，パフォーマンスに影響するだけでなく，それが情報として頭の中に入ってしまい，結果，自分の信念や価値観をもネガティブに作り上げる。

4-9 ポジティブシンキング（積極的思考法）

セルフトークに気づくためのワークの一例である。

アスリートによって，セルフトークをすぐに書き出せるアスリートもいれば，そうでないアスリートもいる。たとえば，「自分とどれくらい対話をするか」という質問自体が理解できないアスリートもいる。セルフトークに気づいたことがないというアスリートには，実際の練習や練習試合で自分の状態を観察してくるように依頼する。自己観察の方法として，クリップ法がある（田中，2008）。左のポケットに100個のクリップを入れて，練習を開始する。ゴルファーであれば，練習中，「朝練は寒いな」「風が強くなってきたな」「また同じミスをした」「なんでいつも自分はダメなんだ」「ラッキー，今日は調子がいい」など，ポジティブ，ネガティブ問わず，セルフトークと思われる言葉が出たら，右にクリップを移動させる。クリップ法によって，思考の意識化をすると，多くのアスリートが，右に移動したクリップの多さに驚く。このように実際に自分が「確かに私は頭の中で色々と考えているのだ」という事実に気づけば，それが自分にとってネガティブなことであるのとポジティブなことであるのでは差があるこ

とが実感できる。ここで表4-6の点をアスリートに説明する。

セルフトークは，これまでの競技人生の中で，すでに無意識に習慣づけられたものも多いはずである。気づいてみると，いかに本当の自分の心の中は，ネガティブなことばかりを言っているのかと，驚くアスリートもいる。しかし，ネガティブなセルフトークが多いことは「ネガティブ」なのではない。その気づきができなかったり，表層的な「ウソのポジティブ」で自分を偽ることはネガティブだが，本当の自分の心の声に気づくことは重要である。

セルフトークの内容は，自分の考えていることなのだから，避けることは不可能である。しかし，セルフトークは避けることができないからこそ，自分で意識的に新たなセルフトークを作り上げればよい。まずは，自分自身が習慣化している，あらゆるセルフトークを理解する。そして，それらが自分にとってポジティブなものか，ネガティブなものか，あるいは間違った憶測なのかを考えて，自分ならではのポジティブなセルフトークに修正することがPTの基礎である。

練習中などのセルフトークに気づいてみると，すでに自分にとってポジティブに影響するセルフトークも多く発見できる。たとえば，技術に関するトークで，「もっと肘を高く！」「スムーズに」「背中を長く引っ張って」などは，継続して効率よく使うことがよいだろう。さらに自分でポジティブトークに磨きをかけて，「肘をたか～くぅ～」とリズムを変えたり，言葉の表現を変えたりとい

日付	例：○月○日（○）
今日の感情	落ち込む
原因	大事な試合で失敗。チームのみんなに迷惑をかけた。
なぜそう感じたのか？原因をどうとらえたのか？	絶対にやってはいけない間違いだったから。
このことからの学びは	後悔しても結果は変わらない。失敗からは学ぶしかない。どんな行動をこれからしていくのか考える。

図4-16　セルフトーク・ノート

った工夫も大事である。心と体は連動しているため，トークを上手に筋肉の動きに連動させるように心がけるとよい。これはこれでいいが，実際，こういった技術や戦術に関するトークだけを出して，「自分はすでにポジティブシンキングができている選手なので大丈夫です」というようなアスリートがいる。しかし，これらのトークは，単なる表面的な自分しか現れていないことも多い。無意識に考えている「自分ならではのネガティブなセルフトーク」の意識化には，時間をかけて，セルフトーク・ノートなどを使用して「自分に気づく」トレーニングをするとよい。

3. 非論理的ビリーフを修正する

図4-16のセルフトーク・ノートは，アスリート自身が競技においてのさまざまな出来事をどのようにとらえて，どう感じたかを書き出すものである。この方法は，1955年にアルバート・エリスが提唱したREBT（論理療法）をスポーツ場面でのメンタルトレーニングに活用したものである。REBTは，心理療法の1つであるが，近年，特に，プロスポーツなどの「win at all costs」（どんなことをしても絶対に勝たなければならない）状況そのものがIrrational（非論理的）なので，その状況下にあるプロ選手などへのメンタルトレーニングでは，REBTの活用が着実に増えている（Turner, 2014）。

REBTでエリス（Ellis, 1957）は，逆境などの出来事自体が不健全な感情や行動を引き起こすのではなく，むしろ，その出来事についての信念が，不健全な反応を引き起こすと提唱している。そして，その信念が，Irrational belief（非論理的ビリーフ）である場合には，それをRational belief（論理的ビリーフ）に変えていくことで，健全な反応に導き，目標達成に必要な行動を促すとしている（Ellis et al., 1997）。

アスリートの非論理的ビリーフの例を，エリス（Ellis, 1998）による事例を参考にしながら，次にあげる。

❶――～であるべきなのに

「～であるべき」というビリーフは，不必要な怒りを助長させたり，ネガティブな行動を導く場合がある。試合中，審判の判定に対して「もっと公平にみるべきなのに」と必死に考えたところで，急にその審判が自分の望む通りに変化するわけではない。しかし，どうしても大事な試合であるほど，アスリートは本番での不運に「べき」を言いたくなったりする。「べき」クセのある自分を日常から理解しておけば，本番においても自己客観化をしやすく，「正論を言っても意味はない。今に集中しよう」というポジティブなセルフトークができる。また，本当に誤審の可能性があるなら，冷静に適切な行動を取る思考に変えやすい。

❷――どうせ自分は～

自己満足や過信をしているアスリートよりは，謙虚なアスリートは伸びるだろうが，同時に，謙虚を通り越して，自分を過小評価しすぎることは，セルフイメージの観点からも良いことではない。しかし，失敗が続いたり，怪我からの復帰直後だったりすると「どうせ今年はダメか」といったよ

うなトークも出る。この場合は，「どうせ調子が悪いなら，せめて最悪の身体状況下でのベストはどこまで出せるのか試せるチャンスじゃないか」と建設的な行動を促すポジティブトークを考えることも一例である。

3 ― なぜ〜しなかったんだろう，もうダメなんじゃないか

試合中に流れが悪くなったりすると，「なぜ，さっき〇〇をしなかったんだろう」，「なぜ昨晩，〇〇してしまったんだろう」というように，過去に意識を飛ばしたり，「たぶんダメかなあ」と，まだ決まってもいない未来をネガティブに予想したりするのがこのビリーフである。過去を後悔したところで，すでに終わってしまったことだし，今の状況は好転しない。さらに，未来が不安なのであれば，その未来を変えられるのは今の自分なので，「今できることは何か」という行動に直結したトークを心がけることもPTの1つである。

4 ― 絶対に〜でなければならない

アスリートが最もよく使うビリーフである。完璧思考であることはアスリートが自己の限界に挑戦するためには大事な思考であるが，その調整は気をつけなければならない。特に，「失敗してはならない」というような失敗を受容できないビリーフは，逆に失敗することに意識がいってしまう逆効果もある。何かに挑戦することは失敗を伴うことなので，最も必要なことは，「成功に必要な自分の心身状態」を具体的に事前に知っておくことであり，それを自分のセルフトークにしておくことである。たとえば，「落ち着け」「1つ力を抜いて」などの具体的な指示トークが効果的である。

5 ― 〜に違いない

「〇〇出身の人だから，こうに違いない」とか「昨年もここで失敗したから，きっと今年も，自分は失敗するに違いない」というような過度な一般化のビリーフである。冷静に考えれば，まったくもって非論理的だが，習慣化していると修正は難しい。アスリート自身がそれに気づくには，1つひとつ事例をあげながら，「その根拠は何だ」ということを論理的に考えることが必要である。ポジティブなセルフトークを作っていく基礎段階としては，「それってホント？」といった自問を習慣づけることもよい。

4. 自分にとってのベストトークを準備する

PTは，日常生活のなかで，また日々の練習のなかで，自分の心の中のセルフトークに意識をし，非論理的ビリーフに気づき，ネガティブなものはポジティブに変えていくことで習慣づけるものである。そのPTの習慣化が，日々の練習においてのやる気を持続させ，さらに，いざという本番でのパフォーマンス発揮につながる。自分のネガティブなセルフトークに気づき，ポジティブなものに変えていくというトレーニングを積むと，大事な本番では，「何も考えない」という最適な集中状態を意識的に作ることも可能になる。究極のポジティブなセルフトークは「はい，終わり」といったようなシンプルなものであり，それを言ったとたんに，思考をストップさせられるようになることでもある。冒頭で，PTが大事な理由は，「本番でのパフォーマンス発揮に影響するから」ということと，「セルフイメージに影響するから」と述べた。本番でのパフォーマンス発揮には，セルフトークトレーニングを繰り返し，瞬時にPTの状態に自分を戻せるベストトークを作っておくとよい。そして，長い競技人生の最終結末がどんな結果になろうとも，「競技人生に悔いなし」と言い切れる完全燃焼感を自分に持たせられるために，PTを習慣化し，「アスリートとしての自分」を常に支えるベストトークも作ることが大事である。

（田中ウルヴェ京）

Sport Mental Training Textbook

第5章
実力発揮のための心理的スキルのトレーニング

5-1 競技意欲向上のためのトレーニング

　一流のアスリートや指導者の競技意欲の高め方を真似してみても，うまくいかないことが多い。どのアスリートにも効果のある意欲向上の特効薬のようなものをみつけることは難しいと思われる。近道は，まず競技意欲の本質を把握して，これまで蓄積されてきた理論に基づく競技意欲の高め方を理解することだろう。そして，それらを対象となるアスリートに応じて工夫し，実践することが重要だといえる。

1. 競技意欲とは

❶—動機づけの定義と機能

　技術の向上や試合結果に，競技意欲が大きくかかわっている。競技意欲が高ければ，練習に対して真剣に取り組み，試合に向けてしっかり準備するだろう。しかし，何かのきっかけで競技に対する意欲が低下してしまうこともあるため，競技意欲に対する理解を深める必要がある。競技意欲は，競技に対するやる気やモチベーションと同じ意味であり，心理学では動機づけという概念で古くから検討されてきた。

　動機づけとは，人の行動がなぜ起こるのかを説明するための概念である。この動機づけは，「行動を一定の方向に向けて発動させ推進し維持する過程」ととらえられる。そして，①行動を始発する働き，②一定の目標に行動を導く働き，③行動を強化する働きという3つがあるとされる。動機づけは，行動の原動力となる欲求や動機といった個人の内部要因，行動を方向づける目標，両者の関係から生じる行動の三者の関連を含んだ概念とされている。すなわち，競技意欲を向上させるためには，アスリートの欲求や動機について理解するとともに，行動の目標のあり方や，行動そのものに関しても理解していくことが重要になる。

❷—動機づけの源泉（3つの心理的欲求）

　デシとライアン（Deci & Ryan, 2002）は，基本的欲求理論において，人が内発的に動機づけられる3つの心理的欲求を指摘している。

①有能さへの欲求
　周囲の環境や他者とのかかわりのなかで，自分の有能さを感じたいという欲求

②自律性（自己決定）への欲求
　自分の意志や選択を重んじ，自分の行動は自分で決定したいという欲求

③関係性への欲求
　指導者やチームメートなど周囲の人たちと，親密な関係をもちたいという欲求

　この3つの心理的欲求を理解して，それを満たすための働きかけをすることが競技意欲の向上に結びつく。

❸—競技意欲の構成要素

　競技意欲は多様な内容で構成されている。ここでは，達成動機理論を背景としながら開発された，TSMI（体協競技意欲診断検査）の下位尺度を手がかりに構成要素を示すことにする。

　TSMIの構成要素は，①目標への挑戦，②技術向上意欲，③困難の克服，④勝利志向性，⑤失敗不安，⑥緊張性不安，⑦冷静な判断，⑧精神的強靭さ，⑨コーチ受容，⑩対コーチ不適応，⑪闘志，⑫知的興味，⑬不節制，⑭練習意欲，⑮競技価値観，⑯計画性，⑰努力への因果帰属であり，達成への動機を中心としながらも広範囲な内容である

ことがわかる。

2. 競技意欲を高める方法

1—自己決定できるようにする

楽しいから練習するなど、活動そのものが目的となっている場合を内発的動機づけと呼び、他の目的を達成する手段として活動している場合を外発的動機づけと呼ぶ。デシとライアン（Deci & Ryan, 2002）は、内発的動機づけと外発的動機づけは対立するものではなく、自己決定の程度によって連続的にとらえられることを示している（図5-1参照）。

外発的動機づけは、自己決定の程度の低い順に、外的調整→取り入れ的調整→同一視的調整→統合的調整の段階に分けられる。

「監督に怒られたくないから練習する」など外的な力によって行動する段階（外的調整）や、「練習をさぼると罪悪感を感じる」など義務的な気持ちで行動している段階（取り入れ的調整）では自己決定の程度は低い。「きついトレーニングでも勝つためには必要だからする」など、行動は何らかの手段であっても自分にとって重要なことという意識が強くなっている状態（同一視的調整）や「練習を他の何よりも優先させて行う」など、何の葛藤もなく自然にその行動を行っている状態（統合的調整）では自己決定の程度が高くなる。そして、最も自己決定の程度が高い段階は、「楽しいから練習する」など活動の魅力に引きつけられ、行動自体が目的となっている内発的動機づけになる。

外発的な動機づけであっても、同一視的調整や統合的調整といった、より自己決定の程度の高いほうへ向けて行く必要がある。アメとムチのような外発的動機づけは、時には必要かも知れないが、自己決定の程度の低い動機づけにばかり頼ってしまうと、やらされているという感覚が強くなり、スポーツの継続や競技意欲の向上に結びつきにくくなる。

すなわち、競技意欲を高めるには、自己決定できるようにすることが重要である。具体的な方法として、練習中やミーティングなどでアスリートが意見を述べる機会を多く設けて、そこでの意見を尊重しながらアスリートに責任をもたせることがあげられる。たとえば、練習内容や試合の戦略に対して意見を述べさせたり、キャプテンなどの選出に意見を取り入れたりすることがあげられる。

2—適切な目標設定を行う

目標設定は、特定の課題に関して決められた時間内に設定した熟達基準に到達することであり、競技意欲を向上させる最も有効な方法の1つである。適切な目標は競技意欲やパフォーマンスを高め、反対に不適切な目標は意欲を低下させることから目標設定が重要になる。詳しくは第4章2節「目標設定技法」に譲るとして、ここでは、適切な目標設定のポイントを示す（磯貝, 2004）。

①現実的で挑戦的な目標を設定する

目標はやさしすぎるとやる気が起こらず、難し

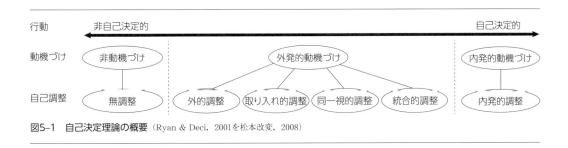

図5-1 自己決定理論の概要（Ryan & Deci, 2001を松本改変, 2008）

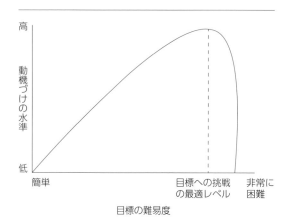

図5-2 目標の難易度と動機づけとの関係 (マートン，1991)

すぎると達成の自信が持てないため努力しなくなる。そのため，主観的な成功確率が50%位の目標で，挑戦しようという気持ちがもてる目標が良いとされる。また，現在の自分の状況を把握して，能力を超えない範囲の現実的な目標を設定することが重要である。

②**抽象的でなく具体的な目標を設定する**

ベストを尽くすなどの抽象的な目標は，それが達成できたかを評価する基準が明確でない。これに対して，具体的な目標は客観的な評価が可能となり，達成についての適切なフィードバックが得られる。バンデューラ（Bandura, 1982）によると目標と適切なフィードバックにより，自己効力感が高まり遂行が促進される。すなわち，具体的な目標を設定することにより，自分の進歩を的確に把握でき，達成への自信が高まりパフォーマンスが向上するといえる。

評価に関しては，目標の達成を客観的に評価する必要がある。測定可能な指標を用いることが望ましい。それが難しい場合でも一貫性や客観性をもった評価が重要である。

③**長期目標と短期目標を設定する**

長期目標と短期目標の両方を設定することで，スポーツのパフォーマンスが向上することが示されている。長期目標だけを設定した場合，達成できたか評価するのに時間がかかるため，動機づけが低下する危険性がある。そのため，長期目標に結びつく短期目標を段階的に設定することが重要になる。短期目標は，達成についての評価が早期に得られるため，達成感や満足感を早く味わうことができ，長期目標に対する動機づけを維持することができる。

④**結果目標だけでなくパフォーマンス（遂行）目標も重視する**

勝敗や競技の順位などの結果目標は，対戦相手や運など自分ではコントロールできない要因によって決まる場合が多い。また，あまりにも勝敗を強調しすぎると，負けることが失敗とみなされるため，プレッシャーを引き起こしてパフォーマンスを低下させる危険性がある。これに対して，パフォーマンス目標は対戦相手などの影響を受けにくく，成功も失敗も自分に責任があるといった統制感がもてる目標である。進歩がわかるにつれ，意欲を高めることができる。また，パフォーマンスそのものが目標とされているため，試合では自分のプレーに集中でき，余計な緊張や不安が低下すると考えられる。

⑤**チーム目標だけでなく個人目標も重視する**

チーム目標は，チームワークを高めたり，アスリートの試合に対する動機づけを高めたりするには重要である。しかし，チーム目標が達成されるには，それに関連した個人の目標が設定されて，その目標が達成される必要がある。そのため，チーム目標の達成に結びつく適切な個人目標を設定し，その目標を重視することが大切になる。

3 ― 自己効力感の情報源を活用する

練習すれば上達する，試合に勝てるといった自信をもつことで競技意欲は高まる。このような練習や試合でのうまくできそうだという期待は，自己効力感と呼ばれ，意欲との関係や自己効力感を高める方法が明らかにされてきている。

自己効力感を高めるための情報源は，遂行行動の達成，代理的体験，言語的説得，生理的・情動

的喚起の４つあるが，これらは競技に対する意欲を高めるためにも有効である。

①遂行行動の達成

遂行行動の達成すなわち成功体験は，自己効力感の最も強力な情報源である。成功体験を積み重ねることで，次もできるだろうという期待をもつことができ，自信や意欲を高める。反対に，失敗体験を繰り返すことで自己効力感を低下させ，さらには学習性無力感を獲得してしまうことにもつながる。このように成功体験の蓄積が重要であるが，何が成功なのかは設定した目標による。そのため，前述した適切な目標設定が有効となる。

②代理的体験

代理的体験とはモデルの観察のことである。他人の成功を観察することで，自分もできそうだと思えたり，反対に失敗する人をみて自信を失ったりすることがある。代理的体験では，一流アスリートなどの成功体験よりも，自分と似ているモデルの成功体験を観察することで，自己効力感が高まると考えられる。そのため，モデルを観察させるときには，適切なモデルを選ぶことが重要である。

③言語的説得

言語的説得は，能力があることなどを言葉によって伝えることである。指導者やチームメートからの激励や称賛，さらに的確な評価は自己効力感を高める。反対に，一方的な叱責や無視・無関心は自己効力感を下げてしまう。グループ学習などを行い，チームメートの良いところを互いにみつけて誉めるといったことが有効である。また，成功したときには自分で自分を誉め，失敗したときには自分を励ますといった自己強化を促すことも重要である。

④生理的・情動的喚起

試合前に心臓がドキドキすることや手に汗がでることを自覚して，うまくできないのではないかと不安になったり，落ち着いていることや体がスムーズに動くことを感じて，自信をもてたりする。自分の生理的・情動的状態をどのように受け取るかが自己効力感に影響する。生理的な状態の解釈を良い方向に変えることで，自己効力感の低下を防ぐことができる。

4 ― 成功・失敗の原因を努力に求める

スポーツの練習や試合において，成功や失敗を数多く経験する。その経験をどのように解釈するかは人によって異なるが，解釈の仕方によって，その後の意欲が変化する。ワイナー（Weiner, 1972）は，成功や失敗の原因帰属について，能力，努力，課題の困難度，運の４つの原因をあげている。そして，これらの原因を表5-1のように「原因の位置」次元と「安定性」次元に分類している。

「原因の位置」次元は，原因は自分自身にあるとみなす内的要因（能力，努力）と，原因は自分以外にあるとみなす外的要因（課題の困難度，運）に分けられる。「安定性」次元は，原因は変化しないものととらえる安定要因（能力，課題の困難度）と，原因は変化するものととらえる不安定要因（努力，運）に分けられる。

このような原因帰属の次元が，どのように意欲に影響しているかみると，「安定性」次元は期待の変化に影響する。同じ失敗でも，その原因を能力不足や課題の困難度という安定要因に帰属した場合，それらは変化しにくい要因であるため，次もまた失敗すると判断しやすくなる。一方，努力不足や運に帰属した場合は，努力の仕方によって，あるいは運が良ければ次は成功するかもしれないという期待がもてる。このように，安定要因への帰属では，次回への期待がもてないため，やる気は起きないが，不安定要因への帰属では結果が変

表5-1 成功・失敗の原因帰属に関する２次元分類
（Weiner, 1972を基に作成）

安定性	原因の位置	
	内的	外的
安定	能力	課題の困難度
不安定	努力	運

わるかもしれないという期待がもてるため，意欲が高まるといえる。

すなわち，成功と失敗の原因を努力に求めることによって，競技への意欲が高まり競技が継続されると考えられる。また，失敗の原因を能力に求めると意欲の低下をもたらし，さらに自分は無能であるといった無力感の獲得に繋がると思われる。

指導においては，成功時にはこれまでの努力を強調し，失敗時には努力不足を指摘することなどによって，努力の重要性を認識させることが重要となる。

3. 競技意欲向上のトレーニング例

競技意欲向上のトレーニング例として，日本体育協会スポーツ科学委員会のプロジェクトチームが行った実践例（石井, 1983）の概要を紹介する。この実践から歳月が経つものの基本的な実践の流れを理解するうえで有用である。

1—競技意欲トレーニングの基本的方策

トレーニングの基本的方策として，下記の5つがあげられ，これらを基にトレーニングする重要性が指摘されている。
①スポーツに対する価値観の確立
②適度に困難な課題や目標への挑戦の経験
③漸進的な抵抗を与えるトレーニング
④自己管理能力の確立
⑤競技不安を抑制するような心理的技法の適用

2—競技意欲トレーニングの段階

＜ステップ1＞ 注意の喚起
　競技におけるやる気とは何かについて講義して，やる気について意識させる。
＜ステップ2＞ 競技者自身による自己およびチームの分析
　客観的な検査や自己記述を手がかりに，自分自身とチームのやる気の現状を認識させる。
＜ステップ3＞ ゲームによる体験
　やる気に関連した行動，思考，感情などをゲームにおいて体験させやる気を強化する。
＜ステップ4＞ 競技目標の設定
　競技における達成可能な目標を設定させる。
＜ステップ5＞ 日常の練習における競技意欲の開発手段
　自己イメージやチームのイメージをイメージトレーニングなどで向上させる。また，ヒーローの情報収集，一流選手の映像観察，練習日誌を活用した目標の設定と達成度評価などを行う。
＜ステップ6＞ 試合前のまとめ
　試合前にこれまでのステップと競技力の向上を多面的に評価し，試合に対する最終目標を設定する。
＜ステップ7＞ 全体のまとめ
　試合後に，トレーニングプログラム全体を総括する。

このトレーニングは2か月間行われた。その結果，競技成績の向上には直接的に結びつかなかったが，TSMI（体協競技意欲診断検査）の評価をみると，競技意欲のほとんどの側面が向上していたことが示されている。

最後に，競技意欲の向上を目指してトレーニングする場合，心理学の知識を充分活用しながら，また長期的な展望をもちながら，取り組むことが重要だといえるだろう。

（磯貝浩久）

5-2 あがり防止のための緊張・不安のコントロール

1.「あがり」とは

　プレッシャーはパフォーマンスを向上させることもあるが，低下させることが多い。プレッシャーとは「特定の状況において高いパフォーマンスを発揮することの重要性を高める要因もしくは要因の組み合わせ」であり，プレッシャーによりパフォーマンスが低下する現象をバウマイスター（Baumeister, 1984）はchoking under pressureと呼んだ。日本語では「あがり」がこの訳として最も近いと考えられる。chokingとは息苦しい，喉が詰まったような感じがするという意味であるが，プレッシャー下で起こる生理的変化を「からだ言葉」として心理状態の表現に用いている。あがりも心拍数，血圧，呼吸数などの生理面の上昇や気持ちが舞い上がった状態などを表現していると考えられる。

■1─どのようなときにあがるのか

　あがりの原因として，まず試合の重要性がある。絶対に勝たなければならない大事な試合では，過度のプレッシャーがかかるため，あがりやすい。また，大会の1試合目や試合の出だしでは不安が高く，パフォーマンスが低下することが多い。試合の後半でも，あと1ポイントで勝てる状況や負ける状況など勝ち負けを過剰に意識したときにパフォーマンスが低下することがある。

　また，試合までの数日間，体や技の調子があまりよくないときや，苦手意識のある種目やスキルを行うときにあがりやすい。つまり，あがりが生じやすいのは自信がなく不安が高いときである。さらに大観衆がいる試合や，自分を評価する重要な他者が見ている試合のように，自己意識が過度に高まる状況であがりが生じやすい。

■2─どのような人があがりやすいのか

　性格特性からみると内向的な人のほうが，外向的な人よりあがりやすい。内向的な人には自己意識が高い人が多く，他者にどのように評価されるかを過度に意識するためである。

　また，神経症傾向が高い人のほうがあがりやすい。そのような人には，まじめで勤勉な人が多いが，神経症傾向の高いアスリートは，ふだんの練習に熱心に取り組むというプラス面がある一方で，過度にプレッシャーを感じてしまうというマイナス面も併せ持っている。

　外交的で神経症傾向が低い人でも，プレッシャーが大きくなれば，あがってパフォーマンスを落とすことはあるため，あがりはすべてのアスリートや指導者にとって重要なテーマである。

2.「あがり」の徴候

　あがったときには，心理面，生理面，行動面に下記のような徴候が現れるが，これらの徴候を把握することは，あがりの予防や対処のために重要である。これらの徴候は，あがりを経験したアスリートに対するインタビュー（村山ほか，2009）や質問紙調査（村山・関矢，2012）に加えて，実験研究でも明らかになっている。

■1─心理面

①感覚・知覚の変化

　足が地に着いていないと感じる，体が宙に浮いたように感じる，手足の感覚がわからない，手足

に力が入らないように感じる，体が重く感じる，など，身体感覚に異常が生じる。また，頭が熱い，耳たぶや頬がほてるように熱い，手足が冷たいなどの身体感覚が生じることもあるが，これらは実際に起こっている生理的変化を反映している可能性が高い。

また，試合会場では他のアスリートたちが強そうに見える。球技ではネットが高く見えたり，自分が打ち込むコートが小さく見えたりする。レース系の競技では，コースが長く感じたりする。つまり，自分にとって都合が悪いように物事をとらえてしまう。このような見え方の変化が起こるのは，自分にとって脅威となり得る物事に注意を向けることが身の安全を守るために重要であり，そのような危険察知能力を人間が進化の過程で身につけてきたためである。

②思考内容の変化

調子が悪い，良いパフォーマンスを発揮できない，何度やっても失敗する，など悲観的で非論理的な思考が増える。ミスや負けることへの意識が高まり，他者にどのように評価されるかを過度に意識するようになる。また，頭が真っ白になるなど，判断力の低下も生じる。

そして，作戦や戦術などの意思決定においても変化が生じる。多くの場合は，ミスを恐れ，リスクを回避する安全性重視の戦い方になる。つまり，積極的に攻撃しない消極的な戦い方になる。しかし，ときには必要以上に相手を脅威と感じて，無謀と言える技やレース展開を仕掛けて自滅することもある。これらはいずれも自分にとって不利なように物事をとらえる知覚の変化が引き起こす方略の変化である。

③運動遂行時の注意の向き方

あがったときには運動を行っている最中に，ふだんとは違う対象に注意を向けてしまう。まず，アイゼンク（Eysench, 1979）などの研究者が提唱した注意散漫仮説で説明される現象がある。それは，そのときに行うべき課題とは関係のない物事に注意が向き，課題に対する注意が不足することによってパフォーマンスが低下するという現象である。たとえば，失敗したらどうしようなどと他者の評価を意識するあまり，観衆が気になってプレーに集中できない状態である。

一方で，自分の動きに注意が向きすぎて失敗する場合もある。マスターズ（Masters, 1992）などの研究者が提唱した意識的処理仮説で説明される現象である。練習を積んで熟練した技は，注意をあまり向けなくてもできるようになるが，これを自動化と呼ぶ。しかし，過度のプレッシャーによって，ミスを恐れ慎重に行おうとすると，動きに注意を向けすぎてしまう。これを脱自動化と呼ぶ。自動化された動きが脱自動化によってぎこちない動きに変わることによってパフォーマンスが低下する現象であり，分析麻痺（paralysis by analysis）と呼ばれることもある。

注意散漫説は課題に対して注意の不足が起こると説明し，意識的処理仮説は注意が向きすぎることによってパフォーマンスが低下すると説明する。これらは相反する説明となっているが，それぞれを支持する研究結果が多く存在する。人によって，もしくは課題の特性によって，どちらの現象が起きやすいかと考えたほうが妥当であろう。

2 ― 生理面

自律神経系や内分泌系の反応によって，心拍数や血圧や呼吸数が上昇し，手のひらや足の裏や脇の下などでの緊張性の発汗が増える。このような生理的覚醒水準の上昇は，闘争か逃走か反応（fight-or-flight response）のように緊急時に覚醒水準を上げて生存率を高めるために進化の過程で残されてきた重要な機能である。

3 ― 行動面

試合前に普段より口数が減る，もしくは増えるなど行動面にも変化が生じる。また，力みが生じて無駄な力が入るため動きがぎこちなくなり，疲

労を促進したり，怪我を招いたりする。また，動きが小さく遅くなるなどの変化が生じる。これは，危険な状況，たとえば高い所や暗闇で安全を確保するために人間が進化の過程で身につけてきた動きであるが，人間が本能的に持っている動きの偏りであるため，熟練者においても未熟練者と同様に起こる。

たとえば，プロゴルファーと未熟練者にゴルフパッティング課題を行わせて，プレッシャー下での動きの変化を調べた研究（Tanaka & Sekiya, 2010）においては，動きが縮こまり遅くなるという変化が両者において見られた。図5-3は，プレッシャー下で典型的な運動学的変化を示した熟練者1名（プロゴルファー）と未熟練者1名（大学生）について，クラブシャフトに付けたマーカーの位置と速度の関係を時系列で示した位相描写（phase portrait）である。プレッシャーをかけた条件では熟練度にかかわらずバックスイング期とフォロースルー期で運動の変位と速度が減少していることがわかる。

また，素早くかつ正確に動くことが求められる状況では，プレッシャーによって構えの姿勢が変化し，その後の動きにも変化が起こることが実験で明らかになっている（佐々木・関矢, 2014）。さらに，チームメートとの対人協応の低下もプレッシャー下で生じる。たとえば，チームメートと自分の間に飛んできたボールを「お見合い」して取り損ねたり，2人が衝突して取り損ねたりするという失敗が増える。

3.「あがり」の予防法・対処法

プレッシャーによるパフォーマンスの低下を防ぐためには，心からのアプローチと身体からのアプローチがあり（第1章2節参照），個人特性，課題特性，状況に合わせて両アプローチをうまく使ってあがりを未然に防いだり対処したりする必要がある。

1 ─ 心からのアプローチ

人間は，高度な認知を持っているため，考え方や物事のとらえ方を変えることによって，プレッ

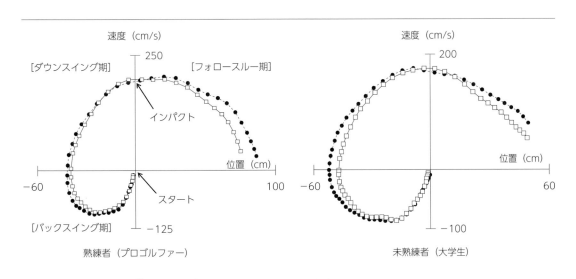

図5-3 熟練者と未熟練者のノンプレッシャー条件とプレッシャー条件におけるパターの位置と速度の位相描写

シャーを軽減し，情動反応を抑え，ネガティブな感情を減らすことができる。

①緊張や不安のとらえ方を変える

試合前や大事な場面で心臓がドキドキしたり手に変な汗をかいたりしたときに，メンタルが弱い，精神力がないなどと考えると，さらにあがりが促進する。不安や緊張は人間が進化の過程で身につけてきたサバイバル能力の表れであり（第1章2節参照），緊急事態に対して必要な情動反応である。したがって，心臓のドキドキを感じたら，自分はサバイバル能力の優れた人間である，今，自分の運動能力や戦闘能力は高まっている，というように考えたほうがよい。情動反応をネガティブにとらえるのではなく，ポジティブにとらえることによって，情動反応がさらに高まるというあがりの悪循環を防ぎ，適度な緊張感を持って試合に臨むことができる。

②作戦を確認する

プレッシャー下で起こるリスクの過大評価と自己の能力の過小評価は，サバイバルの世界では生存の可能性を高めるように働いたと考えられるが，現代社会でスポーツをする際には，安全性を過度に重視した作戦や戦術を選ぶような意思決定を行わせてしまう。したがって，プレッシャー下では，明確な理由もなく作戦や戦術を変更しないように注意して，練習してきた自分が得意な作戦や戦術を用いるほうがよい。消極的な戦い方になっていないか，もしくは無謀な戦い方になっていないかを適宜確認する必要がある。

③論理的思考

プレッシャー下では，理屈に合わない非論理的な思考が増えるため，それらを論理的な思考に置き換える作業が必要になる。プレッシャー下では脅威刺激を過大評価し，自己の能力を過小評価するため，勝つチャンスを低く見積もりすぎる。そのようなときには，冷静に自分や相手の戦力を分析する必要がある。

また，過去に敗北した相手や試合会場に対しては，同様のことが起こると考える過度の一般化が生じるが，2度や3度は偶然でも起こると論理的に考える必要がある。また，負けたらすべておしまいだと悲観的になり，負けたらそのつらさに耐えられないと自分の心の免疫力を低く見積もるようになるが，たとえ負けてもまた次のチャンスがある，そのつらさに耐えるだけの心の免疫力はあると考えたほうがよい。また，今日の自分の調子は良いか悪いかのように2つに1つと考える二者択一思考が生じやすいが，論理的に何の調子が良く何の調子が悪いか考え，その日に調子が良いものに焦点を当て，その日持っている武器で戦う心構えが望ましい。

④覚悟を決める

常に自分の思うように試合が進むわけではないので，あらかじめ接戦や苦戦をイメージして心の準備をすることも必要である。楽観的に考えてうまくいくアスリートもいるが，多くの不安を心の中に持つが，それゆえに練習も一生懸命にやり，試合で何が起こっても対処できるようにあらかじめ物理的，心理的準備をしっかり行うことによって成功するアスリートもいる。後者のようなアスリートは，あらかじめ困難な状況をイメージして試合に臨んだほうがよいと考えられる。不利な状況になる可能性があることを前もって覚悟しておけば，その状況になったときにあがりが促進することはない。良い意味で開き直ることもあがりを防ぐことには必要である。

◾️2 ─身体からのアプローチ

心身一如の思想が定着している日本では昔から，体の状態を変化させることによって心をコントロールする方法が多く用いられてきた。近年では，身体心理学を提唱した春木（2011）によって，体の変化が心の変化を導くことが実験で証明されてきた。

①呼吸

不安や緊張により呼吸は速く浅くなるが，呼吸

を意識的に遅く深くすることによって，不安や緊張を減らすことができる。呼気とともに横隔膜を引き上げて腹部をへこませ，吸気とともに横隔膜を引き下げて腹部を膨らませる腹式呼吸によって，覚醒水準を下げることができる。また，試合の結果や他者評価などに気が散って集中できないときに，呼吸に注意を向けることは雑念を減らすことに役立つ。

②アイコントロール

不安になるとそわそわしたり目がキョロキョロしたりする。これは外敵を探すために環境から情報を得ようとするサバイバルの機能であるが，不安で落ち着かなくなったときには，視線を一点に集中させるとよい。また，恐怖の対象が目の前に現れたときには，その対象に視線が固定され，他の物に注意が向きにくくなる。これも身を守る重要な機能として進化の過程で身につけたものであるが，スポーツを行う際に，このような視線や注意の固定化が問題となる場合には，全体を広く見るような目付け（遠山の目付け）や視線をうまく移動させる視覚探索パターンに変える必要がある。また，視線が動きすぎて困る場合には，視線を1点に固定することによってパフォーマンスの低下を防ぐことができる。

③筋弛緩

全身の筋が緊張してすくみ（freezing）が起こることはサバイバルの世界では役に立つが，スポーツでは固い動きをもたらしパフォーマンスを低下させる。筋弛緩法によって筋の緊張を和らげることが心の緊張を和らげることにつながる。

④表情・姿勢とセルフトーク

プレッシャー下では，弱気や落胆の表情や姿勢など，ネガティブな表情や姿勢が増える。ポジティブ・フェイスと呼ばれるようなポジティブな表情を作り，ポジティブな感情のときの姿勢を取ることが，心を前向きにする。やる気のある表情や姿勢，自信のある表情や姿勢，絶対にあきらめないという表情や姿勢を作ることをまず努力する。

また，セルフトークと呼ばれるつぶやきや自分に投げかける言葉をポジティブなものに変える。このように行動面を変えることにより，良い意味で自分の脳を騙し，パフォーマンス低下を導くネガティブな感情を減らすことができる。しかし，すべてのネガティブな感情が常にパフォーマンス低下を導くわけではなく，くやしさや不甲斐ないプレイをしている自分に対する怒りなど，パフォーマンスの向上に結びつくと考えられる感情の表出は，有効に利用することができる。

⑤動きを変える

あがったときには体に力みが生じ，動きが縮こまることが分かっているので，試合前のウォーミングアップや試合中のインターバルでは，大きく伸び伸びとした動きを行うようにして，動きの縮こまりを防いだほうがよい。

〔関矢寛史〕

5-3 集中力向上のトレーニング

1. 集中力とは

❶—集中力と注意，意識

　杉原（1980）は，集中力に関して以下に示すように心理学的に2つの意味があることを述べている。

　1つ目は，何に注意を向ければ良いのか，運動や競技の進行に連れて注意をどのように変化させていけば良いのか，注意にどの程度幅を持たせておけば良いのかといった注意の対象や切り換えや範囲などの認知的な側面に関することで，運動学習・コントロールの問題である。2つ目は，学習の結果，身についた技能・競技力を試合の場面でいかにうまく発揮できるかというパフォーマンス変数としての側面である。しかしながら，一般的には，杉原が指摘するように，集中力のトレーニングでは，認知的側面ではなく，パフォーマンス変数としての集中力をさすことが多い。

　杉原・工藤（1997）は，集中力について雑念やその他の妨害刺激にとらわれずに，競技そのものに「全神経」を集中させることだと述べ，この「全神経」という用語を「注意」に置き換えている。同様にマートン（1991）も集中力を注意ととらえている。マートンは，集中力について，「狭い意味での注意，特定の刺激に対する注意の固定と，選択された刺激に注意し続けること」，さらに，「注意を払うことを心に強要するのではなく，注意を散漫にするものを心から取り除き，今現在に没頭することである。」と述べている。

　山下（1988）は，注意とは，「意識が知覚されるものの中から，ある1つのものを選択し，他のものを抑制する働きである。したがって，注意には選択的側面と集中的側面の2つが含まれている。」と考え，注意集中とは，「考えをあることにむける」こととしている。つまり，意識の問題とつなげているのである。

　一流アスリートの集中力に関して豊田（2011）は，集中力は，その局面，局面でどれだけ思いを込めてやれているかということで，「その局面に思いを込めて行動する」ことと述べている。つまり，どの程度の思いをその局面に注ぎ込むことができるかという点を重視している。

　このように考えると，集中力を考える場合，集中と「意識」との関連からとらえていく視点が必要である。『インナーゲーム』の中でガルウェイ（1976）は，「意識とは知る力の総称であり，精神集中とは意識のエネルギーをもっと集中していくこと」とし，単に「知る」ということと，「もっとよく知る」こと，さらに一歩進んで「その一点を集中して知ることでは，その喜びに大きな差がある。」と述べている。

❷—集中力と知的好奇心

　人はうまくなりたいことがあると，集中して練習しようとする。うまくなりたいという気持ちは，私たちの集中力を高めてくれる。言い換えると，何かに集中するときに私たちの意識は，その何かである特定の対象に向けられており，構えを形成しているのである。山下（1988）は，集中しているときは特に強い意志的注意を必要とし，あることに対する構えである「心的緊張の波」がある程度高い必要があることを述べている。

　このように，ある対象に対して注意を向けるためには，その対象への強い好奇心が必要である。山下は，「拡散的および特殊的な二種類の好奇心

を持ち，しかもそれが快であるとすれば，適度な緊張の連続に基づく「楽しい」経験として集中できる可能性は大いにある」と述べ，集中力を推進するために，その対象に対して知的好奇心を持っていることが大切であり，この知的好奇心を中心とした感情的充足と，さらに困難な課題に取り組み，創造的な事柄をやりとげようとする意欲等が必要になってくるのである。つまり，「集中力の発揮には内発的動機づけ」が必須（山下，1988）なのである。言い換えると，このやる気や内発的動機づけの低下は，「気がのらない」や「気が散る」のような一般的に集中できない状況を生み出していると考えられる。そのため，山下が指摘するように，その対策としては，意欲を中断することなく集中力を持続させる状況づくり，つまり内発的動機づけが大切である。

2. 集中力を抑制している要因

試合後，失敗したアスリートがよく口にする「集中してプレーできなかった」という反省の言葉の背景にある集中力の発揮の妨害要因として働くものに関して，石井（2005）は，ワインバーグ（1992）の以下の4つの考えを引用している。

まず1つ目は，周囲の余計なことに注意が向いてしまう問題である。気を散らす要因はアスリートの周りに多く存在している。杉原（1980）は，騒音などの外的妨害刺激と緊張や不安などの内的妨害刺激に対する抵抗力と述べており，集中力が抑制されるということはこの抵抗力が弱くなることを示している。

2つ目としては，すでに終わった過去の出来事に注意が向いてしまう問題をあげている。この問題は過去に起こったマイナスの出来事が残ってしまい，プレーへの集中を妨げることである。

3つ目の問題として，過去ではなく，まだ起こっていない先の出来事に注意を向けすぎてしまうことがあげられる。この考えは勝ち負けにこだわり過ぎて起こるものである。今まさにしているプレーに集中すべきところ，その妨げとなる。集中力は，集中するために大きな努力を持続する能力でもある（杉原，1980）。

4つ目の問題としては，ミスが多くなると技術的なことをあれこれ考えてしまい，分析し過ぎてしまった結果，分析麻痺になるという問題が考えられる。この問題の解決には，考えすぎを単純化するような注意の切り替えが必要だと述べられている。石井（2005）はこのワインバーグの4つの要因について述べた後，「そのような状態になっている自分自身に早く気づくことであり，そうならないための予防策と，起こってしまったときに対処する方策をあらかじめ考えおかなければならない」と指摘している。また，実際，めまぐるしく変化する試合状況では，いかに集中するかは，どのような状況でも集中力を保持することが大切であり，そのためにも意欲や杉原（1980）が指摘しているように，感情をコントロールする能力としての集中力の役割が大切である。

3. 集中力を向上させるトレーニング法

集中力というものは誰にでもあるが，上述したように，その集中力を発揮することを妨げる要因も誰の周りにもあり，大事な場面などでうまく集中力を発揮させていないのも事実である。そこで，集中力を向上させる方法について考えていくことにする。石井（2005）は，一般的には，日常生活が基本であり，集中力を向上させるには平常からの心がけや習慣が大切であると考えている。

1─集中力の養成

山下（1988）は，「誰にも集中力はある」と考え，一般的な立場から集中力を養うことに関して，以下の点を指摘している。

まず，第1に，「集中力を習慣づける」ことである。自分自身が主体的・選択的に向けうる能動

的な集中を行うためには,「ムリ,ムダ,ムラ」のない合理的なスケジュールの作成が必要であるとしている。また,創造的活動を取り入れることで,自分で創造する余地をもたせる。そのためには,目標を持つことが大切であり,結果としてやっていることが好きになることが大切である。

第2は,「心身の状態を整える」ことである。ここでは,活動のリズムを整えるとともに体調を整えることが必要である。

第3としては,心理的効用を考えた心理的に安定した環境を整備するなどの「環境条件を整える」ことがあげられる。

これまで述べてきた3つの視点をまとめると,習慣づける,リズムに合わせる,体調を整える,環境を整備することが集中力を高めるうえで重要なことであるといえる。

これら3つをすべて含んでいる第4として「自己をコントロールする」こと,つまり,セルフコントロールをあげている。このセルフコントロールでは,まず,リラクセーションをはかり,イメージをコントロールすることになる。

2 ─ スポーツ・競技場面で集中力を高めるには

杉原ほか(1980)は,集中力は単一の能力としてではなく,性質の異なるいくつかの能力として取り上げられていると述べている。杉原・工藤

表5-2 これまでに考察されてきた集中力トレーニング技法 (杉原ほか,1997)

リラクセーション	身体的精神的なリラックスした状態を作り出すことによって,必要なことがらに精神を集中する余裕を生み出す。
作業法	グリッド・エクササイズ(格子の中に書かれた2桁の数字を捜す),ゆっくりとしたバランス運動,振り子のテストなどのような非常に努力を必要とする作業を行わせることによって,自分の意図することに注意を持続的に集中する能力を高める。
呼吸法	禅やヨガなどの呼吸法を練習させ,外的な刺激や雑念に妨げられないで呼吸に注意を集中することを学ばせる。
バイオフィードバック法	バイオフィードバックを利用して,精神が集中しているときの状態に気づかせ,いつでもその状態を作れるよう練習する。
凝視法	何かの物体を長時間注視する練習をさせることにより,注意の持続力を高めることをねらっている。
妨害法	さまざまな妨害刺激のもとで作業や練習をさせることによって妨害の影響を受けないように妨害に対する抵抗力を高める。
自己分析法	練習や試合でどのようなとき,どのようなかたちで注意がそれやすいかを分析し,自己の注意の特徴を把握して対策を考える。
キーワード法	注意を向けるべき刺激や,対象や,動きや,心構えなどを示す言葉をあらかじめkey wordとして決めておき,試合中注意がそれそうになったとき,その言葉を唱えることによって注意を必要な対象に集中できるように練習しておく。
イメージトレーニング	試合当日試合場に入るまでにやるべきことがら,試合場に入ってからやるべきことがら,試合中になすべきことがらなどをあらかじめイメージトレーニングによってリハーサルしておき,自動的にそれらに注意を向けられるようにする。
ピークパフォーマンス法	最高の成績をあげたときの自分の精神状態を思い起こし,あるいはまた,最高の状態で試合を行っているときの様子を想像し,イメージトレーニングによっていつでもそのような精神状態を作り出せるように練習しておく。
達観法	不安や心配事などによって注意がそれることを防ぐため,不安を持ったり心配してもなんの役にも立たないどころかえって害になること,さらには,勝敗にこだわることが実力の発揮を大きく妨げることを理性的に理解させ,いわゆる「開き直り」の境地を作り出すことによって「今,ここに」集中できるようにする。
アファーメーション	affarmationにより,不安を取り去り自分に自信をつけることによって注意がそれることを防ぐ。
肯定的思考	物事を悲観的にとらえるのではなく,良いほうに良いほうに楽観的に考える習慣を形成することによって不安や心配事を取り去り,注意がそれることを防ぐ。
過剰学習法	予想されるさまざまな試合場面を想定し,それぞれについて十二分な練習をして戸惑わないようにしておく。

(1997) は，集中力トレーニングの従来の文献を検討し（表5-2参照），これまでの集中力のトレーニングの1つの特徴としては，精神的なプレッシャーによって生じる情動の変化をコントロールすることが，注意集中の基本であることを意味しており，「情動コントロール」技法が多く含まれていることを指摘している。さらに，この「情動コントロール」の他に，多くの集中力トレーニングには，ある課題を設定し，注意の容量のすべてをその課題遂行のために振り向け，その状態を維持することを学ぶトレーニングであることがわかると述べている。実際，リラクセーション，呼吸法，バイオフィードバック，イメージトレーニングなどのトレーニングでは，そのトレーニングがそれぞれもつ目的の他に，別の側面として集中力を高めるという点が各トレーニングの中に含まれていることも指摘している。

杉原ほか（1980）は，集中力のメンタルトレーニング法として，これまでの研究などを参考に以下の4点から構成された12回の集中力トレーニングを紹介している（表5-3参照）。

・呼吸法とヤントラによるトレーニング
・妨害法によるトレーニング
・キーワード法によるトレーニング
・達観法と肯定的思考によるトレーニング

さらに，杉原・工藤（1997）は，注意集中の立場から，注意集中のトレーニングを以下の日常における基礎的トレーニングと競技場面における注意集中技術の2つに分けてメニューを考えている。

①日常における基礎的トレーニング

2つの方法を紹介している。1つ目は「過剰学習」で，スキルを十二分に練習して「過剰学習」をすることによって動作を自動化できるようにする。2つ目は，「注意のコントロールの練習」でイメージトレーニングの効果を発揮するために必要な「イメージの鮮明さ」と「イメージの制御可能性」を高める訓練として，ヤントラを使った練習や注意コントロールの練習を最初の段階で用い

表5-3 集中力メンタルトレーニング法（杉原ほか，1980）

1. 呼吸法とヤントラによるトレーニング	
第1回	リラクセーション 呼吸法 ヤントラ（残像の維持）
第2回	呼吸法とリラクセーション ヤントラ（残像のコントロール）
第3回	呼吸法 競技で使う用具のイメージの想起 競技で使う用具のイメージのコントロール
2. 妨害法によるトレーニング	
第1回	リラクセーション 騒音の妨害下でのリラクセーション 加算作業 騒音の妨害下での加算作業 数の復唱（短期記憶） 妨害下での数の復唱
第2回	リラクセーション 妨害下でのリラクセーション グリッド・エクササイズ（2桁の数字捜し） 妨害下でのグリッド・エクササイズ 数字の抹消作業 妨害下の数字の抹消作業
第3回	妨害条件下でのスポーツ場面のイメージの想起
3. キーワード法によるトレーニング	
第1回	キーワードの説明 キーワードの作成
第2回	キーワードによるあがりの解消のイメージトレーニング キーワードによる技術的に調子のよくない状況の解消イメージトレーニング キーワードによる不安の解消のイメージトレーニング キーワードによる失敗時の動揺の解消のイメージトレーニング キーワードによる不利な状況の克服のイメージトレーニング
4. 達観法と肯定的思考によるトレーニング	
第1回	達観法の説明 集中の妨げとなる心配事や余計な考えのリストアップ
第2回	失敗した試合で集中の妨げとなった事がらのリストアップ
第3回	リストアップされた事がらの重要度の評定 合理的な対処による解決の仕方の説明 積極的思考による解決の仕方の説明
第4回	達観・開き直りによる問題の解決

られるのに適している数格子を用いた練習，さらに，振り子を使った練習などがある。

②競技場面における注意集中技術

5つの方法を紹介している。1つ目は，準備運

動の活用である。準備運動にともなって心拍数は上昇するため、あがりによる心拍数の上昇を紛れさせ、不安によって生じた身体反応に注意を向けることを防いでくれると述べている。

2つ目は、意識的なルーティーン化した動作を行うことは、注意を雑念から動作のほうに向かわせるために、準備行動のルーティーン化を行う。イチロー選手がバッターボックスに入る前にいつも行っている儀式のような動きである。

3つ目としては、実際に身体を動かす代わりに、頭の中で運動をしている場面を創造するイメージリハーサルを紹介している。

4つ目は、試合や競技中に不安に陥るのは我々が結果に注意を向けてしまうためであると考え、結果より過程に注意すべきことである。つまり、「結果」は相手があることであるから自分の意のままにはならないが、「過程」は自分自身の意思のコントロール化におかれていることを認識すべきと述べている。

5つ目としては、キーワードやキーアクションがある。これまでの見てきた内容は習慣的に身につく内容であるが、実際の試合場面などでこのような技術を使うのは容易なことではない。そのため、何らかの行動的手掛かりとしてキーワードや動きに気づかせてくれるキーアクションを用いることで、注意集中技術が使えるようになっていくのである。

また、石井（2005）は、心理的な側面を意識した練習法として以下の3つの方法を指摘している。

- 心理的負荷練習：自分にハンディキャップやペナルティーを課してプレッシャー状況を作り出すことによる緊張感をもった練習によって集中力を養成すること。
- 状況想定練習：基本練習あるいは調整練習は別として、実践練習では、試合の状況がどの程度想定されたものかが重要であること。
- モデリング学習：観察学習の原理を適用した行動変容の技法を不安や恐怖などで特定の行動がうまくとれない場合に用い、ビデオなどで一流選手の練習を観察することでよいイメージを描いて行動を変容させること。

3 ─ スポーツ・運動場面での集中力の向上につながる最近の注意集中

① ウルフの注意集中の考え方

注意集中に関して、ウルフ（Wulf, 2010）は運動自体に注意を向けるよりも運動の効果に注意を向けたほうが運動スキルのパフォーマンスが効果的になることを指摘している。この点について、彼女は、自分自身の運動に注意を向ける注意様式をインターナルフォーカスと運動時使用する器具などのような「環境」が運動に与える効果に注意を向ける注意様式をエクスターナルフォーカスとし、この2つの注意様式の中でエクスターナルフォーカスのほうがインターナルフォーカスよりも効果的であると述べている。

② Quiet Eye

ビッカース（Vickers, 2007）は、熟練者ほど運動を開始する前に一点を凝視し、目を固定することを発見し、このことをQuiet Eye（QE）と呼んでいる。このQEは、照準運動技能やインターセプト技能での幅広い範囲において、より優れたスキルやパフォーマンスを持つエキスパートほど持続時間が長いといわれている。

以上のように、集中力は、自分自身を課題に向けて、持続的にコントロールできるようになるために必要であり、すべてのメンタルトレーニングに繋がってくるものである。実際、試合場面で集中力のコントロールがうまくできている状況は、自分をうまくコントロールすることができているということを意味している。言い換えると、集中力をコントロールするということは、よりよく自分自身を知るということに繋がってくるものである。

（森　司朗）

コラム

冬季種目におけるメンタルトレーニング

冬季種目は，練習環境が限られているため映像で見る機会はあっても実際に体験する機会が少ない。ここでは，冬季種目ならではの種目特性や競技結果に大きく影響を及ぼすマテリアル（ワックス，板，エッジ，靴，ウエアなど）に注目してメンタルトレーニングについて述べる。

■冬季種目特性

①**スピード系種目**：滑降，スーパー大回転，ボブスレー，スケルトン等

スピード系種目は，体感速度200〜300 kmとも言われ，猛スピードで下降するため次の旗門やコースが見えないところもある。一瞬のバランスの崩れやライン取りのミスが大きな怪我に直結する。恐怖を感じるとミスにつながることからスタート前にリラックスしながら自分を信じて，すべきことに集中するルーティーンの確立，重力加速感覚や筋運動感覚をイメージして理想とする体勢でラインを通過するイメージ，刻々と変わる地形やコースを立体的に描き自然と一体となり守られているイメージ等のメンタルトレーニングがあげられる。

②**技術系種目**：スキー・スノーボードの回転等

細かく素早いターンをする回転は，数メートルのズレが大きなタイムロスにつながる。世界ランキングが上位なほど滑走順番が早くなり，後になるほど雪の状況が悪くなり正確な操作が難しくなる。どのような雪の状況でも操作しやすい体勢で滑ることが重要になる。このことから，ポイントとなる旗門のラインイメージ，旗門に当たるリズムイメージ，雪の状態に応じた板の返りのイメージ，2つ前の旗門を見るアイコントロール法等がある。

③**採点種目**：スキージャンプ，モーグル，ハーフパイプ，フィギュアスケート等

雪上種目は，風や気温の影響を受けやすく，コースの形状や条件が会場によって異なるため到着してから本番までにどのように滑り，技を決めるか判断することが求められる。会場で筋運動感覚を調整して，滑った映像を確認し自己イメージと実際の動きの誤差を修正することが重要になる。このことから，天候，雪質，会場に柔軟に対応して滑るイメージが大切になる。

氷上種目も，氷の質が会場によって違うため，氷の硬さに応じてスピードや踏み蹴るタイミングを調整し曲に合わせて表現するイメージが必要になる。さらに滑走順番によってウォーミングアップが変わったり，ジャンプミスによってプログラム構成を変更する対応が求められる。したがって，時系列のメンタルリハーサルやコーピングイメージも大切になる。

■競技結果に影響を及ぼすマテリアル

冬季種目は，用具やワックス等のマテリアルが結果に大きく影響することからマテリアルルールが細かく決められている。

たとえば，ワックスが雪質に合わなかった場合，同じ実力であっても大差がつき集中力がなくなることもある。日頃からワックスマンと信頼関係を築きチームワークを確立し，気持ちの切り替え，積極的思考を身に着けることが大切になる。冬季ウエアは，脱ぎ着に時間がかかり，すぐにトイレに行けないため水分を控える傾向がみられる。万全な状態で競技に臨むためにも着替え，食事，排せつ，天候等も含め柔軟な時系列のメンタルリハーサルが必要になる。スケートは，エッジ交換をした場合慣れるまで1か月程度かかる場合もある。他の競技も用具に慣れるまでに時間を必要とする。気象条件によってマテリアルを変更するケースも多いことから，周到な準備と想定外のアクシデントに対応する心構えが重要になる。　　　　（吉田聡美）

5-4　自信をつけるためのトレーニング

　自信は，アスリートにとって最も重要な心理的スキルの1つである。ここでは，自信とは何か，自信の測り方，および自信の高め方について概説する。

1. 自信とは

　一般に，自信とは「自分の能力や価値を確信していること」（新村，1998）や「自分の能力における信念」（ビーリー，2009）である。この信念は，「フリースローを成功させることができるか」「サーブが入るか」など，ある状況で必要とされる能力に関するアスリートの認知のことである。つまり，アスリートがスポーツにおいて成功する能力を持っているという信念または確信度であると言えよう。

　アスリートの自信に関係する要因について，徳永（2005）は図5-4のように整理している。まず，自信に影響する要因（試合前の練習量，生活習慣，心身の状態）によって，自己の能力（技術，体力，心理）に対する自信が形成される。その自信によって，結果や目標に対する自信（勝敗，目標達成，実力発揮）が形成される。さらに，結果や目標に対する自信によって試合に対する総合的な自信が形成されることを示している。これは，総合的な自信の背景に，多くの状況や行動に対する自信があり，それが試合に対する包括的な自信を決定しているものと考えられる。

2. 自信を測定する検査

❶—「心理的競技能力診断検査」における自信

　心理的競技能力診断検査（DIPCA.3）に含まれる自信の項目は，「プレッシャーの下での実力発揮」「自分の能力」「目標達成」「どの状況でも自分のプレーができる」に対する自信について，「1．ほとんどそうではない」から「5．いつもそうである」の5段階で評価する。

❷—「JISS競技心理検査」の「心理的スキル尺度」における自信

　立谷ほか（2015）が開発したJISS競技心理検査に含まれる自信は4項目で構成され，「これまでの練習内容や経験」「試合」「選手としての自分」に対する自信を「1．ほとんどそうではない」から「5．いつもそうである」の5段階で評価する。

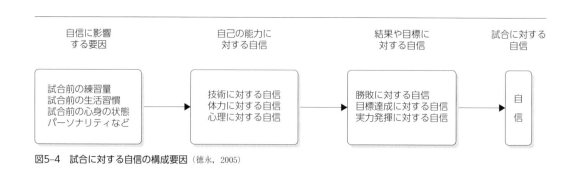

図5-4　試合に対する自信の構成要因（徳永，2005）

3. 自信の高め方

ビーリー（2009）は，バンデューラ（Bandura, 1977）の社会的学習理論をもとに，アスリートが自信を得るための有効な資源として，達成感，準備，自己統制，モデリング，情報の還元・激励，コーチのリーダーシップ，環境の快適さ，身体的自己呈示，そして状況の有利さを提唱している。そこで，ビーリー（2009）や徳永（2005）が指摘している自信を高める重要なポイントを参考にして，いくつかの実践例を紹介したい。

1—成功体験

アスリートにとって試合に勝つことは何よりも自信になる。つまり，過去にある行動をうまく成し遂げると，将来も再びそれをうまくやれるという自信を高めることができる。一方で，失敗は不快感情をもたらし，自信の喪失につながる。失敗が連続すると，やる気の低下だけでなく無力感も形成される。そのため，アスリートが達成可能な目標や個人の能力に適した課題を与えるなど，目標設定の工夫が必要である。たとえば，試合の結果は，勝敗と目標達成で評価し，負けても目標が達成できれば「成功」と評価する。そうした成功の体験を積み重ねることが自信を高めることにつながる。

2—目標の達成

スポーツ競技では「勝つ」ことばかりではなく，「負ける」ことも多い。そこで，試合に負けても自信につながるようなプレーをすることが必要である。そのために，試合に出るときには必ず適切な目標を設定する。たとえば，結果に対する目標（優勝や順位など）を強調しすぎると，負けることが失敗とみなされるため，負けが続くと自信喪失を招く恐れがある。これに対して，プレー目標（どんなプレーをするか）は，成功も失敗も自分に責任があるといった統制感がもてるようになり，その達成により自信が高まる。つまり，試合に負けても，プレーに対する目標が達成されれば「成功」と考える。したがって，試合をするときには適切な目標をつくり出場することが大切になる。

3—成功イメージ

自信を高めるために，イメージトレーニングを行うことも効果的である。たとえば，過去の経験から最も素晴らしいプレーや動きをした場面をイメージに描く。最も調子が良かったとき，あるいは逆転勝ちしたときなどの場面を思い出す。そして，どういうプレーをしたのか，そのときの動きやフォーム，攻撃パターン，気持ちを詳しくイメージすることが望ましい。特に，実際のプレーの動きやリハーサルだけでなく，パフォーマンス中の感情や注意，動機づけの側面も考慮すべきである。

4—セルフトークの活用

セルフトークは「自己への語りかけ」であり（中込，1994），自信を高めることにも有効である。物ごとをどのように解釈するかが情動的反応に影響する。これは認知行動療法の考えに基づいており，認知的スキルと思考コントロールに関するセルフトークによって，出来事や状況に対する見方を変え，肯定的な感情を生み出し，自信を高めることにつながる。そのため，ネガティブなセルフトークをポジティブなセルフトークに置き換える作業を行うことが効果的である。この場合，アスリート一人で考えても気づくことができない「ものの見方・考え方」があるかもしれないので，スポーツメンタルトレーニング指導士（以下，SMT指導士）の指導・助言の下で実施することが望ましい。

5—自信があるように振る舞うこと

「Motion makes emotion（行動が感情をつく

る）」と言われるように，思考と感情と行動はお互いに影響し合っており，自信があるように行動すると，自信があるように感じたり，考えたりできるようになる。たとえば，気分が落ち込んでいると，目線が下がり猫背気味になってしまう。そのようなときに「胸を張る，肩を開く，目線を上げる」，こうすることによって積極的な気分に変わる。

6──結果を能力や努力に帰属する

原因帰属の理論では，試合の勝敗という結果の原因を何に求めるのかによって，その後の行動を説明しようとする（第5章1節参照）。すなわち，勝ち負けやポイント，ミスの原因をどう考えるかで，その後のやる気の強さが変わってくる。従来の研究によると，結果が良かった場合に「自分に能力があるから勝てた」とか「努力したから成功した」と考えると，やる気が高まり，自信にもつながると言われている。そのため，成功の原因は自分の身体的能力や努力の賜物であると考え，失敗の原因は自分の能力が劣るためではなく，努力不足のためだと考えるようにするとよいだろう。

7──トレーニングの質および量

練習不足は不安を招き，自信の低下につながる。「十分な練習」に対する考え方はアスリートによって異なる。現在の環境で，自分にできるだけの練習を十分にやったと思えるような練習量を確保すべきである。また，自分にとって必要な体力の要素は何かを明確にし，それを高めるためのトレーニングを行い，自分にできるトレーニングは十分に行ったという意識を持つことから自信を高める。

8──体調を整えること

プレー中に自信を感じるためには，体調をできるだけ良好な状態に整えておくことが大切である。睡眠，食事，休養，嗜好品（特に飲酒や喫煙）に対して十分に配慮して，競技のために規則正しい生活を送ることが自信につながる。アスリートとしての生活習慣（ライフスキル）を身につけることが重要である。アスリートとしての生活習慣を身につけさせることは，メンタルトレーニング指導の第一歩である。

4.「セルフ・エフィカシー」で考える

自信に近い概念として，「セルフ・エフィカシー（自己効力感：Bandura, 1977）」がある。この「セルフ・エフィカシー」は，「〜を行うことができる」という見込み感のことであり，ある結果を生じるのに必要な行動をうまく行うことができるという確信のことである（Bandura, 1977；バンデュラ, 1979）。セルフ・エフィカシーは，効力予期や可能予期とも呼ばれ，社会的学習理論の中心的な概念の1つである（図5-5参照）。

自信という言葉が，あまりにも一般的で便利なため，私たちは，ついついこの言葉を使ってしまいがちである。しかし，自信という言葉は，標的とする行動を明確にしなくても用いることができてしまうという難点がある。

そこで，自信ではなく，セルフ・エフィカシーという考え方を用いることも検討してみたい。セ

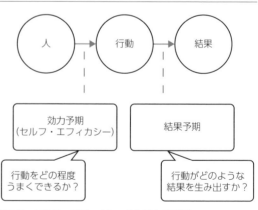

図5-5　セルフ・エフィカシーと行動との関係
　　　（Bandura, 1977；バンデュラ, 1979を基に作成）

ルフ・エフィカシーという言葉を用いることのメリットは3つある。

1つは，正確な見積もりができるようになることである。「どれくらい，できる自信がある？」と質問されると，本来のできそうな感覚よりも，低く見積もって回答してしまう場合がある。正確に見積もって欲しいのであれば，「何パーセント，できると思う？」と聞くのが望ましい。

2つ目は，標的となる行動が明確になることである。標的となる行動が曖昧な場合でも，自信という言葉は用いやすい。しかし，セルフ・エフィカシーという言葉を用いようとすれば，標的となる行動を明確にせざるを得ない。

3つ目は，高めるための情報源が明確になることである。セルフ・エフィカシーには，どのように高めたらよいかという指針，バンデュラ（1977）が言うところの「情報源」が明示されている。

5. セルフ・エフィカシーを高める4つの情報源

以下では，岡（2000，2002），坂野（2002，2005）を参考に，セルフ・エフィカシーを高めるための4つの情報源を紹介する。

1―遂行行動の達成：「できた」と感じる体験を積み重ねる

ある行動を実際に行い，その結果として，成功した体験（「できた」と感じる体験）を積み重ねることは，セルフ・エフィカシーを大いに高める。「できた」という達成感を得るためには，どのような目標を設定するかということが重要である。

SMT指導士には，アスリートが適切な目標を設定できるように援助することが求められる。誰もが，高い目標を設定すればよいというわけではない。その人が，かなりの確率で達成できそうな目標を設定することが重要である。その後，段階的に，少しずつ目標を高くしていくことが望ましい。また，「〜しない」という目標ではなく，「〜する」という目標を立てることで，するべき行動は明確になり，セルフ・エフィカシーが高まる。結果として，目標も達成しやすくなる。

2―代理的経験：自分にも「できる」と思えるような人を探す

自分以外の他者が，自分の目標とする行動を行っていることを見たり聞いたりすることで，セルフ・エフィカシーは高まる。逆に，他者が失敗している場面を見ると，セルフ・エフィカシーが低下することもある。心理学では，このことを「モデリング」という。

もちろん，自分とかけ離れた体格，能力，経験のある人が成功したという話を聞いたとしても，セルフ・エフィカシーは高まりにくい。その場合，「あの人は，しょせん私とは違うから」という理由づけが容易になってしまうからである。

それとは逆に，自分に近い技量の者が，目標とする行動を実施しているという話は有効である。自分に近い者の話であれば，「あの人にできるなら，私にだってできるだろう」「このやり方なら，自分にもできるかもしれない」と思うことができる。

理想的なのは，そのアスリートよりもわずかに先を進んでいる人をモデルとして見せることである。SMT指導士は，そのアスリートが目標とする行動の変容に成功しているアスリートに，注目するように促すべきである。たとえば，アスリート同士で情報交換をする機会を設けることは有効であろう。

3―言語的説得：「できるよ」と言ってもらう，自分にごほうびを用意する

行動や行動の結果が，周囲から肯定的に評価されたり，賞賛されたりする場合も，セルフ・エフィカシーが高まる。言葉によってセルフ・エフィカシーを高めることは困難だと感じられるかもしれないが，行動目標の達成や代理的経験の補助として用いることで，セルフ・エフィカシーを高めることができる。

評価してくれる人のことを，「信頼できる」「専

門性が高い」と感じていると，アスリートのセルフ・エフィカシーが高まりやすい。肯定的な評価を得やすくする工夫の1つとして，チーム内でのグループワークが勧められる。自分の身近にいるアスリートと励ましあったり，ほめあったりすることによって，セルフ・エフィカシーを高めることができる。

SMT指導士は，アスリートがよい行動を取ったときには，即座にほめることが望ましい。言葉の内容は簡単でかまわない。即座にほめることが重要である。

また，他者だけでなく，アスリートが自分自身を肯定的に評価したり，自分にごほうび（報酬）を用意したりすることも重要である。心理学では，このことを「自己強化」と呼ぶ。SMT指導士は，アスリートが自分の努力や成果に対して敏感になり，自分自身をほめるように促すべきである。また，アスリートに対して自己強化を積極的に推奨すべきである。さらに，目標が達成されたときに，何らかのごほうび（たとえば，好きなジュースを飲む）を自分で用意するように助言することも望ましい。

❹—生理的・情動的状態：「できる」ために考え方を変える，「できた」という気づきを高める

目標を立てて，何らかの行動を始めたばかりのとき，目標を達成することができずに落ち込んでしまうことがある。新たな行動を開始することは，心身ともに疲労し，いらいらした気分が生じてしまうかもしれない。このような状態は，アスリートのセルフ・エフィカシーを低下させる。

SMT指導士は，アスリートに，最初からうまくできないことは当然であることを助言するべきである。とりわけ，目標が高すぎたためにうまくいかなかった場合は，「あなたが悪いのではなく，あなたが立てた目標が悪かった」ことを伝えることが重要である。心理学では，この方法を「認知再体制化」と呼ぶ。

また，トレーニングによって改善した身体の感覚や心地よさを認識したり，トレーニングを記録したりすることも，セルフ・エフィカシーを強化する。SMT指導士は，アスリートにこれらを記録するよう促して，アスリートの気づきを高めることも期待される。心理学では，このことを自己観察（セルフモニタリング）と呼ぶ。

目標は，自己観察の結果に基づいて設定することが望ましい。ただし，あまり多くの情報を記録させようとすると，記録することが苦痛になってしまうこともあるので，注意が必要である。

SMT指導士は，アスリートが現在の自分を見つめ，具体的にどんなところに自信を持ってよいのか，自信をつけるために自分は何をすればいいのか見つけることを手助けするのが望ましい。こうした支援を通じて，アスリートは，自分に対する安心感と信頼感を高め，自信を持つことができるであろう。

（荒井弘和・村上貴聡）

コラム

言葉の力

ここでは,「言葉の力」と題して,競技現場における言葉の重要性について述べる。

最初に紹介するのは,1984年ロサンゼルス・オリンピック男子体操チームの監督の阿部和雄氏の競技・指導経験から生まれた素晴らしい言葉である(阿部,2000)。(以下の<　>内は,阿部の説明である)

■「選手になれば,毎日自分の壁に立ち向かう。それは運命。でも,そこでもういいやと思ったら,君のレベルはそこまで」

<競技スポーツでは,「より速く」「より遠く」「より強く」「より巧みに」「より美しく」などを競います。あなたはこの競技スポーツを選んだのです。試合で勝つためには,自分を伸ばさなければなりません。今日よりも明日へと,自分の技術を,自分の体力を,毎日自分の壁に立ち向かって,だから,今日の練習で「もういいや」と思ったら,あなたのレベルは,そこまでとなってしまいます。>

■「試合になると,みなうまく見える。君だって,見られているよ」

<試合会場に行くと,みんな一緒に練習をします。ちょっと周りを見ると,うまい選手がたくさん見えてきます。試合前の練習って,みんなうまく見えるんです。そこで,呑まれたらおしまいです。君だって,みんなからうまく見えてるんです。自信を持ちなさい。>

■「試合に緊張はつきもの。『ブルブル』ときたら,天から応援が来たと思いなさい」

<こころからスポーツを楽しむ人は,勝つことにも一生懸命になれる人。練習にも真面目に取り組める人です。そのような人は,一生懸命だから試合でも緊張するのです。試合に緊張はつきものです。もしも緊張がなかったら,試合も面白くないでしょう。緊張があるからあんなに頑張れるのです。だから,緊張感が起こってきたら『よし,きたぞ。応援が来たぞ』と思ったほうがいいのです。>

次に紹介するのは長田一臣氏の長年経験から生まれた言葉である。

■「もう頑張らなくていいからね」

日々頑張っている選手にかける言葉。常日頃から一生懸命頑張っている選手に,これ以上「頑張れ!」とは言えない。「こんなにも頑張っているのに,これ以上どう頑張ればいいの!?」と選手を追い詰めてしまうことになる。「もう頑張らなくていいからね」ということも,時には必要な言葉である。

■言葉がけの内容とタイミング,そして「あえて,言わない」ことの重要性

前出の長田が述べる通り,選手にかける言葉というのは,選手のこころの状態や状況を考えて,効果的な言葉をタイミングよくかけることが大切ということを,常に頭に置きながら日々のサポートを行っている。

また,選手の様子から,「今は,あえて言葉がけをしない」ということも大事なときもある。この判断は非常に難しいものだが,「今,目の前にいる選手にとって,最も大事なことは何か」ということを考えることが非常に重要である。

言葉がけをするのか/しないのか,するならどのような言葉で,どのようなタイミングで行うのか,これらのことは非常に難しいと感じながら,アスリートと接することが大切である。

(立谷泰久)

5-5 チームワーク向上のトレーニング

ここでは，チームワークの定義，チームワーク向上のためのトレーニング方法とその実践，注意点について概説する。

1. チームワークとは

❶―チームの諸問題

卓越を追求するスポーツ集団（チーム）では，メンバー間の相互交流が活発に行われる。メンバーはチームに影響を与え，チームはメンバーに影響を与える。この積み重ねの中で，チームは成長し，変容を遂げる。スポーツ集団がチームワークを発揮すると，メンバー個人の能力の総和以上の力を発揮することもある。

このようなことから最近では，チームワーク向上のために，特別で体系的な取り組みを行う指導者が増えている。メンタルトレーニング指導士（以下，SMT指導士）は，チームワーク向上のためのコンサルテーションを求められることが今後，ますます多くなると予想される。したがって，チームアプローチの理論的背景と実践方法に精通しておく必要がある。

❷―チームワークの定義

スポーツ集団には，以下のような特徴がある（丹羽，1976）。
①共通の目標（集団目標）がある
②成員の行動を規制する規範がある
③我々の集団であるという感情がある
④ある程度安定した人間関係がある

一人ひとりのメンバーが相互依存関係の中で影響しあう，一種の系（システム）がチームということになろう。したがって，チームワークは「系（システム）あるいは全体的状況という枠組みの中での，成員相互の関係の全体としてまとまった働き」（丹羽，1976）と定義される。

つまり，主としてメンバー個々が，相異なった相互補充的な活動を遂行する中で，集団目標を達成しようとする，いわば分業的協働がチームワークの本質であると思われる。このチームワークの考えのもとでは，メンバー個々の技術の単純合算（集合）がチームの技術や成果に直接結びつくのではなく，それらの関連の仕方，させ方が大きく影響をするといったとらえ方ができる。

❸―チームワークに影響を与える要因

チームワークに影響を与える要因には，以下のものがあるといわれている（徳永，1988）。
①リーダーシップの型
②メンバーのやる気
③協調性と個性化の共存
④目標達成への参加状態

この他にも構成員の相互作用や分業的協働の状況も強く関連する。またチームワークに良く似た概念として，最近では集団凝集性（チームとしてのまとまり）や集合的効力感（チームとしての自信）が着目されている。このような状況において，最近ではチームワークをプロセス要因ととらえ，それぞれインプット要因，アウトプット要因として整理する考えがある（図5–6参照）。

したがって，チームワーク向上を目的としてチームにかかわる場合は，この図式を下敷きにそれぞれのチーム状態をプロファイリングすることで，チーム理解が進むと期待できる。そうすれば，各要因（例：個人の動機づけの程度）が成果（例：

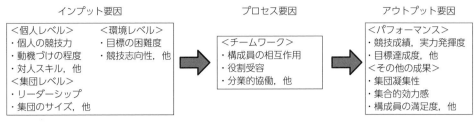

図5-6 チームワークのインプット要因とアウトプット要因 （山口，2009をもとに作成）

チームの目標達成度）に与える影響を査定し，その影響範囲や程度を予測・統制しながら，介入計画を立てることも可能となる。

2. チームワーク向上のためのトレーニング

1—チームスポーツに対する心理サポート

わが国では，1990年より3年間，日本オリンピック委員会スポーツ医・科学研究の一環として，チームスポーツのメンタルマネジメントに関する研究班（班長：猪俣公宏）が組織され，チーム心理診断テスト（SPTT）の開発・実用化等の基礎研究，ならびに各種チームスポーツへの心理サポートの実践研究が推し進められた。

たとえば，猪俣ほか（1992）は，担当したハンドボールにおいて，ビデオによる認知的トレーニングを実施し，戦術的な観点，および協同的な観点から状況判断の向上を確認している。

これらの実践研究を概観すると，わが国におけるチームワーク向上の試みは，その多くがチームスポーツにおけるメンタルトレーニング（メンタルマネジメント）の文脈の中で実施されてきており，リーダーシップ・スキル，およびコミュニケーション・スキルの向上に焦点を当てて行われてきたことがわかる。

2—チームワーク向上に寄与する心理的スキル

①リーダーシップ・スキル

SMT指導士に対して，チームの監督やコーチからチームワーク向上に関する相談を持ちかけられることが多くなってきている。選手やコーチの報告の中にそれが伺い知れたり（早川，2001），心理サポートのエピソードとして盛り込まれたりすることがある。その際，たとえば，PM式リーダーシップ理論に関する情報提供を通じて，コーチがより望ましいリーダーシップ・スキルを獲得するよう支援したり，あるいは実際のコーチング場面におけるP機能（課題達成機能）とM機能（集団維持の機能）の発揮状況を確認し，コンサルテーションを行うなどの方法がある。

また，マートン（Martens, 1977）は，効果的なリーダーシップのためには，リーダーの特性（能力や人間性等），リーダーシップのスタイル（専制的，民主的，放任的等），状況の要因（チームの伝統やチームメンバー数等），メンバーの特性（年齢や価値観，パーソナリティ）の4要因を考慮する必要があるとしている。これらは，より適切なリーダーシップを模索する際に参考となろう。

②コミュニケーション・スキル

前述のチームスポーツのメンタルマネジメントに関する研究班の活動において，米川ほか（1992）が担当したヨットや岡澤ほか（1992）の担当した卓球では，ペア間のチームワーク向上を目的に東大式エゴグラム（TEG）を活用し，自己理解・

ペア理解およびコミュニケーションの活性化をはかる試みがなされた。

また，鈴木ほか（1993）は，ソフトテニスのペアを対象に，図式投影法や交換ロールシャッハ・テストを用いて，ペア間の相互理解をはかるトレーニングを実施している。これらはいずれもチームメンバーのコミュニケーション・スキルの向上を目指している。

他にコーチングスタッフの共感性を高めるトレーニングや傾聴訓練（アクティブ・リスニング），メンバー相互の自己開示訓練や自己主張訓練（アサーショントレーニング）も，コミュニケーション・スキルを高める有効な方法と思われる。

3 ― チームビルディングにおける2つのアプローチ

最近，スポーツチームに対するチームワーク向上の試みは，チームビルディングの一環として実施される場合が増えている。

チームビルディングとは，行動科学の知識や技法を用いてチームの組織力を高め，外部環境への適応力を増すことをねらいとした，一連の介入方略を指す。そのアプローチは，チームビルディングを計画し実行する者の，メンバーへのかかわりが間接的か，直接的かによって，以下の2つに大別される。

①間接的アプローチ

これは組織風土へのアプローチといわれ，インストラクターやコーチの教育ならびにコンサルテーションが活動の中心である。ここでは，ワークショップなどを通じて，彼らのリーダーシップ機能の向上，あるいはコミュニケーション・スキルの改善が目指される。SMT指導士が直接メンバーに働きかけなくても，リーダーの行動変容を通じて，チームの組織風土の改善やチームワークの向上がもたらされると考えられている。

②直接的アプローチ

直接的アプローチとは，SMT指導士のメンバー個々への直接的な働きかけを重視するアプローチであり，たとえば，メンバー個々の自己認知・他者認知にかかわる情報をもとに，徹底したグループディスカッションを行うような例（江幡，1997；北森，1992；土屋，2004）がこれに当たる。

3. チームビルディングの実際

1 ― 間接的アプローチ

間接的アプローチでは，コーチングスタッフに対する情報提供やコンサルテーション，ワークショップやセミナーの開催が，SMT指導士のおもな活動となる。

間接的なアプローチによるチームビルディングの方法については，以下のような4段階が示されている（Carron & Hausenblas, 1998）。この流れは，さまざまなチームを対象とした実践研究でも採用されており，間接的なチームビルディングにおける手続きの典型例と見てよいだろう。

①イントロダクション
②概念モデルの提示
③実践戦略の提示
④チームビルディング・プロトコルによる介入

これらのうち，第1段階から第3段階までは，ワークショップやセミナー形式により実施され，指導者に対してコンサルテーションや情報提供が行われる。第4段階ではアシスタントが週単位で現場へ出向き，指導者の指導状況を観察し，必要に応じて助言する役割を担っている。

間接的アプローチでは，コーチングスタッフに対してどのような情報を提供できるかが重要となる。この点について，たとえば石井ほか（1996）は，全国大会優勝経験のある指導者に面接調査を実施し，その指導理念の構造を明らかにしている。そこでは「努力」「自主性」「感謝」といった側面を認め，その核に「人間的成長」のあることが示されている。さらに，それぞれの構成要素の具体

的な記述も示されており，コーチングスタイル改善に向けたコンサルテーション時に利用価値の高い資料となっている。

2──直接的アプローチ

直接的アプローチでも，さまざまな方法が報告されている。たとえば，野外活動施設を利用して，「壁登り」や「綱渡り」のような課題を設定し，それをチームメンバーが力を合わせて解決するといった活動を通じてチームビルディングを行う例（プロジェクト・アドベンチャーなど）がある。また，フリーディスカッションを主体としたエンカウンターを取り入れる例もある（たとえば，岡澤・谷田，1994や佐藤，1997）。

このように，直接的なアプローチでは，いずれもチームに対して，何らかの課題解決場面を設定し，その解決に向けてグループの教育機能を発揮させようとする特徴が共通して認められるようである。そこでは，メンバー個々に対して，以下のような働きかけがなされることが多い。

①集団目標の設定
②コミュニケーションの活性化
③ソーシャルサポート機能の強化
④メンバー個々の役割の明確化，役割の受容

3──直接的アプローチによるチームビルディングの実践例

スポーツチームを対象とした場合，比較的準拠しやすいと思われるグループアプローチの手法に，構成的グループ・エンカウンター（structured group encounter：SGE）がある。SGEは「ありたいようなあり方を模索する効率的な方法として，エクササイズという誘発剤とグループの教育機能を活用したサイコエデュケーションである」といわれ（國分，1992），「エクササイズ」と呼ばれる課題に取り組むと同時に，そこでの体験を率直に分かち合う「シェアリング」によって構成されているのが特徴である。

表5–4はある女子チームに対して，チームビルディングを目的に実施したSGEプログラムの概要である。ここではチームビルディングの実施に先立ち，チーム状況のアセスメントを行い，そこで見い出された課題に対して具体的なセッションを盛り込んでいる。

チームビルディング終了後，参加者の内省報告を分析したところ，ここで話し合われた経験が，自己理解，他者理解を深めただけでなく，現在のチーム状況への理解やインカレにおける自分の役割の明確化へもつながったことが確かめられてい

表5–4　TBプログラム（土屋，2001）

番号	エクササイズ	目的	内容
#1	ポスター作成	共同作業の楽しさを体験しながら，インカレでの目標達成への意欲を高める	「インカレに向けて」のそれぞれの思いを合成したポスターの作成（ポジションごとの共同作業）
#2	ライフライン	競技を中心としたライフラインの作成。これまでの出来事を振り返り自己理解を深める	これまでの競技人生の振り返りと，これから歩むべき道の探求。ペアによる傾聴のトレーニング
#3	意思統一ゲーム	自分から他者への働きかけ，他者から自分への働きかけのダイナミクスを味わう	「現チームに必要な選手」を題材とした仮想の意思決定場面を設定し，グループ内で自己主張を試みる
#4	Xさんからの手紙	チームメートからのポジティブなフィードバックを得て，自信とチームワークを向上させる	「競技への取り組み姿勢」「人間的な魅力」「ルーティン」についてチームメートからの評価を交換しあう
#5	勝利の笑顔	ピークパフォーマンス時における心理的世界の追体験とペア間での共感的理解を体験する	これまでに最高のプレーができた場面をポストイットを用いて振り返り，ペア間で生き生きと語り合う
#6	別れの花束	動機づけの喚起，学年を超えたコミュニケーションの拡大，本プログラムの振り返り	下級生から4年生へ，4年生から下級生への「別れの花束」を実施。ポスターへの決意記入と記念撮影

る（土屋，2001，2002）。

他にもエクササイズにメンタルトレーニング技法の学習を組み込み，チームメンバー間で心理的世界を共有するといった展開でも，SGEに準拠したチームビルディングがチームワークの向上ならびに試合場面での実力発揮に有効となることが示されている（土屋，2000）。

4. チームアプローチにおける注意

1──作業同盟の結び方

チームビルディングの要請は，一般的にチームの代表者（監督やコーチ，キャプテンなど）からなされることが多い。したがって，彼らとの間で役割分担を明確にし，適切かつ建設的な作業同盟（いわゆる契約）を結ぶ必要がある。

図5-7は，あるチームにSMT指導士が心理サポート担当者としてかかわった際の概念図である。監督・コーチは，選手に対して技術・体力・心理面全般にわたって指導関係にあるが，SMT指導士はそれを尊重してこれには関与せず，選手が自ら課題を解決できるようサポート関係を築くことを申し合わせた（役割分担）。そのうえで両者は，異なる役割を遂行しながら協働し，世界大会優勝というチーム目標を達成するために作業同盟を結ぶよう努めた。つまり，相互の活動を信頼し，コンサルテーション関係を保ちながら，連絡を緊密にすることを申し合わせた（連携）。

2──間接的アプローチの推奨

SMT指導士は，まず，自らの資質や力量を鑑み，適用できるアプローチや方法の選択肢を整理する必要がある。これらの選択肢をチームや選手に示す場合は，期待される成果だけを伝えるのではなく，それぞれの限界についても十分に説明し，理解を得るようにしなければならない。特にコーチングスタッフから相談を受けた場合には，彼らの訴えをていねいに取り上げ，チームワーク向上に役立つような情報を提供したり，コーチの行うチーム運営に対してコンサルテーションを行う，すなわち間接的アプローチを採用するのが望ましい。SMT指導士が直接メンバー個々にかかわってチームビルディングを行う例は，いわば特別な場合であると考えたほうがよい（土屋，2004）。

3──集団圧力への配慮

特に集中的グループ体験の要素を取り入れたチームビルディング・プログラムは，メンバーである選手個人に対して，ある種の集団圧力を与えるきっかけにもなることが危惧される。

たとえば，セッション中は，個人目標よりもチーム目標が強調されたり，個人の活動に制約が加えられるといった状況も起こりうる。仮にそれぞれのチームには，そのチームなりの成長や変容のプロセスが存在すると仮定すれば，チームビルディングは，その自然な流れに圧力を加えるものである。

したがって，そのような認識のもと慎重な実施が求められる。特にチームビルディング開始前には，チーム状況に関して，綿密なアセスメントを実施する必要がある。さらに，プログラム実施後は，長期にわたるフォローアップ体制を整えておくことが必要である。

（土屋裕睦）

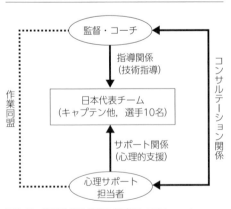

図5-7　役割分担と連携の概念図（土屋，2014）

5-6 試合に向けてピークに持っていくための心理的コンディショニング

スポーツにおいては，心・技・体のすべてが最高の状態に整えられたときに，ピークパフォーマンスが達成される可能性が飛躍的に高まるとされている。中でも特に心理的コンディショニングは最終的なパフォーマンスの発揮に強く影響をおよぼす。そのため，日常的な練習の中で自分自身の心理状態をチェックし，試合当日に向けて心理的なコンディショニングを身体的なコンディショニングと同等に重視して正しく行うことが実力発揮のために必要である。

1. 心理的コンディショニングを把握するための方法

■—ピークパフォーマンスの心理状態

試合に向けてコンディショニングをする前に，アスリートが試合でピークパフォーマンスを達成するための理想的な心理状態を知らなくてはならない。

ピークパフォーマンスの心理的特徴に関しては中込（1990）により「心身のリラックス・肯定的な感情」「好調さ」「自信」「意欲・興奮」「集中」「安全感」といった構成要素があげられている。また，レアー（1987）は競技中の理想的な心理状態をIPS（Ideal Performance State）と呼び，「身体的リラックス」「落ち着き」「不安の解消」「意欲」「楽観的な態度」「楽しさ」「無理のない努力」「自然なプレー」「注意力」「精神集中」「自信」「自己コントロール」という12の特徴をあげている。競技場面という特殊な環境の中で，いかに冷静な頭脳と熱く燃える体を維持できるか，といったことが重要なポイントであろう。

■—逆U字仮説との関係

一方，個人のアスリートに対して心理的なピークの状態を説明するのには逆U字仮説がよく用いられている（第4章7参照）。逆U字仮説は，至適な感情状態（心理的ゾーン）を端的に示している。また，緊張・不安や覚醒状態が高い状態が続くときに呼吸法や漸進的筋弛緩法，自律訓練法などの技法でリラクセーションの対処を行い（長田，1995），また，やる気や意欲が低下し，むしろ緊張感を高めたい場合にはアクティベーションの対処（サイキングアップ）を行えばよいことが分かる（高妻，1995）。そして，技法（第4章7参照）との関連で心理的なコンディショニングの指導をする際に，アスリートの理解を促進することになるだろう。

図5-8 逆U字仮説の個人差，種目差の概念図

しかしながら、逆U字仮説はあくまでも一般論である。心理的ゾーンは競技の種目特性によっても大きく異なり、また同じ種目の中でも個人差が大きい（図5–8参照）。また、心理的コンディションは「緊張」という一軸のベクトルでは説明が困難であるため、たとえば「集中」「興奮度」「やる気」などの尺度を用いて振り返りをして、ゾーンのときの心理的状態についてより詳しく理解しておく必要がある。これらの観点についてアスリートとスポーツメンタルトレーニング指導士（以下、STM指導士）が十分に話し合い、試合経験を重ねながら、対象競技者が最もピークパフォーマンスを発揮しやすい、独自の心理的ゾーンを発見していく取り組みが必要である。

こうした心理的ゾーンを知る方法としては、クラスタリング（第3章5節参照）が有効である（中込、1994）。クラスタリングの作業をSMT指導士とアスリートが共有することで、独自のゾーンの把握が推進される。

3 ― 心理的特性の把握

アスリートの心理的状態を把握する前に、特性不安テストなどの心理検査を用いて、特性としての不安の程度を把握しておく必要がある（橋本ほか、1987、1993）。アスリートの心理的コンディションは、そのアスリートの認知的評定、考え方に影響されるが、不安傾向が高い特性を持つ者ほど外部からの刺激やストレッサーに過剰に反応しやすいものである（図5–9参照）。心理検査を用いて特性不安を定量的にとらえ、特性の要因をアスリートとの話し合いの中で探り出し、それを解決してゆく過程が心理的コンディショニングのベースとなる方策であるといえる。

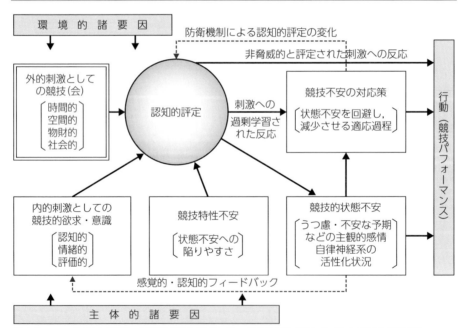

図5–9　新たな競技不安モデル（多々納、1995）

Spielbergerの示した「特性－状態不安理論」に基づき、多々納が暫定的に作成した競技不安モデル。競技者の認知的評定（考え方）と他の要因との関連を示したもの。特に外的刺激（自己や他者の能力、報酬など）が拡大してとらえられている点に特徴がある。また、内的刺激としてはパーソナリティやスポーツ観、過去のスポーツ経験などが含まれる。認知的評定によりもたらされる適応過程や状態不安は行動（パフォーマンス）を規定するが、同時にフィードバックされ、認知的評定や内的刺激の形成に影響する。

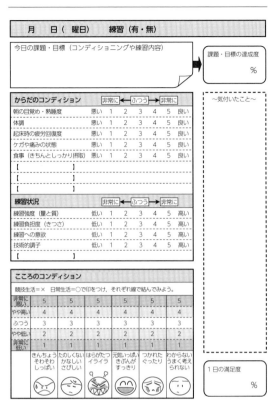

図5-10 コンディションチェックリストの構成例（早稲田大学身体行動科学研究室にて作成されたものより改変）

4 ─ コンディションチェックリストの作成

　心理的コンディショニングにおいては，心身のコンディションを継続して自己観察することが重要である。一日の終わりにその日のコンディションをチェックする方法として，練習日誌などのコンディションチェックリスト（図5-10および第3章5節参照）を作成し，アスリートにつけてもらうことは有効な手段の1つである。コンディションチェックリストの作成にあたってはチェックリスト自体を事前にアスリートや指導者に提示し，チェック項目に関して意見を聞くことが重要である。競技特性を考慮し，コンディションの把握のために必要なチェック項目，もしくは必要のないチェック項目を確認し，使いやすいように修正していく必要がある。

　一方でアスリートは技術や体調の側面に特化した「トレーニング日誌」をすでに継続してつけていることも多いので，その日誌をそのまま活用してもらうことが望ましい。その内容を否定することなく，その日誌に心理的コンディションを把握できるようなチェック項目（たとえばその日の「気分」や「心的エネルギー」など）を追加してもらえるように，必要性や使い方を説明していくような態度が必要である。

　チェックリストの項目としては，今日一日の目標，身体的コンディション（体調，食欲，疲労，故障），心理的コンディション（意欲，気分，不安），技術的コンディション（調子，精度）などがあげられる（猪俣，1997）。継続的にチェックすることによって，自分自身の心身のコンディションがより敏感に感じ取れるようになり，心という目に見えないものに内的な「尺度」が出来上がっていく。さらにチェック項目の中に何らかのパフォーマンステストや生理的指標（心拍数や血圧など）を追加すると，主観的な過程と客観的な数値が関連性を持ち，より正確なコンディション把握に役立つ。

　そして，チェックリストには毎日「目標」を記入することが重要である。コンディションの振り返りは，その日に何を目標としたかで評価が変わってくる。たとえば，試合に向けてしっかりと休養を取ることを目標としていたら，心的エネルギーが低く，身体的コンディションがよいのが理想であるし，最後まで追い込むことを目的としていたら，心的エネルギーは高く，身体的コンディションはやや低くなるであろう。また，心理的コンディショニングの意味では休養を取ることも大変重要であるので，チェックリストは練習を行わない日にもつける必要がある。

　さらに心理的コンディションのチェックは，できるだけ継続して行うことが望ましいので，項目はあまり煩雑にならないように注意する必要がある。チェック項目に用いる際の言葉に関してもアスリートがすぐに理解できるような簡単なものを

用いるべきである。

また，チェックリストはただ継続してつけてもらうだけでなくある程度の時期に（たとえば1週間から2週間に一度）チェックリストの得点をグラフ化するなどして，振り返ることが重要である。その期間の心理的，身体的なコンディションを経時的に観察し，それぞれの項目を関連づけながらそのときのコンディションを振り返らせ，心理的コンディショニングに対する気づきを促すことが求められよう。

2. ピークパフォーマンスへ導くためのピーキング

1—ピーキングの方法

試合前の調整期には心的エネルギーをうまく制御して，試合の日にそれを爆発させるようなピーキングが必要になる。

図5-11に示した優秀指導者に対する実態調査結果（石井，2002）では，試合に向けては「練習量」は2週間前，1週間前にかなり高く設定し，試合に向けて徐々に減らして調整している一方で，「気持ちの盛り上げ」は試合に向けて2週間前から徐々に高めていく傾向が報告されている。またリラックスも同様の傾向を示していることから，指導者はアスリートの気持ちを盛り上げていくような働きかけだけでなく，同時にリラックスさせる，すなわち「冷静に燃える」といった言葉で表されるような心理的コンディショニングを計画的に実施していることが分かる。

メンタルトレーニング指導の中で行う心理的コンディショニングにおいては，練習量との兼ね合いの中で，どのタイミングで気持ちを高めていくか，あるいはリラックス感を高めていくかが重要なポイントとなるであろう。試合が近づいてくる時期には，アスリートは気持ちを張り詰めて身体や技術面の調整を行うものであるが，その張り詰めた状態のままでは試合前の心理的ストレスの高い時期を乗り越え，さらにゾーンの状態で試合に臨むことは困難である。試合へ向けての最終調整期に入ったら，練習量の減少と同時に徐々にリラックス感を高め，試合が近づくにつれて少しずつ気持ちを盛り上げていくようなコンディショニングが必要である。たとえばイメージリハーサルなどをして試合に臨む気持ちを高めていくとしても，その実施するタイミングは指導するアスリートとの話し合いの中で，早い時期に行うか，試合の直前に行うかを決める必要がある。直前にイメージを行うことで，競技不安が高まってしまう場合や過度の緊張感から睡眠を妨げることもあるので，注意を要する。

2—競技に対する不安への対処

試合が近づくにつれて，アスリートの不安は高まっていく（橋本ほか，1984）。特に選手選考に影響する試合，結果を期待されている試合が近づくと，多くのアスリートは極度の不安状態に陥ることがある。また，そうした時期には通常よりもストレスに対する感受性は向上しており，非常にアンバランスな状態になりがちである。

失敗不安，緊張性の不安を抱いているアスリートに対しては技法での対処のみでは解決は困難であり，アスリートとSMT指導士の話し合いが必要になってくる。試合前の不安は避けがたいもの

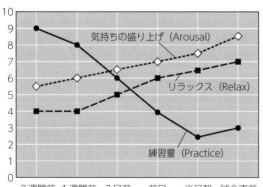

図5-11 優秀指導者のコンディショニング計画（男子選手）

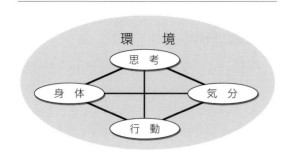

図5-12 生活体験の5つの領域
（グリーンバーガー・パデスキー，2001）

であり，消し去ろうとして消せるものでもない。不安は消すものではなくそれをどのように認知するかが重要である。不安から逃げようとするのではなく，SMT指導士とともに不安をとらえ，きっちりと目を向けて対処していく必要がある。

また，その「不安」のような気分の変化はいわゆる「ポジティブシンキング」では解決に至らないことが多い。気分の変化の裏にある「思考」や「行動」「身体」などをとらえながら，アスリートを取り囲む環境などにも目を向けてその本質を探っていくことが重要である。これらの生活体験の領域はすべてつながりあって相互関係の中で生成されていくものである（図5-12参照）。気分の背景にあるネガティブな側面とポジティブな側面の両面をしっかりととらえ，不安を除去するための新しい「思考」，ものの見方といったものを発見していかなくてはならない。こうした認知の変容には「認知行動的」なアプローチによってアスリートとSMT指導士が新たな認知方略を模索していく姿勢が必要である（第4章1節参照）。

時として「大丈夫」「どうにかなる」といった気軽なアドバイスが効を奏する場合もあるだろう。しかし多くの場合は不安と正面から向き合うことも難しい。話を聞く場合にはその場での解決を図るのではなく，メンタルトレーニングを継続していく中で，SMT指導士と共同で不安のとらえ方を変えていくという心構えで接していくべきであろう。

3 ピーキングの失敗への対処
― セルフモニタリングとセルフコントロール

試合へ向けてのピーキングが適切に行われ，試合のときに心理的状態が良いことに越したことはない。また，ピーキングに成功すればピークパフォーマンスの阻害要因を減少させることができるであろう。しかしながら仮にコンディショニングに失敗したとしても，そのときのコンディションで最大限の力を発揮させることもまたメンタルトレーニングにおける重要な役割であることはいうまでもない。

試合場面で突如として心理的なバランスが崩れてしまった場合にも，ポジティブな考え方を持つためにはセルフトークなどの暗示技法（第4章8節参照）を用いて「悪いときは悪いなりに戦おう」という気持ちに転換させていくことが重要である。さらに重要なのは今の自分の状態が「ゾーン」よりも「あがり」の位置にいるのか「さがり」の位置にいるのかをしっかりと把握できるようにトレーニングを積んでおくことである。状態を的確に知ることで，サイキングアップ，リラクセーションなどの適切な対処が取れるようになる。心理的コンディショニングにおいて重要なのは，「セルフコントロール」であることは言うまでもないが，その前に「セルフモニタリング」の能力をつけることがより重要である。

3. 心理的コンディショニングの可能性

以上，心理的コンディショニングにおけるコンディションの把握とピーキングの方法について概説してきた。心理的コンディショニングは構築されたスポーツメンタルトレーニング・プログラムの一環として，さまざまな技法を複合的に利用しながら行われるものであり，そのための方法論に関しても多くの実践と議論が必要である。

（菅生貴之）

コラム

トップアスリートが求める心理サポート①

■心理サポート

　私は，98年長野オリンピックを翌年に控えた97年春から心理サポートを受け始めた。当時の私は心と体のバランスが崩れ，成績が伸び悩んでいた時期であった。前年には腰痛にも見舞われ，長野オリンピックのメンバーに選ばれるには厳しい状況であった。「何かを変えなければいけない」と取り入れたのが，メンタルトレーニングである。それまでもリラックス法などのさまざまな心理的スキルのトレーニングは実施していたが，自己流でしかなかった。スポーツメンタルトレーニング指導士から心理サポートを受けることにより正しい方法を知ることが目的であった。

　最初は心理的スキルのトレーニングが心理サポートの中心であった。しかし，徐々にメンタルトレーニングをする時間は減っていき，次第に「スポーツをする意義」や「競技をする心構え」について話すことが多くなっていった。当時の私は，心理的スキルではなく「なぜスポーツをするのか」「どのように競技と向き合うのか」といった大きな観点から自分自身を見つめ直す必要があったのだろう。

■人生観を変えた出来事

　心理サポートを受け始めて間もない97年夏，一緒にオリンピックを目指していた弟が胃ガンにかかっていることがわかった。モーグル選手だった弟は長野オリンピック出場が濃厚だったにもかかわらず，闘病生活を強いられることとなった。弟のこともあり練習に打ち込むことができなかった私が再び練習に集中できるようになったのは，心理サポートのおかげである。競技のことだけではなくさまざまな相談にも応じてくれ，「スポーツをする意義」を与えてくれた。

　余命3か月と言われていた弟は一時驚異的な回復を見せ，オリンピックを観戦者として迎えることができた。しかし，懸命の治療もむなしく，98年7月に弟は逝ってしまった。25歳だった。この出来事は私の人生観そしてスキー観を大きく変えた。オリンピック出場を目前にして断念せざるを得なかった弟の無念は想像することもできない。不振だった自分が抱いていた不安や苛立ちがとても小さなことに思えた。この時期を境に低迷していた成績は上向いていった。諦めかけていたオリンピックにも2度出場することができ，世界選手権で入賞も果たした。

■競技をする心構え

　この経験を通じて私が学んだことは「競技をする心構え」である。まずは，競技を心から楽しむこと。スポーツができるだけで幸せなことであり，やるからには，とことんやりきるべきである。そして，自分を捨てること。小さなプライドを捨てて，自分の可能性を信じて行動することである。弟のことがなければ，自分自身の可能性に気づかずに引退していたであろう。

■トップアスリートが求める心理サポート

　トップアスリートは自分なりの心理的スキルをある程度確立しているものである。そうでなければ，厳しい戦いを勝ち抜いていくことはできない。したがって，常に心理サポートが必要なトップアスリートは少ないといえる。しかし，競技生活はいつも順調とは限らない。怪我や病気，スランプなどさまざまな困難を乗り越えていかなければならない。そんなときはアスリートの人生そのものを支えていくサポートが必要とされる。アスリートが弱っている時期に再び心からスポーツを楽しみ，競技に没頭していくように導いていくことが心理サポートとして求められるだろう。

（森　敏）

Sport Mental Training Textbook

第6章
メンタルトレーニングの実践例

※本章の実践例の報告では、プライバシー保護に配慮して、個人名、チーム名、種目名等が特定されないように記した。

6-1 講習会形式による
メンタルトレーニングの実践例

　講習会形式でのメンタルトレーニング（以下，MT講習会）は，内容や期間等，いわゆるプログラムが事前に決められており，指導士（担当者）側の計画に沿って集団状況で展開される。こうした形式は，特定のスポーツチームや競技団体に所属するアスリート全員を対象としたメンタルトレーニングの指導において参考となる。また，アスリートだけでなく，メンタルトレーニングに関心のあるコーチ，そしてメンタルトレーニングの指導者を志す者が対象となる。さらに，日常継続型（第2章3節参照）のメンタルトレーニングを目的とする場合にも，ここで紹介するトレーニングプログラムが役立つはずである。

　以下では，筆者のスポーツ臨床の場となっている筑波大学スポーツクリニック・メンタル部門における実践例を紹介していく。この講習会は，学内の多様な種目からなる現役学生アスリートが受講者の中心となっている。彼らは自発参加であり，メンタルトレーニングへのモチベーションが高い。また後述するように，10週間にわたる比較的長期の講習期間を要して実施されている。このような背景をもった講習会形式によるメンタルトレーニングの実践例であることを明記しておく。

1. 指導状況

　メンタルトレーニング講習会を開催する前の準備段階から順に，流れを追って紹介する。

■1—参加者募集および事前のガイダンス

　講習会を開催するに当たって，主催する側の意図を明確にした対象者へのインフォメーションの提示（開催の案内ポスター掲示）を行い，希望者を募る。その際，講習会の期日や場所だけでなく，指導内容を具体的に示す必要がある。指導士，そして受講者の双方にとって，できるだけモチベーションの高い講習会参加であることが望ましい。そのためには，開催の案内の中に「魅力あるフレーズやセンテンス」を盛り込むことも大事である。

　時には，現場コーチから要請があり，特定の運動部に所属しているアスリート全員を対象とする場合もある。そのような経緯でMT講習会が行われる場合は，関係者との事前の打合せを十分に行い，プログラムの内容を決定する。今後，こうした現場の指導者からの要請により，特定チームに所属しているアスリートのMT講習会や心理サポートを実践する機会が増えるものと考えられる。

　講習会参加希望者には，事前資料として各自の競技面での心理的課題，メンタルトレーニングに関する知識やこれまでの経験，MT講習会への期待等について記入してもらえるような「参加申込書」を配っている。また，心理テストを配布し，講習会初日に提出してもらうのもよい。

　さらに，講習会の日程だけでなく，予定される指導内容（心理技法）の概略を記した「講習会マニュアル」等も配布しておく。受講者は，これらの資料に目を通したり，事前の資料作成をするなどによって，MT講習会参加への意識を高めるはずである。また，可能ならば，講習会前に簡単な個別面接を行っておくのがよい。希望者の中には，講習会形式で心理面の課題に取り組むよりも，個別でのサポートのほうがよりふさわしいと判断されるケースも出てくる。自発的にこの種の講習会を希望してくる者は，心理面への関心だけでなく，問題や課題の自覚が参加動機となっていることを，主催する側は頭の隅においておかなければならな

い。したがって，事前の面接等は，講習会へのモチベーションを高めるだけでなく，受講者のスクリーニングを目的としても利用する。

このようにして講習会初日を迎えることになる。何事にも「出会い」は重要である。受講者だけでなく，指導スタッフもまた相当の思いで講習会に臨んでいることが，暗に伝わるようなスタートにする。時に，ガーフィールドの著書（Garfield, 1984）にある「わずかな投資で奇跡を期待してはならない」を引用しながら，積極的な参加や継続的な取り組みを促すことがある。

❷—メンタルトレーニング・プログラムの構成

短期間で集中的に行うのか，それとも一定期間を費やしてトレーニング効果も期待しながらじっくり取り組むのかによって，プログラムの構成は違ってくる。また，同一種目のアスリート，コーチを対象とする場合には，種目特性を考慮したプログラム内容を提供する必要がある。

筆者らの講習会では，これまでに３種類のプログラムを採用してきた（詳細は中込，2004を参照）。当初は欧米で行われている比較的体系化されたいくつかのプログラムを参考に，共通性の高い（採用頻度の高い）心理的スキルから構成した。

その後，イメージ技法を柱にしたプログラムを考案した。そこでは，先のプログラムでのリラクセーション技法，ピークパフォーマンス分析，そして認知技法等のセッションを踏襲しているが，それぞれの心理的スキルが目的とする心理能力向上に対して，イメージリハーサルを組み合わせていることを特徴としている。もちろん，イメージ技法そのものについては，きめ細かく基礎から応用へと展開するよう配列されている。

さらに，心理的スキルの指導を抑え，描画，グループ箱庭，ネットワークマップ（S.Wapnerによる「対人関係の心理的距離地図」を改良）の作成といった実習が新たに導入され，より内的な作業を志向するプログラムに基づき，講習会が展開されるようになっていった。また，各セッションでは，課題を実習した後にグループでの討議の場を積極的に設けている。参加者間の交流をもつことにより，自己理解・他者理解の向上をねらいとしている。このように内的なイメージを通した自己表現や自己理解を促進することから，本プログラムには，「内界探索型プログラム」との名称をあてた。

３つのプログラムのうちどれが一番有効であるかは，簡単には論じられない。参加者の特徴も関係するはずである。正直なところ，まだ試行錯誤の連続である。いずれにせよ，講習会の効果は，受講者と担当者双方の講習会へのエネルギーのかけ方にかなり影響されるようである。

これら３種類のプログラムの背景には，共通して，第２章で述べたメンタルトレーニング・プログラムの基本的な流れである「アセスメント→リラクセーション→イメージ技法→メンタルリハーサル」がある。厳格ではないが，各セッションは，基礎的な側面から応用的な側面へと積み上げられている。受講者の中には，都合が悪くなり，一部のセッションに参加できなくなる状況も生まれる。そのような場合は，補講のセッションを１日だけ設け，参加を促している。

講習会では，セッションごとに新たな技法の学習を加えていくが，期間中に反復されるような技法や作業を入れることも考慮すべきである。たとえば，各セッションの始まりにリラクセーションの実習を繰り返したり，一定の項目に従って，心身の「モニタリング」を継続するなどを行っている。イメージ技法を中心としたプログラムでは，「イメージ体験の状態診断テスト」に従って，週１回のペースで記入を求めた。

受講者が受け身的でなく積極的な参加を実現するために，各セッションの実習では，各種の「作業シート」を用意し，実習後の記入をその都度求めている。心理的作業では，その効果を高めるために「振り返り」の機会が重要となる。

前述したように，振り返りでは，小グループを形成しメンバー間での意見交換を求めている。各自が行った心理的作業について，グループで討議する機会は，自己理解や他者理解，技法の習熟へとつながる。理想的には，各グループに1人ずつ指導者（ファシリテーター）をつけるとよい。また，週1回のペースで講習会が進むプログラムであることから，その間に自宅での課題を課し，次週の提出を求めるなどして，各技法の習熟，ならびにそれによる心理的効果を期待している。

　作業シートの他に，講習内容の補足資料も適宜配布しており，受講者は講習会終了時点でかなりの資料を手にする。それらを整理しながら，各自が独自の「メンタルトレーニング作業ノート」を完成させるよう要請する。同じような趣旨で，最近の講習会プログラムの終盤では，各参加者が自分にあったオリジナルプログラムの作成を試みるようなセッションを設けている。期間中の実習体験をこのような形で残すことは，その後のメンタルトレーニングの継続にもつながっていく。

❸—個人差，個別対応への配慮

　講習会形式では，種々の側面からの個人差への配慮に限界がある。中には，他の受講者と自身の進度や課題のできばえを比較して，不安を高めたり，自信の低下を引き起こしてしまう受講者も出てくる。また，種目によっては，指導者側の展開から若干外れたほうがよいケースもある。したがって期間中，別枠で個別に対応しなければならないような状況が生ずることもある。

　筆者らの場合は，3～4名の指導スタッフで講習会を実施し，その中の1名が主担当者となって，当日の各セッションの全般的指導を行い，残りのスタッフは，補助に回っている。実施年度によっては，受講者を数名のグループに分け，指導スタッフそれぞれが，期間中を通して1グループを担当するといった方法も採用してきた。受講者にとっては，指導者が身近にいることから，質問しやすい状況が生み出される。また，このような場合，各グループの指導者がファシリテーターとなり，受講者はグループ体験を深めていくことにもなる。

　先ほど触れた自宅での課題においては，専用の作業シートを用意しておき，その中に「担当者側への質問欄」を設けておく。毎回それを回収し，指導者側はそれに目を通す。その内容に応じて，個別対応を行ったり，次回のセッションで応答するなどして，質問の処理にあたっている。

　現役アスリートを受講者とした場合，講習会開催期間中に予定された，あるいは行われた競技会にかかわる個人的な質問が出てくることもある。それらへの対応を求められることも心しておく必要がある。時には，大会での個人的な経験を全体の場で紹介し，討議の話題とするのも有効となる。

❹—まとめのセッション

　状況に応じて，費やす時間には制限があるが，講習会プログラムの中に「まとめのセッション」を設けておく必要がある。その意義は，受講者だけでなく指導者にとっても同様である（第2章5節参照）。

　一定期間を要して，心理的効果・変化をねらいの1つとしているならば，事前・事後の確かめが必要となる。基本的には，指導者側の講習会開催のねらいに応じた側面からの確かめになる。そこでは，パフォーマンスレベルでの変化，心理テスト等による得点の変化，そして内省報告による主観的変化等を手がかりとすることが多い。心理的競技能力だけでなく，内的な変化の評価も行うなら，一般的なパーソナリティテストに加えて，描画等の投影法を実施するのもよい。さらに，いくつかの観点にしぼったアンケート用紙を配布し，後日提出を求めることもある。

2. 効果

　上述してきたような2か月半近くの期間を要し

た講習会（週1回・2時間・10週間）の効果は，個人差はあれ，確実に認められる。

特に，内省報告ならびに心理テスト（どちらも意識レベル）では，「統計的に有意な差」をもって積極的な効果が認められる。そこでの積極的変化には，各自がそれまで費やしてきた心理物理的エネルギーを否定したくない，あるいは否定されたくないといった思いが一部で反映されているのかもしれないが，さまざまなことからパフォーマンスレベルでの効果を推しはかることができる。

講習会で受講者から寄せられた内省報告の一部を紹介する。

「短い期間だったが，メンタルトレーニングを体験したことで，自分を全体の中の自分ではなく，私という1人の人間として見ることができるようになっていると思う」（Aさん），「いろいろな技法を知ることで，自分のイメージ力はまだまだなのだと気づき，より高度に発展できるよう意識している」（Bさん），「自分の心理的変化に敏感になり，精神的に不安定のとき，疲労を感じるときに，ゆっくり心を落ち着けて集中することで，気分転換ができるようになった」（Cさん）。

この中のAさんの感想は，より内的作業を重視したプログラムならではのコメントといえる。また，BさんやCさんのように，講習会で学んだこと（経験）を競技生活の場へと，応用・発展する変化を生み出す者もいる。

本講習会は毎年10月より開催されている。講習会の後半には，多くの参加者がオフシーズンへの移行期にある。メンタルトレーニング講習会への参加が，来期に向けてのよい鍛錬期のスタートのきっかけともなっているようである。

さらに，その後のフォローアップ期間も含めて，MT講習会の効果をおおざっぱにとらえると，次のような順序での変化を観察することができる。

1──気づき能力の向上期

たとえば，「メンタルトレーニングを始める前は，練習と試合での成績がなぜ違うか，原因がわからなかった。トレーニング日誌による振り返り作業や自律訓練法，イメージによって，気づきが高まり，失敗の原因が身体の細部の失調によるものだとわかった。動作を行ったあとに残る自分への情報量が増えたように感じる。しかし，まだその失調がなぜ起こるのか正確にはわからない…」といった報告がある。身体各部の「気づき能力」の向上が認められ，さらに自分の問題の明確化へと動き出す。

2──メンタルトレーニング技法の適用・発展期

次におとずれる変化は，「競技開始前，呼吸法で適度の緊張を維持するようにして，視線を一定の場所に固定し，さらに動作のチェックポイントを確認するようにしている」と，講習会で学んだ技法を実際の競技の中で試すだけでなく，独自の心理的調整法の確立へと発展させている。これは担当者側としても期待するところであり，大切にしたい。さらに半年近くのフォローアップをすると，次のステップが表れる。

3──競技への新たなかかわり，スタンスの変化期

「結果にこだわるのではなく，理想とする一連の動作を目指すようになった。以前は，○○に意識が向きすぎていた。決められた動作をすれば，自ずとよい結果が導かれる」と，このコメントからは，自分の専門種目に対する意識変容がうかがわれる。この期になると，講習会で経験した中から，自分に合った，あるいは納得できた一部の技法のみが継続されている。

短期間の集中的な講習会での振り返り（最終セッション）では，効果に言及せず，講習内容に関する質疑応答や，現場での今後の活用について，話題の多くが費やされるのであろう。

筆者らが行っている講習会では，それまでやってきた実習の限界や意味の理解，そして今後の継続実施につなげるために，担当者から次のような

内容をコメントする。
- 講習会では，心理技法の学習（練習）を行ったと考え，実際の競技の中で効果を実感するためには，さらに継続する必要がある。学習した技法を積極的に競技の中で試みる。
- 講習会を通じて，受講者は心理面に対してかなり敏感となり，「気づきの高まり」を経験しているはずである。しかしながら，このことは一時的なパフォーマンスの乱れを引き起こすこともある。そのためにも継続が望まれる。とにかく気長にやってほしい。
- 講習会のプログラムは，受講者個々の競技特性に合うほどには組まれていない。今後も継続して自分の競技の心理特性を分析し，さらに実行力のある方法を模索する必要がある。そうしたかかわり方も競技生活での楽しみの1つとして付け加えてほしい。

これらのコメントの他に，希望者に対しては，以後の個別対応が可能である旨を伝える。また，「修了証」授与等のセレモニーを行うことも意義がある。メンタルトレーニング作業ノートとともに修了証といった形に残しておけば，その後の競技生活において，期間中の体験を思い出すきっかけとなり，メンタルトレーニングを習慣化していくうえで役に立つかもしれない。

3. まとめ

講習会の終了後，一定期間をおいて受講者たちとコンタクトをとり，その後のメンタルトレーニングの取り組みについてフォローアップする。それは，新たに生じた課題や問題に対応したり，継続の促進を目的とする。

受講者が，指導者側とコンタクトをとりやすい距離にいるならば，事前にフォローアップセッションの日時を具体的に設定しておくのも1つである。中には，自発的に訪れ，トレーニングの進行状況を報告したり，問題点を投げかける者もいる。時に，講習会参加者の中から終了後，継続相談へと移行していくケースもある。このような場合は，以後の相談にかかわる取り決めを双方で明確にするなど，「仕切り直し」が求められる。

筆者らの講習会では，2か月ほど経過した時期に，次のような観点から近況を尋ねる手紙を出すこともある。
- 講習会で印象に残っていること
- 現在のメンタルトレーニングへのかかわり方
- 実施上の疑問点
- 競技場面での心理的・身体的な変化

これらの問いかけは，同時に，継続への促しを間接的に意図している。

講習会で注意しなければならないことの1つに次のようなことがある。短期間のうちに，多数の技法学習をプログラムに盛り込むことにより，受講者の一部ではメンタルトレーニングについて「面倒なもの」「難しいもの」等の印象を強め，それを払拭できないまま講習会を終える受講者の存在である。そのような訴えの背景について，「講習会で教わった技法をすべてやらなければならない」「それぞれの技法を，講習会で紹介されたような手順でしなければならない」等の受講者側の誤解によるのか，それとも指導者の提供したプログラム内容，あるいは展開に問題があったのか，種々の面から検討しなければならない。

現役アスリートを対象とするならば，講習会形式であっても，一定期間を要して自身の変容していく過程を少しでも実感できるほうがよい。それによって，その後の継続へのモチベーションも高まるはずである。指導する側としては，「心が変わっていくと，身体も変化する」ダイナミックスを味わってほしい。さらに，「内側（心）が変わらないと外側（パフォーマンス）の安定した変化は望めない」関係を体験的に理解してもらえることを受講者に期待している。　　　　（中込四郎）

6-2 心理検査を用いた実践例

心理検査の結果は，選手のアセスメントとしての役割だけでなく，選手が抱える心理的課題に対して理論的に可能な対策を考えていく際の手がかりを与えてくれる。本節では，心理検査の結果によって選手支援の枠組みを決定した後，それに基づいて継続した心理サポートの状況と効果について，選手の内省報告と心理指標を用いて紹介する。

1. はじめに

交流分析理論に基づいて自己理解と成長を促進するために開発された心理検査にエゴグラムがある。エゴグラムは，大きく3つ，細かく5つの自我状態から構成され（図6–1参照），表6–1に示す5つの自我状態の機能がどの程度活用されているかをプロフィールに表すことによって自身の姿を現象的，客観的にとらえるための工夫が施されている。

近年，エゴグラムをパーソナリティのアセスメントとして用いると同時に，心理サポートの方向性を示す処方箋として活用するケースが散見される。本節では，選手支援の一環として実施したエゴグラムを用いた心理サポートの実践例（中澤・杉山，2010）を提示する。

1 — X選手の概要

個人競技に取り組む女子学生選手X。初回面接時20歳。競技経験年数は8年。競技成績は地区大会出場レベル。母親，姉，X，妹の4人家族。一般入試を経て大学入学後，一人暮らしを始めたが，前年の12月から他の運動部の同性の同級生と同居していた。

2 — 心理サポートの概要と方法

心理サポートのスケジュールは表6–2の通りで

表6–1　5つの自我状態の機能

CP	義務感，責任感，信念，理想の追求などの側面にかかわる心性
NP	受容，思いやり，自他の心身の育成などの側面にかかわる心性
A	論理性，合理性，客観性，計画性などの側面にかかわる心性
FC	自主性，活動生，積極性，創造性などの側面にかかわる心性
AC	協調性，社会性，妥協，依存などの側面にかかわる心性

表6–2　心理サポートのスケジュール

回数	日程	形式	主な面接内容
1	3月21日	集合調査	・質問紙調査
2	3月31日	個人面接	・取り組み内容の決定
3	5月1日	個人面接	・内省・経過報告 ・取り組み内容の確認
4	6月7日	個人面接	・内省・経過報告 ・取り組み内容の確認
5	7月19日	個人面接	・質問紙調査 ・内省・経過報告 ・取り組み内容の確認
6	8月16日	個人面接	・内省・経過報告 ・取り組み内容の確認
7	10月4日	個人面接	・質問紙調査 ・振り返り作業

図6–1　自我状態の分類

- Parent (P)（親の自我状態）
  - Critical Parent (CP)（批判的な父親の自我状態）
  - Nurturing Parent (NP)（寛容的な母親の自我状態）
- Adult (A)（大人の自我状態） — Adult (A)
- Child (C)（子供の自我状態）
  - Free Child (FC)（自由奔放な子供の自我状態）
  - Adopted Child (AC)（順応する子供の自我状態）

表6-3　TEGを用いた取り組み内容の決定方法

1. 5つの自我状態の機能について説明した後，取り組んだエゴグラムの結果に対するフィードバックを行った。
2. そのエゴグラムを用いて日常場面や競技場面の振り返りを促すことにより，Xの自己理解を深めた。
3. 今後，改善すべき心理的課題について自己分析を促した。
4. 心理的課題の改善に寄与すると思われる自我状態を特定した。
5. 特定した自我状態の成長を目指した具体的な取り組み内容を決定した。

※理論上，心理的課題の解決のためには高い自我状態を下げるよりも，低い自我状態を高めることを目指す。

あった。初回，第5回，最終回に東大式エゴグラム（東京大学医学部心療内科TEG研究会，2000；以下，TEG），心理的競技能力診断検査（徳永・橋本，2000；以下，DIPCA.3,），Kikuchi's Scale of Social Skill's（菊池，1998；以下，KiSS-18）を実施した。

2. 事例の提示

第2回面接時に表6-3の要領（新里ほか，1986；新里，2000）に従い，TEGを用いた自己変容を目指すための取り組み内容を決定した。その際，自発的に設定された目標は達成されやすいことから，筆者は「あなたはこう変わるべきだ」といった押し付けをしないで「5つの自我状態の中で，どの箇所に着目した取り組みを行えばより良い競技活動につながると思いますか」というような質問を重ね，Xの変化意欲を明確にしていき，Xが納得できる目標に焦点を絞っていった。

第3回以降の面接は，取り組みが実行できているかの確認，および競技場面や日常場面を振り返ってのエピソードなどの情報収集を目的とした。取り組んでいる内容があまりにも意図したものとかけ離れている場合やXによる理解が乏しい場合には，面接の中で適宜助言を与えた。また，取り組みを促進するためにXの合意を得たうえで日誌をつけることを約束した。

文中「　」はX，＜　＞は筆者の言葉である。また，本事例の掲載にあたりXの承諾を得たことを付しておく。

❶——心理サポート：
第1回（3/21）・第2回（3/31）

学生運動部員を対象とした質問紙調査を実施した10日後にフィードバックの機会を設けた際，Xは「キレやすいのを直したい」「対戦相手が粘り強い選手だと試合中にムカついて，もういいやってなってしまい集中力が持続できない」と訴えた。そこで交流分析理論を下敷きとした心理サポートについて説明し，その取り組みへの合意を得た。

TEG（図6-2参照）を用いた振り返り作業を促したところ，「小学生の頃に競技を始めた。当時からすごく負けず嫌いで，自分より格下の選手と競ったりするとムカついて許せなかった。そんな

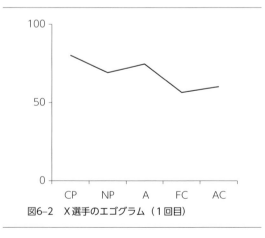

図6-2　X選手のエゴグラム（1回目）

自分の性格が嫌」「自分はいつも一杯いっぱいだけど，本当にうまい選手には余裕がある。しかし自分にはその余裕がない…負けたくない」などと，競技への強い思い入れや高い自尊心の源となるCPに基づく発言をしていた。

また，「母は自由にさせてくれたけど，遊びには厳しかったのでイイ子でいることを心がけてきた」「実家にいるときは無言の圧力を受けた環境だった…母から解放されたかった」「そのような環境で育ったためか，人とのコミュニケーションが少ない気がする」などと，母親からの心理的圧力について言及した。

親からの心理的圧力の強さは「選手自身の発達の歩みを抑制することがある」（中込，1999）と指摘されることから，XのCP優位の思考様式には母親との関係性が強く影響しているように思われた。Xの場合，高いCPによって"負けることは許されない"といった信念が形成されるため，格下の選手と競ったりして思うような試合運びができなくなると敗戦への恐怖からストレスが生じ，集中力が持続できない状態に陥ってしまうのではないかと推測された。そのため，Xが抱える心理的課題の改善には母親からの自立と主体性の確立といった発達課題への取り組みが必要だと考えられた。

以上のことを踏まえて話し合った結果，「FCを高くしたい。仲間内では自己主張したりして，あまり気にしすぎないで過ごしていくと良いと思う」と，Xは主体性の育成につながるFCの成長を取り組み目標に設定した。

2—心理サポート：第3回（5/1）

「これまでは周りの目とか批判とかが嫌で言いたいことを全部飲み込んでいたけど，これからは自分の意見を言える人になろうと思う」＜新しい自分の創造だ。昔から話すのは好きだった？＞「そこまで好きじゃなかった。自分の世界には踏み込んでほしくなかった。だけど，今は友達と一緒に住んでいたりして，そういった感覚がかなり薄れてきた。自分で話すのも面白くなってきた」などと，変化の予兆が感じられた。

「リーグ戦ではメンバーに入っていないので，もう地獄。ひたすら応援。みんなが試合しているところで雑用している自分が許せない。素直に応援とかしたいけど，できない。後輩で同じ立場の子がいて"大変でしょ？"と聞いたら，"楽しいですよ"と言われて，そういう子もいることを知った」と，他者との価値観の違いを認めていた。

3—心理サポート：第4回（6/7）

「3年生の中で世代交代に向けて役職を決めることになった。本当は主将をやりたかったけど，監督は競技で引っ張っていくタイプの選手が主将になったほうがいいと思っているだろうから，辞退して主務をやることにした」＜Xさんはしっかりしているから＞「しっかりしすぎて損しているところもあると思う。でも，最近少しそれが薄れてきた。考えすぎてもダメだと気付いて，もっと楽にしてもいいと考えるようになってきた」などと，これまでの思考様式について省察していた。

また，「春の地区大会で負けて，その後短期留学するのも，部での役職も決まった」「本当は競技にも時間を充てたいけど，いろいろと手を出しすぎる傾向がある」などからは，徐々に視野が広がっていく様子がうかがえた。

4—心理サポート：第5回（7/19）

ストレスが蓄積している様子で重い雰囲気のまま面接を開始した。「部活のメニューの中に納得できない内容が多くて…いつも同じ練習。工夫なくやっているだけ。もっと工夫すれば集中力が上がると思う。普通に考えればやることはいっぱいあるのに…本当に許せない。だから，自分が上の人に言えばいいんだけど，そこまで言えるほど根性がない…」などと，NP低位のV型のTEG（図6-3参照）が示す通り，高位なACが妨げとなっ

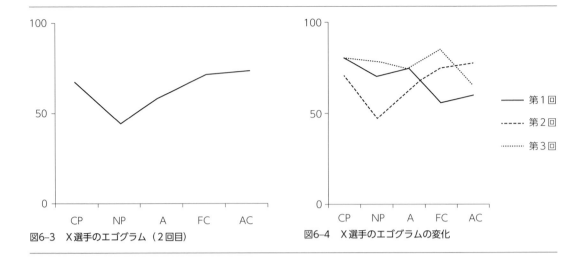

図6-3　X選手のエゴグラム（2回目）　　図6-4　X選手のエゴグラムの変化

て本心を告げられずに葛藤する様子が語られた。

しかし，「本心を言っていて周囲に言ったほうがいいなって思った。こんなに思っているとは自分でも思わなかった」＜うまく言ってみたらどう？＞「言い方をよく考えてみます」と，面接終盤には主体性を発揮することの重要性にあらためて気づいた様子であった。

5──心理サポート：第6回（8/16）

「夏の地区大会では本戦に上がった選手に負けた。本戦にあがる選手たちに勝つのはやっぱり無理っていうことを思い知らされた」「今日，後輩に注意するときに言い方を考えながらやっていたら，みんな結構話しを聞いてくれて面白いなって思った。褒めつつちょっと言うべきことを言うって感じ。そのことに気づいたら，自分も言っていこうとあらためて思った」＜少しは環境が変わってきているのかな？＞「自分がやらないと，という気持ちだけはある。人のうまい動かし方をしっかり勉強しないとダメ。最近，さらに教師になりたいと思い出した。生徒の人間性を引き出したりできるような教師を目指したい」などと，敗戦経験や他者との交流を通して物事のとらえ方が変化しつつある様子が語られた。

しかし，「リーグ戦では応援もしっかりやりたいとは思うけど…そのときにどういう気持ちになるかはわからない。悔しくて見たくなくなるときがある」と，依然として変化への抵抗を感じさせる発言もあった。

6──心理サポート：第7回（10/4）

「去年まではリーグ戦でチームが勝つとか，どうでもいいと思っていた。今考えたらチームの空気を相当乱していたと思う。だけど，今回のリーグ戦では雰囲気を読みつつ，うまくチームがまわるように行動していた」「これまでは自分の思っていることを自分の中だけで押し殺し，言いたいことを伝えずに終わっていたけど，それを伝えたほうがいいということに気付いて抵抗なく言えるようになった」などから，自己理解の深化や思考様式の変化が感じられた。

また，「私は人に比べてかなり短気でストレスを溜めやすいけど，うまく流せるタイプのチームメイトと仲良くなってから，自分の中でもうちょっと広く構えようっていう思いが広がった。自分の固定観念で世の中は動いていないということを知った」「ルームメートが心を開いてくれていることを感じるので，自分も自然と心を開けるようになった。そういうふうになれた自分にも自信がついた。おかげで親に電話する回数がすごく減っ

表6-4　X選手のDIPCA.3とKiSS-18の変化

		第1回	第2回	第3回
DIPCA.3	総得点	123	105	157
	競技意欲	56	50	71
	精神の安定・集中	24	22	32
	自信	18	12	23
	作戦能力	12	12	18
	協調性	13	9	13
KiSS-18	総得点	64	59	73
	問題解決	22	21	23
	トラブル処理	15	14	19
	コミュニケーション	27	24	31

たし，親に電話しないときのほうが心の調子が良いことに気付いた」などは，他者との親密な交流を通して自己効力感が増し，親からの自立を果たしつつある様子を示唆する発言であった。この様子は，図6-4においてXの3回目のエゴグラムがFC優位な平坦型に変化していたことからもうかがえる。なお，翌年のリーグ戦において，Xは団体戦メンバーとして試合に出場するに至った。

3. TEGを用いた心理サポートの適用可能性

上記のことを踏まえ，本心理サポートの適用可能性についてまとめると次の3点に集約できる。

①心理検査を用いた内面の客観視は，選手の自己理解の促進，選手が抱える心理的課題の明確化および，その改善への手がかりを得る手段となる。

②心理検査の結果に応じた改善策が示されているため，教育・指導的な選手支援が可能となる。そのため，叱咤激励が求められる指導者にとっても比較的用いやすい手法となる可能性がある。

③心理サポートの効果は意図した箇所のみに生じるのではなく，他の心理的側面にも相乗効果を及ぼすようである。このことは，表6-4においてTEGの変化に伴いDIPCA.3とKiSS-18の得点が最終的に望ましい方向へと変化したことからも推察できる。

4. まとめ

心理検査を用いた心理サポートは，検査結果のフィードバックを通した面接によって，選手の認知と行動の変容をもたらすという心理的効果が得られる可能性がある。したがって，心理サポートの実践には，心理検査の結果を踏まえながら選手の語りに傾聴し，その内容がスポーツ場面や対人場面の具体的な思考や行動とどのような相互関係にあるのか見極められるだけの臨床的視点を養うことも不可欠となる。それゆえ，支援者は心理検査が依拠する理論について熟知し，検査を通した人間理解の仕方や理論的に可能な対策について精通しておく必要がある。

（中澤　史）

6-3 カウンセリングをベースとした心理サポートの実践例

1. はじめに

　選手自身が積極的・自発的に心理サポートを受け入れ，取り組むために，心理サポート担当者（スポーツメンタルトレーニング指導士など）は第一に選手が語ることを受容的・共感的に傾聴することが不可欠である。担当者には第2章2節で示した，カウンセラーに必要な3つの基本的態度「無条件の積極的関心，共感的理解，純粋性・真実性」が望まれる。

　担当者がこのような態度で話を聴いていくと，選手はさまざまなことを話すようになるだろう。選手にとって語ることを受け止めてくれる人の存在は，単に話を聴いてくれるというだけでなく，自分自身の存在が支えられていると感じることにもなる。

　また，話を聴いていくと初めの訴えとは異なることが語られるようになることが少なくない。特に長期に渡って選手の心理サポートを行っていくと，初めの表面上の訴えを聞くだけで心理サポートが進展することはほとんどない。継続的に競技を行うことは，練習や試合などで自分自身を賭けて戦うことになるため，心身の状態を一定に保つことはほぼ不可能である。選手は，さまざまに考え，悩み，苦しみ，心は揺れ動く。表面上語られる問題のみを聞いていては背景にある心の動きを理解することは難しく，一貫した心理サポートは困難である。選手の背景にある心の流れに視点を置き，そのときに競技上問題となっていることを聴きながら，何が問題となっているのか，何が起こっているのか，今後どのようになるだろうかなどを考え続けなければならない。そういう態度で心理サポートを継続すると，それに支えられて選手自身が成長し，それによって競技への取り組み方が変化し，実力発揮の機会が多くなっていく。

　以下では，チームから「メンタルトレーニング」の指導を依頼され，カウンセリングをベースとした心理サポートを行った一事例について，その選手がチームに加わってから4年目までを示す[注1]。本事例の心理サポート活動の中心は，選手一人ひとりと面接し，彼らが語ることを可能性に注目しながら聴くことであった。このような心理サポートを継続していくにつれて，徐々に選手の心理的変化がもたらされ，それによって競技姿勢が変化し，選手の持つ力量に相応した競技成績をあげていくことが実感させられた。

　本事例では，競技力向上を目指して競技を継続する選手のある段階までの心理的変化や競技姿勢・競技成績の変化を，心理サポートの面接経過に沿ってたどることにする。このことは，メンタルトレーニングにおけるカウンセリングの有効性と，事例研究の必要性を示すものである。なお，面接はチームの練習場にある一室で，月1回20分〜40分実施した。そのとき，誰にも邪魔されずに選手と話ができるように配慮した。

> 文中「　」は選手，＜　＞はカウンセラー（Co：スポーツメンタルトレーニング指導士である筆者）の言葉，《　》は選手が語った夢の内容，#は面接の回数である。また，地の文は，選手の言葉のまとめや説明，あるいはCoの感想や解釈などである。

2. 事例の提示

　A 選手の概要：初回面接時18歳。競技経験年

数は10年。高校卒業後すぐ入社。高校での競技成績は全国大会で優勝。中背，がっちりした体格，真面目過ぎる印象があった。

❶——社会人1年目
#1（X年2月）～#8（X＋1年2月）

入社前の2月（高校3年）に初めて面接したとき，「勝たないといけないと思うと自分の試合が出来ないときがある。精神的に弱いほう」（#1）と述べた。Coは，A選手が当たり前のことを精神的に弱いと言うほど，きちんとしないといけないと思う人なのだという印象を持った。それは堅くて真面目という外見上の印象と同じだった。そして，「頑張ると視野が狭くなるタイプ。毎日やろうとすることは疲れていてもやらないと気がすまない」「早く決めようとすると単調なゲームになる。練習でできてないことを試合でやって，ミスするとすべてに影響し，こだわってしまう」と，強迫的に頑張る様子や，人格の堅さが感じられた。「目標は全日本ベスト8」（#2～5）。社会人大会ベスト16になり，真面目に練習しているので「自分の思ったところまでは行けた」，負けた相手に対して，「実力差は大きくないと言われるが，イメージとして，強い，格が違うと思ってしまう」（#6）のだった。全日本選手権でベスト8になり，「まあまあの成績。ヘッドコーチに教えられたことをそのままやったら勝てた」（#7）と，指示に従ってやれるときには良い競技成績をあげていた。「今シーズンは順調。1年目の目標はクリアした」と言いつつも，「実力が伴ってないのにラッキー過ぎる」と，相応の実力は発揮していても不満顔だった（#8）。

❷——社会人2年目
#9（X＋1年4月）～#18（X＋2年1月）

2年目になり，「ナショナルチーム（NT）に入りたいから，あれもこれもしなければならないと思うのが強い。それで，空回りしてうまくいかなくて，モヤモヤする」と，真面目で，直線的に進むことを願い過ぎるため，それができないと不安になるのだった。そこで，ヘッドコーチがA選手をそれまで以上に懸命に指導し始めた（#9）。「自信を持てと言われるが，不安。もっとやらないと今の位置が危ない」（#10）。ある大会の決勝で負け，自分から「消極的になってしまう。どんなに励まされても，何となく自信がもてなくて，大丈夫でないと思っている」（#11）と，不安は強かった。ジュニアNT選考会で1位になっても，「勝てたが，ガチガチだった。勝ちばかり意識して，結果を追っている」。実力相応に達成したものがあって，実感がなく，不安が強いままだった。それでも社会人大会ベスト8（#12）。

ヘッドコーチに「そろそろ勝ってもおかしくないと言われているが，相手の以前の強いというイメージを消せず，攻めきれない」（#13～15）と，実力発揮できているにもかかわらず，自信はなく，不安なままだった。そして，全日本選手権でも社会人大会と同じ相手に負け，「壁が破れない。負けたくないと思って，力んで，自分で何をしているかわからなくなる。これからどうしたらいいか」（#17）。少しずつ，Coに心を開いて話し始めるようになり，「これまで相談できる人にも弱い部分を相談できなかった。これまで競技をやってここまで思い悩むとは思ってなかった。この段階を越えたいが一歩が出ない。自分だけ止まっているのではないかと思う」「母が厳しかった。弱いところを出したくない。人に頼れない。一生懸命なりすぎる」。強迫的な頑張りの背景に家族関係の問題があったことが明らかになると共に，自分自身を少しずつ開示し始めた（#18）。

❸——社会人3年目
#19（X＋2年2月）～#33（X＋3年1月）

心を開き始めると，それと同期して心身が揺れ動き，「合宿明けにカゼで熱が39度になり，口内炎になって，一週間食べられなかった。今からというときにガクッときた」（#19，20），そして右肩の怪我（#21）。その後，試合で負けて，「くさってた」が，ヘッドコーチに怒られて，「開き直

って挑戦者のつもりでやったら，勝ち出した．自分で乗り越えたいと思った」(#22) と，前進する気配だった．しかし，入社以来の目標としている選手に，"あんたのほうがいい"と言われた」，"期待されているね．いいね，絶好調の人は"と，皮肉っぽく言われ心を乱された(#23〜25)．社会人大会は，あと1点で決勝に進むことができず，「1点で負けたことはこれまでなかった．気ばかりあせって，カチガチで，自分でしっかり判断してプレイしてなかった」(#26) と，なかなか思い通りにいかなかった．そのため，「勝たなきゃいけないと思うと苦しくなるので，それが嫌で，勝ちたい気持ちを抑え始めた．まったく動かない」と語るので，＜抑えるのはよくない＞とCoが述べると，「競っているときに抵抗しなくなる．すっとやる気がなくなる」のだった．そういった態度はヘッドコーチの怒りを買ったが，それに対して初めて反発した(#27)．それは，コーチの指示に従っていたA選手に自立しようとする力が少しずつ育っていることを示すものだった．

競技はCoの示唆にしたがって，「気持ちを抑えないでやったら逆転できた」．しかし，「悩んでいることを周りの人に言えない．(Coに) 話すと楽になる」(#28) と，自分自身の心の内を語り始めた．「完璧主義．小さいときから人に迷惑かけないように，と厳しくしつけられた．自分が何をしたらいいのか母の顔色をうかがって判断していたらしい」(#29)．「今までになく動けているから不安．ヘッドコーチに無心になれと言われる．それで，試合に没頭し，終わってみたら，勝っていた．結果を出さないといけないと思うと勝てない」(#30) と，コーチの指示通りにプレイするとうまくいっても，自分自身を調整しながらやれるまでには至っていなかった．しかし，全日本選手権2位．「うれしかった．厳しい組み合わせだったが，勝つにつれて波に乗って決勝までいけた．自分の前の壁を少し乗り越えられた気がする．Coに話してモヤモヤ吐き出せた．周りの人には言えな

い」(#31)．その後の試合は順調だった．「これから海外遠征．気を遣うかもしれないが大丈夫だと思う」(#32〜33) と，このときは安定して競技に取り組めていた．

❹──社会人4年目
#34（X＋3年3月）〜#43（X＋4年1月）

　心を閉ざしているときは外側からの影響を受けることはそれほど多くなかったが，心が開くにつれて周囲の人たちのネガティブな側面を見ざるを得なくなっていた．海外遠征で「他チーム所属の選手にいじめられて，たいへんだった．体調も悪く，嫌になった．嫌な世界を見るのは初めて．周りが気になって人の顔をうかがいながらやっていた」(#34)，「人と接するとき距離を置いてしまう．嫌と思ったら本当に嫌．…"頑張ったね．良かったね"と言われても，本当に私のことを思って言ってくれるのか納得できないところがある．…競技でも，普通の生活でも，いつも不安」(#35) なのだった．そして，「ずっとおかしい．試合の初めが怖い．ビビッて，まったく違うプレイに」なり，夢でも［夢1］《グラウンドで一生懸命ダッシュしているが，足が前に行かなくて，かゆいようなしびれがあって，周りの人に抜かれる》(#36)状態で，頑張っても焦るばかりで，「あれもこれもやらなきゃいけない」と，必死で頑張ろうとするがなかなか進まなくて，かえって不安な状態になっていた．そう言いながらも「優勝をねらえるところまできている」(#37) という自覚はあった．

　そして，「変な夢」［夢2］《宗教団体に追いかけられて逃げている》を見たり，ランキングを上げるための海外遠征では，「勝たないといけない．へんなプレッシャー，不安で，不安で」(#38)，「内容は散々だった．腰痛，急に腰が曲がらなくなった．帰ってきて，足首の外側が捻挫したように痛くて歩けなくなった．両方とも急なので参った．遠征中の試合で変なことがあった．新しく履いたばかりのクツの底が，試合中に剥がれた．まさかと思った」と，根底にある問題が表面化し，

影響し始めているように感じられた。これは脇目も振らず一直線に進みたがる本人にとってとても苦しい状況であった。夢でも［夢3］《山を一人で直線的に一生懸命登っている，疲れている》(#39) と，柔軟に対応しながら競技をすることは難しかった。国内の試合と海外遠征と続けてあり，「こんなのは初めて，しんどくなる。もう少しやれると思ったが負けてショック。気持ちが乗らない」(#40) と，本当に限界ギリギリの状態だった。社会人大会でベスト4。準決勝では簡単に敗れた。「ボロボロになるまでやろうと思ったが，駄目だった。うまくいかないとヘッドコーチを頼ってしまう」(#41)。しかし，全日本選手権大会で優勝。「優勝しちゃったという感じ。ラッキーだと思った。しっかりしないといけないが，まだ自分が下だというイメージがある。実力をつけないと追い込まれる感じになる」(#42)，「優勝したという実感がない。決勝では相手が引いたから勝てたと感じるから。まぐれで勝ったと思われたくないから，軽い気持ちで試合できないし，恥ずかしい試合ができない」(#43) と，優勝して自信をつけるどころか，かえって不安が強くなっていた。

その後は，自分自身の問題に向き合いながら競技を続けまた心理サポートを継続し，徐々に世界レベルの大会に出場できるほどまで実力を向上させ，10年間の心理サポートを経て，満足して競技生活を終えた。しかし，その道のりは長く，苦しいものであった。担当者として，心理サポートについてさまざまに考え，悩みながら継続した。その過程は2人で何かを発見し，創造していく過程を辿ったように思われた。

3. 考察にかえて—カウンセリングをベースとした心理サポートの効用

本事例では，A選手の心身の状態を理解して，それに沿った指導やアドバイスを行うことよりも，A選手が競技をする中で考え，感じたことを語ってもらい，それを傾聴するということを続けた。その中で，選手自身が自らの問題を少しずつ乗り越えて，選手として成長していくのを支え続けた。そのことが競技姿勢の変化や競技力向上に役立っていた。

1年目では，新しいチームに適応し，心理的な問題を抱えながらも，全日本の上位を目指すための基礎固めを行っていた。強迫的で，堅く，柔軟な対処行動ができないという心理的な問題を抱えていることが競技の中で一部示された。しかし，高校時代の競技生活と同様に，その問題に直面することなく競技を継続し，実力通りの成績をあげていた。

2年目になり，競技レベルが上がり，緊張を強いられる競技会や練習が続き，潜在していたさまざまな心理的問題（それは取り組むべき課題，つまり可能性をも示しているものである）が表面化してきていた。そして，その背景にある家族の問題について一部触れられた。しかし，献身的に指導するコーチの守りによって，競技遂行に大きな影響があるほどにはその問題が表面化することはなく，悩み苦しみながらも競技レベルは少しずつ上がっていった。内的な問題の表面化を抑えながら競技を継続していた。

3年目には，競技レベルがさらに上がり，競技会が続き，ますます心理的な問題が表面化しやすくなっていた。身体症状として表面化しているときもあった。しかし，2年目と同様に，献身的に指導するコーチの守りに支えられて，心理的には非常に苦しみながらも，A選手の競技成績は身体的・技術的な面から見ると実力通りのものだった。

4年目になり，海外遠征での身体の故障，靴底が剥がれるなどの不測の事態があり，危機的と思われる状況が続いた。一歩間違うと，そのまま競技生活を終えるのではないかと思われるような状況でもあった。しかし，夢でも示されているように強迫的に頑張り続け，コーチの守りもあり，全日本選手権で優勝するまでになっていた。しかし，優勝したという実感は少なく，コーチの強力な庇

護の下で達成された競技成績であることが示唆されていた。

その後は自分自身の内的な問題と向き合い，苦しみながらそれを乗り越え，自立した選手になっていった。

社会人1年目からカウンセリングをベースとした心理サポートを継続してきた筆者が行ったことは，選手の心の流れに沿って選手を支えることであった。当初からA選手の心理的問題（課題）が大きなものであると感じられたが，すぐにそれに直面させ，解決を急ぐことは行わなかった。それはA選手の競技人生の流れ（筋）に沿ったものではなく，適切ではないと感じられたためである。

選手の競技上での成長のために役立つことをしたいと考えている心理サポート担当者ならば，選手が競技上の問題について訴えることに直接応えようとして，たとえば「リラクセーション技法やイメージ技法を指導しよう」「競技上の問題解決のためのアドバイスをしよう」と思うのは当然のことであろう。しかし，すぐに技法の指導やアドバイスをすることはA選手の競技人生の流れに沿っているとは限らず，A選手が語ることを傾聴して，その内的な世界を共有し，支えていくことをする以外の心理サポートは考えにくかった。

誰でも，程度の差こそあれ，心理的な問題を抱えながら競技を継続している。そして，競技を継続することは，その問題を表面化しやすくする刺激を常に受け続ける状態にあるということでもある。表面化した問題が競技にマイナスの影響を及ぼすとき，競技を続けるということは常に大きな苦しみや悩みを抱え続けなければならない，ということである。その悩みや苦しみを抱えられないほどの自我の強さを持っていないとき，競技生活を断念しなければならないような状態になることも考えられる。A選手の場合，献身的に指導するコーチによって大きな苦しみや悩みがあまり表面化しないように守られ，身体的・技術的なレベルに相応する競技成績をあげていた。筆者は，それがそのときのA選手に適したやり方（流れ）であると感じ，その過程にあったA選手を支え続けたのであった。

4年目を終えてから後のことを若干書き添える。その後は，A選手は4年目までに育てられた力を土台にして，コーチの力をあまり借りないで自分自身の力でその問題を乗り越えなければならなくなっていった。そのときには，これまでよりも筆者からの心理サポート（かかわりや守り）を必要としていた。その過程では，それまで以上に大きな苦悩と競技生活を終わらせる危険性もあった大きな怪我を負ったことがあった。しかし，それを乗り越えながら，その実力に相応した競技成績をあげていった。

4．まとめ

長期に渡って継続した心理サポートの事例の一部を示した。事例で示されているように，アスリートは日々の厳しいトレーニングや試合などによって通常ならば直面することが少ない意識下にある問題が刺激され，それによって，さまざまな心理的問題が表面化し，その都度その問題に対応していかねばならない。そのために，特に長期に渡って心理サポートを実施する場合には，変動する選手の心の動きを受け止め，その流れに沿った丁寧な心理サポートが必要とされる。付け焼き刃的な対応は避けるべきである。

したがって，選手が語ることをじっくり聴き続け，選手が現在どのような状況にあるのかという「見立て」をすることが常に必要とされる。心理技法の指導やメンタルトレーニング・プログラムの提供を行うにしても，ただ単に目先の使いやすいものを適用するということは避け，その選手に適した技法やプログラムの提供をしなければならない。

注1）鈴木（2015）に報告した事例の一部である。

（鈴木　壯）

トップアスリートが求める心理サポート②

■メンタルトレーニングとカウンセリング

　私が心理サポートを受け始めたのは，1996年アトランタ・オリンピックからさかのぼること2年ほど前。現役を一時引退していた時期だった。バルセロナ・オリンピックの決勝で韓国の金美廷選手と対戦し，互いにポイントがないまま，判定となり敗退。それ以降，試合目標をどこにおき，何を目指して稽古していくのか，わからなくなって精神的に疲れ果て，現役を引退していた時期である。

　しかしながら，精神的疲労が回復してみると「何かやり残したことがあるのではないか」と思うようになり，もう一度，「世界の頂点を目指し，全力で戦いたい」という思いが湧き出てきて，復帰を決意。同時に，本当に復帰できるのか？ボロボロに負けてしまうのではないか？という，これまでになかった恐怖も感じるようになっていた。

　試合の準備期は，体力的・技術的にどうであるかよりも，メンタル面が占める割合が大きい。日一日と試合が迫ってくる恐怖で，うまく試合に向けての準備ができていない自分がいたことに気がつき，友人の紹介で心理サポートを受けたいとドアを叩いたのである。

　試合では，ほんの少しの気持ちの不安や揺れ動きが，勝敗を大きく左右する。選手が最後までその技を信じて，掛け切ることができなければ，相手に技を返されたり途中で技の勢いがなくなり「一本」取ることができない。また，技を出すタイミング，技のコントロール，技の勢いを狂わす原因になる。

　柔道競技は，手で相手と直接組み合うことで相手の動きや相手の技の勢いを手から読み取ることができる。「技を掛ける」動作の裏側には，戦術だけではなく，そこには自分自身に対しても，また相手選手に対しても，勝負できる気持ちが備わる必要がある。

　この心理サポートでは，メンタルトレーニングと週に1回，1時間のカウンセリングを行った。メンタルトレーニングとしてリラックス法を行うことで，少しずつ恐怖に荒れていた気持ちを落ち着かせることができた。また，技のイメージトレーニングは，試合感覚を呼び戻す感じで行い，カウンセリングでは，その週を振り返り，言葉にすることで，そのときどきの気持ちを確認することができた。

■カウンセリングの教え

　こうして迎えた復帰第1戦。試合内容はけっしてよくなかったが，結果は優勝。試合後のインタビューでは，以前よりもスムーズに，また素直に言葉で喜びを表現することができるようになっていた。

　しかし，目標はあくまでオリンピックでの金メダルである。それ以降の私は，「ここ一番で爆発的な力を発揮すること」を課題に取り組んだ。1992年のバルセロナ・オリンピックはもちろん，世界選手権でも何度も決勝にいきながら，ここ一番で大きな力を発揮できずに，いつも2位に終わった，その悔しさをはらしたかっ

©アフロスポーツ

たからだ。アトランタは選手として年齢的にも最後のオリンピック，最後の挑戦となる。何としてでも金メダルを獲得したかった。

だが，試合3か月前の全日本合宿で左膝を負傷，試合1か月前に再び同じ左膝の前十字靭帯断裂。周囲からは「補欠の選手を使ったほうがいいのではないか」とまで言われた。さすがの私も二度にわたり膝を怪我したときは，正直言って気持ちが切れかかった。そこを支えてくれたのが，カウンセリングで学んだことだった。今の状態を受け止め，理解し，その事実を受け入れること。そして，自分に何ができるのか最善を尽くすこと，心も身体も自然体であることだった。

試合当日の朝，一度選手を引退してからは，もう二度と経験することができないと思っていたオリンピックの舞台に再び立てることの喜びをかみしめていた。もちろん前の晩は，緊張で十分な睡眠はとれなかった。しかし，この感覚この緊張は，オリンピックでしか味わうことができないことであると感じていた。

計量をパスした後，朝ごはんを食べ，試合場に向かい，ウォーミングアップする。1つひとつの行動を冷静に行っていたことを憶えている。膝の怪我により，ほとんど稽古ができない状態でアトランタ・オリンピックを迎えることになったが，私は試合前に，「試合場のタタミの上に上がれば，体は自然に動いてくれる」と強く信じることができていた。試合場では，修得したイメージトレーニングをフル活用した。結果はバルセロナ・オリンピックと同じ銀メダルだった。

■心と体の面白い関係

とはいえ，2つの大会を振り返ると，心と体は実に面白い関係にあったことがわかる。十分な稽古と対戦相手の研究，トレーニングもでき，万全の状態で臨んで体もよく動き，不安もなく試合をすることができた1992年のバルセロナ・オリンピックは，いわば「体で心を引っ張った」大会であった。これに対して，満身創痍で臨んだ1996年のアトランタ・オリンピックは，「心で体を引っ張った」大会といえるからだ。こうしてオリンピック2大会での2つの銀メダルを比べてみると，色は確かに同じであるが，私にとっては，今までにない心と体の面白い関係を経験することができたといえる。

選手が心理サポートに求めるものは，心と技術と体のバランスをうまく保つこと。そして自分に対して自信をもつこと。振り返れば，それをサポートしてくれる環境を得たことで，最後のアトランタ・オリンピックで，体の状態は最悪ながら戦うことができたのだろうと思う。

ところで，アトランタ・オリンピック最後の試合では，相手にポイントを取られていたため，逆転するために一本とる技，得意技の内股で勝負したが，逆にそれを相手に返されて一本負けした。決勝では，ここ一番で爆発的な力を発揮するための技の選択を，少し間違えてしまったようである。

(田辺陽子)

©アフロスポーツ

6-4 チームに対する心理サポートの実践例

　本節では，主要な国際試合へ向けて，4シーズンにわたりコンサルテーションを行ったボールゲーム日本代表チームについての実践例を報告する。

　国際主要試合における過去7大会の日本の戦績は1勝21敗2引き分けであり，国際レベルでの評価は低い。代表として召集をされた選手の中には，参加することをためらう者や参加を断る者など，選手にとって決して魅力のあるチームではない状態からのスタートであった。

　まずは，リドーとハンチェン（Lidor & Henschen, 2003）のチームスポーツへのアプローチを参考にして，合宿での選手の観察やインタビュー，過去の対戦成績などからチームについての理解を深めた。同時に合宿中の観察から，チームへの働きかけとして重要な内容は，チームへのコミットメントとモチベーション，代表としての自信，選手間およびコーチングスタッフとのコミュニケーション能力，コーチングスタッフからフィードバックやコメントを受ける能力，集団凝集性とリーダーシップ，個々のスキルの向上であると考えた。そして，4シーズンを通じて多面的にこれらに常に働きかけることとなった。

　代表チームの状態によりさまざまな取り組みを行ったが，その内容はキャプテンを中心とするリーダーへの働きかけ，そして選手個人への働きかけの2つに分けることができる。本節では特にチーム力に影響をもたらした内容について紹介する。

1. 日本代表チームの組織とその活動

■1—チームの組織

　目標とする主要国際試合終了時までの4シーズンの契約で，オーストラリア人が新しく日本代表ヘッドコーチ（以下，HC）として就任した。彼は国際的に名の知れたコーチである。HCのもと，イギリス人，オーストラリア人，フランス人を含む約40名のコーチングスタッフがチームを指導したが，そのうち4シーズンすべてにおいてオファーがあったのは8名であった。オーストラリア，ニュージーランド，トンガ出身または帰化を含む約85名の選手が4シーズンを通じ召集されたが，最終的に選出されたのはそのうち31名であった。筆者のメンタルコーチとしてのチーム帯同日数は4シーズンで合計78日間であった。また，国際主要大会への帯同は全42日間中14日間であった。11か月になる我が子とベビーシッターとともに帯同することになったが，女性のコンサルタントとして貴重な経験となった。

■2—チームの活動

　毎年4月から10月ごろまでを日本代表のシーズンとして活動した。アジアで主要大会，国内での国代表同士の試合，そしてヨーロッパ遠征を含む活動日数は4シーズンで合計約500日であった。とくに，4年目は4月から目的とする国際主要大会終了までの6か月間，ほとんど解散することなく活動が続いた。

　就任したHCは前年に15位であった世界ランキングを3年後までに世界10位を目指すことを目標に掲げた。2年目から3年目にかけて，国代表同士の試合11連勝，アウェーでもヨーロッパ勢からの初勝利を果たすなど，チームが凄まじい進化を遂げた。結果的には3年目に世界ランキング9位にランクインすることになり，目標を国際主要大会ベスト8に変更した。大会前の最後の国代表同

士の試合においても2連勝するなど，確実に実力をつけていった。

2. 日本代表チームへのコンサルテーション

❶—コンサルテーションの進め方

　HCが要求する内容と筆者が必要であると考える内容をミーティングにおいて常に確認しながらコンサルテーションを継続した。プログラムの内容を決定する過程では，必ずスポーツ心理学の理論や研究結果を参考にした。また，そのプログラムの妥当性を明確に示すために，HCには関連する文献を常に提供して，理解を深めてもらった。そして，実際にHCの意思決定やコーチングのスタイルに多大な影響を与えることができた。また，選手からも要望があれば，関連する文献を提供した。

　チームスケジュールに組み込まれたリーダーシップグループミーティングにはHCが必ず5分間ほど現状の確認や今後の課題・予定ついて話をした。HCの退室後，選手とコンサルテーションを続けた。ほとんどの場合は，その後のスケジュールの合間にさらにミーティングを重ねた。

　チームと個人へのコンサルテーションはともに帯同中の対面でのセッションや，移動中のセッション，グラウンドやジムにおける練習前後の時間を利用したセッション，SNS，メール，FAX，そして電話など選手の要望に応じてさまざまな形態で行った。また，帯同期間中以外にも必要に応じてコンサルテーションを継続した。ミーティングの内容や決定事項は文書にして選手に配布するとともに，共有するクラウドへアップロードした。チームおよび個人へのすべての取り組みは，選手に了解を得た後，HCに口頭及び文書で報告をした。

　基本的な心理的スキルについては，チームに毎月ウェブ上で配信されるニューズレターの「メンタル」の項目に具体的な内容を記述した。また選手の要望により，国際主要大会直前合宿からチーム全体にメンタルの準備について1回10分程度のプレゼンテーションを2回提供した。

　外国人コーチ，選手とのコミュニケーションには英語を使用し，チームへの情報提供の際には，日本語と英語の両方を使用した。

❷—リーダーシップグループへの取り組み

　リーダーシップグループへの取り組みとは，キャプテンを中心とする選手に対してのコンサルテーションである。HCが4〜8名の選手を随時リーダーズとして選出した。メンバーはチームの状況に応じて流動的であり，4シーズンを通じて延べ10名が選出された。そのうち1名のみが4シーズンを通してリーダーズの一員であった。

　前半の2シーズンは組織づくりに重点を置きコンサルテーションを進めた。リーダーシップグループを機能させることを通して代表チームをつくり上げることを目標とした。具体的には現実的な目標の設定とそれを効率よく達成していく方法を提案することによって，リーダーズの代表に対する自信の強化，代表チームとして練習や試合へ向けて準備する習慣の確立，およびリーダーシップスキルの習得の手助けをした。代表チームとして活動する期間は，質の高い練習ができるように，また失敗をしても前向きに取り組めるような雰囲気づくりをリーダーズが中心となり構築できるように促した。

　後半の2シーズンを迎えるにあたり新キャプテンがHCにより選出された。旧キャプテンを中心とした前半2シーズンの取り組みが成功したため，3年目のシーズンも多くの取り組みを継続し，個人へのコンサルテーションにより多くの時間を費やすことが可能となった。しかしながら，実際には新キャプテンがチームとしての信念や具体的な目標を明確にすることなくシーズンの半分を過ごしたため，勝利を重ねてはいたもののリーダーズ

内で不安の声があがり，チームの方向性について再度検討することとなった。さらに，新キャプテンは3年目の後半から4年目にかけて，海外チームでのプレーを選択し，国際主要大会直前の6月までチームに合流することが出来なかった。そのため，実際には旧キャプテンとリーダーズで試行錯誤を重ねながらチームに働きかけをしていった。

3――コンサルテーションの具体例とその成果

①前半2シーズン

キャプテンを含む4名の選手がリーダーズとしてHCに選出され，リーダーシップグループが始動した。メンタルコーチとしてHCから紹介をされた後，教育的なアプローチをもって心理的スキルの教授を含むコンサルテーションを実施する役割を担うことについて説明をした。同時に，メンタルトレーニングとリーダーシップについての基本的な説明を行った。また，すべては選手主導で進めていくため，主体性が重要であることもあらかじめ伝えた。

|1年目|：HCより与えられた行動目標は「規律，熟考，練習，勝利を常にもたらすためにリードせよ」であった。リードするための行動を具体的に反映させていく必要があった。そのため，どのような考えをもってリーダーとして行動することがチームにとって有効であるかを主体的に考えることができるように手助けをした。キャプテンはチームの信念を浸透させる，選手Aはoff fieldにおいて，選手Bはon fieldにおいて，選手Cは日本人選手と外国人選手の橋渡し（Glue）としてリーダーシップを発揮することとした。

最初のコンサルテーションは，「イノベーション」と称して，4名のリーダーにチームに関する質問を整理した結果「TOP10入り後の日本（競技名）界の変化は（世界からの視線も含め）どのようなものであるか？」にたどりついた。勝つことをまったく経験していないチームが，新体制のもと世界ランキング10位を目指すことに対する期待と本当に達成できるのかといった疑いの気持ちもあった。しかし，リーダーズは当面の間「勝ちの文化をつくる」を目標として掲げ，誇りや自信の向上を目指し具体的に行動していくことにした。1つの例として国歌斉唱があげられる。「（国代表同士の試合を示唆する言葉）や国際試合においてスタッフを含む全員で国歌斉唱」を行動目標として掲げた。また，具体的に以下のような項目を作成した。

1．質の高い音の確保・事前にチェック
2．伴奏の有無のチェック
3．全体練習の時間を交渉により獲得する
4．君が代の意味について勉強する
5．上の4点について実行するためのプランを立てる

さらに，「一人ひとりが認められていると感じているか？」といった質問が多かったため，「自分も活躍できるというモチベーションや自信につなげる。そのためにリーダーズが前向きな言葉をかける。ほめる。」を4名の目標とした。具体的には以下のような内容であった。

・キャプテン：個人を尊重して（失敗しても）プレーを認めるような発言や行動を心がける。

・選手A（off field）：最後にはロッカーやバスでゴミ拾いをする。手伝ってくれたチームメートに「ナイス！」「ありがとう！」の声掛け。

・選手B（on field）：練習中，声を出してほめる。

・選手C（Glue）：1．外国人同士のときは日本語で話すようにする。2．あまり外国人だけでずっと一緒に行動しない。

リーダーズは，代表合宿や海外遠征中にチームの目標（国歌斉唱への取り組み）と個人の目標の達成度合いについて毎日評価をした（0-10点）。評価表をメールやFAXで筆者に送信し，必要であれば目標の再設定を行うなど，目標の達成を促した。国歌斉唱の取り組みによって，「勝ちの文化の創造につながった」「代表への誇りが芽生えた」など，取り組みの成果が選手から確認できた。

また，リーダーズによる評価表への取り組みがリーダーとしての自信やモチベーションにつながったとして好評であった。

2年目：1年目を振り返り，「勝ちの文化をつくる」を継承しながら，さまざまな取り組みを行った。リーダーズの選手Cが怪我でチームを離脱したため，3名のリーダーズでリーダーシップを発揮することになった。シーズン前半は，リーダーズによる目標設定と評価表による達成度の管理を通して目標の再設定をし続ける進め方が良いと選手が判断したため，継続した。そして，シーズン初めのコンサルテーションにおいて，前年の目標を継続することに加え，見出された課題を克服するスキルも不可欠であることが明らかとなった。そのため，前年のチームに関する目標と個人目標の2つの大きな柱から，①（競技名）（プレー全般），②コミュニケーション（イメージを共有するためにコミュニケーションを重ねる：(1) ほめる，(2) 要求する [いる・いらない・修正]），③個人目標，④ウエイト（ウエイトのセッションを利用してコミュニケーションスキルを高める：(1) カウントする，(2) 身体に触れてフィードバックする，(3) ほめる），⑤国歌斉唱の5つの柱へと充実した内容となった。

さらに，代表合宿や遠征以外に所属チームで過ごす間にも代表のリーダーズとして，前向きに取り組む姿勢を引き出すことができた。代表合宿以外でも，メンタル，フィジカル，スキルの3つの目標を設定，評価表に記録，筆者に定期的に送信する日々が続いた。リーダーズはその成果を代表チームから離れていても，常に代表の一人として誇りをもって行動することができたとしている。

2年目の新しい取り組みとして，試合への準備があげられる。1年目には0勝3敗と4位であったアジア地区における国際主要大会において優勝することがヘッドコーチから目標として伝えられていた。そのため，具体的に準備をするための取り組みをコンサルテーションにより引き出した。

まず，与えられた目標（優勝）を達成するために選手が掲げた目標は
1．準備をしっかりすることにより勝つ自信につなげる
2．一貫性の向上を目指す
3．選手間のコンビネーションを意識する
であった。3つの目標を達成するための方法として「バディ（2人組）によりキーポイントの確認をする」に決定した。内容は，以下のとおりである。
1．練習前のミーティングで明確になったことを口頭で確認したうえで練習に入る
2．練習後に，良かったこと及び修正できることについて確認する

バディーとなる選手の組み合わせはリーダーズが決定した。練習後のミーティングの内容は，それぞれのバディーがチームの共有のファイルに書き込むことで情報を共有した。バディシステムはこの後も，短時間で課題を解決することや達成できたことをこまめに確認しあう習慣に結び付いていった。

②後半2シーズン

3年目：HCから新キャプテンが指名された。その主な理由として，キャプテンは常に試合において先発選手であることが条件であるが，旧キャプテンが今後その基準を満たすことが困難となるためであった。新キャプテンには，シーズン半ばには旧キャプテンを中心とした取り組みへの「貯金」がなくなったため，「勝ちの文化をつくる」に代わる大きなテーマを掲げてチームをまとめる重要性を説いた。その結果，リーダーズが決定した新しいテーマは「日本の（競技名）の歴史を変える」となった。国代表同士の試合11連勝の真っただ中であったため，次の世代の選手も含めさまざまな人からの憧れの存在になることができるよう，勝つことを続けることが必須であるとの声があがった。また，具体的には広報活動の充実，選手による基金設立による試合招待事業の確立，そして選

手生活のより良い環境づくりへの働きかけなどについて話し合うことを通して、チームへのコミットメントとモチベーションについて確認した。また、現在の代表チームの成長は、2019年に日本で開催される国際主要大会に向けての成長のプロセスでもあることを話し合った。このころから選手の主体性をより助長する取り組みを促した。そしてなによりもHCのメディアに対するコメントにも「日本の（競技名）の歴史を変える」といったことが含まれるようになったことから、コーチ主体ではなく選手主体の代表チームであることを感じることができた。

3年目のシーズン後半から、選手の入れ替わりが激しくなり、off fieldにおいての規律、選手間のサポート体制、また戦術の理解に課題が多くみられるようになった。そのため、過去2シーズンの取り組みを参考に、リーダーズがそれぞれ責任を明確にしながら、「日本の（競技名）の歴史を変える」ことが出来るように取り組んだ。

4年目：キャプテン不在のままシーズンを迎えた。シーズン初めのリーダーシップグループミーティングにおいて、過去3シーズンの取り組みを振り返り、国際主要大会へ向けての最大のテーマは「主体性」であることが確認された。それまで、従順にコーチングされる傾向にあった選手たちであったが、できる限り自分たちが先導しながら国際主要大会へ向けて準備することを希望した。そのため、リーダーズはスケジュールの変更やオフの要求、試合前日と当日の練習内容の決定、しいては代表選手としての契約内容の変更に至るまで、あらゆる場面において選手たちがコントロールできる機会を得ることができるようにHCと交渉を重ねていった。そのプロセスにおいて、選手の考えができるだけHCに伝わるよう、要求の妥当性やモチベーションへの影響についてHCに丁寧に説明する役割もメンタルコーチとして担った。

リーダーズのメンバーは4年目のシーズン当初から入れ替わりが激しく、ミーティングの内容をシンプルにしておく必要があった。そのため、メンバーの責任・役割について1～2項目あげることと、定期的にメンバー同士で10点満点を基準に評価しあうことを継続して行った。また、練習などでの課題点はバディシステムを用いてこまめにミーティングを行うことにより、解決方法を考え、必要であればすぐにチームに伝える努力を重ねた。国内最終合宿においてリーダー6名が決定した国際主要大会へ向けての責任・役割は、たとえば選手A「チーム：ラインアウトについて選手Xと取り組む。個人：スマートコール」、選手B「チーム：バック3について選手PとHと取り組む。個人のパフォーマンスの向上。個人：キック」などとシンプルな内容であった。

3. まとめ

本節ではチームへの働きかけについて紹介をした。紙数制限があり紹介できなかったが、延べ30名の選手にも個人的にコンサルテーションを行った。特に、コンバージョンキックとペナルティーキックの際のプレ・パフォーマンス・ルーティーンについて4シーズン取り組んだ選手はキック成功率が飛躍的に向上したため、世界ランキングトップとなるほどであった。また、コーチングスタッフへのコンサルテーションも常時要求された。これは、チームの状態を把握するために、筆者がすべてのスタッフと意見交換をする中で、コミュニケーションのとりやすい環境が出来あがっていたことが背景にある。特に、コーチングスタッフ自身のモチベーション維持やストレスへの対処に関連するコンサルテーションを行った。

本節執筆終了時には、目標とする主要国際試合は終了していないため、試合結果は不明である。しかし、選手とスタッフが日本の当該ボールゲームの歴史を変える闘いぶりを見せてくれていることは間違いない。

（荒木香織）

6-5 ジュニアアスリートの
メンタルトレーニングの実践例

　「子どもは大人のミニチュアではない」。これはジュニアスポーツについて議論する場でしばしば聞かれる言葉である。要するに成長期にある子どもに見合ったトレーニングを提供することが指導者には求められるとの啓蒙である。心理的側面に関しては，「次の年代に移行していくために，"何を経験しておくべきか"といった生涯発達的視点をアスリートに対してサポート担当者は持っておくべきである。」との指摘（中込，2013）の通り，拠って立つ理論的立場を越えて，心理サポート提供者が理解すべきジュニア期の心理的特徴がある。

　本節では最初にジュニアアスリートの心の特徴とサポートを行ううえでの留意点について触れる。次に，今後一層ジュニアアスリートへの心理サポートが必要となってくる背景の1つであるタレント発掘について紹介する。後半は，心理的スキルの教育に重点を置いた心理サポートの事例とカウンセリングをベースにしてジュニアアスリートとかかわった事例を紹介する。なお，各事例についてはプライバシー保護のため，本質を歪めない程度に脚色している。

1. ジュニアアスリートの心理的特徴と競技環境

■1—ジュニアアスリートの心理的特徴

　まず青年期前期（思春期）の特徴について紹介する。思春期は，男性であれば声変わりや逞しい体格に急激に近づく，女性であれば初潮を迎え胸が膨らみはじめるなど，第二次性徴と呼ばれる身体的成長がみられる。この時期の心もまたきわめて大きな変化が起きている。それまでは親をはじめとする周囲の大人の考えや価値観を無条件に受け入れ，ある程度安定した状態にある。思春期では，それらと一度距離を置き，自身の内側から生まれてきたものを取り入れて，自分を再構成していく。いわゆる"自分づくり"のはじまりである。自身の中で起こっていることを言語化することができないため，些細なことでイライラしたり，大人に対して反抗的な態度を取ったりする。アスリートであれば，意欲の低下やパフォーマンスの崩れ，場合によっては繰り返される怪我なども同様と考えてよい。

　したがって，周囲の大人は，彼らの心の揺れから生じるさまざまな行動化に対して，大人にとっての「困ったこと」と短絡的にとらえず，彼らにとっては「必要な表現」として理解しながら，見守ることが求められる。

　著しい身体的変化を伴い，さまざまな感情や衝動を体験しながら自分づくりをする思春期に，身体を鍛え，技を獲得・習熟することに大きなエネルギーを注ぐジュニアアスリートにとっては，競技をどのように体験していくかが重要である。成人アスリートの競技を通した自己形成においては，身体を通して自分自身と向き合うことが必要であり，その前提としてジュニア期における競技体験そのものへの信頼が必要となる（江田，2015）。つまり，ジュニアアスリートの発達を踏まえた心理サポートを行う場合には，彼らが競技生活の中で体験している1つひとつの出来事をじっくりと傾聴することが必要となる。ただし，彼らの言語化する力は十分でないため，その体験を無理に言語化させる必要はない。彼らの自然な語りそのものを十分に味わい，彼らの競技体験が豊かになるようなサポートを提供することが大切である。スポーツには結果が伴うため，その結果に対する感

情が優先され，体験そのものがアスリートの中に積み重ねられず，素通りする危険がある。そのため，彼らの語る体の使い方，技のコツ，指導者からの指示，仲間とのかかわりなど，さまざまな競技にまつわる語りを受け止め，彼らの主体的体験につながるようにかかわることが求められる。

2──タレント発掘

現在わが国では，タレント発掘とその後の育成・強化までを含めた制度整備が急速に行われている。（独）日本スポーツ振興センターでは，2014年度に文部科学省から委託を受けて「2020ターゲットエイジ育成・強化プロジェクト（タレント発掘・育成コンソーシアム）」を実施した。このような事業や制度がもつ目的とは，有能な能力をもったアスリートを発掘し，そのアスリートの適性に応じた競技や競技団体の強化制度へつなぐ「機会と場」を提供することにある。衣笠（2015）は，スポーツを始めるとき，現状では「友達がやっていたから」などの理由が多く，より主体的な選択ができるように国際競技力向上への入り口を増やすことが事業の柱の1つであると述べている。

ジュニアアスリートは発達段階としては思春期にあり，スポーツ活動自体が主体性を育む場となる。そのため，こころの発達の観点から考えた場合，何のスポーツをするかではなく，スポーツをする中で何をどう体験するかが重要となる。「友達がやっていたから」や「地域で盛んなスポーツであったから」など身近な生活環境をきっかけとしてスポーツを始めた場合，家族や地域などの小さなコミュニティの中で支えられながら競技を継続することができ，競技力を高めながら自分づくりの場としてスポーツ活動が機能する。一方で，タレント発掘などの事業では周囲からの必要以上の期待や圧力を受けることになり，スポーツ活動が自分づくりの場として機能しなくなり，社会や大人の期待に応える場となることがある。

たとえば，成長期にあった中学生のAは，体格的に未成熟なところはあったが，運動能力に優れており学校の体育授業などでは目立つ存在であった。どのようなことにも積極的に取り組むAは，担任教員から勧められたタレント発掘事業に参加した。それをきっかけにある競技団体が推進する強化システムに参加するため，親元を離れて競技に専念できる環境へ移り住むことになった。Aは後にこのことを「いつの間にかそうなっていった」と語っており，自らの主体的な選択ではなかったようであった。見知らぬ土地で競技中心の生活を送ることになったAは，タレント発掘事業で選抜されたことや競技団体の育成事業で強化されていることをプレッシャーと感じていた。それは周囲の期待に応え，自分は特別な存在にならないといけないという思いに発展し，自分を追い込んで競技に取り組んでいった。しかし，高校生になったときに競技への気力が急に減退していった。さらに，競技だけでなく学校生活においても気力がなくなり，ついにはAの指導者が筆者のもとへ相談に来たのだった。Aの場合は，大人が用意した枠組みで生きようと努力した結果，不適応を起こした可能性が考えられる。

タレント発掘は，スポーツへの入り口においてその種目の選択肢を増やすことになる。しかし，入り口の段階で子どもには選択する能力が十分に備わっていないことがある。Aが語るように「いつの間にか」大人の期待に応えるべく競技をするようになる可能性もある。現在のアスリートを対象とした心理サポートでは，このような選手と出会うことが多くある。そのときには，周囲の人間や社会の期待を押し付けるのではなく，その選手の発達段階や心の成熟度に応じて心理サポートしていくことが求められる。

2. メンタルトレーニングをベースとした心理サポート

次に講習会と個別でメンタルトレーニングを行った事例を紹介する。

1──事例1　講習会：対戦型個人種目

「トレーニングの強化期間に合わせて，選手にメンタルトレーニング講習を受けさせたい。」という指導者からの依頼を受け，講習会のメンタルトレーニングを実施することになった。実施前，メンタルトレーニング担当者（以下，担当者）よりメンタルトレーニングに期待することや，指導者から見た選手の様子などを尋ねると「種目の特性として，試合では"入り"の部分がとても重要となる。落ち着いて試合に入れるよう，選手自身が気持ちをコントロールできるようになって欲しい。」とのことであった。指導者の話から，自己コントロールと試合に向けた準備が重要であると考え，メンタルトレーニング講習会（以下，MT講習会）ではリラクセーションとイメージを実施することとした。メンタルトレーニングの技法はアスリートにとって，身体各部へ意識を向けることや，パフォーマンスをさまざまな角度から分析する際の手掛かりとなる。メンタルトレーニングが選手の気づきと自己理解を深めるきっかけとなるようプログラム内容を考慮した。後日，MT講習会を受講したB（女性・高校生）は次のように語った。「私は他の選手に比べると自分の動きをよくわかっているほうだと思っていました。でも実際に自分の動きをイメージすると，ぼんやりしていて，誤魔化しているところがあったんです。今は，イメージでぼんやりする部分を練習で意識したり，練習で意識したところをイメージしています。」イメージ技法をきっかけに，Bは自分自身の競技について，"気づいていなかった部分に気づいた"のであった。Bなりに工夫しながら積極的に日々の練習に取り組む様子が伺えた。

2──事例2　個別：C（男性・高校生）

試合になると硬くなるため心理サポートを受けさせたいと指導者によりCは連れてこられた。C自身の心理サポートに対する要望は，「苦しい試合展開になると"どうしよう"という気持ちで頭が真っ白になる。そうならないように，メンタルトレーニングを教えて欲しい。」とのことであった。担当者は週1回（各50分）の個別のメンタルトレーニングを提案し，指導者とCの同意を得て心理サポートを開始した。初期段階で実施した目標設定では，「世界大会になにがなんでも出場したい。自分らしい試合運びができれば勝ち上がれると思う。」と自らの目標を力強く語った。一方で担当者が＜Cらしい試合運びとは？＞と問いかけると，「素早い動きで対戦相手を翻弄する試合運びが得意…と周りの人には言われている。」と，周囲からの評価を語った。担当者はCがアスリートとしての自己を十分に確立してはいない印象を受け，メンタルトレーニングを通してCにとっての"自分らしい試合運び"を探すことが課題であると感じた。メンタルトレーニングに取り組み始めた頃のCは，練習や試合でうまくいかない場面を報告しては「どうすれば良いと思いますか？」と担当者に意見を求めた。担当者はできる限りC自身が"どうすれば良いと思うか""どうしたいと思うか"を尋ね，担当者がC選手と共に解決策を探していくようなかかわりを心掛けた。その結果，Cは目標としていた世界大会の出場権を獲得した。その試合について「今までは対戦相手に動かされている感じがあった。自分が点を決めても嬉しくないというか…手ごたえがなかった。でも今回は自分が立てた作戦や戦術で，自分が試合をしている感じがあった。」と振り返り，主体的に競技に取り組み始めた様子が語られた。

3──事例のまとめ

中込（2004）はメンタルトレーニングの経験が競技に生かされるプロセスを「気づきの向上期」「メンタルトレーニング技法の適用・発展期」「競技への新たなかかわり，スタンスの変化期」の三期に分けて述べている。さらにメンタルトレーニングの効果として技法の習得に限らず，心身の"気

づき"そして自身の行為への"意図性"の高まりといった副次的効果の重要性を指摘している。B，Cともにメンタルトレーニングをきっかけとして新たな視点に気づき，自分自身や競技について考え始めた。さらにCは「自分の行動と努力によってパフォーマンスや結果が変化した」という感覚を体験し，主体的に競技へと取り組んでいった。このような体験の積み重ねが，アスリートとしての自己を確立する過程において重要な役割を果たす。ジュニアアスリートが自分自身の競技体験について考えられるようなメンタルトレーニングの活用，心理サポート提供者のかかわりが求められる。しかし，新たな気づきは同時に，動作の狂いや新たな迷い，不安につながるという可能性も担当者は忘れてはならない（中込，2004）。ジュニアアスリートは，大人ほど自分自身を的確に表現する言葉を持たない。「メンタルトレーニングを教えて欲しい」という言葉には，パフォーマンスの停滞，不安，緊張，迷い，人間関係の軋轢など，さまざまな思いが集約されている。技法の習得にとどまらず，ジュニアアスリートが自分自身の課題に気づき，競技に対する取り組みが変化するきっかけとなるよう，メンタルトレーニングが活用されることを期待する。

3. カウンセリングをベースとした心理サポート

■1─事例：D（女性，来談時16歳[注1]）

Dは，幼少期から競技に専心し，中学までに全国でトップクラスの選手となった。ところが，強豪高校に進学後，過呼吸を繰り返すようになり，来談した。面接の中でDは，求められる競技レベルの高さとそこに追いつけない苦しさを語った。そして何度も「辞めたい」と繰り返した。

以前のDは，とにかく練習量を多くし，指導者から言われるままトレーニングに取り組んでいた。しかし面接の中で「今思うと，とにかく量をこなすこと，コーチに言われたことをこなすのに必死で，何のためにトレーニングをするのかなんて考えていなかった」と，それまでの練習方法に対して疑問を感じるようになり，それによって練習の質に対する考え方を変化させ，視野を広げていった。

カウンセリングの中では，過呼吸を「外部からさまざまなものを取り込みすぎ，消化できない」という身体からのメッセージとして理解することがある。この視点からDを理解すると，「取り込みすぎ」という過呼吸の症状は，とにかく練習量を多くし，指導者の指示を飲み込もうとしてきたDの競技に対する取り組みと非常に似ているように受けとめられ，筆者にはDのあり様が症状として現れているように感じられた。そしてDにとって，主体的な競技への取り組みが大きな課題となっていることが強く感じられた。

カウンセリング継続中，しばらくの間は，「こう思ってやっているけど，それは意味ないかもしれない」などとD自身が自分の身体感覚を信頼できず，自分なりの意図を見出しても，効果が出ないとすぐにやめてしまうということが続いた。そして，試合に出ても思うようにプレーできないため，Dはすぐに道具を変えようとすることがあった。これに対し指導者は，「道具を変えるのは，パフォーマンスがうまくいかない現実から逃げているだけ」とDの取り組みに反対していたが，筆者はDなりの主体的な感覚の芽生えにも感じられたため，指導者に様子をみるようすすめた。そうしていても，結果が伴わなかったため，面接室では「自分が嫌になる」と自分の存在を否定し続けたが，道具を変えることを通して，少しずつ自分なりの主体的な感覚を語り始めた。

最初は「なんとなく変えたかったから変えた」と応えるのみだったが，「自分は筋力がないから，相手の力を利用できる道具のほうが自分にあっている気がする」など，自身に対する理解を深めていった。さらに，自分のプレースタイルや技術に

ついても「一般的には挑戦的なプレースタイルが良いとされるけど,自分は挑戦しようとすると焦ってしまうから,自分の中にいいプレーが思い描けるまでじっくり焦らずやったほうがいい」など,道具同様にさまざまに試していった。その過程でDは,「これまでは自信を持てずにこれでいいのかな?と迷いながらプレーしていたけど,なんとなく自分の中に自分なりのプレーがあった」と気づき,そのようにプレーできたときはいいパフォーマンスができることを語り始めた。このような取り組みを見ていた指導者は,「自分の想像以上にD自身がさまざまなことを考え,自分なりの感覚やプレーを確立し始めていることに驚いた」と語り,Dの感覚や思い,主体性を大事にしながら指導することの重要性に気づいていった。そして指導者もDの主体的な取り組みを大事にして指導するようになり,D自身が自分の感覚を大切にしながら競技に取り組み,競技力を向上させていった。

2 ― 事例のまとめ

ジュニア世代で活躍している選手の多くはその才能ゆえ,指導者が教える理想の動きを十分に消化しないまま感覚的に理解し,習得できるようである。そのため,彼らは自分自身の体験を振り返る経験が少なく,「体験の素通り」となってしまいやすい。こういった状態で思春期を迎えると,彼らは自分のこころの叫びにも気づきにくくなっており,結果的に大人を困らせるような表現で自身の内面を訴えることになってしまうようである。

山中(1978)は精神科医として多くの少年少女に接してきた経験から,「クライエント一人ひとりのもつ『窓』に私が同調する中でその『内的なイメージ』が外界に導き出されたものを見出していく」ことの意義を指摘している。ジュニアアスリートも彼らの表現(先の例では過呼吸,競技での取り組み)を彼らの内的なイメージが外界に導き出されたものとして受け止め,周囲を困らせるような出来事で自分を表出せざるを得なかった彼らのあり様を理解することによって,彼ら自身が自分の体験を振り返るようになる。そうした過程を通じて自分に対する信頼感を築いていき,少しずつ自身の感覚や思いをくみ取り,それらをストレートに表出するようになる。こういった体験の積み重ねが彼らの自分づくりとなっていく。

以上のように,ジュニアアスリートのカウンセリングにおいては,彼らが自分自身の体験を信頼できるようになることが重要である。そのために,心理サポート提供者は彼ら自身の体験に関する語りに耳を傾け,受け止める必要がある。思春期という不安定な時期であることからも,彼らのさまざまな表現を彼らのこころからのメッセージとして受けとめ,見守る大人の存在が重要である。

注1)江田(2015)で報告した事例である。

4. まとめ

ジュニア期の選手に対しては,発達的視点を持ちながらかかわることが必要であると冒頭で述べた。心理的スキルの学習を中心とした場合でも,カウンセリングをベースとした場合でも,選手の主体性や自立を念頭に置きながらかかわっている様子が事例から感じ取られるであろう。スポーツでは成績やパフォーマンスの向上を求めるのは当然である。一方で,「自分づくり」が始まる時期にあるジュニアアスリートには,どのようにしてその結果に至ったのかをある時期に吟味する必要がある。その作業はその後の青年期後期でのアイデンティティ形成の仕上げに対するレディネスとなる。ただし既に述べたように,競技成績で本人のみならず周囲も一喜一憂するスポーツ環境においては,自身の体験を吟味することなく通り過ぎる場合がある。「体験の素通り」である。ジュニアアスリートの競技体験を彼ら自身の内面に質的に定着させる役割を心理サポート提供者は担っているとも言える。(冒頭,1(1),4:武田大輔,1(2):秋葉茂季,2:奥野真由,3:江田香織)

保護者が気をつけるべきこと

■指導現場で起きていること

「我が子をオリンピックの金メダリストに！」そう願う親は多い。一方で、指導者やコーチに話を聞くと「〇〇君の親が私の指導に対して口を出すので指導しづらい」などといった保護者との関係性がうまくいかないことをよく耳にする。保護者も指導者も選手の今、そして将来のことを真剣に考え日々努力しているはずなのに、このような状況が多く起こっていることが残念でならない。

■保護者と指導者の関係は？

どのようにすれば保護者と指導者の関係がうまくいくのであろうか。選手個々によって状況が異なるため全員に当てはまる正解は存在しない。そこで、役割分担とコミュニケーションが重要であると提案したい。まず役割分担とは、指導者、保護者の役をそれぞれ分担して選手をサポートすることである。保護者の役割とは、選手の生活面のサポート（食事、休息）および競技に関するサポート（送迎、観戦、激励、経済的支援）を行うことである。指導者の役割に踏み込まないこと、指導者にプレッシャーを与えないようにすること、選手の前では絶対に指導者の悪口を言わないことなどが重要である。

以上のことを実践するためには、信頼できる指導者を探し出し、自分の子ども（選手）を預け、任せるべきである。優秀で信頼できる指導者を選出し依頼することは大変難しいことではあるが、大きな夢を叶えるためにはきわめて重要であり、保護者はそこに精力を注ぐべきである。優秀な指導者とは選手の夢や目標をしっかりと見据え、選手にあった指導ができ、選手が成長できる環境面の準備が可能なことなど、列挙すれば限りない。また、優秀な指導者であっても選手との相性が良いかどうかは定かではない。そのために指導者との契約期間を設定して、その期間は信頼して選手を預けるといった形をとっても良いかもしれない。

選手を任せる指導者が決まった後は、選手について指導者とコミュニケーションをとること、情報交換することが重要である。保護者は、選手の日常生活での様子など競技場面で知ることができないようなさまざまな情報を伝える。それに対して、指導者からは今の状況や今後の指導方針などを聞き出す。その際は指導者の意見を尊重し、保護者の考えを押し付けないようにするべきである。コミュニケーションをしっかりとり、指導者と保護者が良い関係を構築することが、選手にとって大きなメリットとなる。

■保護者と選手の距離感

保護者に感謝をしていない選手（子ども）はいない。しかし直接的にそれを表現することが幼少すぎて難しい、年長となって恥ずかしいという選手は多い。ある合宿で「親への手紙」と称して親への思いを書かせると次から次へと感謝の言葉が出てくる。だがその一方で、試合で負けた後に帰りの車の中で懇々と説教されて悲しいといった意見もあがる。したがって、保護者と選手の関係性・距離感は難しい問題である。

そこで提案であるが、選手を我が子ではなく、サポートする一人の選手、一人の人間ととらえてみてはどうだろうか。そうすることで保護者から選手へ要望は伝えても、感情剥き出しに愚痴をこぼすといったことは避けられる。当然のことながら選手は保護者の分身ではなく、一人の人間である。ましてや競技スポーツでトップを目指すためには、選手は個を磨き自立しなければならない。そのような状況を作り出すためにも、保護者は選手を一人の人間であると認め、接するべきである。

（武田守弘）

6-6 部活動での実践例

1. はじめに

　高等学校や中学校の部活動でのメンタルトレーニング実践を考えた場合，現場からのスポーツメンタルトレーニング指導士（以下，SMT指導士）に対する要望によって，そのかかわり方が異なってくる。本事例はこれまで他においても報告してきたものであるが（伊藤，2010；伊藤，2012），本節では特に，SMT指導士が第三者として部活動での実践（協力）依頼を受けたときに，現場での選手・指導者・SMT指導士の三者間の関係性を考慮することの大切さに着目して報告する。対象チームは全国大会で優勝するレベルの男子高校生チームであり，知的な技法指導よりも，選手の傍に寄りそうことと心理教育を意識した心理サポートを行ったものである。また，実践の場が先方の練習フィールドである学校のみならず，心理部門のあるトレーニング施設（サポート実施時の筆者の職場），そして日常のフィールドを離れる全国大会への帯同を求められたサポートでもあった。

2. 心理サポート事例の提示

■1──対象チームおよび選手

　高校生男子の部活動における，集団競技（球技系）チーム。全国大会のエントリー選手（15～24名）。

■2──チームの状況およびサポート開始の経緯

　全国大会に過去多数出場しているチームの監督が，筆者の勤務する施設にメンタル分野のサポートを求めて来談してきた。サポートを開始する前年度シーズン（X–1年）のA全国大会では優勝を果たしている。開始年度のA全国大会までは約1か月と迫った時期であった。

■3──監督（依頼者）の要望

　「チームの雰囲気にむらがある。ムードがいいときはいいのだが，少し強く叱ったりすると，シュンとしてしまい重い雰囲気になってしまう。これまでに一生懸命にやってきたのに自信のない顔をする。何とか気持ちの面で強くなって，その気持ちを前面に出してくれるようにならないものかと思っている。自分自身，言葉を選んで接しているが，どう言えばいいのかわからなくなることがある。気持ち的に自分に言えないことを引き出して欲しい」という内容であった。

■4──心理サポート方法

　個人面接を中心としながら，状況に応じて集団に対するレクチャーを実施する。

■5──心理サポート経過

> 　文中「　」は選手や監督の言葉，＜　＞は筆者の言葉である。＃はセッションの回数。

＃1（X年7月初旬）：監督からのサポート要請後，サポート内容を決定するために，フィールドに出向いて練習を観察した。そこでチームの雰囲気，各選手の動き，練習中の監督から選手への言葉かけの様子等を観察した。

　練習場面を観察する前までは，大会までの期間が短いことと対象人数が多いことから，「積極的思考」や「注意の切り替え・集中」などに関する

心理的技法のレクチャーに絞って実施しようと考えていた。しかし，実際に練習場面を観察してみると，ミス後の切り替えや注意・集中などに関しては，日頃から監督やコーチらが語っていることが伺えた。したがって，単に選手に対してメンタルトレーニングの技法を伝えてもあまり効果は期待できないと判断した。また監督やコーチから，「実力的には日本一になるだけの力を備えているチームだと思う」と聞いていたので，あとはその力を選手自身がどれだけ信じることができるかが勝敗を分ける鍵になると判断した。そこで筆者はできる限り選手一人ひとりと個別に話をして，彼らが抱いている不安な気持ちや，心の中に引っかかっていることなどに耳を傾けることによって，彼らが気持ちを整理し，自分たちの力を信じることへの援助をするという立場で選手と接していこうと考えた。

#2（X年7月中旬）：監督から見た選手の特徴や課題を聞きながら，心理サポート方法について打ち合わせた。筆者が＜レクチャーで私が話そうと思っていたことは，監督やスタッフが既に言っています。ですから，短い時間でもよいので選手一人ひとりと話をしていきたいと思います＞と伝えると，「わかりました。話を聞いてやって下さい。でも同じことを選手に言うにしても，私が言うのとメンタル専門の人が言うのとでは違うと思いますから，どうかそのあたりのことも言ってやって下さい」という返答。個人面接を実施するにあたって，そのための時間と場所を確保してもらうようお願いし了解を得た。練習場にて監督から選手に筆者を紹介してもらう際には，「これからメンタル面に関してサポートしてもらう人なので，みんな各自が思っていることや悩みなど，自分（監督）に言えないようなことなど，何でも相談するように」と言っていただいた。筆者からも選手に対して自己紹介をした。このやり取りでわかるように，監督は自身が選手の心理面を理解したい，把握したいと思いつつも，心理サポートスタッフとして要請した筆者の立場を尊重し，面接中心のサポート方針を快く受け入れてくれた。

#3（X年7月中旬），#5（X年7月下旬）：1人約15〜20分の個人面接。試合前の合宿中に宿舎の一室にて実施。

#4（X年7月下旬）：チームメンバー間のコミュニケーションを目的とした内容のレクチャーを実施。対象メンバー全員（15名）を集めて，＜チームメートお互いが励みになるように，各選手のよいところを書き合おう＞と伝えて用紙を配布し，一人の選手に対して全員がコメントするように用紙を一巡させるという作業を実施した。この作業は，ミスが出たときなどに励ましの言葉がなくなったり，かける言葉がきつくなったりしてどんどんムードが悪くなっていくというチームの課題に対して，そのようなムードに陥らないようにするために，お互いの励みになり，ミスした後の切り替えのきっかけとなるような言葉がけを意図して実施した。用紙を一巡させることにより，互いに他のチームメートのコメントを読みあいながら全選手分のコメントが書き加えられていった。

また別用紙に，良いムードでの練習や試合をしているときの様子（動きや雰囲気）を振り返らせ記述させた（後の帯同時#6の1日目に活用）。

#6（X年8月上旬）：4泊5日でA全国大会に帯同。

1日目：試合前日の夕方，チームと合流。宿舎でのサポート活動としては，選手と個別に話をする時間と場所を設けておき，面接を希望するかどうかは選手に委ね，以降試合期間中はこの態勢をとった。全体に対しては，夕食後のミーティングにおいて30分程度のレクチャーを実施した。ここでは以前（#4）選手が，チームの試合時のいいムードについて記述したものをまとめた資料を配布し，全員で順番に読み上げていいムードを頭に焼きつけ，そのイメージを持って試合に臨んで来ようという気持ちの確認作業を行った。

2日目：初戦，選手には若干硬さもみられたが終

わってみれば圧勝。試合のフィールドにおいて筆者は，ウォーミングアップのときから選手の姿が見える範囲で行動をともにし，表情の硬い選手や気持ちが入り過ぎているように見受けられた選手に対しては，それとなく声をかけたり，タオルや道具を手渡したりするなどした。夜のミーティングにおいては翌日の対戦相手の戦力分析，チームの戦略や各自の役割などの確認がなされた。

3日目：準々決勝を大差で勝利。翌日の準決勝の対戦は，春の全国大会では敗れた相手であり，雪辱戦であると同時にこの大会の二連覇に向けて最大の山場となることが予想されていた。監督から「明日の試合のためにサポートをお願いしてきた。緊迫した試合場面で最大限の力が発揮できるように話をしてくれ」と，ミーティング後のレクチャーを依頼された。

筆者は＜ここまでの2試合のような大差ではなく，1点を争う厳しい試合が予想される。点が入らないことによる苛立ちが最大の敵となる。守備陣と攻撃陣が互いに信頼しあうことだけ意識しよう。守備陣は攻撃陣が1点を決めてくれることを信じて我慢して守り続けること。攻撃陣は守備陣を信頼して打てる限りシュートを打ってくること。最後に相手よりも1点だけ多ければよい＞という話をし，チーム全体の士気を高めた。レクチャー終了後，他のサポートスタッフと部屋に待機していると，数名の選手が一緒に筆者らの部屋を訪れ，自分たちの意気込みを語りに来た（試合用の用具にメッセージを書きあったり，一緒に写真を撮ったりするなど）。この行動も，選手たちにとっては不安や高ぶる気持ちを調整する意味があるのだろうと感じられた。

4日目：宿舎を出発し，選手は試合開始前のアップ時から徐々に集中を高めていき，表情が真剣になっていった。傍で見ていた筆者のところへ，少し気合が入り過ぎている印象のあった選手が近付いてきたので＜いつも通りやっておいで＞と笑顔で応えると，選手も笑みを見せ競技場へと向かって行った。試合は予想通り白熱した展開となったが，勝利し決勝進出を果たした。夜のミーティング後のレクチャーでは，準決勝の完璧な試合内容を称えるとともに，＜最後の一戦も悔いの残らないよう思い切ったプレーを心掛けよう＞と話をした。

筆者のレクチャーは毎回，指導スタッフや他のサポートスタッフは退室して行われた。これは特に筆者から依頼したわけではなく，チームの監督が暗黙のうちに，筆者と選手のみによる「メンタルの時間」としてその場を設定してくれていたことによる。この日の筆者のレクチャーは，アドバイスを与えるというよりも，筆者がこの日の試合に感動したこと，そして＜明日も気負うことなく，しかし油断することなく，そのままの自分たちの姿を見せてほしい＞と伝えるのみであった。

5日目：決勝戦のD高校戦の日を迎え，多くの選手に表情の硬さが見られた。しかし，試合開始直前，開始のホイッスルが鳴るのを待つばかりのベンチで，会場に流れていた歌をキャプテンが口ずさみ始めた。それを聞いた他の選手も誰彼となしに口ずさみ，ベンチでの大合唱となった。これはまさに，選手たちが自ら気持ちの調整をしている姿であり，チームの意識が一気に1つにまとまっていくことを象徴しているかのようであった。監督やコーチングスタッフも，微笑んでその様子を見ていた。決勝戦を勝利し，夏の大会二連覇を成し遂げた。

6 ─ 帯同サポートの振り返り

本事例のように，宿泊を伴う大会の帯同サポートでは，食事やミーティング，会場への移動など，ほとんど選手や指導者と行動を共にする。そのため，試合時のみでなく，食事中のムードやミーティング時の表情など，選手の様子を観察しながら彼らの心の動きを感じ取ることができる。そのように選手を観察していると，その日に活躍しそうな選手や，気合が入り過ぎて少し空回りをしそう

な選手などを予測することもできる。注意深く，かつ余計な介入をしないように意識しながら，傍で選手を観察することにより，個々の選手へのかかわりを考えることが重要である。即ち，適切に調整をしている選手には余計な声かけをせずに黙って見守ること，緊張が見受けられる選手には不安を軽くするような言葉がけをするといったかかわりの在り方である。

筆者はレクチャーや個々への言葉がけにおいて，ポジティブな内容になるように心掛けながらも，決して不安や緊張を取り除いたり，押さえつけたりすることは考えなかった。全国大会という大舞台で選手は不安や緊張を抱えることは当然である。重要なことはそれらを受け入れること，それらとともに在ることである。したがって，緊張を訴えてきた選手に対して，こちらは落ち着いてただ頷くだけで良いことが多かったのである。

7 ― 選手との面接事例

選手との面接は，不定期ではあるが頻度としては約1か月に一度，筆者が勤務する施設の面接室や，高校の練習場に隣接する建物や合宿所の一室，帯同先の宿舎の一室などで行われた。指導者からの依頼による面接であるため自発来談ではないが，面接を重ねていくうちに，各選手がその時間をそれぞれに意味づけをし，活用してくれているという実感が得られた。以下ではA選手の面接で語られた内容の一部を示しながら面接経過を示す。

Aは初回面接において，「一度点を取られると続けて入れられてしまう。点を取られると自分の責任だと感じる。自分は精神的に弱い。一度失点すると，また取られると思い，取れる球にも反応しなくなる。そして声も出なくなり，どんどん雰囲気を悪くする（#1）」と自らのネガティブな側面を語った。筆者は＜ナイスキープをするときもある。失点がすべて自分の責任と思ったら大変＞と励ましながら，ポジティブに考えるようアドバイスした。

すると「以前に比べて声も出てきた。点を取られても次に切り替えて『次，頑張るぞ』って思えるようになってきた（#2）」とポジティブになってきたことを語るが，同時に「ライバルが出てきた。自分より身長も高く試合でも使われる。相手のほうが監督から誉められたり，声をかけられたりする。自分はあまり声をかけてもらえず，自信をなくしてきている（#2）」と，自信のなさをのぞかせた。その後も，「自分のポジションはウォーミングアップのときから独り（なので孤独）（#4）」，「たくさんシュートが飛んでこなかったので，自分が守ったという感じがあまりない（#5）」など，常にネガティブな内容が語られ続けた。また，最高学年であることから「進路のことで悩んでいる。大学に行っても競技をしたいが，有名で強いところに受験して入るのは難しい（#3）」，「将来何をしたらいいかはよくわからない。高校進学は工業系の土木にしたが後悔している（#6）」というように，プレーとは直接かかわりのない進路の悩みなどにおいても，マイナス思考の側面が垣間見られた。

B全国大会を一週間後に控えた面接においても，「何だか二回戦くらいでコロッと負けそう。うちはムラのあるチーム。一回戦を突破して天狗になって，二回戦の試合で足元をすくわれそう。去年の先輩たちもそうだった。油断してコロッと負けるんじゃないか（#7）」というマイナスイメージが語られた。そしてB大会，翌日に試合を控えた宿舎での筆者のレクチャーの際に＜今，緊張している人？＞と聞くと，Aは真っ先に手をあげ，自身の緊張を表明した。

以上がAとの面接経過であるが，面接では常にネガティブな表現が多く，自分でも「自分はマイナス思考」と語った。筆者は面接開始当初，彼のネガティブ思考をポジティブに変えていこうと働きかけたが，一貫してネガティブな発話が多かっ

た。しかし，その気弱でネガティブな発言とは裏腹に，ピッチ上でのプレーは安定していった。Aはネガティブな発言をすることによって，起こり得る負の事態を想定し，それが試合を控えた気持ちの準備となり，自身のバランスを保っているようだと筆者が思えるようになってからは，そのまま傾聴することを心がけた。発話内容とは裏腹に，プレーは自信に満ち安定していった。

3. まとめ

　本事例は部活動における集団競技スポーツのチームに対するサポートを個人面接中心に進め，数回の講義を状況に応じて実施するというものであった。個人面接は主に練習時や合宿時に，練習場に隣接する建物の一室や合宿施設の一室で行われた。対象人数が多いこともあり，一人にかけられる時間は10〜30分程度である。面接の時間をどう利用するかは選手の自由であった。特に話すことがないという場合には早目に切り上げることもあるし，不安や悩みを話し始めたときには少し時間が長引くこともあった。

　前述，心理サポート経過中の#6は，大会への帯同の様子である。宿泊を伴うサポートのため，食事やミーティング，会場への移動など，選手や監督と行動を共にすることが多くなった。心理サポートの担当者としてチームに帯同した場合，コーチ陣やトレーナーと違って，必ずしも目に見える具体的な活動があるわけでない。そこでは余計なことをせずに，「何もしないこと」「何もせずにただそこにいること（そして目には見えぬ心のエネルギーを払うこと）」も心理担当者としての仕事になるに違いない。

　最後に三者間の関係性についてふれておきたい。選手との面接を終えた後には監督から時折，「あの選手は（今日の面接は）どうでした？」と尋ねてくることがあった。それに対し，選手との会話内容を伝えることはせずに，＜ああ，ちょっと考えているところがあるかもしれませんね＞や，＜ああ，大丈夫じゃないでしょうか＞というように，中身にはふれずにそれとなくニュアンスをお伝えするだけでも安心していた。心理サポート担当者が選手と面接を行っていく場合，その様子をどのように依頼者である指導者に伝えるかは慎重にならなければならない。選手の味方として話を聞いているので，その話は他には漏らさぬことが前提だからである。とは言え，指導者が選手の内面的なことを知りたいという気持ちは否定できない。心理サポート担当者は，特殊な三者間の関係性を考慮して，指導者に対するサポートも視野に入れておく必要がある。選手との話は絶対に秘密であるからと，頑なに返答を拒むような態度では指導者から不満を抱かれてしまう。だからといって，選手とのせっかくの秘密を話してしまっては，選手からの信頼も失うこととなる。特殊な三者関係のバランスをうまく取りながらチームにかかわっていくには，それなりの経験を必要とするかもしれない。第一に大切な基本姿勢は，「嘘をつかないこと」だと筆者は考えている。もしも選手の話を監督に伝えようと思うのならば，選手本人にきちんと聞いてみる（許可を得る）ことだろう。面接での話は絶対に漏らさないと言っておいて，黙って監督には伝えているとすれば，選手に嘘をついていることになってしまう。また，選手の話について監督に嘘の内容を伝える必要もない。筆者が時折監督に対して返したのは，＜え？彼のことで何か気になっておられますか？＞とか，＜え？どうしてですか？＞といった言葉であった。そうすると，監督が選手を見て気になっていることを話してくれ，心理サポート担当者にとっても有益な情報が得られたりすることが多くあった。選手と面接を続けていくうちに実際に選手の様子に変化が見られ，監督から選手のメンタル面をこの担当者にまかせても大丈夫だと思ってもらうことが理想である。

（伊藤友記）

スポーツ指導者の抱える葛藤とそれへのサポート

■スポーツ指導者が抱える葛藤

指導者は，指導場面においてさまざまな葛藤を抱いており，その対応に苦慮している者も少なくない。葛藤を抱える指導者個人の内面では，さまざまな欲求が混在している。たとえば，勝利への執着心やアスリート個人の成長への願いといった欲求などである。これらの欲求が対立・矛盾して葛藤を引き起こしている。さらに，葛藤に悩む指導者の話を聴いていくと，さまざまな欲求が対立・矛盾する背景では，「どのような活動をすればよいのか」「今までの指導でよいのか」といった指導に対する価値観が揺らいでいることもみえてくる。

ここで，ある高校の指導者Aの事例を紹介する。Aは，アスリートと共に競技を追求し，同じ目標を持って話し合える活動にしていきたいと考えていた。しかし，アスリートたちが意欲的に取り組まなくなり，Aは彼らに苛立つことが多くなった。そして，彼らとの関係が悪化していった。その結果，Aは自身の理想追求のためにアスリートを自分の方針に従わせるか，アスリートに合わせた活動にしていくかという葛藤を抱いた。当時の葛藤体験を振り返って，Aは「自分の力不足。もっとアスリートを惹きつけるものを持たなければいけない」と自身の指導を問い直す機会になったと述べていた。

上記の葛藤は，指導者の価値観かアスリートの価値観かのどちらを選ぶかという葛藤ではなく，Aの競技や指導に対する価値観が揺らいだ結果による葛藤であったと言える。すなわち，指導者が抱える葛藤は，単なる二者択一的な問題ではなく，価値観の揺らぎによる問題である。そのため，指導者へのサポートは，葛藤体験が指導者にとって新たな価値観を築く作業にもなることを念頭に置くことが大切である。

■葛藤を抱える指導者へのサポート

葛藤を抱える指導者は，その対応の中でさまざまな体験を経ている。先述のAは，アスリートに対して苛立ちを強め，アスリートとの関係が悪化していった。さらには「指導に対する情熱が消えてしまうのではないか」という不安も強めていった。そして変わらない状況に競技への情熱さえも失っていった。その後，情熱が薄れた時期に，他の指導者と話をする機会を得て，その指導者らとのかかわりを通して，指導に対する考え方が変わっていった。そして次第にアスリートに対する見方も変わっていき，結果としてアスリートとの関係も良くなっていった。

指導者は葛藤に対処する中で，他者や状況に対する苛立ちや焦りだけでなく，次第に自分に対する不安や焦りを強めるようにもなる。このように，葛藤下でさまざまな感情に巻き込まれて悩みをさらに強めてしまい，次第には八方ふさがりの状態に陥ってしまう。しかし，この状態に陥ることで初めて価値観の揺らぎという本質的な問題に目を向けることができるようになると考えられる。そして，指導者は自分や他者，さらには現状に対する理解を深めていき，新たな視点で葛藤に向き合っていくようになる。

指導者へのサポートにおいては，このような葛藤下での指導者の体験を理解する必要がある。葛藤に悩む指導者に対して，苛立ちや焦りを治めるアプローチは，彼らが新たな価値観を築く機会を奪うことになる。葛藤を抱えた当初は，そこで抱くさまざまな感情に巻き込まれて，悩みを強めてしまう。しかし，そういった体験が，自身の取り組みを問い直す手がかりにもなる。葛藤を抱く指導者へのサポートは，こういった指導者の体験を理解し，指導者自身が課題に向き合い，問い直すことができる手助けを心がけることが大切である。

（小谷克彦）

6-7 パラアスリートおよびデフアスリートに対する実践例

　近年，競技レベルの高まりを見せるパラリンピックやデフリンピックに出場するためには，定められた標準記録の突破や世界ランキングの上位にランクインすることなどが求められ，これらの大会は，厳しい条件をクリアした世界のトップアスリートだけが出場できる国際競技大会へと成長した。パラアスリートやデフアスリート[注1]の心理面の強化については，世界的にみても90年代中頃まで軽視される傾向にあったが，現在では多くの国が心理面の強化に本格的に乗り出している。

　わが国においては，2004年のアテネパラリンピック後に，パラアスリートへの科学的サポートの必要性を日本パラリンピック委員会（JPC）が明確に打ち出した。現在では，栄養，動作解析，映像技術，心理サポートなど複数の専門領域による包括的なサポートが展開されている。また，2014年には，JPCの管轄が，厚生労働省から日本オリンピック委員会（JOC）と同様の文部科学省に移管され，パラアスリートへのマルチサポート戦略事業も本格的に始動した[注2]。

　しかしながら，パラアスリートおよびデフアスリートをサポートするスポーツメンタルトレーニング指導士（以下，SMT指導士）は決して多いとはいえない。その理由として耳にするのは，「障害のことが分からない」「障害のある方と接した経験がないので不安」などである。これらのことを踏まえ，本節では，マルチサポート戦略事業開始以前に，JPC心理サポートチーム[注3]が取り組んできた活動や成果を紹介するとともに，パラアスリートをサポートする指導士の一助となるように，各種障害の概説と，これまでの実践から得られた障害特性ごとの留意点を述べていくこととする。

1. JPC心理サポートチームの取り組み

1 ─ JPC心理サポートチームのビジョン

　心理サポートチームでは，図6-5に示した「基

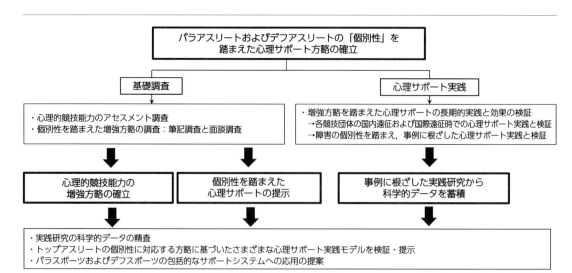

図6-5　心理サポートチームが目指す方向性

礎調査」と「心理サポート実践」の2つを柱にすえて活動してきた。パラスポーツおよびデフスポーツにおける心理サポート実践やエビデンスの検証はいまだ多いとはいえない。そのため，心理サポートチームでは，それぞれのトップアスリートの心理的競技能力を向上させる方略を検討し，またそれらを用いた効果を検証することを念頭に置いてきた。具体的には，①心理的競技能力の増強方略の探索的検討，②アスリートの個別性に対応した方略の立案，③増強方略を踏まえた心理サポートの長期的実践と効果の検証，④包括的サポートへの応用として提案を行うことである。

2 ― 心理サポートの実践活動

JPC心理サポートチームは図6-6に示した流れに沿って活動しているが，そのサポートの目的は，主に2つある。1つ目の目的は，心理サポート（主にメンタルトレーニング指導）で用いられるスキルを「教育プログラム（講習会）」としてパッケージ化し，アスリートとその指導者・支援者を対象として実施する。その結果として，心理サポートの目的を理解してもらい，メンタルトレーニングのスキルを獲得し，活用できるようサポートすることを目的としている。心理サポート開始当初，「メンタルトレーニングがなぜ必要なのか」「その効果は？」「具体的な方法は？」という問いが，アスリートや監督・コーチから多く聞かれた。この問いに対する啓発活動として，教育プログラムを位置づけている。教育プログラムを通して，各アスリートに心理サポートの理解を深めてもらい，また当初は心理サポートを不必要と感じていたアスリートにも，重要性を理解してもらうことができている。

2つ目の目的は，心理サポート実践で得られた情報・経験を共有して，継続的な心理サポートのための課題を明確にすることである。教育プログラム後，興味を示した競技団体には，継続して心理サポートの実践を提供している。心理サポートにおいては，競技団体と連携を図り，チームや個人の課題・目標を聞き取り，それに合わせたプログラムを提供できるように心がけてきた。2011年度からは，心理サポート単独の活動だけでなく，科学的サポート事業の他領域との連携も開始した。たとえば，アスリートからコンディションの相談を受けることが多い栄養サポートやトレーナーサポートのスタッフと連携し，アスリートの情報の共有化を図ったり，映像技術サポートと連携し，映像の即時フィードバック時に心理面の内省を促すことで，より鮮明な内省を生み出す取り組みを行っている。

教育プログラムの様子（左は手話通訳士）

チームの課題にあわせたサポート

サポートのための質問紙調査	◆教育プログラムの実施（基本的な心理的スキルの講習）
	◆基本アセスメントの実施#1（心理的競技能力の診断）
サポートのための個別面談	◆基本アセスメントの実施#2（個別面談）
継続的なサポートの実施	◆心理サポートの実施（状況・希望に応じてサポート）
	◆継続化に向けた自己学習の促進
ツールの整備	◆サポートチーム会議

図6-6 心理サポートの基本的な流れ

2. 障害特性ごとのサポートのあり方

　障害の有無にかかわらず，心理サポートの基本は同じであるが，障害の種類や障害レベル，受傷時期（先天性／中途障害），受傷経過年数など配慮すべき点は存在する。以下にJPC心理サポートチームが，実践において直面した課題や特有の方略に関する知見を整理し，概説する。

❶―視覚障害

　視覚障害とは，治療を行っても視機能の改善が認められず，永続的に視機能の低下をきたしている状態のことである。「視覚障害があると何も見ることができない」「真っ暗闇の世界を生きている」と誤解されがちであるが，光を感知したり，弱視であったりと，視機能の程度はアスリートによってさまざまである。視覚障害のあるアスリートと接する際の基本的な留意点は，話しかける側が誰であるか必ず名乗ること（練習会場に到着したら，必ず大きな声で名乗る），アスリートと面接場所まで移動する際に歩行の介助を求められることがあるため，基本的なガイドの仕方を知っておくことがあげられる。また，アスリートが通行する可能性のある場所に荷物を置いたり，アスリートの荷物を勝手に動かしてはならない。

　アセスメントや心理サポートにおいては，点字や音声を用いたツールの準備をすることも有効である。また，実践的なサポートのうち，とくに配慮が必要となるのはイメージトレーニングである。中途障害の場合，晴眼時の経験に基づいてイメージを用いたサポートも可能であるが，視覚情報を得たことのない先天性障害や，経験のない新規事項に関しては，イメージ想起が困難となることもあり，言語的コミュニケーションが重要となる。

❷―聴覚障害

　聴覚障害とは，「聞こえ」の能力に障害のある状態であり，聴力デシベルで30–50 dBの音が聞こえにくい軽度難聴から，100 dB以上の音が聞こえにくい高度難聴までさまざまである。聴覚障害のあるアスリートと接する際の最大の問題は，コミュニケーション上の課題である。筆談をする場合には，向かい合って対応すると書く側の文字と見る側の文字が正反対になり筆談しにくいので，隣やコーナー側に座る必要がある。また，必ずしも手話をマスターする必要はないが，簡単な挨拶や自分の名前程度の手話を覚えておくと良い。手話通訳士を介してアスリートとコミュニケーションを取る場合，手話通訳士ではなく本人に向かって話しかけるように気をつける必要がある（極端にいえば，手話通訳士はいないものとして会話する）。慣れないうちは，手話通訳士に向かって話しかけてしまうことも多いので留意したい。

　さらに，手話を用いた説明は，1つひとつの単語の組み合わせで表現されることがあり（たとえば，「毎日イメージトレーニングをする。できないときは，やらなくてOK」という説明は，手話では，「毎日・イメージトレーニング・を・する。できる・ない・とき・は・やる・ない・OK」と表現される），アスリートが理解する際に，違う解釈になったり誤解が生じたりすることもある。二重否定やあいまいな表現も不適切である。これらに配慮しながら，端的かつ直接的に説明し，必要に応じて確認することを怠らないようにしたい。

　教育プログラムなどの講義を行う際は，アスリートが手話や口話（読唇術）を見るペースに配慮して話すことが大切である。また，心理サポートにおいては，かけ声や音楽など，聴覚に頼らないサイキングアップの方略を提案する必要がある。

　なお，失聴年齢，残存聴力，言語力，読話力，発語力，教育歴，および家庭環境（家族に聴覚障害者がいるか，家族が手話をできるかなど）によってコミュニケーションの手段が異なり，チームでの話し合いや講習会，アセスメントでの理解に程度の差が大きいこともあるので，細やかな確認

作業が必要となる。加えて，推論を必要とする文章の理解に困難を示すこともあるので注意したい。

3 ─ 知的障害

　知的障害とは，IQ（Intelligence Quotient）が75以下であり，意思伝達，自己管理，家庭生活，社会的・対人的スキルなどの適応行動に困難が生じる。知的障害のあるアスリートと接する際には，本人の生活年齢（実際の年齢）にあった言葉づかいが原則である。また，自分なりのこだわりがあるアスリートも多く，突然の変化に対応できなかったり，場合によってはパニックを起こす者もいる。あらゆる環境の変化や状況を想定したトレーニングのあり方を提案することも重要であろう。

　さらに，IQが低い場合には，親や指導者の顔色を伺ったり，気にしたりなど，外発的動機づけで行動する傾向が見られることもある。アスリートの内発的動機を高めるためにも，チームスタッフや家族に対しても，教育プログラムや心理サポートを実施し，連携することが効果的である。

　また，障害児教育の分野から発展したセルフ・モデリング理論に基づいたモチベーションビデオの活用も，アスリートの動機づけの支援や，言語以外での自身の行動を把握・認識する補助手段として有効性が期待されており，心理サポートチームにおいてその活用を検討しているところである。

4 ─ 肢体の障害

　主な肢体の障害としては，脳性麻痺や脊髄損傷，切断などがあげられる。いずれの障害にもいえることではあるが，とりわけ肢体の障害においては，障害を受けた部位や麻痺の程度により残存機能は多様である。障害によっては，医師や理学療法士，臨床心理士との連携を必要とすることがある。

　脳性麻痺のあるアスリートと接する際の留意点として，場面によって筋緊張や麻痺の強さが変化することがあげられる。実際に，大きな国際大会において覚醒水準が極度に上昇し，筋緊張が強く表出され，自己コントロールが困難になった者もいる。障害の特性や病態も想定して，自己コントロールの方法を提案していく必要がある。

　車いすを使用するアスリートと接する際には，目線を同じ高さにあわせて会話をすることに留意したい。また，必要以上に「介助」をしようとするボランティアやスタッフを見かけることがある。アスリートは自立した大人であり，パラスポーツは福祉ではない。とくに，トップパラアスリートには，過度な支援を好ましく思わない者もいる。心理サポートで現場に入った際の心がまえとして，覚えておきたい。

5 ─ パラスポーツおよびデフスポーツにおける特有の課題

　パラスポーツやデフスポーツは，競技人口が少ないため，日本代表としての気持ちの準備をすることなく代表入りする場合も多い。このため，日本代表として活動するために，アスリートとしてのアイデンティティの確立や，仕事や家庭生活とのバランスの取り方についても，サポートしていく必要がある。2014年よりタレント発掘事業が本格化し，日本代表に選出される若いアスリートが増加しつつあることから，これらのサポートのニーズは今後高まっていくと推測される。また，中途受傷のアスリートも多いパラスポーツでは，競技の平均年齢が高い傾向にあり，若手とベテランの年齢差が大きく，コミュニケーションの問題が生じやすい。これらの課題を補うコミュニケーションワークやチームビルディングも重要である。

　最後に，中途身体障害においては，障害をどのようにとらえているか（障害受容の程度）も確認しておく必要がある。中途身体障害は，身体機能や身体の一部の喪失を伴い，生活上の急激な変化やさまざまな喪失感，社会的存在の変化をもたらす経験であり（大和田・柏木，1998；高山，1997），このような受傷経験に伴う心理的な影響は非常に大きい。パラスポーツを通して，残存機能の可能性への気づきや受傷による喪失感からの脱却と生

きる意味の再定義がなされるだけでなく，アスリートとしてのアイデンティティの確立が，障害者というレッテルからの脱却を促すことが確認されているが（内田ほか，2008），アスリートがスポーツ以外の場面も含め「その人自身」として生きていくうえで，どのように障害を意味づけているか，留意しておきたい。

3. 実践例の紹介

筆者が約10年にわたり継続してサポートした日本代表女子チーム（団体種目）の初期の実践例について，以下に紹介する。

20XX年のパラリンピック後に，主力アスリートの引退および新しいヘッドコーチの就任を受け，新チームを一から創ることが課題であると考えたアシスタントコーチ（前ヘッドコーチ）よりサポートの依頼を受けた。また，日本代表としての意識の低い若手の存在も懸案事項であった。

初回の教育プログラム後に，コーチングスタッフおよびアスリートより継続希望の依頼を受け，10か月後に迫った世界選手権をターゲットにサポートを開始した。教育プログラムから1か月後の代表合宿において，コーチングスタッフおよびアスリートと面談を実施した。また，当時はJPCの科学的サポート事業が開始したばかりであり，すべての代表合宿に帯同することが難しい状況であったため，電話およびメールを用いてフォローアップを行った。これらのやりとりを通して，①チームワークの欠如，②チーム目標の共有の欠如，③チームの意味の理解不足，および④アスリート間／アスリートとコーチングスタッフ間におけるコミュニケーション不足が課題としてあげられた。そこで，チームビルディングのプログラムを提案し，コーチングスタッフとの意見交換を踏まえて，最終的なプログラムを決定した。

世界選手権の1か月前の代表合宿において，チームビルディングのプログラムを実施した。具体的な指導内容は，チームワークに関するミニレクチャーを実施し，チームとは何か，チームワークを高める方法，チームの目標設定の重要性について，共通理解を促した。ついで，グループエンカウンターを用いたコミュニケーションワークを実施した。このワークでは，互いの考えの共有化や効果的なコミュニケーションを意図して，チームおよび個人の目標やチームにおける個人の役割について，相互信頼とアサーション・コミュニケーションに基づくディスカッションを行った。加えて，仲間が想いを1つにして，1つのゴールに向かって進んでゆくためのチームルーティーンを話し合って作成し，実戦形式の練習に取り入れていった。その後，世界選手権への遠征直前に，ヘッドコーチより「今までで一番良いチーム状況になった。このチームでなら負けても悔いはない」とコメントを頂いた。

4. まとめ

パラアスリートおよびデフアスリートを対象とする場合，障害特性への配慮の必要はあるものの，心理サポートのあり方は障害の有無にかかわらず同じである。オリンピックのアスリートであれパラリンピックやデフリンピックのアスリートであれ，同じ「アスリート」であるという認識をもつことが肝要である。

注1）：デフアスリートとは，聴覚障害のあるアスリートのことである。4年に1度，世界規模で行われるデフアスリートの大会がデフリンピックであり，国際ろう者スポーツ委員会によって主催されている。
注2）：JPCの科学的サポートや日本スポーツ振興センター（JSC）のマルチサポート戦略事業は，基本的にパラアスリートのみを対象としている。
注3）：執筆において，JPC心理サポートチームのメンバーにお力添えをいただいた。また，心理サポートチームの過去の取り組みは，JPCより毎年度発行されている障害者競技スポーツ科学的サポート事業報告書にまとめられているので，あわせて参照いただきたい。

（内田若希）

コラム

ソチ2014パラリンピック冬季競技大会に団長として参加して

■スポーツが果たす役割は

　ソチ・パラリンピックは，2014年3月7日から16日までの10日間，ロシア南部の都市ソチで行われた。過去最多の45か国約550人が選手登録し，15競技72種目が実施された。日本からは，3競技（アルペンスキー，クロスカントリースキー，バイアスロン）に20人の選手が出場しメダル獲得を狙った。その結果，前回大会を上回るメダルランキング7位という成績が得られた。大会直前にウクライナ紛争が勃発し，国際パラリンピック委員会（IPC）は不参加を表明したウクライナを根気よく説得し参加にこぎつけた。ロシア人は，日本への関心が高く親日家であった。この大会に参加して，「ひと」の心身の発達と「社会」の平和と安寧に貢献することがスポーツの本質であり，「文化」としてスポーツをわが国に根づかせることが，これからの課題であることを確信した。

■医・科学サポートとしての心理サポート

　今大会の日本選手団のサポートスタッフは，医師と各チームの帯同トレーナーとメカニカルスタッフであった。心理や栄養・映像サポートのスタッフは帯同していなかった。オリンピックではマルチサポートハウスが選手村以外に設置されたが，障がいのある選手には移動という課題があり設置されなかった。代わりに村内の医務室が，カウンセリングルームの役割を担った。選手の心身のコンディショニングについては，団長と医師とトレーナーの間で情報を共有することができた。このような現場での活動をみて，心理サポートは単独でのサポートというより，他の専門領域のサポートスタッフと連携していくための体制づくりが大切であり，スポーツメンタルトレーニング指導士（以下，SMT指導士）には他領域の専門スタッフと良好なコミュニケーションをとるためのスキルと，心理サポートの高度な専門知識とスキルが求められることを強く実感した。そして，オリンピック・パラリンピック選手にかかわらず，わが国の選手強化を目的に行う心理サポートの方向性や課題についての継続した議論を重ねていくことが必要である。

■心理サポートの3つのポイント

　選手強化に関係する心理サポートの組織的・継続的実施は，各競技団体の強化方針に委ねられる。ただ，競技団体だけでこのようなサポートの実施は難しく，SMT指導士の組織との連携が不可欠であろう。心理サポートを効果的に行うためのポイントの1つは，各教委団体の強化方針との刷り合わせが必要ということであり，この刷り合わせによってSMT指導士は，サポートのビジョンと課題を明確にすることである。2つ目は，SMT指導士の高度な専門性の保障と，機動性の確保である。3つ目は，恒常的なサポート拠点の設置と整備である。選手に十分な心理サポートができる環境が必要である。この3つのポイントは，各競技団体の強化方針に心理サポートを組み込むか否かの判断基準になる。

（荒木雅信）

6-8 アスリートのキャリアサポート

本節では，アスリートのキャリアサポートについて，特にオリンピック選手に対するキャリアトランジションサポートを紹介する。

1. 現役引退時にともなうアスリート特有の心理的問題

1 ── アスレティックアイデンティティ

1980年代以降，「トップアスリートのキャリアトランジションにおける心理葛藤」に関する研究はさまざまな角度から行われている。

オジルビーほか（1982）は，競技引退時の心理的問題を引き起こす要因の1つとして，アスリートの「セルフアイデンティティ」をあげ，アスリートが「自分自身に価値を感じる理由を競技での成功に起因させている度合い」が，競技引退時の心理状態に影響するとしている（Blinde & Greendorfer, 1985；Ogilvie & Howe, 1982；Svoboda & Vanek, 1982）。このアスレティックアイデンティティ（競技での成功を通して構築されていくアスリートとしての自分）を過大に持ちすぎているアスリートは，競技引退後の人生への心理的準備が足りなかったり（Baillie & Danish, 1992），自分のスポーツ以外のキャリアは考えられないといった限定されたキャリアプランしか描けなかったりする（Blann, 1985）。その結果，「競技引退」という人生の節目が，あたかも「人生の大切な一部がなくなってしまったと感じるほどの」大きな出来事になり，喪失感があまりに大きいときには，人生修復ができないようにさえ感じることもある（Werthner & Orlick, 1986）。

人間は，一般に，さまざまな「私」を体験することを通して成長し，大人の自分（アイデンティティ）を構築していく。そうだとすれば，アスリートは特殊な人生経験をしていることになる。その特殊性ゆえに「競技から得られる貴重な経験」があることは否定できない。実際，アスレティックアイデンティティが競技パフォーマンスにポジティブに影響することもある（Werthner & Orlick, 1986）。しかし，同時に，「自分はアスリートだ」というアイデンティティを肥大化させることによって，アスリートが"unidimensional" people（一次元の人間）（Coakley, 1983；Ogilvie & Howe, 1982）になるという弊害がある。このことを，常にスポーツにかかわるすべての人々が考えなければならない。

2 ── 引退時の心理的問題

アスレティックアイデンティティ問題を含め，現役引退時にともなうアスリート特有の心理的問題としては，以下のことがあげられる（Taylor & Ogilvie, 1998）。

①競技そのものから得られたさまざまな価値の消失に対する失望感
②これまでの自己アイデンティティを消失したと思ってしまう寂寥感
③引退せざるを得なくなった場合の外的環境に対する怒り
④将来への漠然とした不安
⑤アスリートという特別なステイタス消失に対する失望感

2. オリンピック選手へのキャリアトランジション・プログラム構築の経緯

❶──なぜサポートが必要なのか

上述した現役引退時のアスリート特有の心理的問題ゆえに，キャリアサポートの重要性が唱えられてきた。しかし，なぜ，特に近年になって唱えられるようになったのか。つまり，それ以前のアスリートは皆，引退後，自分で自分の道を探していたのに，なぜ近年のアスリートは必要になったのか。諸外国のオリンピック委員会（NOC）で「オリンピック選手のためのキャリアトランジション・プログラム」が構築され始めたのは1980年代後半から1990年代である。その頃から，アスリートのキャリアに関する取り組みが増えてきた背景を表6-5に示す。これは，諸外国のオリンピック委員会におけるキャリアプログラム実施者を中心に，2000年から定期的に開催されているフォーラム「International Athletes Service Forum（IASF）」の2006年大会で報告された「Retirement & Post Games Transition」の資料を参考にしたものである。

表6-5が示す通り，スポーツ科学の進歩によって選手強化がより緻密化，高度化され，選手寿命が長くなった。その背景には，当然，各国のオリンピックでのメダル獲得という目的がある。特に，オリンピック開催が決まった都市が，その国の選手強化にあたっての包括的なプログラムの出口としての位置づけで，キャリアプログラム構築を加速化させた例はわかりやすい。1996年アトランタ大会前後のUSOCの取り組みや，2000年シドニー大会前後のオーストラリアのキャリアプログラム開発などがその例である。

アスリートへのキャリアプログラムについて，先行研究では「キャリアトランジション・プログラムは多角的であり，エンハンスメント，サポート，カウンセリングの要素を備えているべき」（Petipas et al., 1996），「スポーツ以外でのスキルをのばすこと」（Wylleman et al., 1999），そして，「引退前に適応準備プログラムを行うこと」（Lavallee, 2000）などが指摘されている。

こうした海外の流れをもとに，日本では，2002年からJリーグのキャリアサポートがスタートし，それを受けて，2003年にJOCがセカンドキャリアプロジェクトを発足していった（表6-6参照）。

❷──アスリートキャリアに関する言葉

ここであらためて，アスリートのキャリアに関する言葉の整理をしておく。

①セカンドキャリア

直訳すれば「第二のキャリア」。アスリートキャリアの領域で，セカンドキャリア支援というときは，「引退後の新しいキャリアを見つけるための就職支援」という意味合いを持つことが多い。

②キャリアトランジション

直訳は「キャリアの転機」とか「キャリアの節

表6-5 アスリートのキャリアサポートが必要な理由
（Bryant, 2006）

FACTS（時間性）
時間的理由：スポーツ科学の進歩により選手寿命が長くなった
・オリンピックレベルでの競技生活はフルタイムの仕事と同じ時間量を要する。つまりフルタイムの仕事をしながら次のキャリアの準備はできない
・引退時に30代を過ぎ，支える家族を持っている場合が増えた
・女性アスリートではソーシャルクロック（結婚，出産の適齢期など）に悩む

FACTS（コミット性）
コミット的理由：競技以外のことを考える余裕がない
・引退後もアスリートであることに変わりないので引退後の自分を現役時代には考えられないという心理状態
・よけいなことを考えると負けてしまうと思う心理状態

FACTS（キャリア性）
キャリア的理由：アスリートの特殊なキャリア構築の必要性
・大学で専門知識を学んでも，卒業後，一般人から何年も遅れて社会人としてのセカンドキャリアを始めると専門知識の有効活用に差がでる
・周囲の求職者の勤続経験が豊富になり，社会での就職戦線でのライバルが強くなる
・現役中にできる仕事は，本人の将来希望するキャリアというよりは，時間的にフレキシブルに「競技と両立できる仕事」であるため，本当のキャリア構築ができない

表6-6 日本のオリンピック選手のための
キャリアサポート推移

前身（2002）	Jリーグキャリアサポートセンター発足 （当時のサポート内容） ・キャリアについての啓蒙 ・各種セミナー開催 ・個別キャリアカウンセリング
2003	JOCセカンドキャリアプロジェクトワーキンググループ発足
2004	JOCセカンドキャリアプロジェクト発足
2008～2015現在	JOCキャリアアカデミー発足 ・オリンピアンのキャリアトランジションについての啓蒙 ・キャリアトランジションセミナー開催 ・アスリートキャリアトランジションプログラム（ACT）開発 ・各種セミナー（ライフスキル，キャリア構築，目標設定，メディアトレーニング，コミュニケーション） ・キャリアカウンセリング ・アスナビ（現役中の就職支援）
2013～2015現在	JSC（日本スポーツ振興センター）スポーツ開発事業推進部アスリートライフスタイル ・パフォーマンスを最大限に高めるための考え方や習慣をジュニア期から指導，育成（現役時代から「人としての自分」を考える）

目」。キャリアとキャリアの節目の「時間的状態」を意味する。おもに「引退後から次のキャリアにシフトするまでの人生の節目」という意味を持つ。

③アスリートライフスタイルおよび
　デュアルキャリア

　アスリートライフスタイルは，2013年から日本スポーツ振興センター（JSC）が研究開発しているコンセプトで，「パフォーマンスを最大限に高めるための考え方や習慣」として，アスリートが時間を有効に活用し，人生の目標に向かった準備や生活を送れるための支援プログラムである。また，デュアルキャリアとは，「アスリートとして，人としての2つのキャリア」という意味合いを持つ。特に欧州のNOC（各国オリンピック委員会）やさまざまな団体が，EUのガイドラインを下にしたコンセプトで，日本もJSCが中心となって開発を始めている。

④キャリアサポート

　上記のすべてを網羅して「アスリートのキャリアを支援する」ときに使うことが多い。英語表記ではどのようなものがあるかというと，
Career termination/rebirth（Coakley，1983）
Athletic retirement（Ogilvie & Taylor，1993）
Career transition（Wylleman et al.，1999）があげられる。

3. 下山には時間がかかる

❶ーアイデンティティの再体制化

　中込（2012）は，「思春期・青年期に一貫してアイデンティティの拠り所を強く競技スポーツに求めてきたトップアスリートは，競技引退によって，程度の差はあれアイデンティティの再体制化の課題を突きつけられることになる」としたうえで，しかし同時に，その再体制化の取り組みは，「今後の新たな個性化（individuation）を果たすうえで重要な意味をもっているのである」としている。そして，「彼らの競技人生を登山に喩えると，『高い山に登れば登るほど下りる困難さが強くなる』ように，競技引退でも同質の体験がなされるようである」とも加えている。

　筆者は，自身がアスレティックアイデンティティに悩み，アイデンティティの再体制化を経験した元アスリートである。そして，さまざまな競技におけるトップアスリートの競技引退時の心理サポートに長くかかわってきた。確かに，下山には時間がかかる。時間は10年にとどまらず，20年，30年と下山のほうが登山の時間よりも長い場合もある。そもそも「悩み」には相応の意味がある。それまでの自己確立の柱であった「アスリートとしての自分」が終わったことに向き合いながら，それでもまだ人生は続く，ということを認識するためには悩んだり焦ったりが必然的に伴う。「自分は誰だ？」と悩めるからこそ，そもそも「自分

はいったい何を求めている人間なんだ？」という人生価値観をあらためて考え直すことができる。そしてそれによってアスリート時代には，「捨てるべきでない」と思っていた大事なものですら，捨ててもなんら自分の人生価値観に影響しないことにも気づく。

2 ──「正しく悩む」こと

よく，「引退時に悩まないために，キャリアプログラムを構築し，スムーズなトランジションを」という声を聞くが，オリンピック選手に対するキャリアトランジション・プログラムで大事なことは，「悩まないようにすること」ではなく「正しく悩むためのツールやリソースを獲得すること」だ。

トップアスリートならば，引退後，悩んでいる自分を恐れることはない。そもそも「悩み」がなければ現役時代でもやる気は起きていなかったはずだ。だから引退後は，悩みながら，目の前にある物事は淡々とこなせばいい。それこそ，プロ選手の場合，戦力外通告後は，経済的な理由ですぐにでも仕事をしなければならないことだってある。表面的には淡々とこなす。しかし，トップアスリートなら，できるはずなのは，「内省しすぎてウツ状態にまで自分を持っていくこともできる異常さ」と「その心理的な異常状態から，はい，終わりとセルフトークして，すぐに正常に自分を戻せる」バランス力だ。まずは悩んでいる自分を自分だけは受容する。そして，勝っても負けても，かけがえのない貴重な経験をたくさんさせてもらえた「アスレティックアイデンティティ」から，次のキャリアに向かって新しいアイデンティティを「醸成させていく」ために悩み，焦り，困ることがあるのだと覚悟を決めていくと，結果的に自分が納得できる再体制化が可能になる。

また，もし引退後に，何もしたいことがないのなら，まずはその事実を受け入れ，それまでの競技人生ではまったく知らなかった世界をできるだけ多角的に「見る」ことである。楽しんでみる。できれば，スポーツ関係者とは違う分野の人と接する。そのときに気をつけることは誰が何を伝えてくれるときも，すべて鵜呑みにせず，「それはなぜか。自分はどう思うか」と1つひとつ反芻するクセ（懐疑）をつけ，スポーツ界以外の社会での耐性を作る。スポーツ界での「共通言語」とは違う「言語」の使い方を学ぶ。このような引退後のモラトリアム期間を能動的に設けることを決めて，少しずつ「元選手の自分が，単に競技成功における社会貢献だけでなく，次世代に継承できる何か新しいことを構築する自分」に変換することができればこんなに素晴らしいことはない。

最後に，筆者がキャリアトランジション研修時に紹介するオーリック博士の言葉を記す。

"The Challenge is not only to pursue excellence but to do so without destroying the rest of your life"（Terry Orlick）
（真の挑戦は，競技で極めることだけなのではない。自分の競技人生以外の人生を破壊することなく競技において極めることこそが，真の挑戦なのである）

〔田中ウルヴェ京〕

コラム 「修造チャレンジ」における心理サポート(テニストップジュニア強化合宿)

　修造チャレンジは，松岡修造氏が主宰し，「世界を目指して日々努力を続けるジュニア・若手プレーヤーへのバックアップも強力に行い，グランドスラム大会にて活躍できる選手を育成していく」ために発足された。そのためにトップジュニアキャンプ（以下，キャンプとする）が始まった。このキャンプは，日本国内男子トップジュニアを対象にした強化合宿として1998年より始まり，現在も継続して開催されている。その目的は，国内チャンピオンを育成するためではなく，世界のトップで活躍する男子選手の育成である。発足当初は，スポーツメーカーミズノの協力のもと，松岡修造氏を中心とした，いわば私的な活動であったが，現在では，(公財)日本テニス協会の強化合宿となっている。

　キャンプは，年に3回程度，1回あたり2～6泊程度で開催され，1998年の第1回から直近の2015年6月のキャンプまで，延べ人数で800名を超える選手が参加してきた。現在の日本人男子テニスのトップ選手のほとんどは，このキャンプの参加選手である。

　我々がこのキャンプに参加し始めたのは，2000年3月のキャンプからである。このキャンプの特徴は，各分野の専門スタッフ（ナショナルコーチ，テクニック，フィジカル，ケア，メンタル）が協力してサポートしていることである。総合的にサポート・強化を行う中で，我々は，各分野の専門家と常に連携しながらメンタル部門の担当をしている。その結果，キャンプ中でのサポートはもちろんのこと，試合会場，海外遠征中におけるサポート等，年間を通して常にサポートを行える状況となっている。キャンプでは，朝から晩まで，選手およびスタッフとも寝食を共にするので，「スタッフとよく話しをする」，そして，「選手の1日（食事から休憩中や普段の生活行動等）をみる」ことによって，その選手に応じたよりよいサポートを考えることができるのはもちろんのこと，高い信頼関係が構築できているのはいうまでもない。これが大変重要なことではないかと思われる。海外遠征中に担当コーチから連絡があったときも，どんなことが起こっているか，比較的容易に想像ができるため，その対処等のサポートも行いやすいものとなっている。

　キャンプで1番重要視されてきたのは，夕食後の「ミーティング」である。このミーティングで我々は，講習だけではなくさまざまな心理エクササイズを行っているが，特に高い効果を得ているエクササイズは，英語によるロールプレイと表現力を高めるものである。それ以外では，オンコート上での心理的スキルなどのアドバイスや個人面談を行っている。また，客観的にメンタル面を把握するために，心理的競技能力診断検査（DIPCA.3），集中力テスト（T-TAIS），主要5因子性格検査（BIG Five）の3種の心理検査を継続的に実施し，成長や競技成績との推移と併せながら活用してきた。

　我々が16年間，男子ジュニアの強化・育成にかかわってきた中で大切であると感じてきたことは，心理サポートの初期段階として，チームスタッフと選手との信頼関係を構築し，サポートする選手だけでなくコーチの心理状態もじっくり観察するということである。そして，U14までは教育的要素を軸にして，選手の「学ぶ能力」を育てるために「ものの考え方・見方・感じ方」「気づき」「行動」に自らが気づき，より質の高い要求に応えていけるように指導し，U16からはそれらを土台として「本気」「決断」「覚悟」を持ってチャレンジさせていくということである。そうして世界で通用する選手が育っていくのではないかと思われる。

　　　　　　　　　　　　（田中伸明・佐藤雅幸）

6-9 国際審判員に対する実践例

1. 国際審判員の心理サポート

国立スポーツ科学センター（Japan Institute of Sports Sciences：以下，JISS）では，プロの審判員の心理サポートを行っている。この心理サポートの最初のきっかけは，当該種目の協会から，「国際審判員が，目前に控えた主要国際大会で，持てる力を十分に発揮できるようにメンタルトレーニングの指導をしてほしい」という依頼を受けたことであった。

以下に，目前の主要国際大会に向けて行った心理サポートおよび，それ以後の最初の1年目の経過について報告する。

1 ― 心理サポートの対象者

過去の主要国際大会で主審を務めたAと，目前の主要国際大会で主審を務めるBの2人であり，2人とも本格的なメンタルトレーニングの経験はなかった。

2 ― 心理サポートの経過

①目前の主要国際大会直前までのセッション（#1〜5）

セッション#1：課題の把握と検査によるメンタルチェック

最初に，審判員のメンタル面の課題を伺うと，「プレッシャーの中での正しい判断」「思いがけないことが起こったときの対応」等が聞かれた。次に，「心理的競技能力診断検査（以下，DIPCA.3）」「気分チェック調査票」などの検査を行った。DIPCA.3は，競技者用であるため，質問の内容を審判用に理解して答えるよう求めた。DIPCA.3の得点に関しては，2人とも総じて高い値を示した。

セッション#2：要望の把握

メンタル面の具体的な要望として，「選手，サポーター，メディア，アセッサー（評価者）からのプレッシャーの克服」「試合中は，平常心，集中力，冷静さを保ちたい」「すばやい判断力・決断力をつけたい」等があげられた。その後，メンタルトレーニングの概要の説明とさまざまなメンタルトレーニング技法を紹介し，最後に自律訓練法（Autogenic Training：以下，AT）を体験した。

セッション#3：イメージの作成とイメージ中の暗示語

審判員には，試合の中で以下の「4つの重要な時間帯」がある。

・前半最初の15分間：正確なジャッジが求められる時間帯。それができると，試合終了まで自信や余裕を持ってできる。

・後半最初の10分間：後半のゲームコントロールのカギを握る時間帯である。

・後半終了10分前：緊迫した場面になり，盛り上がりも最高潮に達する。

・ロスタイム：最も緊迫した場面で問題が起きやすくなる。最後の集中が必要である。

この「4つの重要な時間帯」を中心にイメージトレーニングを行うこととした。また，イメージトレーニング中の暗示語として，「優れた審判員」に必要な要素である，「常に冷静で，いいジャッジができ，予測がよく当たる」「選手の動き，ボールの動きがよく見える。判断力が優れている」「毅然とした態度で，自信を持って堂々とジャッジをしている」を作成した。その後，ATとイメージトレーニングを行った。

セッション#4：パフォーマンスの自己分析，ATとイメージトレーニング

イメージトレーニングをさらに充実させるために，最高のレフェリングの振り返りを行った。その後，ATと次の試合を想定した最高のレフェリングのイメージトレーニングを行った。

セッション#5－主要国際大会前の最後のセッション－：本番イメージの作成，ATとイメージトレーニング

過去の主要国際大会で主審を務めたAのビデオを観賞した。Bにとっては，メンタル面の準備をする上で非常に有効なものであった。その後，ATと主要国際大会を想定したイメージトレーニングを行った。そして，Bは主要国際大会に挑んだ。

②主要国際大会終了後，初めてのセッション

セッション#6

B氏は主要国際大会のレフェリングについて，「ゲームの最初の数分間だけ，身体がフワフワした感じで，地に足がついていなかった。しかし，メンタルの技法を行うと落ち着いた。その後，最初の反則をとり，それ以後は冷静に周りを見渡している自分がいた。ゲームコントロールもできた。後半の入りも良く，ほぼイメージ通りにいった。これまでの審判生活の中でも，ベストと言ってもいいゲームであった」と述べている。またメンタルトレーニングの効果について，「ATのおかげで，試合前日もすんなりと眠れるようになった。筋弛緩法，呼吸法，姿勢を変えて気持ちを変える方法なども役立った。さまざまなメンタルの方法を知ることができて本当に良かった」との報告があった。

③主要国際大会終了後からシーズン終了まで

セッション（#7～17）

主要国際大会終了後も引き続き心理サポートを行い，シーズン終了まで合計17回のセッションを行った。その主な内容は，目標設定，心理検査（Y-G性格検査，状態・特性不安検査），AT（椅子姿勢），ポジティブシンキング，セルフトーク，などであった。また，各セッションの後半には，専門書，新聞，雑誌などからメンタル面に関するさまざま内容を取り上げ，ディスカッションを行った。さらに，セッション時間の残り約20分間は，ATと次の試合を想定してのイメージトレーニングをほぼ毎回行った。

❸—シーズン終了後の対象者からの心理サポートについてのコメント

「メンタルトレーニングの導入，試合前の良い準備から生まれる平常心」

「メンタルトレーニングを行ったことにより，具体的な変化としては，試合前日に以前より寝つきも早くなり，ぐっすりと眠れるようになりました。以前は，翌日に控えた試合のことを考えて，感情が高揚して眠れないということもあったのですが，メンタルトレーニングの自律訓練法というリラクセーション法を行うことによって，比較的早く眠れるようになりました。また，試合に臨むにあたり，以前からその試合における警告とか退場の基準や会場の雰囲気をイメージするイメージトレーニングを行っているのですが，自律訓練法を取り入れリラックスした状態でそのイメージトレーニングを行うことにより，それまで以上に平常心で試合に臨むことができました。さらに試合前に良い準備をして良い状態で試合に臨めるようになったことで，試合中に納得のいくパフォーマンスをできるようになりましたし，予期していなかったことが起きても，常に平常心を保てるようになりました」

❹—AとBの活躍およびその後の心理サポート

Aは日本リーグから優秀主審賞を，Bはアジア連盟から年間最優秀主審賞（日本人として初）を，それぞれ受賞した。

AとBの心理サポートをきっかけに，JISS心理グループは，プロの審判員の心理サポートを継続的に行い，これまでに多数の審判員が個別の心理サポートを受けている。心理サポートを受けたす

べての方々が国内外で活躍し，アジアでもトップレベルと言える。

2. 「JFAレフェリーカレッジ」におけるメンタルトレーニングの講義

　日本サッカー協会（JFA）は，国際舞台で活躍できる若手審判員養成のコースである「レフェリーカレッジ」（基本は2年間）を2003年に創設した。そのHPには，「世界に通じる日本独自の審判員の指導・育成システムの確立や審判員の環境の向上を図るため，さらには，FIFAやAFCの審判員プロ化の推奨を受け，『21世紀のレフェリー改革アクションプラン』にある「JFAレフェリーアカデミー」設置の一環として，2003年『JFAレフェリーカレッジ』を立ち上げました」とある。

　このJFAレフェリーカレッジの講義にはさまざまなものがあり，その中に「メンタルトレーニング」が定期科目として2年間で約50時間（講義系の科目としては最も多い）組み込まれている。若手審判員は積極的にメンタルトレーニングを導入し，その重要性・必要性が認識されている。

3. 選手の競技力向上のためにも，審判員のメンタルトレーニングが必要

　JFAは，早くから競技スポーツにおける審判員の重要性を認識し，『審判員のレベルアップが選手のレベルアップに直結する』「技術と審判は両輪」という理念の下に，審判員の強化に努めている。つまり，審判員のパフォーマンスの向上は，選手のパフォーマンスの向上を意味するのである。それゆえに，競技力向上には，「審判員のメンタルトレーニング」は不可欠なものである（図6-7参照）。

　JISS・心理グループが審判員の心理的サポートを始めて10数年経過した。当初は，手探りの状態で行っていた。しかし，回数を重ねるごとに，審判員のメンタルトレーニングの重要性・必要性を感じている。審判員にとって，「メンタルトレー

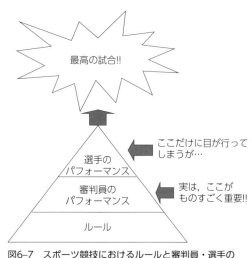

図6-7　スポーツ競技におけるルールと審判員・選手のパフォーマンスとの関係

ニングは不可欠なもの」と言っても過言ではない。

4. 他の競技の若手レフリーに対するメンタルトレーニングの導入

　日本ラグビーフットボール協会は，JAFレフリーカレッジ活動と同様に，若手審判員の育成のために，2005年に「ラグビーレフリーアカデミー」制度を立ち上げた。HPによると，「20歳代の将来有望なレフリーを発掘し，2年間で集中的に指導し，技術や知識の習得，人間性の育成を目指し，トップレフリー候補者を育成してまいります。さらには，世界に通用するレフリーを養成することを目標としています」とある。毎月1回（年12回）の定期講習を行い，2013年からはこの定期講習の中に，メンタルトレーニングが組み込まれ，年10回の講義を行っている。また，このアカデミーには，「女子レフリーアカデミー制度」もあり，女性レフリーもオリンピックなどの国際大会で笛を吹こうと日々奮闘している。

（立谷泰久）

メンタルトレーニングの普及と啓発に携わって

1985年には，日本体育協会のスポーツ医・科学研究の「スポーツ選手のメンタルマネジメントに関する研究」プロジェクトがスタートし，日本におけるメンタルトレーニングの研究や実践が始まった。50名以上のスポーツ心理学者がかかわり，2001年までの16年間で150以上に及ぶ研究や実践の報告がされた。その後は，JISS（国立スポーツ科学センター）を中心とした，研究やサポート体制が構築された。

筆者は，このメンタルマネジメント研究プロジェクトにかかわりながら，1985年・1989年の国際スポーツ心理学会，1991年の第1回国際メンタルトレーニング学会等に参加した。国際メンタルトレーニング学会の理事会から，世界各国にメンタルトレーニングを普及させるために，各国からの参加者に協力をしてほしいという依頼があり，日本での普及の命をもらったことで本格的に日本での普及活動をすることとなった。その後，1993年の研究留学で，多くの国際・米国内学会に参加し，情報を収集した。

1994年には，日本メンタルトレーニング・応用スポーツ心理学研究会という現場での実践を目的としたメンタルトレーニングの情報交換会が近畿大学で発足した。この研究会は，競技力向上を目的としたメンタルトレーニングに興味があれば，誰でも参加できる研究会であり，研究者・選手・コーチ・保護者・関係者等が自由に意見の交換ができる場となっている。1996年の国際メンタルトレーニング学会の現場研修会では，国際ライセンス制度のスタートと同時に，日本でのメンタルトレーニング指導にかかわる指導者・専門家育成のプログラムが承認され，日本メンタルトレーニング・応用スポーツ心理学研究会の内部基準として，300・500・1000・2000単位制度が構築された。2000年に日本スポーツ心理学会がスポーツメンタルトレーニング指導士の資格制度を発足してからは，その制度に準じるようにしている。日本メンタルトレーニング・応用スポーツ心理学研究会は，国内14の支部会ができ，毎月（東海大学本部は毎週）の情報交換会を開催している。最近は，いくつかの支部会が休止をしているが，毎年の講習会等は継続して，全国での普及活動に貢献している。

2000年からは，東海大学においてメンタルトレーニングの専門家育成システムの構築を始め，大学の講義だけでなく，東海大学スポーツサポート研究会のメンタルトレーニング部門として，専門家育成の研修制度の中で，50名以上の学生が現場でのメンタルトレーニング指導や心理サポートの活動をし，普及活動に貢献している。年に4回実施する東海大学の公開講座では毎年2500名以上，学外で実施する講習会を含めると毎年3500名以上の参加がある。

また個人的には，20県以上の体育協会（県・市・競技団体）等からの依頼で，国体指導者や選手・教職員・スポーツ指導者講習会を行っている。さらに，書籍やDVD，NHK通信講座などの出版物による普及も効果的であると考える。

最後に，筆者は日本におけるメンタルトレーニングの普及にかかわり，37年でようやくここまでできたという思いと，まだこれだけしか普及していないのかというジレンマの中にいる。今後の課題は，2020年の東京オリンピック・パラリンピックをきっかけとして，日本国内のプロ・アマのスポーツ組織・指導者・選手・関係者にどれだけ興味を持ってもらうことができるか，であると考えている。また2000年から東海大学でスタートした専門家育成制度が軌道に乗り，多くの学生たちがスポーツメンタルトレーニング指導士を目指すようになった。今後に期待したいと考えている。

（高妻容一）

Sport Mental Training Textbook

第7章

メンタルトレーニング指導士とは

7-1 スポーツメンタルトレーニング指導士の資格認定制度について

1. 資格制度の発足の経緯

　本資格の認定母体である「日本スポーツ心理学会」は1973年に結成され，40年以上が経過している。学会大会での研究発表や学会誌（日本スポーツ心理学研究）の掲載論文において，アスリートのメンタルトレーニングに関する基礎・応用研究が1980年頃から急速に多くなった。

　また，表7-1に見られるように，1990年代に入ると学会大会でのシンポジウムほかでも，毎年のようにアスリートへの心理サポートに関するテーマが取り上げられてきた。もちろん学会大会での個人研究発表は，80年代の状況をさらに加速させている。そして，これらの動きが積み重なり，スポーツメンタルトレーニング指導士（以下，SMT指導士）の資格認定制度の実現につながっていったのである。

　18・19回大会では，すでに競技スポーツの現場で，代表クラスの選手にメンタルトレーニングの指導を実践されている一部の学会員から報告を受け，現状認識を深めた。こうした臨床現場からの報告については，その後の23・24回大会でも行われている。

　資格の問題について公の場で論じられたのは，21回大会が初めてと思われる。そこでは，米国を中心とした諸外国でのスポーツ心理学領域の資格制度について，種々の角度から話題提供がなされ

表7-1　日本スポーツ心理学会大会におけるメンタルトレーニングに関する企画

大会（年）	形式	テーマ
18回（1991）	シンポジウム	ピークパフォーマンス前後の心理的調整
19回（1992）	ワークショップ	オリンピック選手の心理的サポートの諸問題
21回（1994）	レクチャー	スポーツカウンセラーの専門化に向けて
22回（1995）	ワークショップ	スポーツにおける心理的サポートの資格問題
23回（1996）	特別企画	スポーツカウンセラーの専門化に向けて資格・倫理問題
〃	シンポジウム	冬季種目における心理問題と科学的トレーニング
24回（1997）	ワークショップ	長期にわたって継続されたスポーツ選手への心理的サポートの事例から
〃	パネルディスカッション	スポーツ選手の心理的スキルトレーニングの可能性と課題
25回（1998）	シンポジウム	スポーツ選手の健康問題を心理学的支援の立場で語る
26回（1999）	自主シンポジウム	メンタルトレーニングの研究と応用のギャップ
28回（2001）	特別講演	「ピークパフォーマンス不全」のメンタルケア
〃	特別シンポジウム	国立スポーツ科学センターの設置とスポーツ心理領域の果たす役割
29回（2002）	ミニ・シンポジウム	AAASPのコンサルタント資格をめぐって－Dr.Damon Burtonを囲んで－
30回（2003）	記念シンポジウム	競技者をサポートする各種専門職の現場で起こっていること
31回（2004）	シンポジウム	アテネオリンピックと心理サポート
32回（2005）	シンポジウム	より良い心理サポートを目指して
33回（2006）	シンポジウム	ここまできたわが国のメンタルトレーニング
34回（2007）	シンポジウム	より良い心理サポートをめざして：メンタルトレーニングとスポーツカウンセリングの融合
38回（2011）	シンポジウム	心理サポート研究の課題と展望－オリンピック・パラリンピック選手への心理サポートから－

ている。米国の応用スポーツ心理学会（AASP）における資格制度の発足の背景には，①職域の開拓，②専門的技能向上のための研鑽，③研究倫理があり，これらはわが国における資格制度においても参考とした。また，スポーツ心理学領域での資格認定において，関連領域である心理学，ないしは臨床心理学の知識や経験をどのように位置づけるのか議論された。

この年の話題は，その後，22・23回大会でのテーマ（資格問題，資格・倫理問題）として引き継がれ，さらに，24回大会では「スポーツ選手の心理的スキルトレーニングの可能性と課題」と題した討議の場が設けられた。このように指導資格，役割，そして資格認定制度などが，より身近な，そして急務な課題として討議されたのである。

また，25回大会のシンポジウムで討議された主題についても言及しておく必要がある。ここでは，スポーツ選手の傷害，バーンアウト，薬物使用，摂食障害などの健康問題について話題が提供されている。その後，学会認定として資格が付与されるSMT指導士の活動内容・守備範囲を検討していくうえで考慮すべき視点が提示されたともいえる。その他，表中では26回大会の自主シンポジウムのみを紹介しているが，その前年より始まった会員主体の自主シンポジウムでは，毎年，メンタルトレーニング関連のテーマが継続して取り上げられてきている。特に，29回大会からは，「ラウンド・テーブル・ディスカッション」（RTD）と称して，メンタルトレーニングに関心をもつ会員が集まり，自由な雰囲気の中で，情報交換の場がもたれてきている。

こうした動きに呼応して，日本スポーツ心理学会理事会では，資格検討特別委員会（杉原隆委員長，ほか4名）を1997年に発足させ，資格認定制度の設立に向け，作業が進められた。翌年の25回大会の理事会や総会で中間報告が行われ，26回大会（1999年）の学会総会において，日本スポーツ心理学会認定「スポーツメンタルトレーニング指導士」の大綱案が承認され，同時に資格認定委員会（徳永幹雄委員長，ほか10名）が設置された。その後，2000年4月16日の同理事会において「資格認定制度に関する諸規則」が承認され，「スポーツメンタルトレーニング指導士―資格認定申請の手引き―」が同年5月15日に発行され，資格認定申請の受付が開始されるに至った。

2000年より資格申請を受け付け，2016年現在，125名のSMT指導士が認定・登録されている。2005年度からは，資格の有効期間（5年）が過ぎることから，第1期の資格取得者を対象に，資格更新の手続きが実施され，以後，年度ごとに更新がなされている。

表からも示唆されるように，資格制度が発足した後の28回大会においても，メンタルトレーニングにかかわる企画が行われている。特に，特別シンポジウムとして取り上げた「国立スポーツ科学センター」（通称JISS）との連携については，今後，さらに具体的な討議の場が準備される必要がある。

29・30回のシンポジウムでは，SMT指導士の資格や活動について，より広い視野から討議された。前者では，バートン氏より応用スポーツ心理学会（AASP）認定の資格制度の現状について紹介いただいた。諸外国の資格制度の動きにも配慮しながら，本資格制度の充実をはかる必要がある。そして翌年の30回大会では，第一線で活躍されている栄養アドバイザー，アスレティックトレーナー，ストレングスコーチをお招きし，話題提供をいただいた。あらためて，アスリートのサポート現場での各種専門家との連携の大切さを認識した。

その後の学会大会シンポジウムにおいても，引き続きアスリートのメンタルトレーニングや心理サポートにかかわるテーマが企画に盛り込まれていった。本資格を取得した多くの指導士が現場での実践を積んできていることから，シンポジウムでは実際の指導経験，成果をもとに話題提供がなされるようになっていった。また，学会大会とは

別に，自主的にSMT指導士相互の研修の場が全国で組織されるようになり，研修機会の充実がなされている。

2. 本資格制度の設立の目的

日本スポーツ心理学会は，SMT指導士の資格認定制度の発足にあたって，以下のような目的・期待をもって推進した。

❶─指導士としての社会的承認を得る

競技力向上の声が高まるに従い，メンタルトレーニング指導者の必要性が指摘されてきた。そうした中で，日本スポーツ心理学会がSMT指導士を認定することは，個人を学会が公的に認定することであり，個人の指導士としての資格が社会的承認を得ることになる。また，資格制度の設立は，大学院でより専門的にスポーツ心理学の教育・トレーニングを受けた修了者の職域開拓への期待もある。

❷─専門家としての信用を得る

日本スポーツ心理学会が行う資格認定条件（後述）には，厳しいものがある。その条件を満たした資格であるからこそ，スポーツメンタルトレーニングの専門家として社会的な信用を得ることになる。有資格者は，現場から受け入れられる資質の水準に達していなければならない。そして，指導士の専門性の発揮が，アスリートの実力発揮や競技力向上に貢献するものでなければならない。

❸─指導士としての専門性，責任性を高める

SMT指導士が社会的承認を得ることは，同時に，個々の専門的資質向上への研鑽につながっている。また，メンタルトレーニングを介したアスリートの心理サポートには，いくつかの倫理的配慮がなされなければならない。

日本スポーツ心理学会は資格認定にあたって，その専門性と責任性を求めている。しかも，資格取得後も更新条件を満たさなければならない。今後，資格認定委員会が企画する研修会はもとより，その他のスポーツ心理学に関係する諸学会に参加したり，研究業績を高めることにより，SMT指導士としての専門性・責任性を高めなければならない。そのことにより，全体的にSMT指導士資格そのものの専門性・責任性が高まる。

❹─スポーツ心理学への認識と理解を高める

資格認定を行うことによって，他の学問分野の研究者，スポーツ科学者，コーチ，アスリートにスポーツ心理学の認識を深め，さらに，その内容の理解が高まることを期待している。

❺─スポーツ心理学会の発展を期待する

認定条件は学術上の業績，研修実績，指導実績などを要求している。それを満たすために資格未取得者や資格取得者の本学会への参加が高まり，日本スポーツ心理学会がさらに発展することを期待する。視点を変えてみるなら，資格の取得や取得後の継続研修は，スポーツ現場での応用・実践的研究に従事する者の研究力の向上に寄与し，質の高い研究報告をもたらすはずである。

近年，アスリートの競技力向上を目的としたメンタルトレーニングが盛んに行われるようになってきている。SMT指導士資格制度が制定されるまで，わが国ではこのような専門的活動に対して，公的に認められる資格制度がないままであった。

公的な資格制度の存在は，アスリートに対して科学的知見に裏づけられた，質の高いメンタルトレーニングを届けることにつながる。それはスポーツ心理学会の果たすべき重要な役割である。このことは，メンタルトレーニングという専門的活動に対する社会的認知を高めるだけでなく，担当者個々の専門的資質の向上にもつながると期待される。

3. 認定委員会の組織と活動

　資格認定委員会は，日本スポーツ心理学会の中の特別委員会の1つとして位置づけられ，認定作業や有資格者ならびに，将来的に資格取得を希望する学会員への研修機会の充実を図ってきた。以下では，その歩みについて紹介する。

❶─資格認定者数の推移

　2000年度にSMT指導士の資格認定制度が始まり，2001年度に指導士29名，指導士補9名，合計38名が最初の有資格者となった。その後，2002年は17名（指導士4，指導士補13），2003年は14名（指導士補）と新規資格取得者数が推移した。新規資格取得者は，2004年度以降は多いときには10名前後，少ないときには3名である。その5年後の資格更新時に指導士に移行，あるいは指導士補を更新するという制度である。2008年度から名誉指導士資格が制定され，また2012年度からはこれまでの指導士を「スポーツメンタルトレーニング上級指導士」に，指導士補を「スポーツメンタルトレーニング指導士」と名称変更した（以下では名称変更以前でも新しい名称で表記する）。

　2008年度以降の有資格者数は2008年度102名（名誉指導士4，上級指導士37，指導士61），2009年度113名（名誉指導士4，上級指導士39，指導士70），2010年度120名（名誉指導士4，上級指導士43，指導士73），2011年度121名（名誉指導士4，上級指導士43，指導士74），2012年度122名（名誉指導士6，上級指導士40，指導士76），2013年度119名（名誉指導士6，上級指導士44，指導士69），2014年度130名（名誉指導士6，上級指導士48，指導士76），2015年度133名（名誉指導士9，上級指導士47，指導士77）と推移している。資格更新時に更新されない方が毎年数名いることから，有資格者数は全体としては横ばい状態である。

❷─SMT指導士研修会および資格取得講習会の開催

　当初（2001年度）から新規資格取得希望者のための「SMT指導士資格認定講習会」を年1回（スポーツ心理学会開催時），およびスポーツメンタルトレーニングに関する講義，実習，事例検討会を行う「SMT指導士資格認定研修会」を年2回，日本体育学会と日本スポーツ心理学会の開催時に行ってきた（日本体育学会開催時はSMT指導士相互研修会）。2008年度からはSMT資格認定研修会は日本スポーツ心理学会時の年1回となった。また，「資格認定講習会」と「資格認定研修会」という名称が混同されやすいため，前者を「SMT指導士資格取得講習会」，後者を「SMT指導士研修会」と名称変更した（以下では名称変更以前でも新しい名称で表記する）。

①資格取得講習会

　講習内容は，『スポーツメンタルトレーニング教本』（日本スポーツ心理学会編）をテキストとして，SMT指導士の基本的姿勢，基本的技法，取得後の研鑽等について，資格認定委員会の委員が講師となって実施している。

②SMT指導士研修会

　相互研修会ではSMT指導士の実践が報告され，それについて参加者相互で討議し，理解を深めた。スポーツ心理学会開催時の指導士研修会では，スポーツメンタルトレーニング活動の上級者，そして学会開催大学の関係者を講師としてレクチャーをお願いし，その後に上級指導士を講師として技法等の研修，そして事例検討会が実施された。たとえば，第1回と第2回は研修内容と講師は以下のようである（事例検討会は講師・コメンテーターのみ）。

・2001年度第1回：「現場で活かすメンタルトレーニング」（髙妻容一：東海大学），「心理テストの活用」（岡澤祥訓：奈良教育大学），事例検討会（土屋裕睦：大阪体育大学）；第2回：「役に立つメンタルトレーニング」（長田一臣：日本体育大

学），「心理テストの活用」（船越正康：大阪教育大学），事例検討会（吉川政夫：東海大学）
・2002年度相互研修会：「オリンピック代表選手・監督へのサポート」（石井源信：東京工業大学），「国立スポーツ科学センターの現状と課題：SMT指導士との協力関係を探る」（今井恭子・菅生貴之：JISS），指導士研修会「ベストプレイへのメンタルトレーニング」（徳永幹雄：第一福祉大学），「面接技法の基礎」（鈴木壯：岐阜大学），「イメージトレーニング指導の実際」（鶴原清志：三重大学），「メンタルトレーニング指導事例の検討」（星野公夫：沖縄国際大学）

2007年度からは，資格認定委員会委員が中心となって講師を務める講義や実習，事例検討会を行うのに加えて，スポーツ心理学会の会員以外を講師としてスポーツメンタルトレーニングに関連する事項について以下のような講義や実習を行ってきた．

・2007年「スポーツにおけるイメージと動作」（成瀬悟策：九州大学名誉教授）
・2008年「すい星のごとく記録を伸ばし実力以上の力を発揮する脳科学の秘策」（林成之：日本大学大学院教授）
・2009年「自律訓練法」（杉江征：筑波大学）；「心理アセスメント」（伊藤宗親：岐阜大学）
・2010年「認知行動療法」（鈴木伸一：早稲田大学）
・2011年「より効果的な心理援助と東洋的な行について―「行」としての臨床心理的なアプローチ」（森山敏文：広尾心理臨床相談室）
・2012年「平常心是道〜ただ息をする，ただ生きる〜」（板橋興宗禅師）
・2013年「スポーツ医学における精神医学―精神医学の治療ストラテジー」（内田直：早稲田大学）
・2014年「交流分析に基づくアスリート理解と心理支援」（江花昭一：神奈川大学，中澤史：法政大学）
・2014年「新しい時代にふさわしいコーチング―2020年東京オリンピック・パラリンピックの開催に向けて―」（森岡裕策：文部科学省スポーツ・青少年局スポーツ振興課長）

2009年度からは研修会参加希望者が100名を超えるため，午後は有資格者のみの事例検討会とそれ以外の研修（主に初級者用）とに分けて開催している．初級者用としては，たとえば2010年「ケース記録の取り方，まとめ方，発表の仕方」（鈴木　壯：岐阜大学，立谷泰久：JISS），2012年「スポーツ集団のためのチームビルディング：集団凝集性と集合的効力感を高めるために」（土屋裕睦：大阪体育大学）である．

以上の研修会以外に2010年10月9・10日の2日間，資格認定10周年記念講演・シンポジウム「スポーツメンタルトレーニング指導士の現在と未来」が開催された．AASPの会長のグレン・ロバーツ氏（Dr. Glyn Roberts）の講演，サッカー解説者の山本昌邦氏や世界選手権銅メダリストの岸真由氏との対談などに加え，資格認定10年にかかわってきた歴代の委員長等の関係者がSMT指導士のこれまでと将来について講義および提言を行った．

また，2014年に日本スポーツ心理学会が主催したアジア南太平洋国際スポーツ心理学会（ASPASP）開催の折に，英国からマーク・ネスティ氏（Dr. Mark Nesti）を招き，プレミアリーグでの個別心理サポートの実際について紹介いただいた．その後，学会員との間でサポート現場での実践的な問題や課題について意見交換が行われた．

このように，資格制度の設立準備期から10数年の歩みの中では，関連の情報を幅広く求め，研修機会の充実を図ってきた．最後に，今後の研修会ではSMT指導士のさらなる資質・力量の向上を念頭に実施していくことが望まれる．そのためには，スポーツ心理学以外の心理学領域でスポーツメンタルトレーニング関連の理論や実践を学ぶ機会を増やすこと，事例検討会の充実が必須である．同時に，本資格取得者の活躍できる場の確保に向けた競技団体への働きかけを積極的に進めていく必要がある．

4. 本資格制度の内容

❶—本資格の種類

本資格は、以下の3種類から構成されている。
① 「スポーツメンタルトレーニング指導士」
（以下、指導士）

競技力向上のための心理的スキルを中心にした指導や相談を行う専門的な学識と技能を有すると本学会が認めた資格。

② 「スポーツメンタルトレーニング上級指導士」
（以下、上級指導士）

十分な実績とともに高度な学識と技能を有し、本資格の認定委員、認定講習会・研修会の講師およびスーパーヴァイザーを務めることができる資格。

③ 「スポーツメンタルトレーニング名誉指導士」

スポーツメンタルトレーニングに関する優れた学術上の業績および現場での指導実績を修め、かつ本資格制度に多大な貢献をした者に与えられる資格。

❷—本資格の活動内容

スポーツ心理学の立場から、アスリートや指導者を対象に、競技力向上のための心理的スキルを中心にした指導や相談を行う。狭い意味でのメンタルトレーニングの指導・助言に限定しない。ただし、精神障害に対する心理相談は含めない。具体的な活動内容としては、次のようなものが考えられる。

①メンタルトレーニングに関する指導・助言

メンタルトレーニングに関する知識の指導・普及、メンタルトレーニング・プログラムの作成や実施、メンタルトレーニングに対する動機づけなど。

②スポーツ技術の練習法についての心理的な指導・助言

③コーチングの心理的な側面についての指導・助言

リーダーシップとグループダイナミクス、スランプへの対処、燃え尽きや傷害の予防と復帰への援助など（ただし精神障害や摂食障害などの精神病理学的な問題は除く）。

④心理的コンディショニングに関する指導・助言

⑤競技に直接関係する心理検査の実施と診断

競技動機、競技不安、心理的競技能力など（一般的な性格診断は行わない）。

⑥アスリートの現役引退に関する指導・助言
⑦その他の競技力向上のための心理サポート

❸—「指導士」の認定条件

本資格認定では、認定条件1（基礎資格：書類審査）と認定条件2（講習会の受講とスーパーヴィジョン）の2つを満たす必要がある。

【認定条件1：基礎資格】

①本学会の会員として、引き続き2年以上在会していること。退会した場合は、資格の更新はできない。

②大学院でスポーツ心理学、あるいは関連領域（体育・スポーツ科学、心理学など）を専攻し修士号を取得した者で、下記の3領域の授業科目について、学部または大学院において履修していること。各領域の履修単位数は、体育・スポーツ心理学関連領域で8単位以上、一般心理学関連領域で4単位以上、そしてスポーツ科学関連領域で4単位以上を取得していること、を原則としている。

以下、3領域の授業科目の具体例を示す。

・体育・スポーツ心理学関連領域

スポーツ（体育）心理学、運動学習論、コーチングの心理、運動発達論、メンタルトレーニング論、スポーツ（体育）心理学実験（演習）、スポーツカウンセリング、健康運動心理学、修士論文など

・一般心理学関連領域

　臨床心理学，社会心理学，教育心理学，発達心理学，人格心理学，学習心理学，心理学実験，カウンセリング論，メンタルヘルスなど

・スポーツ科学関連領域

　運動生理学，バイオメカニクス，スポーツ医学，スポーツ栄養学，スポーツ生化学，体力トレーニング論，神経生理学など

③スポーツ心理学に関する学術上の業績を有すること。業績はいずれも過去10年以内のものであり，単著または筆頭著者であること。以下の基準に従い，5点以上を必要とする。

・学会発表（1点）　・学術論文（3点）

・単著書（5点）　　・分担著書（2点）

・研究報告書　　　・その他の論文（1点）

④過去10年以内に，スポーツ心理学に関する研修実績を有すること。以下の基準に従い，10点以上を必要とする。ただし，6点以上は本学会が主催する研修会であることを原則とする。

・本委員会が主催する研修会への参加（2点）

・本学会が主催するシンポジウムやワークショップでの司会・話題提供（2点）

・本学会大会への参加（1点）

・本委員会が主催する指導士認定講習会の講師（4点）

・その他資格認定委員会が認める学会・研修会への参加（1点）

・講師（2点）

⑤最近5年間に，スポーツ現場において心理面での指導実績（メンタルトレーニング，研修会講師等）を30時間以上有すること。

⑥何らかのスポーツ経験を有すること。

【認定条件2：資格取得講習会の受講とスーパーヴィジョン】

①資格取得講習会

　本学会が主催するスポーツメンタルトレーニング指導士資格取得講習会を受講すること。本書は，その講習会のテキストとなっている。したがって，本書に記載されている内容は，資格認定委員会が指導士に求める専門的知識・技術に置き換えられる。なお，講習会の講師は認定委員が担当し，検定試験としてレポートの作成が課せられている。

②スーパーヴィジョン

　資格認定委員会の認めたスーパーヴァイザー（上級指導士）によるスーパーヴィジョンを1回2時間以上受けること。ここでいう「スーパーヴィジョン」とは，申請者がそれまでに実施したメンタルトレーニングの指導記録を持参して，それをもとにスーパーヴァイザーによって，申請者が，本学会が認定するメンタルトレーニングを実施する能力を有することを確認する手続きである。したがって，ここでのスーパーヴィジョンは，指導士の資質向上のためのトレーニングとして位置付けられるものではない。これに関してはスーパーヴァイザーからの証明書の提出を求める。

4 ─「上級指導士」の認定条件

①本学会の会員で指導士の資格をもつ者。ただし，退会した場合は資格の更新はできない。

②スポーツ心理学に関する学術上の業績を指導士の基準に従い，25点以上を有すること。ただし，いずれも指導士資格取得後のものであること。

③過去10年以内に，スポーツ心理学に関する研修実績を指導士の基準に従い30点以上有すること。

④最近5年間に，スポーツ現場での心理面での指導実績を100時間以上有すること。

　本資格の申請から登録までをフローチャートにして示した（図7-1参照）。申請書類の受付は，例年4月から6月の期間に行い，書類審査（7月末までに結果の通知）・資格取得講習会への参加（例年，学会大会開催の前後）・スーパーヴィジョン（12月～翌年1月）を経て，その年度の3月末に認定作業が完了（認定証の発行）する。

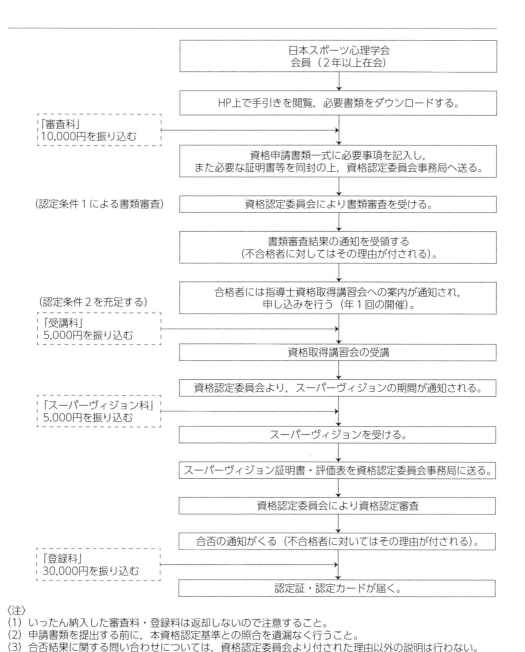

〈注〉
(1) いったん納入した審査料・登録料は返却しないので注意すること。
(2) 申請書類を提出する前に，本資格認定基準との照合を遺漏なく行うこと。
(3) 合否結果に関する問い合わせについては，資格認定委員会より付された理由以外の説明は行わない。

図7-1 資格取得までの流れ

5 ー本資格の有効期間と更新

①有効期間

資格の有効期間は，取得後5年間とする。5年経過後資格更新の申請があった場合，資格認定委員会が資格更新の基準を満たすと判断した者については資格を更新できる。

②更新の基準

以下に定める基準は，指導士ならびに上級指導士の両者に適用される。

・学術上の業績として，資格認定基準に基づき5ポイント以上が必要。

- 研修実績として，資格認定基準に基づき10ポイント以上が必要。ただし，そのうち6ポイントは本学会が主催する会であること。
- 本資格の活動内容に含まれるスポーツ現場での心理面の指導実績を30時間以上有すること。

6——本制度の諸規則

本制度を推進していくために，日本スポーツ心理学会の中に，資格認定委員会を設置し，資格認定制度に関する諸規則（倫理規定を含む）を定めてホームページ上に告知している。

それらの内容等を含めて，日本スポーツ心理学会のホームページ上（http://www.jssp.jp/）で「スポーツメンタルトレーニング指導士－資格認定・更新の手引き－」が閲覧できる。

5. 資格制度の現状および今後の課題

本資格が発足してからすでに15年が経過しようとしている。2015年度までに130名を超える指導士を認定してきた。初期の認定者は，3度目の更新の時期を迎えている。以下に，指導士資格設立の目的に照らして，本資格制度の現状と課題をまとめておく。

1——社会的承認

メンタルトレーニングは競技力向上に欠かせないものであるにもかかわらず，本制度が発足するまでは公的な資格制度はなく，必ずしも質の高くないものも「メンタルトレーニング」として行われていた。そのため競技現場では混乱も散見された。メンタルトレーニングが科学的に裏づけられた専門的な活動であることを保証し，社会的な承認を得ることが本資格制度設立の目的の1つであった。

現在，指導士資格取得の中には，国立スポーツ科学センターの職員としてオリンピックやパラリンピックに出場するアスリートにメンタルトレーニング指導を行う者や，競技団体の医・科学委員や「メンタルコーチ」として日本代表チームに帯同する者も増えてきた。2020年東京オリンピック・パラリンピックを控え，資格取得者にはこのような依頼はさらに増えている。また，国民体育大会の折にも，メンタルトレーニング指導者として資格取得者の派遣要請が増えている。したがって，社会的な承認を得つつある，と見てよいだろう。

2——専門家としての信用

本資格は，原則として大学院修了を基礎条件としており，学部から最短でも6年以上の学習が必要となっている。この期間は「医師」や「臨床心理士」と同じである。さらに学ぶべきカリキュラムを指定し，スポーツ科学と心理学の専門的知識に加えて，研修と研究業績に厳しい条件を課している。また何より「カウンセラー」と同様に，対人援助職に必須とされる指導実習とスーパーヴィジョンを課している。一言で特徴を表現すれば，メンタルトレーニング指導の専門家の資格と言えるだろう。

本書で紹介した実践例の通り，本資格取得者の中には，プロスポーツや実業団などのチームや，日本代表レベルのアスリートに継続的にかかわり，優れた実績をあげている者が少なくない。彼らに共通するのは，自ら事例検討会に参加し，研鑽を積んでいることである。資格認定委員会が主催する研修会では，必ずその中に事例検討のセッションを設けており，資格取得後も自身の指導事例を提供して，学びの機会にしている。専門家としての信用は，取得するまでの学び以上に，資格取得後も学び続けていくことによってもたらされている。

多くの地域では，このような研修会を独自に主催し，相互研修を実施している。今後はさらにこのような機会を多くすることが課題である。地道で継続的な研修こそ，専門的資質の向上には欠か

せない。

3—スポーツ心理学の発展

資格制度設立の目的の1つに，メンタルトレーニング指導を通じて，そこで得られた知見が，スポーツ心理学の発展に寄与することへの期待があった。

スポーツ心理学は幅広い学問体系を持つ分野であり，その研究成果は，メンタルトレーニング指導にさまざまな形で取り入れることができる。とりわけ，運動学習や動機づけ研究の成果はメンタルトレーニング技法の開発に，スポーツ社会心理学の研究成果はチームビルディングやチームの心理状態のアセスメントなどに活用されてきた。また臨床スポーツ心理学の知見は，メンタルトレーニング指導におけるアスリートとの関係のあり方に大きな影響を及ぼしている。これらは本資格が，学会認定の資格であることの利点であろう。

一方，スポーツ心理学会の発展のためには，研究と実践の往還が必要である。実践での課題や気づきが新たな研究の着想をもたらすことも期待されている。しかし，それらの貢献は必ずしも十分とは言えない。実践現場での個人的体験を，他の会員とどのように共有していくかが課題である。とりわけ，アスリート個人やチームの匿名性に配慮しながら，できる限り詳細に記述し，議論可能な形で情報を発信する必要がある。学会誌「スポーツ心理学研究」にもようやく「実践研究」が掲載されるようになったが，この数が増える必要があろう。指導士は，"Scientist-practitioner"，すなわち実践家であると同時に科学者（研究者）でもあることを忘れてはならない。

4—日本スポーツ界への貢献

2020年東京オリンピック・パラリンピックを合わせると，すでに4度の大会を開催する日本スポーツ界において，指導士が貢献できることは，国際競技力の向上のみではない。ジュニア期における発達年代を考慮に入れた心理サポートや，キャリア支援も重要となるだろう。

また，2012年体罰を背景にした高校バスケットボール部員の自死やナショナルチームでのハラスメント事案等を受け，スポーツ指導における体罰・暴力の根絶にも，指導士への期待は大きい。これまで培った，スポーツ心理学の知識と現場での経験により，広くスポーツ文化の創造にも貢献していく必要がある。

日本スポーツ心理学会資格認定委員会は，上述してきたような業務をこれまで行ってきたが，さらに充実するために，「資格委員会」と名称を改める予定である。そして本委員会の下部組織として以下のような4部門を置くことが提案され，2016年度内承認をめどに検討を重ねている。

・資格認定部門
・研修部門
・広報部門
・庶務，会計部門

これらの各部門は連携を取りながら，それぞれの役割を果たしていくことで，資格取得者の拡大，専門性の充実，資質向上，そして社会的認知を高めることがさらに期待される。

最後に，資格認定委員会の歴代委員長を紹介しておく。

1999年度～2001年度　徳永幹雄（九州大学）
2002年度～2004年度　中込四郎（筑波大学）
2005年度～2007年度　石井源信（東京工業大学）
2008年度～2010年度　鈴木　壯（岐阜大学）
2011年度～2013年度　岡澤祥訓（奈良教育大学）
2014年度～2016年度　土屋裕睦（大阪体育大学）
2017年度～2019年度　土屋裕睦（大阪体育大学）
2020年度～2022年度　立谷泰久（国立スポーツ科学センター）

（中込四郎・鈴木　壯・土屋裕睦）

資格をめぐる海外の状況

　日本スポーツ心理学会は,「スポーツメンタルトレーニング指導士」の資格認定制度を2000年に発足した。このような資格に関する海外の取り組みは,どのようになっているのだろうか。資格をめぐる海外の状況を紹介する。

■北米での取り組み

　応用スポーツ心理学会（AASP）は,メンタルトレーニングに関連する資格を世界で初めて制定した。応用スポーツ心理学会（設立当時は,国際応用スポーツ心理学会；AAASP）は,アメリカ,カナダのスポーツ心理学研究者を中心に1986年に設立され,その後国際化されて世界各国から研究者が集まるようになってきている。同学会は,1992年に「心理的コンサルタント」（CC-AASP）という資格認定制度を発足させた。心理的コンサルタントという用語は,メンタルトレーニングと心理サポートの両方を含むものとして用いられている。

　心理的コンサルタントの資格は,以下の3つの分野から認定されている。
①スポーツ心理学の専門家が実施する競技力向上を目的としたコンサルティング…体育・スポーツ科学系の教育的背景をもつ者が主に対象
②臨床心理学やカウンセリング心理学の専門家が行うコンサルティング…心理学系の教育的背景をもつ者が主に対象
③大学の研究者や教育者が研究および教育活動を目的に行うカウンセリング…体育・スポーツ系と心理学系の両方を含む教育的背景
　コンサルティングの主な内容としては以下のような内容がある。
①パフォーマンスの向上
②試合におけるプレッシャーの克服
③子どもたちのスポーツ参加の満足感や楽しさの経験
④怪我をしたアスリートのリハビリでの心のケア
⑤やる気を高める方法の紹介

　応用スポーツ心理学会で資格が認定されると,アメリカオリンピック委員会（USOC）に登録され,オリンピックチームやナショナルチームに対して心理的なサポートを行える資格をもてるようになる。アメリカでは,このように資格の効力が認められている。

　その他の資格認定を行っている国際的な組織として,国際メンタルトレーニング学会（ISMTE）がある。同学会では,1996年に実地研修と通信教育によって,資格認定を行う制度を発足している。

■ヨーロッパ・アジア諸国での取り組み

　ヨーローッパで資格を積極的に認定する国として,イギリスとスウェーデンがある。イギリスでは,イギリススポーツ・エクササイズ科学学会が,スポーツ現場での研修と書類審査によって資格認定を行っている。また,スウェーデンでは,大学が中心となり資格認定が行われてきた。国際スカンジナビア大学等の通信教育によって資格制度が構築されて,多くの有資格者を輩出している。そこでは,スポーツに限らず,ビジネス・教育・健康・芸能などの分野も含めて,メンタルトレーニングの専門家の養成が行われているようである。

　アジア・オセアニア諸国においては,オーストラリアの資格制度が進んでいる。オーストラリアでは,スポーツ心理学に関する教育を,大学の学部と大学院で受けることを義務づけている。その後に,スポーツ現場での研修を最低でも2年間行い,その成果により資格を授与するという養成が行われている。

　その他の国でも,資格制度を整備・発展させている国が増えてきている。　　（磯貝浩久）

7-2 スポーツメンタルトレーニング指導士の訓練

1. 訓練の必要性

　スポーツメンタルトレーニング指導士（以下，SMT指導士）の資格取得のために定められている要件は資格取得の最低条件であり，資格取得者はスポーツでの心理サポートの専門家として活動し始めるための出発点に立ったことを示しているにすぎない。それは，最低条件はクリアしてはいるが，一人前の専門家であることを必ずしも保証してはいない。メンタルトレーニングの指導や心理サポートは人と人とがかかわり，その関係を土台にして行われるのであるから，基本的な事項を学んだとしてもそれで十分ということではない。理論や技法は机上の学習，あるいは知的に学べる側面があったとしても，人と人とがかかわる中で行われる心理サポートはそれだけで学べるものではない。したがって，相応の訓練を受けることと資格取得後の研修や訓練を怠ってはならない。

　一括りにアスリートの心理サポート，心理的スキルトレーニングの指導といっても，対象となるアスリートによって少しずつ内容や方法が異なるはずである。アスリートのためになることをやれたと思ったとしても，これで良かっただろうか，他の方法が考えられなかっただろうか，などと思案することは当然のことである。むしろ，そうした姿勢がその後のSMT指導士の成長を促進することになる。かなり努力してサポートしたつもりでも不安や心配は残るものである。それでも，できるだけのことはしなければならない。そのためには指導士自身が研修や訓練の機会を見つけ，自身の力量・技量の向上に心がけるべきである。また，心理サポート実践者同士の相互支援は必須である。

2. SMT指導士の訓練

　SMT指導士の訓練のための継続研修制度は，現在のところ十分とは言えない。対象となるアスリートの手助けをするためには継続的な訓練は欠かせないことであり，そのための研修制度は今後検討していかねばならない。本節では，成田（2010）を参考にしてSMT指導士の技量や資質の向上に必要な研修や訓練について考えてみたい。成田（2010）は良い精神療法家（カウンセラー）になるために，「基本的な姿勢，態度を身につける」「理論を学ぶ」「技術を学ぶ」の3つをあげている。実践領域・内容は異なるが，それらは良いSMT指導士になるために必要な事項でもある。

■1 基本的な姿勢，態度を身につける

①良い師（指導者）を見つける

　対象者（主にアスリート）を第一と考え，彼らのために実践していくのが基本的な姿勢や態度である。それを身につけるには，まずはモデルとなる師（指導者）を見つけることである。一般には自分自身が教育を受けた機関の指導者がそれに当たるだろう。その師を通じて基本姿勢を学び，身につけることになる。まずは師に傾倒し，この人についていこう，学ぼうと決断しなければならない。その教えに従い，身につけ，その後に自分らしいやり方を見つけていく。

　師は自分自身の出身教育機関の教員でなくても良い。学会や研修会等での発言や行動を見ていると見つかるかもしれない。適切な指導者の多くは実践者であり，その方々の書かれた実践論文，事例研究等を精査し，教えを請うことになる。そ

して，その師がスーパーヴァイザーになることもあるかもしれない。その師の考え方，感じ方，実践の方法等を身近にいて学ぶのである。

②自己成長

アスリートのメンタルトレーニングや心理サポートといっても，競技力向上だけでなく，彼ら自身のこころの成長にもかかわることになる。そのため，指導士自身が自分自身の人間としての成長を求める人でありたい。人間の成長にかかわる仕事をするときに対象者の成長のみを考えることは適切なサポートの実践にとって望ましくない。

また，自分自身がどのようなことを考え，感じ，行動しているのか，自分がどのようなパーソナリティであるのか，人との関係の取り方はどのようにしているのか，などについて自分自身を知ることが大切である。自分自身を知らずして，他者を理解することは難しい。そのために，感受性を磨くことが必須である。アスリートの心理サポートにかかわるときにどんなことを感じているかを理解することは，自分自身を知ることにつながると共に，自分の心に触れた他者であるアスリートを理解することになっていく。

2 ─理論を学ぶ

①本を読む

SMT指導士の多くは体育・スポーツ出身者であろう。したがって，理論を学ぶときスポーツ心理学やその他のスポーツ科学にかかわる書籍を読むことが多いだろう。しかし，それでアスリートの心理サポートの基本となる理論の学習として十分というわけではない。心理的スキルトレーニングの基になっている行動療法，認知行動療法，自律訓練法などにかかわる書籍も読むべきである。人間の行動変容のメカニズム，その過程，方法などがわかる。また，人と人との関係を基礎として行われるカウンセリングや心理療法の知識があると，人間がどのように人とのかかわりで成長するかが理解できる。

以上の必要な理論を学ぶためには，他者あるいは書評などで推薦されているスポーツ心理学や臨床心理学などに関連する書籍，自身の興味が惹かれる書籍を多く読むことである。その中から自分に馴染む，好きな著者を選び，主要な著書は2，3度読んでみる。そこに書かれている理論や方法は自分自身が心理サポートをするときの拠って立つ理論となる。そこまでに至るには，単に知的に学習するだけではなく，実際の体験レベルまで，つまり身につくまで理論を「受肉化」（成田，2003）しなければならない。マニュアルに頼ったり，書籍に書かれている内容の良いところだけつまみ食いのように読むことは人間理解を浅いものに留めてしまい，適切な心理サポートの実践をできにくくする。

②研修会やワークショップに参加する

スポーツ心理学会やSMT指導士関連の研修会に参加するだけでなく，関連する臨床心理学の研修会やワークショップに参加することが望まれる。たとえば，「マインドフルネス」を冠した心理サポートの研修会に参加するとき，マインドフルネスをスポーツに適用した方法を学ぶだけでなく，その元々の考えに基づいた認知行動療法の研修会等にも参加するのが良い。また，その考えに仏教思想があるのだから，それについても学ぶことも考えたほうが良い。

カウンセリングをベースとして心理サポートをするときにも同様のことを考えるべきである。カウンセラーの訓練のために行われていることを体験するべきである。その方法の1つとしてカウンセリングや心理療法の研修会やワークショップに参加すること，自分自身がカウンセリングを受けてみることなどがある。

元の方法がどのような考えで，どのように実践されているのかを一度は学ぶ必要があるのである。なぜなら，スポーツでの心理サポートはその応用として行われているのであるから。その辺りのことが今後のSMT指導士の発展のために望まれる。

❸—技術を学び，身につける

①スーパーヴィジョン

　スーパーヴィジョンを受けることは専門家として一人立ちしていくためには欠かせない。個人スーパーヴィジョンでは，スーパーヴァイジーは1回の面接や指導の逐語録を作成し，スーパーヴァイザーに報告する。それに対してスーパーヴァイザーは，スーパーヴァイジーがアスリートの言動を適切に理解し，それに合った応答をし，適切にかかわっているか，適切な支援をしている等について指導・助言する。同時に，ディスカッションしながら共に考えていく。それを何十回，何百回と重ねるにつれて，スーパーヴァイジーの力量が上がっていく。

　スーパーヴァイザーの機能として，宮城（2013）は，「事例のモニタリングとその評価」「スーパーヴァイジーへの指導と助言」「モデリング」「コンサルテーション」「支持と関与」の5つをあげている。スーパーヴィジョンは「付き添いのおとなが，子どもに事故が起こらないように適切に目的地に向かって誘導すること」（西園，1994），「優位，つまり，superな位置から眺める，つまりvision，ことであるが，自分より上の人にみてもらうということ以外に，自分を一歩はなれたより上の広い位置から眺めなおすというニュアンスもある」（渡辺，1994）。つまり，熟練者（スーパーヴァイザー）が未熟な者（スーパーヴァイジー）に心理サポートを求めたアスリートをどのように理解するか，どのような方法でサポートするか，その過程でのサポートの具体的なやりとりをどのようにしていくか等について，指導助言すると共に，広い見地から共に眺めてみるのである。それによって，スーパーヴァイジーは自分自身の実践がアスリートにどのような影響を与え，それが適切であるかどうかを理解していく。また，スーパーヴァイザーをモデルとして自分自身の成長を考えるであろう。そして，スーパーヴィジョンを継続的に受けることによってアスリート理解を深め，その技法に熟達していく。

　ところで，スーパーヴァイザーをどうやって探すのか。資格取得要件として課されている時間数（2時間）では十分なスーパーヴィジョンを受けたことにはならない。技量や資質の向上のためには個人的にスーパーヴァイザーを見つけ，スーパーヴィジョンを受けることが必要である。それは現在のところ自分自身で見つけなければならない。たとえば，学会や研修会等に参加して具体的実践的な発言をする実践者，書物で適切な実践をしていると思われるスポーツカウンセラー，あるいは信頼できる研究者から適切な心理サポートを実践していると推薦されたSMT指導士，などにお願いすることになる。

　心理臨床の領域では，「スーパーヴァイザーのところへ行くために，ヴァイジーが記録をとり，それについて語る，という事実そのことが，既に重要な意味を持っている」，そしてスーパーヴィジョンによってスーパーヴァイジーが育てられ，「ヴァイザーがヴァイジーの成長のための容器」になり，「エネルギーをもらうような感じを受ける」（河合，1992）のである。

　スポーツ心理学の領域で，スーパーヴィジョンはあまり実施されてきていない。今後，SMT指導士やスポーツカウンセラーの心理サポートがより重要になるにつれて，またそれらの資格を有する者たちの訓練のために，スーパーヴィジョンの重要性は増すであろう。

②事例検討会（ケースカンファレンス）と　事例研究（ケーススタディ）

　心理サポートの実施が競技結果にどのように影響するかを検討するとき，たとえば，メンタルトレーニング実施群と統制群で事前事後のパフォーマンスと心理指標を比較し，有意差があったとしても何が効果的なのか，どのような過程で効果が生じたのか，等についてわかるわけではない。メンタルトレーニングがどのようなプロセスで，ど

のように効果的であるのか等については明らかにされているわけではない。このような研究では，心理的スキルトレーニングの有効性をより良いものにする知見を得ることは困難である。

そのため，個々の事例を詳細に検討することが必要になってくる。個々の事例の心理的スキルトレーニングや心理サポートの経過をたどることによって，アスリートがどのように心理的スキルトレーニングや自分自身の問題に取り組んでいるか，サポートを通してどのように語りの内容が変化しているか，どのように競技への取り組みが変化しているか，パフォーマンスが変化しているか等をたどることになる。そのプロセスをアスリートの側に立って聴くと，アスリートの身体での体験だけでなく，内的な体験をも感じ取ることができ，それは1つのアスリートの物語（ストーリー）を聴くことにもなる。そして，それは事例を聞く側に新たなストーリーを生み出すことになり，河合（2003）の言う「間主観的普遍性」を通じてその他の事例ともつながるものである。表面上は単なる事実の羅列に見えていても（聴こえても），1つの物語として読み取ることで，（個から）普遍へと至る道を考えていくことになる。「主観的世界」を対象として，それもアスリート個人の「全体」，その人の生き方そのものに目を向けていくのである。

事例を詳細に検討することからさまざまな知見が得られ，それが新たな知見の発見や，新たな技法を生み出すことにつながるとき，事例研究と呼べるものになる。そのことは心理サポートの理論や方法の発展やSMT指導士の成長につながる。事例研究の積み重ねが今後期待される。

事例検討会をSMT指導士の訓練の機会にするためには，まずは個々の指導士がそこに参加し，事例を聴き，発表する機会を持たねばならない。そのためには，定期的に事例検討会を開催できるような小さなグループを作ることが望ましい。そこに適切なコメントができる指導者（リーダー）がいるとなお良い。

発表者は，事例を報告するときにその目的を明確にし，面接記録を通読して事例の全体像をつかみ，アスリートとのかかわりで語られたアスリートの言葉とSMT指導士が感じたことや考えたこと，どのように介入したかを書いておく。それも実際の場面がイメージできるように書く。聞く側は，事例を聞きながら視点を「クライエント（アスリート）の位置」に置き（山中，2012），SMT指導士の介入によってアスリートが何を感じ考えているか，どのような行動をするようになっているかなど心をめぐらすのである。

徳田（2007）は臨床心理の事例検討会で大事なこととして「事例発表者の率直さと自己開示」「コメンテーターや参加者のやる気を削がないようなコメント。第三者だから見えるというような謙虚さ」「参加者の頭の中でのびのびと試行錯誤できること」をあげている。SMT指導士の事例検討会でも同じことが求められ，発表者が自己開示し，参加者も謙虚にオープンな態度で臨み，さまざまな観点から討議し，さまざまことを感じ・考え，相互の成長に役立つものにしなければならない。

また，匿名性に配慮することは当然のことである。ときには有名なアスリートが心理サポート対象になった事例が報告されるかもしれない。そのときに事例報告者であるSMT指導士が，自分は「有名なアスリートをサポートした」と売名行為に走りたい誘惑，有名アスリートをサポートするほど自分は優れているんだという無意識的な優越感が湧くことがあるかもしれない。それは厳に慎まねばならない。アスリートのためになることを第一に考え，自分の技量や資質の向上のために匿名性に配慮しながら自分自身の実践を報告する器量がSMT指導士に求められる。参加者やコメンテーターも報告された事例について，実名や競技名を詮索することなく，また事例検討会で語られたことを他の機会に話さないような配慮をしなければならない。

（鈴木　壯）

7-3 日本代表チームに対する心理サポートシステム

1. はじめに

2001年10月に開所した国立スポーツ科学センター（以下，JISS）は，トップアスリートの国際競技力の向上のために，スポーツ医学・科学・情報の研究とサポートを行っている。そして，これらの研究の推進と多数のトップアスリートのサポートを行い，日本人選手の国際競技力の向上に貢献している。開所以降，冬季4回（2002年ソルトレイクシティ，2006年トリノ，2010年バンクーバー，2014年ソチ），夏季4回（2004年アテネ，2008年北京，2012年ロンドン，2016年リオデジャネイロ）のオリンピックがあり，その度にJISSの活動が活発になってきている。本節では，「日本代表チームに対する心理サポートシステム」，そして「チーム『ニッポン』マルチサポート事業」で行った心理サポートについて述べる。

2. JISSの心理サポート

オリンピックに出場し，オリンピックで活躍するアスリートは，さまざまな心理的課題・問題を抱えている。我々JISS心理グループは，そのようなアスリートのサポートに日々全力を注いでいる。その中のJISS心理グループが行っている「個別（1対1）のサポート」と「チーム帯同のサポート」について説明する。

1—個別（1対1）のサポート

個別（1対1）のサポートとは，アスリート個人が何らかの理由で個別サポートを希求し，サポートの申し込みをすることで始まる。自発的に申し込むことが基本だが，指導者やチーム関係者，またはJISSスタッフ（他分野）からの紹介で来談する場合もある。サポートの申し込み後，最初にインテーク（初回）面接を行う。そこでは，アスリートの主訴や希望，来談の経緯等を詳しく聴く。その後，インテークカンファレンス（受理会議）を開き，担当者を決める。JISS心理グループのスタッフは，スポーツメンタルトレーニング指導士（以下，SMT指導士），スポーツカウンセラー，臨床心理士などの資格を有し，アスリートの主訴や希望に合うスタッフを割り当てる。担当者は，それぞれの特長を発揮しながらサポートを行っていくが，アスリートは多様な心理的課題・問題を抱えているため，時には最初に担当した者のサポート範囲を超えるようなこともある。そのような場合には，他の心理スタッフと連携を取り，一人のアスリートを二者，三者でサポートすることもある。また，医師の診察が必要な場合には，JISSの心療内科（診療日／月2回）を受診することもある。

2—チーム帯同のサポート

チーム帯同のサポートとは，競技団体から要請を受けて，合宿や試合に帯同しサポートを行うというものである。合宿地で講習会を開催したり，現地で個別サポートを行ったりする。担当者は，この要請を受けてから指導者とサポート内容について密に話し合い，可能な限り要望に応え，より良いサポートを目指す。また，合宿地に行った際には，指導者と積極的にコミュニケーションを図る。練習を見学する際も，アスリートの普段の様子を伺ったり，心理面の重要性を話したりしながら，少しずつ交流を深めていく。そして，指導者

や関係者と良好な関係を作り，アスリートのサポートを行っていくことで，充実したチーム帯同のサポートができてくる。2015年度に，JISS心理グループがチーム帯同サポートを行った競技団体は，スキージャンプ・男子，バスケットボール，ウェイトリフティング，レスリングなどであった。

3 ― チームに帯同する際の重要事項

前述したように，チームへの帯同は，指導者側からの要請があってできることである。ただ，そのチームの複数いる指導者のすべてが心理サポートを望んでいるわけではない。むしろある特定の指導者の強い要望というケースであったり，また，一部のアスリートが望んでいなかったりする。そのような状況の中でチームに帯同すると，最初にある種の居心地の悪さを感じたり，「自分がここにいる意味は？」ということを思ったりする。そのようなときに，これらを解消しようとしたり，自分の存在意義を示そうとして，何らかの行動（自分ができるサポートの範疇を超えることや心理サポート以外のことなど）を起こすと，現場が混乱することがある。重要なことは，チームに帯同するときには，「余計なことをしているかもしれない」という意識を常に頭の片隅に置き，「自分の分野で，自分ができることだけをする」というスタンスで，自分の立ち位置を見定めて，帯同することである。

これまでの筆者の経験で述べると，チームにはそれぞれに「独自の文化」があり，それをいち早く理解し，馴染むことが重要だと思われる。また，チームは「生き物」であり，そのときどきで雰囲気が変わるため，そのときの状況を全身全霊で感じることが必要である。さらに，そのときに「今の自分の役割は何か」「今のチームには，どのような態度・姿勢で接するのが良いのか，どのような言動（何も言わず，じっとしていることも含む）が必要なのか」「アスリート，指導者，他のスタッフとの距離感は」ということを常に考えておく

ことが必要である。これらの総合的な活動が，チームにとって有益であったと指導者や競技団体が判断した場合には，何らかの貢献をしていることになるだろう。JISSのチーム帯同サポートは年度毎の要請となるため，競技団体が必要ないと判断すれば，次年度の要請は来なくなる。

筆者（立谷）は，2006年トリノオリンピック後からスキージャンプ・男子チームの帯同のサポートを行っている。オリンピックは，2010年のバンクーバーと2014年のソチに帯同した。チームの要請により現在まで約10年間のサポート活動を行ってきているが，チーム帯同のサポートは，多くのやりがいを感じるが，難しさも常にある。

4 ― パラリンピック選手の心理サポート

JISSでは，2015年度からパラリンピック選手の心理サポートも受け入れるようになった。日本パラリンピック委員会（以下，JPC）の医・科学・情報の心理サポート部門では，既にサポートが行われ，サポート経験が豊富な方々がいる。今後は，JPCの心理スタッフや日本スポーツ振興センター（Japan Sport Council：以下，JSC）のハイパフォーマンスサポート事業（パラリンピック）の心理スタッフと協働しながら進めていく予定である。国際競技力向上のために，オリンピック選手もパラリンピック選手も変わらず，サポートしていくことがJISSの役割である。

5 ― 事例検討会について

JISSでは，トップアスリートの心理サポートの事例検討会を毎月行っている。開始してから10年余り経ち，2016年7月までに120回行った。参加メンバーは，JISSにかかわりのある特定の人たちで構成され，全員がSMT指導士，スポーツカウンセラー，臨床心理士，心療内科医などのいずれかの資格・立場の人たちである。スーパーヴァイザーの役割を担う大学教員等も数名参加され，毎回指導を受けている。そこでは，それぞれの立場

からさまざまな意見が出され，トップアスリートの事例検討会としては他に類を見ない，質の高い事例検討会になっている。

3. チーム「ニッポン」マルチサポート事業について

❶—チーム「ニッポン」マルチサポート事業とは

この事業は，「文部科学省が平成20年度から実施している委託事業であり，ロンドンオリンピック競技大会およびソチオリンピック冬季競技大会において，わが国が世界の強豪国に競り勝ち，より確実にメダルを獲得するために，トップレベル競技者などのメダル獲得が期待される者に対して，多方面からの専門的かつ高度な支援を戦略的・包括的に行っている」（文部科学省HP）というものである。つまり，アスリートやチームが，オリンピックでより良いパフォーマンスおよび結果が得られるように，さまざまな分野からサポートするということである。

❷—マルチサポートの「チーム帯同サポート」の要望

各競技団体からあげられた心理サポートに関する要望には次のようにまとめられる。
①講習会で，メンタルトレーニングの基礎・応用を教えて欲しい。
②アスリートの個別サポートを実施し，試合に向けた心理的コンディショニングの指導をお願いしたい。
③アスリートのみならず，コーチのサポートも重要と考えている。また，アスリート，コーチ，スタッフも含めたセッションを設け，チームビルディングをお願いしたい。

❸—マルチサポートの「チーム帯同サポート」の進め方

このサポートについては，以下の①〜⑤の流れで行った。
①競技団体との窓口になっているJISSの研究員（心理以外の分野）から，競技団体の様子や心理サポートに関する要望を伺った。
②競技団体の関係者（強化担当者やヘッドコーチなど）と直接会い，心理サポートの要望や競技団体の現況を伺った。
③競技団体にJISSの心理サポートでできること（基本スタンス）や概要を伝えた。たとえば，最初に講習会を行い，その後，希望者（自発来談）に個別サポートを行うなどである。
④遠征の多い競技団体には，こちらから出向き，個別サポートを定期的に行った。またその際，チーム全体の様子を観察し，その雰囲気を感じ，気づいたことを心理スタッフ以外のJISSスタッフに伝えたり，コーチに伝える場合もあった。
⑤複数のスタッフで心理サポートを行っている場合は，報告会を設け，サポートの振り返りを行った。また，競技団体の全体の様子についても感じたことを話し合った。さらに現在，チーム内でどのようなことが起きているかをさまざまな視点から想定することを行った。また，特定のアスリートの個別サポートを事例検討形式で検討した。

❹—サポートで重要視した点

①アスリート個々を大切にすると同時に，競技団体全体（JISSスタッフも含め）のことも俯瞰的にとらえ，アスリート間の関係，アスリートとコーチとの関係，その他のスタッフとの関係など，チーム内で今何が起こっているかを把握するよう努めた。
②コーチが行う仕事は，技術指導のみならず，「自信をつける」「集中力を高める」という心理面のことも含まれる。こういうことの邪魔をせず，その背景にあるコーチの意図や心の動きをとらえ，それに応える努力をした。
③本番が近づくにつれて，アスリート以外のスタッフが「自分のできることで役立ちたい」という気持ちが強くなり，それが却って選手の負担

になることが多々あった。そのようなときにこそ，全体をとらえ，余計な動きをせず，アスリートの声に耳を傾けた。

4. マルチサポート事業における心理サポートの実例

ここでは，マルチサポート事業においてターゲット種目に選出されたA競技団体における心理サポートの概要を紹介する。A競技では，一人のアスリートが個人種目でメダル獲得の可能性が高いと評価され，ターゲット種目に選出された。しかし，他の代表選手も含め代表チームとして一緒にトレーニングを行っていることもあり，選出されたアスリートだけでなくチーム全体をサポート対象とすることで現場レベルの合意を得て実施した。

❶―サポートチームの編成

マルチサポート事業では，競技団体の強化責任者と指導者，JISS主担当者（その競技のサポートをマネージメントする研究員）で話し合いサポート計画が立案される。A競技の場合，この話し合いで指導者から心理サポートに関する要望があり，心理グループにサポートが依頼された。

❷―心理サポートの要望とその対応

指導者からあげられた心理的課題は「海外での試合で力が出せていない。」であった。しかし，これはJISS主担当者に伝えられたものであるため，心理グループとしては，その背景にあることや，具体例を聞いてから対応を考える必要があるとして，心理スタッフ2名により再度指導者との打ち合わせを実施した。そこでは，実際には実力発揮ができていないわけではないことや指導者自身が不安に感じていることがアスリートのこととして語られている可能性などが示唆された。

❸―心理サポートの形態

上述の要望とその背景にあると考えられる課題を踏まえて，A競技団体には2名の心理スタッフを配置した。1名はサポート経験豊富なスタッフであり，特に指導者とコミュニケーションを図り，現場には必要最低限しか行かなかった。もう1名のスタッフは，主に現場に帯同し定期的にアスリートの個別サポートを実施した。そして，指導者からあげられた課題ではなく，アスリート個人のペースで，その課題に合わせたサポートを実施した。アスリートの個別ケースに関しては，経験豊富なスタッフがスーパーヴァイズをしながら実施された。そして，常に，2名のスタッフでアスリートや指導者個人の状況とチーム全体の状況を俯瞰的に眺めながらサポートを実施した。

❹―帯同サポートの留意点

帯同サポートの場合，相談室にアスリートが来るときとは違い，アスリートが競技している世界の中に心理スタッフ自身が含まれることを留意しなくてはならない。A競技では，アスリートと指導者，サポートスタッフが常に生活を共にしていた。そうすると自ずと関係性は強くなる。さらに，海外での生活が長く代表チーム以外とのかかわりがほとんどない状態であった。アスリートはこのような関係性の中にいるものとして心理スタッフをみている。それが，強い信頼につながる場合もあれば，個人的な相談ができないぐらい近すぎる存在になっている可能性も理解する必要があった。また，アスリートが語る主観的な日常を心理スタッフも実際に見ていることから，アスリートの個人的な感覚とは異なることを感じ共感することが難しい場合も生じた。しかし，A競技における心理サポートでは，サポート形態を設定する時点で十分な準備とそれに対応するスタッフがいたことで対応することができた。帯同サポートでは，アスリートに共感し寄り添うことだけでなく，自分自身がどのような立ち位置に在り，周囲にどのような影響を与えているのかなど心理スタッフ自身が自分のことをよく理解しサポートすることが必

要となる。

5 ── 帯同サポートで「得られた重要事項」のまとめ

①競技団体に対して

- 「チームは何を求めているのか？」をしっかり把握する。指導者とアスリートの要望は異なるので、それを整理する（サポートを希望しない指導者や選手もいることを理解する）。
- 自分たちができる心理サポートについての説明を丁寧に行い、理解して頂けるようにする。そして、サポートの方針やルールなどを細かいことを決める。
- アスリートのサポートのみならず、指導者のサポートも行う場合がある。それは複数人が対象となり、関係が複雑になる場合もある。さまざまな関係に配慮しながら行う。

②心理スタッフとして

- 指導者、アスリート、その他の分野のサポートスタッフとコミュニケーションをしっかりとる。
- 「チームの体制はどのようになっているのか？」「コーチの体制はどうか？」「コーチ陣の関係はどうか？」「コーチのタイプや特徴はどうか？」などを常に感じとる。
- 心理サポートの「押し売り」をしない。また、時には「余計なことをしているかもしれない」「迷惑を掛けているかもしれない」と思いながら振り返ることが大事である。
- 複数のスタッフで行うサポートが理想的である。その場合、かかわったスタッフで報告・確認・振り返りをしながら進めていく。
- 「距離感」の難しさを感じることが重要である。代表チームとサポートする側の「物理的距離と時間的距離」を常に考えながら、自分の立ち位置を考える。
- サポートする側の能力（自分自身）やその個性も考える。スーパーヴィジョン等を受けながら進める。
- 他の分野のサポートスタッフとも連携をしっかりとる。そして、心理サポートについても丁寧に説明し、理解して頂くように努める。

チーム帯同サポートは、上記のことを考えながら進めていくことが重要である。また、アスリート、指導者、スタッフのすべての方々との信頼関係を築いた後は、適切な距離感を保ちながらサポートを行っていくことも求められる。

5. ロンドン、ソチオリンピックでの「マルチサポート・ハウス」の設置

2012年のロンドンオリンピック、2014年のソチオリンピックでは、「マルチサポート・ハウス（以下、MSH）」を設置した。MSHは、アスリートが医学・科学（心理含）・情報・栄養などのサポートを、選手村の外で受けられる施設である。JISS心理グループのスタッフも、サポートの一分野として業務に従事した。心理グループのスタッフがハウスに常駐し、いつでもアスリートの要望に応えるためにサポート体制を整えた（立谷、2014）。サポートスタッフの人数は限られているため、アスリートのさまざまな要望に応えるのは難しい。そのため、他の分野との連携が取れる体制も考え、MSHのJISSの心理スタッフと選手村の医師、そしてJISSに非常勤で勤務している精神科医との連携が取れるような体制にした。ロンドンとソチでのMSHの心理サポートの利用は多くはなかったが、医・科学のサポートの一分野としての役割や存在意義は十分にあると確信している。

また、2016年のリオデジャネイロオリンピックでは、MSH（2016年は「ハイパフォーマンスサポートセンター」という名称）は設置するものの心理サポートを行う施設は設けていない。しかし、同年のリオデジャネイロパラリンピックでは、心理サポートを行う施設を設置する予定である。

（立谷泰久・秋葉茂季）

コラム

オリンピックを控えたアスリート・指導者への講話

　オリンピックで，実力が発揮できるようにすることが，大会直前の講話の目的である。この目的を達成するために，以下のような視点から話をしている。

■実力発揮を妨げる原因は，マイナス思考

　オリンピック直前には，多くのアスリートが，目標が達成されなかったらどうなるのだろうかというマイナス思考に陥る。このマイナス思考が実力発揮を妨げる最大の原因である。大切な試合の前に調子が悪くなるアスリートは，何をやり残したのか，問題点はどこにあるのかを探していることが多い。これではどんなに調子がいいアスリートでも調子を崩してしまう。大会の直前には，問題点を探すのではなく，自分の長所や何ができるように練習してきたのかを整理することが有効である。指導者も大会直前には問題点（指摘してもどうしようもない問題）やそんなことでは負けるという指摘はやめるべきである。

■120％の力は出ない

　「120％の力を発揮してメダルを獲ってこい」と励ます人が多いが，ない力を発揮することはできない。

　「しかし，あなたのベスト記録は，あなたの100％の実力が発揮された結果ではない。90％，80％それ以下かもしれない。まだ発揮したことがない残りの10％，20％の力を発揮したらメダルが獲れるかもしれない。あなたにはメダルを獲る力があるから代表選手に選ばれているはずです。不可能と考えるのではなく，100％の実力を発揮するための方法を考えることが有効です」

　アスリートがこのような思考をするために，指導者はアスリートを信じることが必要である。

■負けてもかまわない

　マイナス思考に陥らないためには，負けることを恐れないことが必要である。実力を発揮して負けたのなら仕方がない。実力を発揮して負ける相手がいたら負けても仕方がないが，自分の実力を発揮できなくて負けることは問題である。結果ではなく，実力が発揮できたかどうかが問題である。

　このような考え方をするために，「自分はチャレンジャーである」と考えることが有効である。オリンピックで連覇を果たしたあるアスリートのキーワードは「チャレンジャー」であった。連覇がかかったオリンピックではチャレンジャーとして競技し，それが達成できたのだと思う。チャレンジャーは負けることを恐れるのではなく，積極的に挑戦する人である。チャレンジャーであるためには，積極的に攻めた結果，負けることがあっても仕方ないと，割り切ることが必要である。

■オリンピックを楽しもう

　オリンピックの試合前に，負けたらどうしようと不安で眠れなくなったアスリートが，「オリンピックはあなたが勝ち取ったものであり，今までの努力に対する報酬である。思い切り楽しめばよいのです」という言葉に救われたということがあったそうだ。

　楽しむということは，いい加減なプレーをするということではなく，精一杯プレーを楽しむということで，「楽しむんだ」と考えると不安はなくなり，積極的になるものである。実力が発揮できたとき，優勝できたときが一番楽しいときではないだろうか。

　オリンピック直前の選手は，不安で一杯である。この不安な状態から自信をもって戦える状態にするためには，このような講話が効果的だと考える。

（岡澤祥訓）

7-4 プロスポーツチームおよび実業団チームにおける活動

1. サッカーJリーグ

❶─依頼の経緯

　きっかけはJリーグの某チームの総監督から傘下にあるユースチームに対するメンタルトレーニング指導を依頼されたことであった。その依頼に応えてユースチームに対して毎回2時間，月1回のペースで年間12回の講習を行った。その年の高校3年生の数名がプロに進むことが決まり，その選手たちの希望もあり，プロの選手たちに対しても翌シーズンからメンタルトレーニング指導を行ってほしいとチームから依頼があった。

❷─対象チームと選手

　メンタルトレーニング指導の対象となったチームは，特に育成を重視しているチームである。各地域におけるサッカースクール，ジュニア，ジュニアユース，ユースという各年代で選手を発掘・育成し，プロに繋げることを方針としており，スポーツ科学の知識を有効に利用して育成や競技力向上に活かすことをJリーグの中でも先駆けて行ってきたチームである。

　このチームでは，高卒もしくは大卒でプロに入って最初の2年間は寮生活を送ることになっており，毎年約10名の選手が寮で生活している。その寮に住んでいる選手たち，つまりプロに入って1～2年目の選手たちを対象にメンタルトレーニングの指導を行った。プロには1軍にあたるトップチームと2軍にあたるサテライトチームがあるが，寮生たちにはそのどちらのメンバーもいた。なお，これらの選手たちの中から8名がこれまでに日本代表入りしている。

❸─指導期間と年間計画

　X年のシーズンから始めて12年間に渡ってサポートを行ったが，その間に年間を通して行う内容やスケジュールも変化した。はじめは毎月1回のペースで寮の食堂に選手を集めて，講習会形式で年間約10回の指導を行った。毎回の時間は約1時間半であった。5年目からは講習会と個人面接による指導の組み合わせとして，全員を集めての講習を年間約4回，個人面接を一人につき年間3～4回行った。個人面接は，寮の一室を使って1回につき1人40～60分で行った。1日につき選手2～3人と面接し，3～4日に分けて面接を行った。

　講習会や面接の時間帯は19時以降が多かったが，ときには午前中で練習が終わる日など，選手たちがチームのバスに乗って指導士が勤める大学まで来て，大学の講義室やミーティングルームで講習を行った。また，指導士がチームの練習グラウンド横にあるクラブハウスまで出向き講習を行うこともあった。

❹─指導内容

　シーズンによって指導した回数や内容は異なるが，下記にその概略を記す。寮生全員を対象とする講習会では，主に心理アセスメントや心理的スキルの実技指導を行い，個人面接では各選手に合った考え方や心理的スキルの指導や教育的なカウンセリングを行った。

①講習会

　各シーズンのはじめには，自己認識のトレーニングとして心理的競技能力診断検査（DIPCA.3）を行い，その結果は個人面接で話を展開するとき

の参考資料として使った。また，リラクセーションのスキルを指導するときには，気分プロフィール検査（POMS）を用いて，自分のストレス状態を把握させてから実技指導を行った。また，講習会で情動プロファイリングテストを行ってから，個人面接でその結果をもとに相談を進めたシーズンもあった。

これらの心理アセスメントを用いる際には，効率を考えて講習会を利用したが，その結果をチームの監督やコーチなどのスタッフには選手の許可なく伝達しないという方針で，チームの強化部スタッフの理解と了承も得たうえで行った。

その他，目標設定の原則の説明や，呼吸法，自律訓練法，筋弛緩法，イメージトレーニング，論理療法に基づく論理的思考法などの基本的なスキルは講習会で全員に伝えた。また，講習会では，他の競技種目のトップアスリートが自身の考え方や思いを綴った語録を紹介した。さらに講習会に参加している選手自身の語録の作成もメンタルトレーニングの1つとして行った。

また，メンタルトレーニングの必要性を理解してもらうために，第2章2節「メンタルトレーニングとは」に記した内容など進化論の話も交えてメンタルトレーニングの基本的な考え方を説明した。

②個人面接

講習会で基本的な内容を伝えたうえで，個人面接では各選手に合った心理的スキルの使い方を指導・助言した。また，面接では心理的スキルの指導だけではなく，近況を聞いたり，悩みの相談に乗ったりした。特にサテライトの試合に出る選手の場合は，トップチームに入れなかったときのモチベーションの上げ方に関する相談が多かった。また，怪我をしてリハビリ中の選手も，リハビリに集中できるようにどうやってモチベーションを上げていくかに関する相談が多かった。

その他，心理面の話をする中で，動きや状況判断に関する話題が多く出された。サッカーの技術指導はコーチの役割であり，スポーツメンタルトレーニング指導士がアドバイスをしてはいけないが，プロ選手の場合，心の動きを体の動きと関連付けて，非常に繊細な体の動きの変化として心の動きを表現する場合がある。運動制御や運動学習の知識を持ち，それらの心身相関を理解したうえで心理サポートを行うことが重要であることを再認識した。

2. ラグビートップリーグ

■─サポートに至る経緯

X年1月：スポーツメンタルトレーニング上級指導士Aが知人の仲介でメンタルサポートの打診を受け，連絡網を通して有資格者を対照に協力者を募集した。協力を申し出た2名（スポーツメンタルトレーニング上級指導士B，スポーツメンタルトレーニング指導士C）とAの3名がサポートチームを組んだ。

■─チームの歴史ならびに戦績

本チームは，1920年代に創部され，以後全国実業団大会や全国社会人大会等で優勝・準優勝を数多く経験してきており，2002年よりトップリーグに参戦。しかしながら，その後トップウエスタンリーグへの降格を経験し，3年ほどして再びトップリーグに昇格し，現在に至っている。心理サポートに入った前年度は，リーグ下位の戦績であった。

■─チーム構成

選手は社員契約とプロ契約が混在しており，また外国人の選手やコーチ等も数人いる。

■─X年度のメンタルトレーニングおよび
　　メンタルサポートの経過と内容

3月：A，B，Cとチーム幹部の初顔合わせ。
4月：チームの合宿にA，Bが途中から合流する。夕食後，メンタルトレーニング基礎講習を行う。

希望者にDIPCA.3を配布。翌朝，UK検査と喫煙と運動の講義を行う。Cと補助2名が加わり5名で手分けして選手やコーチ・監督およびスタッフ等チーム全員の面接を行う。一人当たり15分。幹部選手の面接はA，B，C3名一緒に行う。

5月：BによるUK検査のフィードバック。個人票を返却し，幹部スタッフたちにチーム全体やポジション別の心理的特徴の解説。

6月a：Bによる選手やスタッフ全員を対象にUK検査結果個人票の見方とチームの心理的特徴についての説明。希望選手数人の個人面接。

6月b：A，B，C3名によるDIPCA.3返却とメンタルトレーニング講習。内容は目標設定とイメージトレーニング。幹部選手中心に個人面接。

6月c：Bによるメンタルトレーニング講習。内容は目標設定。

8月：B，Cによるメンタルトレーニング講習。内容は目標設定，心理的コンディショニング，チームビルディング。

9月：B，Cによるスタッフミーティング。

10月：Cによる練習見学。

11月a：Cによる練習見学と監督，主将の個人面接。

11月b：Cによるメンタルトレーニング講習。内容は認知の再構成。

翌3月：A，B，Cとチームスタッフによるシーズンの振り返り。

なお，試合見学帯同は日時・場所の可能な者が行った（月1～2回）。

5 — X年度のチーム戦績と振り返り内容

・戦績：トップリーグ下位
・振り返りでの反省内容：指導士3名にとって，ラグビー競技に触れるのは初めてであった。またチームとの出会いやかかわりも初めてであり，チーム側も指導士側も，お互いが様子見をしすぎた感があり，チームの信頼を十分得ることができていなかった。監督や主将との面接も十分ではなかった。さらに指導士3名の勤務先が別々であり，連絡は主にメールを介してはあったが，時間をかけての打ち合わせやミーティングが不足していた。

・今後への修正改善内容：チーム全体へのフィードバックだけではなく，個々の選手やスタッフに対してのフィードバック枠を増やす。監督や主将との面接を定期的に行う。主要メンバー選手への個別対応も行う必要がある。

6 — 翌年度の取り組み

4月a：A，Cによるメンタルトレーニング講習（マンダラート）。練習見学。

4月b：Cによるフィードバック，面接を希望する選手1名と個人面接。練習見学。

4月c：Bによる幹部スタッフとの面接。練習見学。

5月a：複数回に分けてチーム内で心理検査実施（YG性格検査，UK法）。

5月b：Bによる新人選手や新人スタッフとの面接。幹部スタッフとの面接。

7～8月：Bによる4回に分けて全選手とスタッフへ個別に心理検査のフィードバックと練習見学。

なお，B，Cによる試合見学帯同も行った（月1～2回）。

7 — 複数の指導士がかかわる利点と注意点等

メンタルトレーニングやサポートの経験や理論的背景や性別などさまざまであり，指導士一人では不足する部分を補足し合える。選手やスタッフにとっては相談窓口が選択できる。そのためにも，指導士同士の情報の共有化と定期的なディスカッションが不可欠である。社員やプロ等の選手の立場の違いやそれぞれの生活背景，チーム幹部やスタッフや選手たちの思いや気持ち，各人の個性の違い等を十分理解することが重要である。

（1：関矢寛史，2：東山明子・東　亜弓）

7-5 大学におけるスポーツカウンセリングルームの活動

1. 筑波大学

筑波大学体育系に常設されている「スポーツクリニック・メンタル部門」の概要を紹介する。

❶—筑波大学スポーツクリニックの組織

本クリニックは，大学内の体育系と医学系の一部の関係教員が協力し，1992年度に常設機関として設置が認められた。設置目的として，「本学の学生および職員のスポーツ障害にかかわる治療，リハビリテーション，治療中から正常なスポーツ活動への復帰までの心身のトレーニング等を行うこと及びスポーツ障害の予防に関する教育・研究を行う」が掲げられた。

本クリニックはスポーツ外来とトレーニングクリニックの2つに大きく分かれている。前者は本学の保健管理センターの中に位置づけられ，スポーツ活動で受傷した部位の診察，治療などを業務とし，整形外科，内科，婦人科等から構成されている。後者はフィジカル部門とメンタル部門に分かれており，筆者はメンタル部門に所属し，アスリートの心理サポートを担当している。

❷—メンタル部門の活動

年度によって多少の変動はあるが，メンタル部門のスタッフは，4名の体育系教員（2014年現在），そしてスポーツ心理学専攻の博士後期課程の学生数名より構成されている。教員はすべて心理サポートの専門資格を有している。そして活動（臨床）の場として，体育系キャンパス内にある体育総合実験棟（通称，スペック）3階フロアーに，受付兼控え室（1）・面接室（2）・箱庭療法室（1）が設けられている。

広報に関してはリーフレットを配布する他，大学側からの理解を得て，新入生のオリエンテーション，そして在校生に対しては，年度始まりの学年別ガイダンスにおいて，メンタル部門の紹介や「学生生活とメンタルヘルス」といったようなテーマでのレクチャーの機会が与えられている。

①カウンセリング

カウンセリングルームは前述のスペック内に設置されている他，教員研究室のある体育系棟内にも一カ所設けられている。公的には週3日をカウンセリングルームの開設日として周囲に伝えてあるが，継続相談の場合，開設日とは別に相談者側と利用者側の双方にとって都合の良い日時を決めて（予約制）カウンセリングが行われている。利用者（所属大学の運動部学生，ならびに近隣に居住し大学をトレーニングの場としているOB・OGが中心）は，自発来談によるものではあるが，時々，担任教員や運動部指導者ないしはフィジカル部門の担当者からの相談依頼がなされることもある。また，部外者からの要請にも一部応じている。特に近年は，タレント発掘事業が活発化するようになり，県体育協会からジュニア期のアスリートの紹介もある。

継続相談の場合，面接は個別対応が中心となり，週1回50分前後の時間を使っている。スポーツカウンセリングルームでは，スポーツ活動での心理的問題を扱うことになっているが，近年では，修学，性格，進路，他の学生相談室で扱われるような主訴にも応じている。しかしながら，これらの主訴の背景では，それまでのスポーツ経験と切り離せないケースが多いことを特徴としている。

②メンタルトレーニング

　開設当初はメンタルトレーニングを希望して訪れた者に対して，個別に対応していたが，その後，メンタルトレーニングに関しては講習会形式で実施するようになっていった。その理由の1つには，メンタルトレーニングを希望して自発来談するアスリートのほとんどが，受理面接の段階で何らかの心理的問題や課題を訴えることから，心理的スキルの指導よりもカウンセリングによるアプローチのほうが相応しいと判断されたからである。

　講習会は，週1回2時間のペースで10週間かけて行われるプログラムを用意し，学内での参加希望者を募り，年に1度（10月中旬から12月初旬まで）開催している。受講者を20名以内に限定し，おおよそ3グループに分け，グループワークも含めた指導を行っている。当初は心理的スキルの指導に重きを置いたプログラム構成であったが，1998年頃からは，「内界探索型メンタルトレーニングプログラム」と称して，各種の表現技法（描画，グループ箱庭，グループワーク，他）を多く採用するようになり，一般的なメンタルトレーニングと距離を置くようになっている（第6章1節参照）。

3 ─ 教育（実習）・研修・研究の場

　先にも述べたようにスポーツクリニックの設立目的の中では，スポーツ活動を行っている者たちへのサポートだけでなく，教育・研究の場としても位置づけられている。

　スタッフ間で行われる受理面接（基本的に，大学院学生のスタッフが担当）後のカンファレンスや，臨床心理コースの学生，JISS心理スタッフ，そして近隣の臨床心理士も参加する月1度のペースで行われる事例検討会は，スタッフにとっても貴重な研修機会となっている。そこでは年に1，2回，外部の臨床心理士や精神科医をスーパーヴァイザーとして招き，検討会を実施している。

　特に大学院学生にとっては，上述の事例検討会の参加の他，受理面接やメンタルトレーニング講習会での指導経験等は，スポーツカウンセリングの実習の場としての機能を果たしている。

　現時点では，スポーツカウンセラーやスポーツメンタルトレーニング指導士養成のための大学・大学院カリキュラムは十分とは言えない。スポーツ系大学・学部を中心とした学内でのサポート機関の充実をはかり，そしてカリキュラムやそこでの豊富な実習経験を実現する環境整備が大きな課題となっている。

2. 大阪体育大学

　大阪体育大学学生相談室・スポーツカウンセリングルーム（以下，相談室）は，1989年熊取へのキャンパス移転を機に開設された，体育系大学生のための心理相談室である。わが国の大学生アスリートを対象とした常設の心理相談室としては最も歴史があり，学生相談の機能に加え，大学生アスリートの自己実現や，アスリートおよびチームの競技力向上をも視野に入れた独自の活動を行ってきた。

　大阪体育大学体育学部，大学院では心理サポートの方法論に関する講義やスーパーヴィジョンを実施して，スポーツメンタルトレーニング指導士（以下，SMT指導士）資格取得を目指す大学院生に対する指導を行っている。また本学の運動部強化を担っている「トレーニング科学センター」における「スポーツメンタルトレーニングチーム」（以下，SMTチーム）で，大学院生を中心にメンタルトレーニングの活動が実施されている。ここではこうした教育・実践活動の関連性についても紹介したい。

1 ─ 相談室の概要

　相談室においては専任教員3名がカウンセラーを兼担し，さらに学外の非常勤のカウンセラー3名が相談業務に携わっている。月曜日から金曜日

までの毎日開室して，2014年の相談件数はのべ268件であり45名の学生・アスリートが利用した。

本学の大きな特徴は，一般的な学生相談室で扱う適応や学業などの問題のみならず，メンタルトレーニングのサポートを実施していることである。

SMT指導士の資格を持った，筆者を含めた数名のカウンセラーが，競技力向上を主訴として来談するアスリートに対応して，技法指導なども行っている。現在は後述の「SMTチーム」の活動との連携を模索しており，SMTチームで担当しきれないケースを受け入れる，などの方策を検討しているところである。

❷—「SMTチーム」の活動

また本学の学生相談室の活動とは別に，心理サポートの実践活動の場として，「SMTチーム」が組織されている。このチームは本学運動部の競技力向上を担う附置センターである「スポーツ科学センター」に所属しており，本学運動部の要望に応じてメンタルトレーニングの講習会や個別のサポートなどを実施している。大学院生のサポートの実施にあたってはSMT上級指導士からスーパーヴァイズを受けることを義務としており，より質の高いサポートが提供できるような体制を整えている。

また，講習会の実施に際しては複数のメンバーによって内容を構成し，それを事前にチーム内でリハーサルや議論をして提供することを心がけている。さらに勉強会では，最新の科学的知見を報告しあい，過剰に実践に偏らないよう留意している。

学内部活動に対するサポートの他，国体チームを対象としたサポートなど幅広いサポート活動を行っており，こうしたことも後述のSMT指導士資格取得条件を満たすために大いに役立っている。SMTチームは今後，相談室との連携をより深めてさらに心理サポートの活動領域を広げて行こうとしている。詳しくは，大阪体育大学SMTチームのFacebookを参照していただきたい。

https://www.facebook.com/ouhssmt.support/

❸—大阪体育大学のスポーツ心理学の学部教育と大学院スポーツ科学研究科での活動

本学では2006年に，「スポーツ心理・カウンセリングコース（以下，心理コース）」という，おそらく体育系大学では初のスポーツ心理学を専門とするコースが新設された。「カウンセリングマインドを持った体育・スポーツの指導者」育成を目指して，教育系の科目と並行して，さまざまな心理学関連講義を開講している。

学部の3年生から大学院生とも深いかかわりを持ち，メンタルトレーニングの実践方法などのアドバイスを受けながら研究活動を進めていき，卒業時には，コースに所属する2・3年生の後輩たち200名ほどを前にして研究成果を発表する。また，2015年度現在スポーツ心理学を担当する大学院教員が4名おり，SMT指導士資格の取得を目指して博士前期課程に進学する学生もいる。

本学大学院スポーツ科学研究科には学内外の学生が進学してくる。所属する院生の研究内容はさまざまであるが，多くの大学院生はSMTチームに所属して資格の取得を目指して研鑽を積んでいる。2015年からは「スポーツ心理学実践論特論」の講義を開設し，スポーツ心理学の知識を現場で活用する方法論を議論している。実践と研究をバランスよく実施することによって，近年では修了後ただちに資格を申請して取得に至るということが数年続いている。資格の取得のための大学院におけるカリキュラムと並行して実践活動も深めていくプログラムが確立されてきたといえる。

実践・研究のバランスを持ち，わが国のスポーツ心理学をけん引していけるような研究者・SMT指導士を送り出していけるよう，努力していきたいと考えている。

3. 鹿屋体育大学

　鹿屋体育大学は，九州南部の鹿児島県鹿屋市に位置している。全学生数が約800名と決して大きくはないが，約90％の学生が体育系サークルに所属し，つまり，「ほぼ全学生がアスリート」という特徴をもつ全国で唯一の国立大学法人の4年制体育大学である。ここでは，右を向いても左を向いてもアスリートというこの鹿屋体育大学で，アスリートの実力発揮および実力向上をめざして体育・スポーツ心理学研究室が実施している活動を紹介する。

1 ― 実力発揮を目指して：メンタルトレーニングの指導

① 鹿屋の体制

　本学スポーツトレーニング教育研究センター内にあるスポーツカウンセリング室には，2006年度以降毎年延べ約50名の大学生アスリートが訪れる。現在は，それらのアスリートに対して，スポーツメンタルトレーニング指導士の資格を有する教員と同資格取得を目指す大学院生が連携して指導を行っている。具体的には，大学院生が教員のスーパーヴァイズを受けながら指導計画を立て，実施するという連携体制をとっている。また，時には研究室全体で事例検討を行いながら指導計画を立てる場合もある。次に，このような体制下での指導方針について述べる。

② 鹿屋の方針

　「拮抗した実力の相手に対してのみ過度に緊張する」「高校時代にはできていたのに今はできない」「団体戦が始まった途端頭が真っ白になり自分のプレイを覚えていない」といったさまざまなアスリートの訴えから，一言に実力発揮の問題といっても同一の問題としては扱えないことがわかる。そのため，本学スポーツカウンセリング室では，固定のトレーニングプログラムを用意せず，アスリートとの面接や心理検査の結果から必要な技法や修正すべき認知特性を見極めたうえで技法の指導によるアスリートの行動面，認知的カウンセリングによる認知面へのアプローチを行う。この際に意識することは，問題を解決するのはアスリート自身であるということである。つまり，アスリート自身が自問自答を通して自身の特性や変化に気づいていくことができるようサポートしていくことが本学の1つ目の指導方針である。また，2つ目の方針として，これまで基礎研究で得られたエビデンスを指導に生かしていくことを掲げている。この点については，鹿屋体育大学におけるメンタルトレーニング指導の特色として事項で述べていく。

③ 鹿屋の特色

　これまで述べてきたように，本学のメンタルトレーニング指導は，実力発揮についての問題解決を目指して行われることが多い。一方でスポーツ心理学の運動学習・制御領域では，練習スケジュールや注意方略といった競技力向上に貢献するエビデンスが多数得られている。また，本学体育・スポーツ心理学研究室においても，それらのトピックを扱う基礎研究が多く行われてきた。そこで，本学では，研究と実践の両側面の向上を目指し，研究エビデンスに基づき，実力向上のためのアドバイスをメンタルトレーニング指導において実施するよう心掛けている。

2 ― 競技力向上を目指して：

① 競技者の心理特性の調査

　上述の通り，本学ではほぼ全学生が体育系サークルに所属し，右を向いても左を向いてもアスリート状態である。そのため，学内にはオリンピックのような国際大会から九州地区，鹿児島県の大会までさまざまなレベルで活躍するアスリートが存在する。この豊富な人的資源を利用し，競技力向上に貢献する心理特性についての尺度作成を試みている。具体的に現在作成を進めているのは，練習におけるアスリートの自己調整学習の程度を測定する尺度である。自己調整学習はアスリート

の効率的な運動学習を可能にし，実際に競技力の優れた熟練者が未熟練者と比較して自己調整学習方略をより多く用いていることが知られている。そのため，アスリートの自己調整学習の程度を評価・フィードバックできることは，アスリートの練習内容の改善に直接貢献できる可能性を示している。このように，アスリートの効率的な練習実施のサポートを目的に本学が実施している活動を最後にもう1つ紹介する。

3 ─ 実力向上を目指して：
②小学生アスリートの知覚スキル測定

現在鹿児島県では，2020年の第75回国民体育大会に向けて小学生アスリートの強化が行われている。これに関連して，本学では，小学生ソフトテニス選手の心理・知覚スキル測定を行っている。具体的には，熟練テニス選手が未熟練選手と比較して，優れた知覚スキルを有しているというエビデンスに基づき，サーブ方向の予測やタイミング一致といった知覚スキルを研究室独自の方法で測定し，フィードバックを行っている。測定は半年に1度，2015年8月現在まで6回実施しており，フィードバック結果は主に指導者による練習効果の確認や練習計画に利用されている。以上のように，実力向上を目指した場合でも，やはり問題を解決するのはアスリート自身であるという考えのもと，本学ではアスリートの効率的な練習を促進することで，アスリートの競技力向上をサポートしている。

4 ─ まとめにかえて〜鹿屋の展望〜

以上のように本学では，アスリートの実力発揮・向上に向けた活動に体育・スポーツ心理学研究室全体で取り組んでいる。これらの活動をより発展させ，アスリートが抱えるさまざまな問題の原因を適切にアセスメントし，問題事象や練習自体を改善する方法を提供するというアセスメント・処方システムを確立していくことが今後の展望である。

4. 日本体育大学

1 ─ 日本体育大学の役割

日本体育大学（以下，日体大）は，「體育富強之基（たいいくふきょうのもとい）」を建学の精神（理念）としており，1893年に日本体育会体操練習所として設置されて以来，125年にわたって，体育・スポーツを通して人々の「心身の健康」を育み，世界トップレベルのアスリートやその指導者の育成を目指している。

日体大の関係者がこれまでにオリンピックで獲得したメダルの総数は119個，日本がこれまでにオリンピックで獲得したメダルの総数において日体大の関係者が占める割合は約1／4である。夏季オリンピックの出場選手は314名，出場役員は192名である（ロンドンオリンピック終了現在）。したがって，日体大がオリンピックで果たす役割は大きいといえる。

2 ─ 日体大アスリートサポートシステム

2015年度より，日体大は2020年に開催される東京オリンピック・パラリンピックで活躍できる日体大生の強化・育成を目指し，日体大アスリートサポートシステム（Nittaidai Athlete Support System：以下，NASS）を構築した。NASSは，国立スポーツ科学センター（Japan Institute of Sports Sciences：以下，JISS）と連携しながら，パフォーマンス分析，トレーニング，メディカル，心理，栄養，女性アスリートの6つのサポート部門から，オリンピック・パラリンピック競技のアスリートに対して医・科学サポートを提供している。NASSの特徴は，各医・科学サポートスタッフが互いにサポートに必要な情報を適宜共有化して連携を図ることである。

①心理サポート部門の体制

NASSにおける心理サポート部門の主管は，日体大心理サポート研究会が担っている。現在，心

理サポート研究会は，スポーツ心理学研究室の教員とNASSの心理サポート担当の教員が中心となり，大学院博士後期課程・前期課程の在学生とその修了生の協力のもと，構成されている。ただし，日体大心理サポート研究会のスタッフでは対応できない，競技場面以外の問題や課題，精神疾患等の重度の症状をもったケースが生じた場合は，日体大学生相談委員会（臨床心理士を含む）の協力を得てサポートのできる体制が整っている。

②心理サポート部門の活動

心理サポート部門の主な活動内容としては，心理サポートを希望するオリンピック・パラリンピック競技のクラブに対して心理サポートスタッフを2名ずつ配置し，プログラム提供型の心理講習会やプロジェクト構築型の個別サポートを実施している。これらの心理サポートでは，競技力向上や実力発揮を目的としたメンタルトレーニングに関する助言や技術練習に関する心理的な助言，社会心理的な側面に関する助言，心理的コンディショニングに関する助言，競技に関する心理検査の実施とフィードバックなどが中心に行われている。

【プログラム提供型の心理講習会】

心理講習会は，講習会形式（グループワークを含む）での集団で実施する心理サポートプログラムのことであり，このプログラムは1年単位ではあるが，2020年の東京オリンピック・パラリンピックを視野に入れて継続的なステップアップ方式で提供される。基本的に心理講習会は，クラブ毎に月1回1時間の頻度で12回にわたって実施する。プログラムの内容は，各クラブの指導者（部長，監督，コーチ，医・科学サポートスタッフ）とアスリートに対して30分の個別ヒアリングを事前に実施し，それによって得た情報をもとに作成する。なお，個別ヒアリングは半年に一度の頻度で実施し，この手続きはクラブを構成するアスリート個々の心理的課題を現状把握するために重要な役割を担っている。

【プロジェクト構築型の個別サポート】

個別サポートは，サポートスタッフがアスリート個々の心理的課題に対してカウンセリングを中心に実施するものであり，アスリートには必要に応じて心理技法を提供する。個別サポートを開始する前には，インテーク面接を実施し，その後はインテークカンファレンスを開催してインテーカーによる報告を受け，そこで担当のサポートスタッフを決定する。インテーク面接は1時間30分程度で，その後の面接は50分を目安に実施する。なお，個別サポートの実施場所は，クラブ毎に活動拠点のキャンパスが異なるため，東京・世田谷キャンパスのスポーツカウンセリングルームと横浜・健志台キャンパスの百年記念館4階ゼミ室で対応できるよう環境を整備している。

③サポートスタッフの教育システム

心理サポート部門の全体のスタッフミーティングは月1回の頻度で開催し，そこでは事務報告以外に心理サポートのケースカンファレンスや新たな心理技法の習得に勤しんでいる。インテークカンファレンスについては随時開催している。なお，サポートスタッフには，スーパーヴァイザーによる助言を受けながら心理サポートを実施することが求められている。また，新たな取り組みとして，心理サポート部門のサポートスタッフである大学院博士後期課程・前期課程の在学生とその修了生には，継続的に責任感をもって心理サポートに従事できるよう日体大から謝金が支給される財政協力システムを構築している。

今後は，サポートスタッフの教育プログラムの充実化をさらに図るため，学内外に関係なく，スポーツメンタルトレーニング指導士や臨床心理士，精神科医が必要に応じて互いに連携し，アスリートに対して最良の心理サポートができる人的ネットワークの強化を進める。

（1：中込四郎，2：菅生貴之，3：幾留沙智・森　司朗，4：高井秀明）

7-6 都道府県における活動

1. 和歌山県の事例

　国民体育大会に向けて和歌山県では、「きのくに医・科学サポート事業」として、和歌山県国体特別強化選手を対象にスポーツ医科学サポートを実施した。その実施の母体は、和歌山県体育協会および和歌山県国体推進局競技力向上推進課と和歌山県立医科大学みらい医療推進センターげんき開発研究所（以下、研究所）である。
　ここでは、「きのくに医・科学サポート事業」における心理サポートシステムの紹介、活動状況、今後の展望を述べたいと思う。

❶─心理サポートシステムの紹介

　この事業は、第70回国民体育大会（以下、本国体）に向けて、和歌山県国体特別強化選手を対象にスポーツ医科学サポートを行う事業である。その中で心理サポートは、「メンタルチェック」と「メンタルサポート」の二本柱で実施した。
　メンタルチェックでは、心理的競技能力診断検査（DIPCA.3）を用いて、現在の心理的課題を確認し、後日郵送にてフィードバックを行った。
　メンタルサポートでは、練習会場や試合会場に出向いて行うチームサポート（講習会形式のサポート）と、主に研究所を拠点として行う個別サポートに分けて行った。いずれも、競技団体からの依頼をもとに打合せを行い、サポート方針を検討した後、実施した。また、この事業での心理サポートは、主に1名の担当者が行った。

❷─心理サポート活動状況

　2011年度から「きのくに医・科学サポート事業」が始まり、心理サポートは次年度から開始したため、約4年間実施した。サポート対象となる正式競技が40競技（133種別）ある中で、心理サポートを実施したのは25競技（45種別）であった。未経験の指導者や選手が多く、他領域のサポートと比較しても需要は多いように感じた。主な内容としては、教育プログラム（各技法の紹介、実施方法の指導）を実施した後、チームおよび選手の要望に応じた課題へのアプローチや個別サポートへと移行していった。同時に本大会直前には、チームの要望や状況に応じて、チームビルディングを目的としたプログラムを実施した。また、いくつかの競技から大会への帯同サポートの依頼があり、その場合は主に試合前後や宿舎に戻ってからの個別サポート形式となった。
　2015年度のチームサポート件数は、本国体まで6か月という短期間にもかかわらず、前年度を上回る件数となった（図7-2参照）。

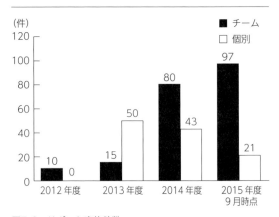

図7-2　サポート実施件数

実施件数が増加した要因として，本国体の年を迎え，初めて依頼してきた競技団体が多かったことがあげられる。本国体の間近に心理面の調整を行うことは難しいことではあるが，メンタル面の強化を，まだまだ「魔法」のように感じている指導者や選手も多いと考えられる。正確な理解が広まっていない現状から，啓蒙活動を継続することが重要といえる。初年度からメンタル面の強化を導入した競技，選手に関しては，本国体を迎える頃には，自己理解を深める取り組みを自主的に行い，本国体においても安定したパフォーマンスを発揮していた。中には，和歌山県を背負って戦うことにプレッシャーを感じ，実力が発揮できなかったと語る選手もいたが，大会までの過程において，心理的な課題を克服した姿を窺うことができた。

3 — 今後の展望

　今回のサポートを通して，日頃からメンタル面の弱さを指導者が選手に指摘し，選手自身も感じているにもかかわらず，特に心理的な強化への取り組みはせず，本番間近に心理的なサポートを求めてくる競技団体が多いことを痛感した。実際に，本国体直近になってからサポート依頼が殺到した。この対策としては，数年前から強化の必要性を指導者に理解して頂き，メンタルトレーニングを習慣づけるよう取り組んでいくことが重要になると思われる。

　国体に出場する選手の中には，オリンピック出場経験者など，世界で活躍している選手も多い。世界で日本の選手が活躍するためには，国体に向けた各県の強化こそが，選手の育成や発掘につながると考えている。そのことも踏まえ，全国各地で活動しているスポーツメンタルトレーニング指導士（以下，SMT指導士）が，ネットワークを広げ，さらに充実したサポートができるようなシステム構築が必要だと感じた。技術と体力のみならず，継続的な心理面の強化にも重点をおいた選

サポートの様子

手強化を各県が意識する必要がある。

　最後に，競技中に自分を客観視して心理的な調整を行うためには，メンタルトレーニングを継続することが不可欠であることを今大会であらためて実感した。そして，本国体の経験を活かして，今後もSMT指導士の一人として指導者や選手にその必要性を伝え，心を整えるお手伝いをしていきたいと考えている。

2. 長崎県の事例

　ここでは，長崎県におけるメンタル面強化の試みを紹介する。この試みは，あくまで競技力向上を目的としたものであり，心理的スキルを活用したトレーニングや心理サポート，また講習会等における普及活動の状況を紹介するものである。

1 — 長崎県体育協会での活動

　長崎県体育協会（以下，体育協会）では，1994年と1997年にメンタルトレーニングの講習会を実施し，1998年から，筆者（高妻）が毎年1回，2日間で12時間のメンタルトレーニング講座を継続して実施した。この講座は，県内の小・中・高校の教員や指導者に対して実施され，その中には，県内教員の5年・10年研修（教員が受講しなければいけない研修）なども含まれていた。また，国体強化の目的でも別枠でメンタルトレーニングの

講習会を開催した。国体監督・コーチ研修会を始めとして，県内各地域を訪れ，講習会を実施し，国体選手等の直接研修も行った。この体育協会の2つの企画，また体育協会が企業に委託した講習会も含めると2011年度まで1500名以上の指導者・教員・選手がメンタルトレーニングの講習を受講した。

❷―専属メンタルトレーニングアドバイザーとしての活動

上記の講習会や研修会を通して，体育協会では，本格的に指導者研修や国体選手強化に踏み出し，2006年から2011年までの5年間は，専属のメンタルトレーニングアドバイザー（以下，専属スタッフ）を雇い入れた。この専属スタッフは，体育協会に勤務し，「競技力を高めるメンタル面の分析」や「スポーツ選手の体力総合分析」に携わった。ここで実施されたのは，競技力の要素である「心・技・体」の「心」を評価・査定するものであり，この専属スタッフが勤務した5年間における「競技力を高めるメンタル面分析」の受検者数は，延べ人数で3788人であった。

体育協会では，選手や指導者向けにメンタルトレーニングのテキストを3冊作成し，研修会の教科書として使用し，各選手や指導者が購入できるようになっていた。このテキストは，メンタルトレーニングの基礎・紹介編として，基本的な心理的スキルの紹介や実践方法が記載され，リラクセーションやサイキングアップの実技は，連続写真やイラストを用いて，選手にも理解できるように作成された。このように，県の体育協会がメンタルトレーニングのテキストまで作成したのは，日本では初めてではないかと考えられる。

この専属スタッフは，長崎県体育協会の依頼もあり，各チームや選手に対する個別指導（巡回指導）を2006年6月より開始した。この巡回指導は，16競技に対して実施し，その対象は小学生，高校生，実業団，プロ選手であり，日本代表選手も含まれていた。その選手やチームからは，インターハイ出場や全国高等学校選抜大会出場はもとより，全国優勝や国体優勝，ユースオリンピック出場，アジア大会優勝・準優勝やU-19の日本代表を輩出した。特に，ソフトボール競技では，全国高等学校男子ソフトボール選抜大会において史上初の4連覇を成し遂げている。長崎国体では，アーチェリー競技と少年男子ソフトボール競技に，メンタルトレーニングアドバイザーとして帯同をし，他の競技や種別でもメンタルトレーニングを学んだ選手たちが活躍をしていた。もちろん，メンタルトレーニンを実施したから成果が出たという意味ではなく，心技体のバランスの取れたトレーニングや練習の成果であると考えている。このような長崎県における長期間にわたるメンタルトレーニング実施の取り組みは，全国的にも非常に稀なケースだと考える。

一方，この専属スタッフは，その仕事の一環として，長崎県教育委員会を含む長崎県内の市町教育委員会や佐賀県教育委員会，競技団体，学校PTAなどの依頼を受け，メンタル面強化や実力の発揮の講演・講習を実施している。最近では，学習・受験用，家庭でできるメンタル面の強化，体罰の根絶についての講演・講習も実施している。

他にも，長崎県の事業としては，2008年に長崎県競技力向上対策本部：長崎県トップアスリート発掘・育成事業推進委員会委員，2014年長崎国体にむけて，小学校を対象としてセミナー講師，2010年には，長崎県競技力対策本部：スポーツ医科学専門部会委員などの活動を実施した。さらに，指導システムを整備することで，スポーツ医科学サポート体制の強化を図り，国体終了後もそのサポート体制が定着することを目的とした活動を実施した。2013年には，運動部活動等推進事業委員として，「運動部活動指導者の手引き」の作成にもかかわった。

3 ─ メンタルトレーニングの勉強会

2006年6月にメンタルトレーニングに興味を持つ有志（5人）により，長崎県においてメンタルトレーニングの勉強会を発足することを確認し，7月25日（金）より長崎県立総合体育館「中研修室」において，第1回メンタルトレーニング・応用スポーツ心理学研究会長崎支部会を開催した。この研究会は，国際メンタルトレーニング学会と国際応用スポーツ心理学会をモデルとして，1994年に近畿大学でスタートし，2000年には東海大学に事務局が移り，全国各地でメンタルトレーニングに興味を持った人々が集まり，毎月1回の情報交換を実施している。長崎県の参加者は，小学校から高校の選手や指導者や実業団の選手や監督などであり，高校の選手たちの参加も多かった。研究会参加をきっかけとして個別指導を実施したチームの実績は，数十年ぶりに全国大会に出場したことを始め，全国大会優勝・準優勝・3位などの結果を残した。ライフル射撃競技では，全国高校選手権において，当時の日本新記録の得点で優勝した。

このメンタルトレーニング・応用スポーツ心理学研究会は，2011年3月まで毎月1回，県立総合体育館で開催された。

4 ─ 最後に

ここでは，長崎県体育協会における競技力向上を目的としたメンタル面強化の試みを報告した。現在は，この長崎県の例を参考にして，秋田県や山口県が専属スタッフを雇い強化活動をしている。また各県が国体に向けて，さらに2020年の東京オリンピックに向けて東京都や自衛隊体育学校がメンタル面強化をスタートし，SMT指導士の活動が盛んになってきている。

3. 北海道の事例

1 ─ 北海道体育協会との連携

筆者二人が北海道体育協会（以下，道体協）の役員を務めていることもあり，道体協とかかわりを持ちながら活動することが多く，特に競技力向上に関連する活動を中心に行っている。多くの場合，北海道を代表するチームや選手をサポートすることになる。目標は国体において良い成績を収めることである。では，どのような活動を行っているのかについて以下で説明する。

スポーツ医科学トータルサポート事業では，メディカルチェック，各種体力測定，歯科検診，動作分析，栄養，ドーピング啓発などと共にメンタルサポート活動を行ってきた。具体的な内容としては，心理テスト，個人面接，講習会，出張サポートなどである。

心理テストでは，心理的競技能力診断検査（DIPCA.3）を定期的に使用し，選手個人の変化や種目特性の把握に活用してきた。また，競技特性や指導者の要請を考慮し，気分プロフィール検査（POMS）やピークパフォーマンス分析なども併用してきた。ここで大事なことは，実施したテストを適切にフィードバックすることである。心理テストを行ったが何の結果も得られないとなると，選手や指導者からすれば，負担感だけが募ってしまう。そのため，その場でテスト結果を視覚的に整理し，結果を見ながら面接を行うようにしている。さらに後日あらためて検査結果と共にコメントを添えたものをできる限り1〜2週間でフィードバックするように心掛けている。そうすることで，とくに現場指導者との信頼関係の構築にもつながってくると思われる。

個人面接は時間を要するが，選手との信頼関係の構築には欠かすことができない内容であろう。チームスポーツとなると面接の対象選手が多くな

るが，少ない時間であってもできるだけ個人面接を行うようにしている。このような場合，複数のSMT指導士で対応することが有効である。そして面接終了後には，その後の活動を円滑にするためにSMT指導士の間で情報を共有することも重要である。

　講習会は，メンタルトレーニングの重要性や心理的スキルを伝えるのに有効な方法である。一度に多くの選手・指導者を対象とすることができること，チーム全体が同じ知識を共有することができることなどメリットも多い。ここで大切なのは，競技特性や年齢に適する講習内容にすることである。中学生や高校生といった若い世代であれば，メンタルトレーニングの重要性を理解させるような内容も必要である。

　北海道体育協会と連携することの長所としては，多くの競技団体とつながりを持つことができる点である。また青年世代にサポートしていた選手が，後に日本を代表するような選手に成長することが，特に冬季競技においてみられることがある。一方，短所としては，道体協を通しての活動となるので，競技種目間の公平性を保たなければならないことがあげられる。ある特定の種目や選手を重点的にサポートするということは制限されるのである。また，競技団体のニーズを道体協を通してしか集約することができないこともあり，事前に具体的な現場のニーズを把握することが難しく，当日指導者と会って講習内容を変更する場合もある。

2──北海道の特徴

　北海道の特徴としては，なんと言っても冬季競技であろう。冬季オリンピックの種目は，屋内で競技ができる一部の種目を除き，北海道や東北，長野が活動の中心となる。そのためか，冬季オリンピック出場者の約半数が北海道に関係しているそうである。

　冬季競技の特徴として，競技施設との関係が大きいことがあげられる。その競技のできる施設が

ないと，競技力が向上しない。たとえば，氷面の荒れたアイスアリーナでカーリングの練習をしても，繊細なコントロールを身に付けることはできない。専用のカーリングホールがないと，優秀なカーリング選手は育たない。このように冬季競技特有の競技環境が整っていないと選手が育成できないのである。

3──課題

　今後，北海道で心理サポート活動を続けることを考えると，いくつかの課題が浮かんでくる。まずは，SMT指導士の人材の問題がある。北海道における資格取得者は少ないにもかかわらず，土地は広大で，選手やチームからの需要も見込まれる。そのため，新しいSMT指導士の育成が必要であろう。それと同時に，協力体制の構築も求められる。一人で活動をするとその経験はその個人の中に留まってしまうが，複数名で活動をすることで経験が共有でき，蓄積も増大する。しかし，アシスタントスタッフに対する金銭面の支援はなく，複数体制で行動するのが難しい現状がある。地域や種目特性を考慮した協力体制を築くことができれば，組織的なサポートが可能となる。さらに，医科学サポートの多分野との協力体制構築も課題として考えられる。

（1：中山亜未・菅生貴之，
2：高妻容一・石井　聡，
3：蓑内　豊・吉田聡美）

7-7 地域におけるスポーツメンタルトレーニング指導士の活動

1. 地域での活動の起こり

　スポーツメンタルトレーニング指導士資格の認定条件の1つにスーパヴィジョンがある。「資格委員会の認めたスーパーヴァイザーによるスーパヴィジョンを1回2時間以上受けること」となっている。資格認定制度の発足当初は「資格認定委員会が指導士（現在の上級指導士）の基準に相当すると認めた者」がスーパーヴァイザーの役割を担う存在であり、資格制度が軌道に乗った現在ではこのスーパーヴァイザーは上級指導士がその役割を担っている。

　資格発足時に10数名が有資格者と認められ、それぞれを核として、あるいはそれ以外の大学研究室やスポーツ関係者の集まり等ではそれ以前から、アスリートへの心理サポートを中心とした各自のかかわり方の共有や事例検討の活動が行われはじめていた。指導士資格認定後にはさらにその数を増やしていった。しかしそのような活動は、地域によって大きな差があり、全国に散らばる有資格者や資格取得を目指す人たちが、地域の差なく活動に参加するには無理があった。

2. 指導士の活動の全国への広がり

　指導士の活動が全国規模で活発になる発端となったのは、有資格者たちが自主的な研修を組織的に行っていこうとした動きであった。

　2000年にスポーツ心理学会認定資格としてスポーツメンタルトレーニング指導士資格が設置されてから5年後、日本スポーツメンタルトレーニング指導士会が発足した。指導士会開催の「第1回日本メンタルトレーニングフォーラム」の徳永による挨拶文から、設立当時の諸事情が読み取れる。指導士会設立の中心となった徳永は挨拶文で次のように述べている。「現在、わが国のスポーツ選手への心理的支援は十分に行われているだろうか。スポーツメンタルトレーニング指導士会はこうした現状を踏まえ、日本スポーツ心理学会から認定された『指導士（現在の上級指導士）および指導士補（現在の指導士）』の相互の連携、資質・指導力および実際の指導活動の促進を目的に、本年、発足しました。これからも、全国研修会や地区別研修会を開催し、研修を重ねると共に、新しい資格取得者の発掘を目指したいと考えています。」このような趣旨のもと、その設立に指導士会は有資格者の約半数が参加表明しスタートしたのである。

　2002年11月には当時の名称での指導士33名と指導士補22名の計55名が指導士資格の認定を受けていた。トップアスリートやチームの心理サポートを担当する者から運動部に所属する中高生や趣味でスポーツを行っている市民アスリートの心理サポートを行う者などさまざまな活動がみられるようになった。しかし、多くの資格取得者は、資格取得者同士や資格取得を目指す人たちとの情報交換の機会も少なく、研修の場も限られており、資格取得したものの、その資格を生かすことが困難な者もいるという状況であった。その一方で、資格取得や継続に必要な研修ポイントが得られる機会が少なく、資格を取得しても次の更新時期には継続できないかもしれないという危惧もあった。資格発足以来、日本スポーツ心理学会資格認定委員会（現在の資格委員会）によるスポーツメンタルトレーニング研修会が年1回開催され、研修ポ

イント2点が与えられていた。学会参加も研修ポイントに数えられてはいたが，資格取得や継続に必要な研修ポイントを十分に確保するためにも，公認される研修の場を増やすことが求められた。それらの必要性だけではなく，指導士会の設立は，有資格者は学会から提供される利益を受け取る受益者の立場だけに甘んじるのではなく，有資格者たち自身が積極的に働きかけて，日本におけるスポーツメンタルトレーニングの普及・発展に寄与したいという気持ちの表れでもあった。

3. 指導士会全国研修会と各支部の活動

指導士会の活動内容は今後の指導士の地域における活動を推進するうえで，大いに参考になるものである。

指導士会会則では「全国研修会および地区研修会は，年1回以上開催する。」とされ，本部は年1回の全国フォーラム（現在の研修会）を開催した。設立初年は，第1回スポーツメンタルトレーニング指導士全国研修会「日本メンタルトレーニングフォーラム第1回大会」が東京の国立スポーツ科学センターで開催された。翌年からは各支部が主管となって開催していくこととなったが，第2回目と第3回目は，最も会員数の多い関東支部が主管支部となって同じく東京で開催された。4年目からは各支部も組織力がついてきて，順にその主管支部を務めてきた。10回目までの主管支部と開催地および開催場所は表7-2の通りである。

全国フォーラムのプログラムは，主管支部が担

表7-2 メンタルトレーニングフォーラム

回	年月日	主管	開催場所	講演・シンポジウム（講師）
1	2006年 8月26・27日	本部	東京 (国立スポーツ科学センター)	競技力向上における心理的サポートに期待すること (前原正浩：日本卓球協会強化本部長)
2	2007年 10月20・21日	関東	東京 (国立スポーツ科学センター)	ユニバシアード日本代表サッカーチームのメンタルトレーニング (宮崎純一：青山学院大学サッカー部部長)
3	2008年 10月18・19日	関東	東京 (国立スポーツ科学センター)	オリンピックにおける心理的コンディショニングの重要性 (楢崎教子：JOCエリートアカデミー事業アシスタントディレクター，アトランタ銅・シドニー銀オリンピックメダリスト)
4	2010年 3月5・6日	九州・沖縄	福岡 (九州大学筑紫キャンパス)	スポーツと感性 (安藤花恵：九州国際大学)
5	2010年 10月9・10日	日本スポーツ心理学会主催に共催として参加		①トップアスリートの求めるメンタルサポート (田中ウルヴェ京：MJコンテス・山本昌邦：サッカー解説者) ②17年前のメンタルサポートの意味を今振り返る (岡澤祥訓：奈良教育大学・岸（旧姓川越）真由：元卓球日本代表選手，世界選手権ダブルス銅メダリスト)
6	2011年 11月19・20日	関西	京都（メルパルク京都）	①指導士会5周年記念にあたって (徳永幹雄：日本SMT指導士会会長・福岡医療福祉大学) ②特別講演：ラグビーから学んだもの－チームワーク向上の秘訣－ (大八木淳史：ラグビー元日本代表・同志社大学大学院博士課程)
7	2012年 10月20日	東海・北信越	愛知（名古屋経済大学名駅サテライトキャンパス）	心理サポートの実際：2001年世界卓球選手権大会in大阪でのこころの動き (奥野真由：21クラブ)
8	2013年 12月14・15日	中国・四国	広島 (福山大学宮地茂記念館)	体の動きがもたらす心のコントロール～身体心理学の観点から～ (春木豊：早稲田大学名誉教授)
9	2014年 11月8・9日	北海道・東北	北海道（北星学園大学）	シンポジウム：現場から学ぶ (森敏：東海大学札幌)
10	2015年 8月28・29日	関東	東京 (国立スポーツ科学センター)	①記念講演：動きを直せば，心は変わる－新たなメンタルトレーニング－ (徳永幹雄：九州大学名誉教授) ②特別講演①：Applied Sport Psychology at the United States Olimpic Committee-A Mindfulness Based Approach (Peter Haber：(Senior Sport Psychologist) ③特別講演②：競技力向上と「こころ」のこと (中村礼子：元競泳日本代表，アテネ・北京五輪銅メダリスト)

当するが，本部の研修委員会もかかわり，主管支部と本部の協議のもとで作成された。有資格者や資格を目指す者や興味関心のある者の資質の向上を目指して，毎年，その内容が熱心に検討された。第1回目から第4回目までは，講演1枠，研修2枠（内1枠は本部企画），事例検討1枠，実践発表としてポスター発表1枠の形式が踏襲されていた。第5回目の資格認定10周年記念講演・シンポジウムを境として，第4回目までの枠組みにとらわれず，主管支部の独自なプログラム内容へと変容してきた。事例検討は，有資格者のみ参加できる企画であるが，第8回目以降には取り入れられておらず，有資格者以外の参加者への配慮が優先されてきていることがわかる。

本部主催，各支部主管によるこれらの全国フォーラムと並行して，地区研修会が各支部主催によって年1回以上開催された。各支部で行われる定例の研修会は年間数回継続的に行われている場合がほとんどであった。その中で6支部全部がそれぞれに，参加者を限定せずにオープンにした地区フォーラムを年1回開催した。このフォーラムは「スポーツメンタルトレーニング　フォーラム・イン・開催場所」といった名称で開催され，参加者は資格の有無や所属支部等に関係なく，プログラム内容や開催日時を参考に各支部のフォーラムに参加することができ，資格認定委員会が認めると参加ポイントが資格申請に必要な研修ポイントに計上できた。その内容も各支部が独自性を出し，研修を深めるように工夫されていた。たとえば関西支部では，2日間にわたってフォーラムを開催し，通常の定例の研修会ではできない研修をするために，1つのテーマについて3部構成でじっくりと取り組む分科会を準備し，しかも参加者のさまざまなニーズに答えるために2つの分科会を並行して行ってきた。

このフォーラムに加えて各支部はさまざまな活動を行った。たとえば2014年度の活動では，関西支部の場合，SMT関西地区指導士会連絡協議会が2か月に1度偶数月に開催されており，フォーラムの打ち合わせや事例検討会や講師を招聘してのレクチャー等を実施した。九州・沖縄支部も同様に，6回の定例研修会が行われ，その他にも会員による小規模な勉強会が複数回行われた。中国・四国支部の場合，その活動は多彩で，年1回開催の「スポーツメンタルトレーニング　フォーラム・イン・岡山」が2月に開催された他に，2014年度の活動だけでも，2回のスポーツメンタルトレーニング基礎セミナーに加えて，メンタルトレーニング講習会や研修会が8箇所で計19回行われた。他支部もさまざまな活動を展開した。このように，各支部は地域性や構成員に適した活動を自主的に推進した。

このような活動の中で，指導士会が編集・発行する年会誌が2007年10月に『メンタルトレーニング・ジャーナル　第1巻（創刊号）』として誕生した。その内容は「報告」として2006年に第1回目の指導士会による全国研修会での講演，2つの研修，事例検討，実践発表と，「情報」として指導士会の入会案内や会則，事業報告，指導士活動状況と今後の活動の方向性についての調査報告であった。第4巻までこの形式を踏襲してきたが，第5巻からは投稿規定や編集規定を整備し，査読審査を経た実践論文も加わることとなり，実践論文3編と資料論文2編が掲載された。有資格者が「メンタルトレーニングを実践し蓄積することも大切であるが，実践したことを論文として蓄積することは，もっと大切である。こうしたメンタルトレーニング論文の蓄積が，この分野の将来の発展に必ずや寄与するものと確信」すると，巻頭言（徳永）には述べられた。

その後ジャーナルのあり方について議論や試行錯誤を経て，2013年からは実践講座が始まり，2015年7月発行の第9巻では論文はなく，指導士会全国研修会報告と地区事業報告および「メンタルトレーニング実践講座」3篇という構成となった。指導士資質の向上に寄与する姿勢が明確にな

ってきた表れであった。

4. 大学生・大学院生たちの地域における活動

　スポーツメンタルトレーニングに関心や興味のある学生たちが2009年に「学生スポーツメンタルトレーニング研究会」を立ち上げた。有資格者となった大学院生や学部や修士課程でメンタルトレーニングを学ぶ者や関心を持つ者たちが核となって，年1回の研究会を開催している。特に東海大学や大阪体育大学に学ぶ大学生や院生たちが中心となり，各大学教員たちを招いて学習したり互いに事例検討を行ったりする活動を展開している。

　研究会は2日間にわたって開催されるため，内容も豊富であり，参加者同士の情報交換や親睦にも役に立っている。開催はその時々の学生や院生が担うために，参加学生の多い地域での開催になりがちであり，さまざまな地域での活動となるには難しい点もあるが，この研究会への参加経験が社会人となってからの，各自の地域での活動へと発展する可能性があることは，望ましいことであると思われる。また，名誉指導士や上級指導士の存在が大きい組織では，そのような指導士たちの発言力がどうしても強くなりがちであり，若い人たちが主体的に活動することは困難であるが，若い人たちだけの集まりでは，そのような危惧も年長者への配慮も不要である。若い人たちがこのような研究会の開催や参加によって，自信を深めて全国各地でさらに研修機会を生み出すことに期待したい。

5. これからの地域におけるスポーツメンタルトレーニング指導士の活躍と展望

　図7-3に各都道府県の名誉指導士・指導士・上級指導士の分布を示した。2015年4月1日時点の有資格者は125名（資格継続手続き保留者等は含まない）となっている。資格種類別にみると，名誉指導士9名，上級指導士46名，指導士70名である。都道府県によって有資格者の分布にはかなりの偏りがみられ，有資格者のいない県もいくつかある。特に東北地方や北信越地方，四国地方に有資格者のいない県が目立つ。しかし，沖縄から北海道まで全国に有資格者が散らばっている。

　資格認定制度ができてしばらくして有資格者の自発的組織の指導士会が設立されてきた。有資格者の研修の機会を組織的に作る必要があったのである。

　これまでは，全国的組織としての「指導士会」の活動が大きかったために，組織としての活動に重点が置かれがちであったかもしれない。また，2006年に指導士会が発足した当初に有資格者たちが感じたような研修と実践への希求感や高揚感が薄れてきて，自発的自主的な活動が起こりにくい雰囲気が出てきてしまっていたかもしれない。

　それぞれの地域におけるスポーツメンタルトレーニングに関する研修会や勉強会は，その構成員の中に上級指導士や指導士が一定数含まれている場合には，スポーツ心理学会の機関に申請することによって，資格申請や更新に必要な研修ポイントが認められることになっている。指導士資格がスタートしてからすでに10年以上が経過してきた今は，有資格者の人数も当初よりも増え，全国に散らばり，自発的自主的に活動する指導士が，それぞれの特性を生かした研修会や勉強会を開催することが制度からも能力からも可能となった。

　さらに，有資格者そのものの人数の増加につながる資格取得を志す人たちの開発と育成にも力を注いでいきたい。指導士資格制度発足当初の資格取得条件は，たとえば，修士課程修了であることや一定以上の実践経験や研修ポイントなどから，多くの人たちにとってかなりの努力を要するものであったかもしれない。しかし，時代とともに大学院進学率が上がり，実践経験を積むことのできる機会も対象も大幅に増加し，研修の機会も当初に比べて格段に多くなっている。有資格者数がさらに増加すれば，指導士不在県も解消され，現場

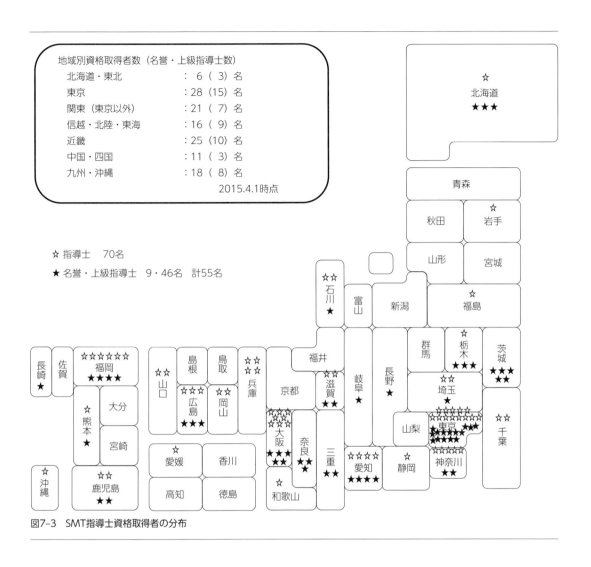

図7-3　SMT指導士資格取得者の分布

のアスリートやチーム等にとって指導士の存在がより身近なものとなり，スポーツメンタルトレーニングの浸透も期待できる。

指導士資格のために必要な資格認定部門と並んで，有資格者や資格取得を目指す人たちが研鑽を積むための研修部門や，有資格者たちがスポーツの現場でその力を発揮してスポーツにかかわる人たちに対してメンタルトレーニングを指導したりメンタル面をサポートする等の活動促進や指導士と指導を必要とする人たちを結びつけたり紹介したりすることのできるような社会連携部門の充実が望まれる。

指導士資格は日本スポーツ心理学会によって認定されるものであるが，一旦資格を取得したら，研修や実践などの活動を与えてもらうことを待ち受けている受動的態度では，資格の意味が薄れてしまう。そうならないように有資格者一人ひとりが意識を高く持ち，互いに連携して，まずはそれぞれの置かれた場の充実を図り，活動を広げることが必要である。

（東山明子）

用語解説

■アイコントロール

　注意（意識）を自己コントロールする一技法。視線を変えることによって，注意の集中や切り替え能力を高めることを目的として行う。凝視法は，一定時間，あらかじめ決めたものを注視する練習方法である。また，2つ以上の物体（バッターボックスでバットと，バットの向こうのスタンドの一か所）を交互にみる練習方法がある。また大事な場面で視線をあらかじめどこかに（ラケットのグリップエンドやボール，競技場のポールなど）決めておくことで集中を高める。

（荒木雅信）

■IZOF理論

　ハニン（Hanin）は，不安とスポーツパフォーマンスの関係を調べているうちに，覚醒水準や情動の強度がある範囲内（ゾーン）にあるときにはよいパフォーマンスが発揮されるが，この範囲を外れるとパフォーマンスが低下することを見出し，IZOF（Individual Zones of Optimal Functioning）理論を提唱するようになった。この理論では，パフォーマンスに影響する情動の種類は個人によって異なり，最適な水準（強度）にも個人差があるとされる。

（蓑内　豊）

■アサーション・トレーニング

　人間の対人言動は，非主張的表現と攻撃的表現，アサーションの3つに大別することができる。アサーションとはコミュニケーション能力の1つであり，自分の考えや意見を相手にその場の状況に応じてうまく伝える自己表現のことである（平木，2008）。現在，言語表現が苦手な人のためのコミュニケーション能力の向上プログラムとしてアサーション・トレーニングは利用されており，相手も自分も大切にする自己表現やそれを目指すための生き方といっても過言ではない。

（高井秀明）

■アセスメント

　アセスメントとは，対象者について理解するために，面接や心理検査などを用いて評価・査定することである。これにより，適切なメンタルトレーニング指導目標の設定，指導内容の選択などが行われる。さまざまな視点から対象者の総合的理解を進め，対象者を客観的かつ包括的に理解することが重要である。ここでの対象者の理解がその後の指導内容の方向づけともなることから，アセスメントは一人ひとりにあった方法で慎重に進めなければならない。

（今村律子）

■アファーメーション

　否定的な思考・行動から肯定的な思考・行動へ自分の意識を変えるための技法のことである。短い言葉を何度も繰り返し唱えたり，文字で表現したりすることで，思考や潜在意識に浸透させる。たとえば，チームから必要とされていないと感じている選手が，「私はチームに必要な選手だ」と繰り返すことである。このとき，チームに必要な選手である理由や必要な選手になるための具体的な方法を分析し，その内容を繰り返すことでより効果的となる。

（蓑内　豊）

■イメージトレーニング

　イメージトレーニングは，「イメージ」を用いて，パフォーマンスの向上を目指すトレーニングで，頭の中でイメージを描くため，実際に体を動かす身体練習（フィジカルプラクティス）との対比から，メンタルプラクティス，メンタルリハーサルと呼ばれることもある。そしてその目的は，1つが運動技能を獲得するためのものであり，もう1つは試合において緊張やプレッシャーに負けないで，自分の持っている本来の実力を発揮することである。

（鶴原清志）

■運動イメージ

　運動イメージは「過去の運動経験によって蓄えられた視覚的・筋感覚的・体性感覚的・その他の感覚的記憶から生じたある身体運動についての準感覚的な体験」であり，実際の刺激がない状態でも，あたかもそれを体験しているように感じるものと考えられている。したがって，運動イメージにも視覚，聴覚，筋感覚，触覚等のイメージがあり，視覚と筋感覚の運動イメージが中心となる。また，イメージを自由に動かすことができる統御可能性と鮮明度が重要な側面となる。

（鶴原清志）

■解決志向アプローチ

短期療法（ブリーフセラピー）の1つである解決志向アプローチ（Solution Focused Approach）は，ド・シェーザー（de Shazer）ほかが開発した心理療法である。このアプローチは，問題・課題の原因を追求するのではなく，その問題・課題を解決するためにできることにフォーカス（焦点）をあてる方法である（シェーザー，1994）。たとえば，「何がいけないのか？」と考えるより「自分が希望する未来を実現するためには，何が必要になるのか？何ができるのか？」と考えることを大切にしている。　　　　　（高井秀明）

■カウンセリング

「カウンセリング（counseling）は，あくまでクライエント（来談者）の自主性を尊重し，カウンセラーとクライエントの間の人間関係を基礎として，そこに生じるクライエントの成長への可能性の発展によってなされる」（河合，2004）。カウンセラーはアドバイスや指導によってではなく，クライエントが成長する力（自己成長力・自己治癒力）に働きかけており，カウンセラーは「この人のために，現在できる最善のことは何か」を考え，「役に立つこと」をする（河合，1970）。カウンセリングではクライエントの語ることを傾聴することで，彼らの生きている世界を受容し，共感的に理解していくことが問題解決につながることを期待する。　　　　　　　　　　　（鈴木　壯）

■キーワード法

注意（意識）を自己コントロールする一技法。注意を向けようとする刺激や対象，動きや心構えなどを示す言葉をあらかじめキー（鍵：キーワード）として決めておいて，注意が外れそうになったときに，その言葉を唱えることで注意を集中させる方法。キーワードと共に動作（ドリブルを回数や，構える動作の順番など）も決めておくこと（キーアクション）でより効果的に注意のずれを修正することができる。これらは，パフォーマンスルーティーンとして用いることができる。　　　　　　　　　　　　　　（荒木雅信）

■系統的脱感作法

本法では，特定の対象あるいは状況に対する不安を，過去の誤った学習から生じたものと理解し，新たな学習のやり直しによって改善がなされるとしている。人は不安状態にあるときには緊張しており，対極にあるリラックスによってその不安が制止されるのである。そこで，まず，不安の強い場面から，弱い場面までの具体的な状況を順序立ててリストアップする（不安階層表の作成）。次に，作成した不安階層表を参考にしながら，低い不安刺激を与え（イメージ想起によるなど），そしてリラクセーション技法の適用により不安を除去する。下位の不安から徐々に上位の不安へと移行していく。アスリートが抱える特定の緊張場面の克服において本法を用いることができる。　（中込四郎）

■KJ法

KJ法は，川喜田二郎（1920-2009）によって生み出され体系化された野外科学的方法論の中の，「発想法」部分の中核的な技術として位置づけられている。川喜田（1967，1970）によると，野外で観察した複雑多様なデータを，データそれ自体に語らしめつつ，啓発的にまとめる（統合する）ための方法論であり，「紙切れづくり」「グループ編成」「A型図解」および「B型文章化」の4ステップで進められる。KJ法は質的な研究法として，多くは仮説発想を目的にさまざまな研究領域において用いられている。
　　　　　　　　　　　　　　　　（齊藤　茂）

■行動療法，認知行動療法

行動療法（behavior therapy）では，不適応行動を含めたすべての行動は学習によって形成されると考えている。そして，学習理論に基づいた方法を用いて不適切に学習された行動を適応的な行動へと変容させようとする。たとえば，過緊張によってパフォーマンスにマイナスの影響がある場合に，パフォーマンスと過緊張との連合をリラクセーションの組み合わせに変えて，パフォーマンスの改善を図るということが考えられる。

認知行動療法（cognitive behavior therapy）では，不適応行動の理解と介入に個人の認知過程を重視する。行動療法の技法に認知的技法を組み合わせた不適応行動を改善する方法である。個人の置かれた状況で生じる認知や感情や行動をその人自身が話したり，記録したりすることによって自分自身の認知の歪みに気づき，自分自身でその歪みや行動の変容を促そうとする。たとえば，あがりやすい選手が自分自身の認知の歪み，たとえば自分自身を過剰に追い込む，勝たないと思いすぎなどがあることに気づき，それを心理技法で改

善しようとする，ということが考えられる．

(鈴木　壯)

■呼吸法

呼吸活動は通常，自律神経により制御されており，不随意的な活動であるが，随意的に制御することもできる．呼吸法は心理的影響によって変化した呼吸活動を随意的にコントロールして，心身の安定を得ようとする方法である．呼吸法には，リラクセーションとサイキングアップの両方の利用法が考えられる．競技における試合場面などでは極度の緊張状態から交感神経優位となり，呼吸活動は活性化し，心拍の上昇や覚醒水準の過度な向上などが起こる．こうしたいわゆる「あがり」の状態を適切な水準に戻す作業が腹式呼吸である．また，逆に覚醒水準が低下し，意気消沈しているような場合には交感神経を活性化させるために，短く速い呼吸や，一気に息を吸い込んで一気に吐き出すような呼吸法を用いる．

(菅生貴之)

■サイキングアップ

競技場面における心理的ゾーンへの調整方法の１つであり，リラクセーションと対極の意味をなすものである．心理的ゾーンよりも集中力や意欲が低く，周囲の雰囲気などにのまれてしまったり，怖気づいたり，意気消沈したりといったような状態のときに実施する．具体的にはリラクセーションとは異なる素早い呼吸を行ったり，サイキングアップに適したアップテンポな音楽を聞いたり，イメージや自己暗示，動作を利用するなどの方法が用いられている．これらの方法は事前に練習場面で，「パフォーマンスルーティーン」としての適用方法を検討しておくことが望ましい．

(菅生貴之)

■催眠暗示法

催眠とは，「人為的に惹き起こされた状態で，いろいろな点で睡眠に似ているが，睡眠とは区別でき，被暗示性の亢進および，ふだんと違った特殊な意識性が特徴で，その結果，覚醒に比して運動や知覚，記憶，思考などの異常性が一層容易に惹き起こされるような状態を指していう」(成瀬，1960)．「ふだんと違った特殊な意識性」は，変性意識状態（トランス状態）と言われ，スポーツ場面でのフローやゾーンと似た現象である．スポーツ場面での催眠暗示法とは，暗示を用いて，催眠状態に導き，その中で臨場感溢れるイメージを行うという方法が，実際のパフォーマンスにつながるやり方であると言える．

(立谷泰久)

■自己暗示法

暗示について，山中(2005)は，「自分がそうしているという意識なしに，自然にそうなったとか，他人にそうさせられたなどという，自動感あるいは被動感をともなうことが多い」と述べている．暗示の反応は，他者から与えられた感覚ではあるが，自己暗示法とは，「そうなりたいという意図や目的が入った言葉を，心の中で唱える技法」と言える．最終的には，自らの意図や目的を達成できる自分になることが大事である．他者から与えられた場合を他者暗示法と言えるが，その言葉は，最終的には自らの言葉になるので，その場合も自己暗示法となる．

(立谷泰久)

■自己分析法

本来，「自己分析」とはフロイトに発する精神分析用語の１つであり，自分で自分の無意識を洞察し，よりよい自己支配を得ようとする試みであると考えられる．しかし，メンタルトレーニングでは，無意識レベルでの過程を直接，自覚して扱うことはなく，もっぱら意識レベルでの自己理解，自己観察と置き換えている．各種の心理テストを用いて自己診断を行ったり，さまざまな実力発揮にかかわる自身の競技場面での振り返りなどがそこには含まれる．また，日々の情動を中心としたモニタリングも加えられる．主体的に自己分析を進めていく姿勢は，自己理解の深まりだけに終わらず，競技への主体的な取組み，そして自己統制力の向上にもつながるはずである．

(中込四郎)

■GTA

グラウンデッド・セオリー・アプローチ（grounded theory approach：GTA）．グレーザーとストラウスによって提唱された質的データ分析法の１つであり，「データに基づいて（grounded）分析を進め，データから概念を抽出し，概念同士の関係づけによって研究領域に密着した理論を生成しようとする研究方法」(戈木，2006)である．戈木が示す分析手順の概要は，「データの読み込み」，3種類の「コーディング」（オープン・コーディング，アクシャル・コーディング，およ

びセレクティブ・コーディング）および「理論的飽和」である。
　　　　　　　　　　　　　　　　　　（齊藤　茂）

■シミュレーショントレーニング

　シミュレーションとは，訓練や実験の模擬であるため，スポーツにおいて，模擬することにイメージを用いている場合は，イメージトレーニングと同様となるが，模擬装置（シミュレーター）を用いて，トレーニングを実施する場合もある。たとえば，飛行機やゴルフのシミュレーターでのトレーニングが実施される場合がそれに当たる。さらに，暑さや高地等の環境を想定してのトレーニングや，対戦相手を想定してのトレーニングも該当すると考えられる。
　　　　　　　　　　　　　　　　　　（鶴原清志）

■情動プロファイリング

　情動の状態を把握するための技法。競技時の情動状態を振り返り，そのときに感じた情動の種類や強度を所定の手順に沿って記入する。さらにその結果を基に情動状態特徴を図表化するのが情動プロファイリング技法である。これによって選手に固有の情動とパフォーマンスの関係が把握できる。ハニン（Hanin）のIZOF理論に基づく考え方であり，情動をパフォーマンスに有効でポジティブ/ネガティブ，有害でポジティブ/ネガティブの4つに分類する。
　　　　　　　　　　　　　　　　　　（蓑内　豊）

■自律訓練法

　自律訓練法（Autogenic Training）は，1932年にドイツの精神医学者シュルツ（Schultz）によって創案された心身医学的なリラクセーション技法である。基本課題は，ストレスを取り除くこととしており，ビジネス，教育，スポーツ場面などで応用されている。標準練習は，6公式（重感練習，温感練習，心臓調整練習，呼吸調整練習，内臓調整練習，額涼感練習）で構成されている。スポーツ場面では，重感練習と温感練習の2つを主として用いることが多く，競技場面で緊張や不安を感じたときに，この自律訓練法によって緩和させる。
　　　　　　　　　　　　　　　　　　（立谷泰久）

■事例検討会

　事例検討会（ケースカンファレンス）では，事例報告者が担当した心理サポートやメンタルトレーニング等の事例を複数の参加者の下で発表し，対象者（選手等）の問題の理解，サポートやトレーニングの内容，その過程，関係の取り方等について検討（討議）し合う。発表は，初回の面接（指導やかかわり），見立て，そしてその後の面接については，語られた内容，トレーニング内容，担当者の言葉，かかわり方について継時的に報告する。司会者とコメンテーターを置き，コメンテーターは集団でスーパーヴィジョンをするときのスーパーヴァイザーのような役割を担う。スポーツメンタルトレーニング指導士の訓練の場ともなる。発表者は発表の目的を明確にし，関係の中で感じたことを含めて，率直に発表することが求められる。
　　　　　　　　　　　　　　　　　　（鈴木　壯）

■数息観

　数息観とは「五停心観」の1つであり，息の出入を数えて注意を集中するという注意集中型瞑想である。数息は呼吸を1から10まで数え，数え終わると1に戻って再び数え始めて，これを繰り返す方法である。数息の詳細としては，出息を数える，入息を数える，出入息を各々数える，出入息を1つとして数える，一息で複数数えるといった方法がある。なお，数息観の条件としては，勘定を間違えないこと，雑念を交えないこと，以上2条件に反したら1に戻ることがあげられている。
　　　　　　　　　　　　　　　　　　（高井秀明）

■スランプ

　スランプとは，パフォーマンスの停滞・後退が比較的長期間継続し，その原因が不明で不自然な状態のことを意味する。このような状態になると，心理状態が変化（不安，自信の低下）し，パフォーマンスはさらに低下する。原因としては，環境の変化や身体的要因，技術的要因，用具的要因，心理的要因などが考えられるが，原因がはっきりしないことも特徴である。スランプを克服しパフォーマンスが向上する場合もあれば，そのまま競技を引退する場合もある。
　　　　　　　　　　　　　　　　　　（蓑内　豊）

■セルフトーク

　セルフトークとは，「自己対話であり，自分の感情・感覚，ものの考え方を認識し，その評価や信念を変化させたり統制したりして，自分自身を強化していくもの」（Hackfort & Schwenkmezer, 1993）と言われている。使い方は，自分を奮い立たせるような言葉やリラックスできるような言葉を心の中で言う，声に出すなどをして，気持ちの切り替えを行う。その言葉は，

自分は良いプレーを行っているときに，使っている言葉を用いると効果的である。逆に，悪いプレーを行っているときに使っている言葉を使うと悪いプレーにつながる可能性があるため，良いプレーを行っているときに使っている言葉に変えることが重要である。

（立谷泰久）

■漸進的筋弛緩法

漸進的筋弛緩法は，1929年に，アメリカのジェイコブソン（Jacobson）によって創始されたリラクセーション技法である。ジェイコブソンの原法に従うと，1セッションで40分以上かかると言われているので，現在ではさまざまな使い方をされている。基本的な考え方として，①身体の部位に力を入れる（緊張），②その状態を保持する，③力を抜く（弛緩）を繰り返しながら，最終的に全身をリラックスしていくということである。手→足→胸→腰→顔という順序で行っていく。なお，各部位には順番に力を入れていくが，力を抜く（弛緩）ときには，逆の順番で行っていく。漸進的筋弛緩法を簡単に説明するならば，「筋肉に力を入れて，その緊張を感じ，その後，力を抜き，その抜けた感じを感じるリラックス法」と言える。　（立谷泰久）

■チームビルディング

メンバーの行動変容を通じてチーム全体の組織力を高め，チームの生産性を向上させる介入方略である。チームリーダーに対するコンサルテーション活動型（間接的アプローチ）とチームメンバーに対するプログラム実施型（直接的アプローチ）がある。前者は，リーダーシップ理論に基づき，リーダーを通じてチームの行動変容をねらう。一方，後者はチームの目標設定や問題解決のためのブレーンストーミングや，グループ体験がある。野外活動で問題解決を行うプロジェクトアドベンチャーもグループ体験の1つである。

（今村律子）

■知能検査

ウェクスラー（Wechsler）により，知能は「特定の能力でなく，各個人が目的的に行動し，合理的に思考し，自分の環境を効果的に処理するための総合的な能力である」と定義されている。つまり，知能検査とは一般的な知能水準を測る検査のことであり，たとえば，ウェクスラー式には，成人用，学齢期用，幼児用がある。知能検査の結果から，自分の学習におけるつまずきの要因を把握したり，つまずきが起こらないような具体的な対処方略を見出したりすることが可能となる。

（高井秀明）

■動作法

元々は脳性マヒ児の肢体不自由改善の方法として成瀬悟策によって開発された。人間の身体運動や動作を改善することによって，「からだの動きそのものが望ましい方向に変化することを目的とするもの」と，それによって「こころの在り方，生活体験の仕方，ものの感じ方，活動の仕方の変化を目的とするもの」の2つに分けられる（成瀬，2000）。動作の変化を目指すだけでなく，その背後にある人間のこころ（主体）に働きかけることで，心身の健康，心理治療の方法として用いられている。

（鈴木　壯）

■内観療法

内観療法とは自分の「内を観る」ことであり，吉本伊信により開発された心理療法である。内観には集中内観と日常内観の2つがあり，まずは集中内観を身につけることが重要視されている。たとえば，集中内観では自分の身近な人々との関係について，「世話になったこと」，「世話をして返したこと」，「迷惑をかけたこと」の3つの「具体的な事実」を調べる。そして，1～2時間ごとに3～5分，内観した内容を簡潔に面接者に話す。なお，内観療法の効果としては，効率性や自己治癒性，視点の変化，全人的な気づきがあげられている。

（高井秀明）

■バイオフィードバック法

通常，意識にのぼらない生体現象を，電子機器を用いてヒトが客観的に意識できる情報に変換し提示する技法。そしてバイオフィードバック情報を利用して，ヒトに生体の自己制御機能を獲得させる手続きをバイオフィードバック訓練という。1960年後半から精神医学やリハビリテーションの分野で，治療を目的とする技法が開発され使用されてきた。スポーツ心理学の分野では，それより少し遅れて研究が始められ，その後メンタルトレーニングの一技法として適用された。

（荒木雅信）

■パフォーマンスルーティーン

　試合場面で，競技者本人が理想とする心理状態を作るために行う，パフォーマンス前に行う一定の動作（群）のことである。競技遂行時の，観衆や相手チームなどの人的なものや，結果の予期，競技不安といったさまざまな心理的な阻害要因に対して，過剰に注意を向けてしまうことを避けるために，競技動作と関連深い「ある動作」を行う。しかし，ルーティーンの動きそのものには本来心理的な意味はないため，日常的な練習でのパフォーマンスにおいても，同じ動作を適用しながら心理的な意味づけを行い，習慣化しておくことが重要である。また，試合などでの利用を通して修正を加えていき，方法を洗練していく作業も必要である。
（菅生貴之）

■ピークパフォーマンス法

　ピークパフォーマンスとは，競技における至高体験のことである。そこには特有の心理状態があり，時間感覚や空間認知が変化したり身体感覚が鋭敏になることから，変性意識状態との類似性も指摘されている。ピークパフォーマンス法とはこれらの体験を振り返ることで，より高いパフォーマンスを導くための心理的条件を明らかにし，心理的コンディショニングに生かそうとする試みである。この方法では，主としてイメージ想起とその分析が中心であり，自由連想を取り入れたクラスタリング法や，感情表現を重視した描画による振り返りなどが行われている。セッションの展開を工夫することで，スランプからの脱出や，自信の向上にも役立つと期待できる。
（土屋裕睦）

■フォーカシング

　フォーカシングは，ジェンドリン（Gendlin）ほかによって開発された心理技法であり，身体では感じているが言葉には表現できない気づき（フェルトセンス）に注意を向け，その過程の中で独自の意味を見出し，自己理解を促進するための方法である。たとえば，コーネル（Cornell）はフォーカシングを①身体の内側に注意を向ける，②フェルトセンスをみつける，③言葉やイメージでそれを描写する，④興味や関心をもってその感じでいる，⑤終わりにするという5つのステップから説明している。
（高井秀明）

■ブレーンストーミング

　ブレーンストーミングとは，オズボーン（Osborn, 1982）によって考案され，あるテーマについて集団で自由にアイデアを出し合うことによって，問題解決や新しい発想を期待するといった，集団機能を利用した集団思考法である。話し合いは，「判断・結論を出さない」「自由な意見を重視する」「多くの意見を出す」「意見を発展させる」などの原則をもとに進められる。
（今村律子）

■ペップトーク

　競技開始直前や試合中断中などのタイミングで，主に励ましやチームの凝集性を高めることを目的として指導者から競技者に対して発せられる言語的なアプローチの1つである。原則として内容はポジティブな内容であり，競技者の不安や動揺，集中力の低下などに対処するための方法であり，指導者の知識や経験などが動員される。利用にあたっては指導者と競技者の関係性の深まりが必要なことは言うまでもない。さらにはペップトークの内容を深めていくためには指導者自身の指導哲学・人格を醸成していくことが求められる。「借り物」の言葉ではなく指導者の人格からにじみ出るような言葉がけが必要であり，使い方に注意するべきである点をビーリー（Vealey, 2005）が指摘している。
（菅生貴之）

■ポジティブシンキング

　積極的思考法とも呼ばれ，思考や認知様式を意図的にコントロールする認知方略の1つである。不安のコントロール，集中の維持，動機づけとの関連が深く，学習によって獲得できる心理的スキルである。具体的なトレーニング方法としてセルフトークがあげられる。しかし，個人特性を軽視した活用はマイナスに働く場合もあり，個人特性に基づいたものでなければならない。したがって，単に積極的というだけでなく，試合や練習場面に際して，個人特性にあった合理的でかつ自己肯定的な内容を用いることが重要である。
（今村律子）

■マインドフルネス

　マインドフルネス（mindfulness）は，仏教用語のサティ（sati：念）の英訳であり，「瞬間瞬間に展開する体験を，意図的に，現在の瞬間に，そして判断をせ

ずに注意を向けることを通じて現れる気づき」（Kabat-Zinn, 2003）である。自分が置かれている現時点での思考や情動などを善悪や正誤の判断・評価をせずに，あるがままに受け入れるということを意味する。たとえば，アスリートの緊張感や不安感をパフォーマンスにマイナスの影響があると評価してコントロールしようとか，良い状態にしようとかせずに，あるがままに受け入れようとするということである。森田療法の「あるがまま」やロジャーズの「受容」に通じる。「自然体」という言葉に近いかもしれない（市村ほか，2013）。 　　　　　　　　　　　　　　　（鈴木　壯）

■瞑想法

　瞑想法を，「行としての瞑想法」と「癒しとしての瞑想法」に分類することもできるが，世界の民族や文明にはそれぞれの瞑想法があり，それぞれ目的や方法の違いがあることを踏まえる必要がある。そのうえで，瞑想法は高度な意識状態，あるいはより高度な健康とされる状態を引き出すために，その精神的プロセスを整えることを目的とする注意の意識的訓練のことであると定義される。現代ではリラクセーションを目的としたり，ある種の心理的治療を目的として行われることもある。　　　　　　　　　　　　　　（荒木雅信）

■メンタルモデル

　人間が外界の情報を理解したり，処理したりする過程では，何らかの枠組みに準拠して判断を行う。その前提となる，経験や知識に基づき形成された心の中に持つ表象（イメージ）の心的枠組みが「メンタルモデル（mental model）」である（ジョンソン，1988）。応用的に，スポーツや音楽領域における優れた指導者を対象とした研究がされており（たとえば，北村ほか，2005, 2007），指導者の指導観，指導意図，および指導行動等を説明するための概念として用いられている。　　　　　　　　　　　　　　　　　　　（齊藤　茂）

■メンタルリハーサル

　競技や試合について，あらかじめ場面を想定して，頭の中で実施しておくことが，メンタルリハーサルである。したがって，イメージトレーニングの一部であると考えることもできるが，個々の技能ではなく，実際の競技や試合を想定して，事前にリハーサルすることを示している。また，スポーツでは，同じことを何度もリハーサルするのではなく，さまざまな場合（負けている，勝っている，アクシデント等）を想定することが有効である。　　　　　　　（鶴原清志）

■目標設定技法

　目標設定は，競技に対するモチベーションの維持や練習の質を高めるための役割を果たし，メンタルトレーニングには重要である。目標を効果的に実行するためには，現実的かつ具体的で独自性のある目標を立てることが必要である。そのためには，目標を設定する時期（長期，短期），目標の内容（成績，パフォーマンスや練習過程）の分類を把握し，取り組む課題を明確にしなければならない。また，設定するのみに終わるのではなく，記録・評価することが次の目標設定へとつながる。　　　　　　　　　　　　（今村律子）

■モデリング学習

　モデリング学習とは，手本となるモデル（他人）の行動やその結果を見て，その行動を学習することである。スポーツの場合，有名選手のフォームを観察し模倣することで，運動スキルを習得することがモデリング学習に当てはまる。このため観察学習とも呼ばれる。この理論はバンデューラ（Bandura）の社会的学習理論の中で発展してきた。彼はモデリング学習の成立に必要な4つの過程（注意過程，保持過程，運動再生過程，動機づけ過程）を想定している。　　（簑内　豊）

■リーダーシップ

　集団目標の達成を意図した集団成員から他成員への影響力行使の過程を指す。自然発生的な非公式集団においてリーダーシップは複数の成員に共有され，公式集団では，監督やキャプテンなどの役割行動となる。リーダーシップの機能には，集団を活動に参加させる機能，集団の目標達成を促進させる機能，集団のまとまりを維持し強化する機能がある。効果的なリーダーシップを発揮するためには，リーダーシップの特性やスタイルの把握だけではなく，多様な状況の分析，そして集団の特性から多次元的に検討する必要がある。　　　　　　　　　　　　　　　　　　（今村律子）

文献

■第1章
文献（和文）

- 阿江美恵子（2015）日本体育学会体罰・暴力根絶特別委員会の取り組み．日本体育学会第66回大会本部企画Ⅱシンポジウム．「体育・スポーツにおける暴力指導の抑止と指導者教育」．
- 阿江美恵子・大石千歳（2016）教員免許更新講習会受講者を対象とした運動部指導における体罰の実態．東京女子体育大学女子体育研究所所報，10：129-131．
- 池田英治・上地広昭・和田野安良（2012）メンタルトレーニングの実践を阻害する要因に関する研究－大学運動部活動生を対象に－．茨城県立医療大学紀要，17：17-30．
- 猪俣公宏（2005）メンタルトレーニングの現状と課題．日本スポーツ心理学会編，スポーツメンタルトレーニング教本改訂増補版．大修館書店，pp.25-28．
- 上向貫志（2000）スポーツ傷害における心理サポート－怪我の心理的背景および影響－．杉原隆ほか編著，スポーツ心理学の世界．福村出版，pp.226-237．
- 内田若希・平木貴子・橋本公雄・徳永幹雄・山﨑将幸（2007）車いす陸上競技選手の心理的競技能力向上に向けたメンタルトレーニングに関する研究．障害者スポーツ科学，5（1）：41-49．
- 岸順治（2000）スポーツ選手のバーンアウト．杉原隆ほか編著，スポーツ心理学の世界．福村出版，pp.212-225．
- 煙山千尋・清水安夫・茂木俊彦（2009）スポーツ選手に対するメンタル・トレーニングの現状と課題－効果的な方法論の構築を目指して－．神奈川体育学会「体育研究」，42：1-8．
- 高妻容一（2000）応用スポーツ心理学とメンタルトレーニング．Sports medicine，27：12-21，ブックハウスHD．
- 阪田俊輔・山﨑将幸・河津慶太・須﨑康臣・池本雄基・髙井真佐代・杉山佳生（2015）ジュニアバドミントン選手を対象としたスポーツメンタルトレーニングの実施－ジュニア選手への有効な方法論の考察－．健康科学，37：47-56．
- 立谷泰久・村上貴聡・荒井弘和・平木貴子・宇土昌志（2015）トップアスリートを対象とした心理的評価尺度作成の試み－予備尺度作成の検討－．日本体育学会第66回大会予稿集，162．
- 土屋裕睦（2010）心理サポート：メンタルトレーニングとカウンセリング．日本スポーツ心理学会資格認定委員会編，ニュースレター，8：6-7．
- 徳永幹雄・橋本公雄（2000）心理的競技能力診断検査（DIPCA.3）．トーヨーフィジカル．
- 日本スポーツ心理学会編（2002）スポーツメンタルトレーニング教本．大修館書店．
- 日本スポーツ心理学会編（2005）スポーツメンタルトレーニング教本改訂増補版．大修館書店．
- 日本スポーツ心理学会編（2008）スポーツ心理学事典．大修館書店．
- 日本スポーツ心理学会資格認定委員会（2014）スポーツメンタルトレーニング指導士－資格認定申請の手引き．
- 日本スポーツ心理学会資格認定委員会・日本スポーツメンタルトレーニング指導士会編（2010）スポーツメンタルトレーニング指導士活用ガイドブック．ベースボール・マガジン社．
- 日本体育協会スポーツ科学委員会（1986-1988）「スポーツ選手のメンタルマネージメントに関する研究」第1報～第3報，昭和60・61・62年度日本体育協会スポーツ医・科学研究報告書．
- 長谷川眞理子・長谷川寿一（2007）進化と人間行動．放送大学教育振興会．
- 深見将志（2015）大学生スポーツ選手のメンタルトレーニングに関する意識調査．桜門体育学研究，49（2）：63-72．
- 福田正治（2003）感情を知る感情学入門．ナカニシヤ出版．
- 福田正治（2008）感情の階層性と脳の進化－社会的感情の進化的位置づけ－．感情心理学研究，16：25-35．
- 細川佳博・中込四郎（2000）部活動での不適応を訴えた事例の風景構成法の検討．臨床心理身体運動学研究，2：41-52．
- 中込四郎編著（1994）メンタルトレーニング・ワークブック．道和書院．
- 中込四郎・小川洋平・武田大輔・小谷克彦・宇土昌志（2006）内界探索に方向づけられたメンタルトレーニングプログラムの検討．スポーツ心理学研究，33（2）：19-33．
- 西野明・土屋裕睦（2004）我が国におけるメンタルトレーニング指導の現状と課題－関連和書を対象とした文献研究－．スポーツ心理学研究，31（1）：9-21．
- 松田岩男ほか（1985）スポーツ選手のメンタル・マネジメントに関する研究－第1報－．昭

和60年度日本体育協会スポーツ医・科学研究報告，1（Ⅲ）：i-iv．
- 松田岩男・石井源信・猪俣公宏・落合優・加賀秀夫・下山剛・杉原隆・藤田厚・山本勝昭（1983）スポーツ選手の心理的適性に関する研究－第4報－．昭和57年度日本体育協会スポーツ科学研究報告，日本体育協会スポーツ科学委員会，43-57．
- 山崎史恵・中込四郎（2000）スポーツ競技者の食行動問題－その独自の特徴と背景について－．臨床心理身体運動学研究，2：7-25．
- R.マートン：猪俣公宏監訳（1991）コーチングマニュアル メンタル・トレーニング．大修館書店．

文献（欧文）
- Atkinson, J.W.（1957）Motivational determinants of risk-taking behavior. Psychological Review, 64: 359-372.
- Bandura, A.（1977）Self-efficacy: Toward a unifying theory of behavioral change. Psychological Review, 84: 191-215.
- Cartwright, J.H.（2001）Evolutionary explanations of human behavior.＜鈴木光太郎・河野和明訳（2005）進化心理学入門．新曜社．＞
- Darwin, C.R.（1859）On the origin of species by natural selection, or the preservation of favoured races in the struggle for life. John Murray.＜八杉龍一訳（1990）種の起源．岩波書店．＞
- Deci, E.L. and Ryan, R, M.（1985）Intrinsic motivation and self-determination in human behavior. Plenum Press.
- Dweck, C. S.（1986）Motivational processes affecting learning. American Psychologist, 41: 1040-1048.
- Jacobson, E.（1932）Electrophysiology of mental activities. American Journal of Physiology, 44: 677-694.
- McClelland, D. C., Atkinson, J. W., Clark, R. A., and Lowell, E. L.（1953）The achievement motive. Appleton-Century-Crofts, Inc.
- Muraki, Y.（1986）Coaching/Training theory on the jumping events-Text for the IAAF Olympic solidarity deploma coaching course for Asia., International Amateur Athletic Federation.
- Nicholls, J. G.（1984）Achievement motivation: Conceptions of ability, subjective experience, task choice, and performance. Psychological Review, 91: 328-346.
- Seligman, M. and Maier, S.（1967）Failure to escape traumatic shock. Journal of Experimental Psychology, 74: 1-9.
- Vealey, R. S.（2007）A framework for understanding mental skills training in sport. In : Tenenbaum, G. and Eklund, R. C.（Eds.）Handbook of sport psychology 3rd ed. John Wiley & Sons. Inc., pp.291-295.
- Weiner, B.（1972）Theories of motivation: From mechanism to cognition. Rand McNally.

■第2章
文献（和文）
- 江川玟成（1989）実践スポーツ心理学．大日本図書．
- 河合隼雄（1970）カウンセリングの実際問題．誠信書房．
- 河合隼雄（1995）臨床教育学入門．岩波書店．
- 河合隼雄（2008）こころと脳の対話．茂木健一郎との対話．潮出版社．
- 國分康孝（1980）カウンセリングの理論．誠信書房．
- 芝野松次郎（1995）行動療法．河合隼雄監修，臨床心理学1 原理・理論．創元社，pp.145-162．
- 鈴木壯（2014）スポーツと心理臨床．創元社．
- 田畑治（1974）治療効果およびその測定．氏原寛ほか編，心理臨床大事典．培風館，pp.225-230．
- 土屋裕睦（2001）メンタルトレーニングの評価－その考え方と方法．体育の科学，51（11）：862-867．
- テリー・オーリック：高妻容一ほか訳（1996）世界の第一人者テリーオーリックのトップレベルのメンタルトレーニング．ベースボール・マガジン社．＜Orlick, T.（1986）Coaches training manual to psyching for sport. Leisure Press.＞
- 船越正康（2000）メンタルトレーニング研究の課題．スポーツ心理学研究，27（1）：39-49．
- 中込四郎（2004）アスリートの心理臨床．道和書院．
- 中込四郎（2004）スランプに陥り不安や競技意欲の低下を訴えたスポーツ選手の心理療法．臨

- 床心理身体運動学会，6：55-68．
- 中込四郎（2013）臨床スポーツ心理学：アスリートのメンタルサポート．道和書院．
- 中込四郎・鈴木壯（2015）スポーツカウンセリングの現場から．道和書院．
- 前田正（2006）心理療法における個性化過程と現実適応の関係について－スポーツで勝つことについての考察－．臨床心理身体運動学会，7・8：19-34．
- 山中康裕（2006）心理臨床学のコア．京都大学学術出版会．
- 吉村浩一（1989）心理学における事例研究法の役割．心理学評論，32（2）：177-196．
- 米丸健太・鈴木壯（2016）「自分が分からない」と訴えて来談したアスリートとの面談．スポーツ心理学研究，43（1）：15-28．

文献（欧文）
- Balague, G. (1999) Understanding identity, value, and meaning when working with elite athletes. The Sport Psychologist, 13: 89-98.
- Garfield, C. (1984) Peak performance. Jeremy P. Tarcer, INC.
- Heyman, S. R. and Andersen, M. B. (1998) When to refer athletes for counseling or psychotherapy. In: Williams, J.M. (Ed.) Applied Sport Psychology. 3rd ed. Mayfield, pp.359-371.
- Petitpas, A. J., Giges, B. and Danish, S. J. (1999) The sport psychologist-athlete relationship: Implications for training. The Sport Psychologist, 13: 344-357.
- Rogers, C. R. (1957) The necessary and sufficient coditions of therapeutic personality change. Journal of Cosulting Psuchology, 21 (2): 95-103.

■第3章
文献（和文）
- 猪俣公宏ほか（1992）2．チーム心理診断テスト（SPTT）の標準化，No.IIIチームスポーツのメンタルマネジメントに関する研究－第2報－平成3年度日本オリンピック委員会スポーツ医・科学研究報告，pp.7-20．
- 今村律子（2005）チームづくりに必要な心理的要因は何か－コミュニケーション・スキル．徳永幹雄編，教養としてのスポーツ心理学．大修館書店，pp.60-70．
- 岩井俊憲（2002）勇気づけの心理学．金子書房．
- オウェールほか編：スポーツ社会心理学研究会訳（2006）体育教師のための心理学．大修館書店，p.25．
- ガーフィールド，C.・ベネット，H.：荒井貞光・東川安雄・松田泰定・柳原英兒訳（1988）ピークパフォーマンス．ベースボール・マガジン社．
- 門岡晋・平田勝士・菅生貴之（2013）学生アスリートを対象とした唾液中コルチゾールによるストレス評価の基礎的検討：起床時コルチゾール反応に着目して．体力科学，62（2）：171-177．
- 倉澤寿之（2014）ネットコミュニケーションとその教育への応用に関する最近の研究動向．白梅学園大学・短期大学情報教育研究，17：15-22．
- 高妻容一（2002）今すぐ使えるメンタルトレーニング選手用．ベースボール・マガジン社．
- 小林晃夫（1970）内田クレペリン精神検査法による人間の理解．東京心理技術研究会．
- 小林正幸（2001）なぜ，メールは人を感情的にするのか．ダイヤモンド社．
- ザンダー，A.：黒川正流ほか訳（1996）集団を生かす．北大路書房．
- 島崎崇史・吉川政夫（2012）コーチのノンバーバルコミュニケーションにおける研究：コミュニケーション能力およびコーチング評価との関連性．体育学研究，57：427-447．
- 菅生貴之（2008）秘匿性への配慮－心理サポートにおける基本的要件．指導者のためのスポーツジャーナル，vol.277：40-42．
- 菅生貴之・岩﨑賢一（2004）自律神経機能検査．臨床スポーツ医学，Vol.21臨時増刊号スポーツ医学検査測定ハンドブック，pp.264-267．
- 菅生貴之・内田遼介（2010）スポーツ競技者に対する認知的ストレス課題および自律訓練法実施時の心拍変動の反応性．大阪体育大学紀要，41：47-56．
- 鈴木壯（2004）風景構成法．臨床スポーツ医学，Vol.21臨時増刊号スポーツ医学検査測定ハンドブック，pp.286-289．
- 武田大輔（2013）臨床スポーツ心理学の現状と課題．スポーツ心理学研究，40（2）：211-220．
- 田中ウルヴェ京（2016）選手と指導者両者のための「コーピング」のススメ．コーチングクリニック2月号．ベースボール・マガジン社．
- 辻岡美延・矢田部達郎・園原太郎　YG性格検

査用紙．日本心理テスト研究所．
- 東京大学医学部心療内科編　東大式エゴグラム TEG第2版検査用紙．金子書房．
- 徳永幹雄（1996）ベストプレイへのメンタルトレーニング．大修館書店．
- 徳永幹雄（2004）体育・スポーツの心理尺度．不昧堂出版．
- 徳永幹雄・橋本公雄（2000）心理的競技能力診断検査（DIPCA.3，中学生～成人用）検査用紙．トーヨーフィジカル．
- 中込四郎（1999）競技離脱が「自立」の課題への取り組みとなっていったスポーツ選手の事例．臨床心理身体運動学研究，1：37-48．
- 中込四郎（2004）アスリートの心理臨床－スポーツカウンセリング－．道和書院．
- 中島登代子（1996）競技選手と風景構成法．山中康裕編著，風景構成法その後の発展．岩崎学術出版，pp.183-218．
- 西村克己（2003）ロジカルシンキングが身につく入門テキスト．中経出版．
- 日本・精神技術研究所　内田クレペリン精神検査　標準型検査用紙．金子書房．
- 野村忍（2006）交流分析とは何か．東京大学医学部心療内科TEG研究会編，新版TEG II 解説とエゴグラム・パターン．金子書房，pp.3-13．
- 橋本公雄・徳永幹雄・多々納秀雄・金崎良三（1984）スポーツ選手の競技不安の解消に関する研究．福岡工業大学エレクトロニクス研究所所報（1）：77-86．
- 平木典子（2009）アサーション・トレーニング－さわやかな自己表現のために－．金子書房．
- 古川久敬（1990）構造こわし－組織変革の心理．誠心書房．
- マートン．R．：大森俊夫・山田茂監訳（2013）スポーツ・コーチング学．西村書店，pp.13-20．
- 水口公信・下仲順子・中里克治（1991）日本版STAI状態・特性不安検査 使用手引．三京房．
- 蓑内豊（2005）情動プロファイリングテストの作成．北星論集（北星学園大学文学部），43（1）：1-20．
- 蓑内豊（2007）夏期合宿期間中における疲労度の変化－精神的疲労と生理的疲労－．北星論集（北星学園大学文学部），45（1）：59-70．
- 蓑内豊・佐々木敏・角田和彦・内田英二・上村浩信・吉村功（1995）スキージャンプ選手のピークパフォーマンス状態について．北海道体育学研究，30：71-76．
- 蓑内豊・佐々木敏・角田和彦・星野宏司（2007）心理的競技能力の経年変化について－日本の一流スキージャンプ選手の場合－．北海道体育学研究，42：17-24．
- 八木俊夫（1989）YG検査の診断マニュアル．日本心理技術研究所．
- 山岸俊男編（2001）社会心理学キーワード．有斐閣双書，pp.151-170．
- 山本力・鶴田和美編（2001）心理臨床家のための「事例研究」の進め方．北大路書房．
- Juvia P.Heuchert and Douglas M.McNair：横山和仁監訳（2015）POMS2 日本語版マニュアル．金子書房．
- TEG研究会編（1991）TEG活用マニュアル・事例集　東大式エゴグラム．金子書房．
- R．・マートン：猪俣公宏監訳（1991）メンタルトレーニング．大修館書店．

文献（欧文）

- Bandura, A. (1982) Self-efficacy mechanism in human agency. American Psychologist, 37: 143.
- Carron, A.V., H.A.Hausenblas., and M.A. Eys. (2005) Group dynamics in sport (3rd Eds.) Fitness Information Technology, p.327, p.328, pp.333-334.
- Carron, A.V., L.R.Brawley., and W.N. Widmeyer. (1998) The measurement of cohesiveness in sport groups. In: J.L.Duda. (Eds.) Advancement in sport and exercise psychology measurement. Fitness Information Technology, pp.213-216.
- Carron, A.V., W.N.Widmeyer., and L.R.Brawley. (1985) The development of an instrument to assess cohesion in sport teams: The group environment questionnaire. Journal of Sport Psychology, 7: 244-266.
- Hanin, Y. (Ed.) (2000) Emotion in Sport. Human Kinetics.
- Smith, R.E., F.L.Smoll., and E. Hunt. (1977) A system for the behavioral assessment of athletic coaches. Research Quarterly, 48: 401-407.
- Tuckman, B.W. and M.A.C. Jensen. (1977) Stages of small group development revised, Group and Organizational Studies, 2: 419-427.
- Walling, M., Duda, J.L., and Chi, L. (1993) The perceived motivational climate in sport questionnaire: Construct and predictive valid-

ity. Journal of Sport and Exercise Psychology, 15: 172-183.

■第4章
文献（和文）

- 五十嵐透子（2001）リラクセーション法の理論と実際．医歯薬出版．
- 石井源信（1997）目標設定技術．猪俣公宏編，選手とコーチのためのメンタルマネジメント・マニュアル．大修館書店，pp.95-111．
- 猪俣公宏（1997）選手とコーチのためのメンタルマネジメント・マニュアル．大修館書店．
- 猪俣公宏（2000）イメージ技法．日本スポーツ心理学会資格認定委員会編，スポーツメンタルトレーニング指導士資格認定講習会テキスト2000年版，pp.36-38．
- 猪俣公宏（1991）自信と目標設定のスキル．R.・マートン：猪俣公宏監訳，コーチングマニュアル メンタルトレーニング．大修館書店，pp.175-197．
- 江川玟成（1989）実践スポーツ心理学．大日本図書．
- 遠藤俊郎（2006）集中力．日本体育学会監修，最新スポーツ科学事典．平凡社，p.438．
- 大河内浩人・武藤崇（2007）行動分析．ミネルヴァ書房．
- 岡澤祥訓（2005）目標設定技法．日本スポーツ心理学会編，スポーツメンタルトレーニング教本改訂増補版．大修館書店，pp.92-95．
- 奥田健次（2012）メリットの法則－行動分析学・実践編－．集英社．
- 長田一臣（1970）暗示とは何か．スポーツと催眠．道和書院，pp.211-213．
- 長田一臣（1995a）私のいわゆる「暗示呼吸」．日本人のメンタルトレーニング．スキージャーナル，pp.312-313．
- 長田一臣（1995b）私のいわゆる「暗示放尿」．日本人のメンタルトレーニング．スキージャーナル，p.314．
- 長田一臣（1995c）「実践的自律訓練法」．日本人のメンタルトレーニング．スキージャーナル，pp.300-304．
- 長田一臣（1996）勝利へのメンタルマネジメント．スキージャーナル．
- 海野孝（2005）セルフトーク．徳永幹雄編，教養としてのスポーツ心理学．大修館書店，pp.177-179．
- 海野孝・山田幸雄（2002）認知思考・セルフトークと心理的競技能力との関係．日本スポーツ心理学会第29回大会抄録，pp.67-68．
- 笠井仁（2000）自律訓練法のつくり．ストレスに克つ自律訓練法．講談社，p.54．
- 笠井仁（2002a）暗示．心理学辞典．有斐閣，p.21．
- 笠井仁（2002b）自己暗示．心理学辞典．有斐閣，p.324．
- 加藤孝義・細川徹（1995）TAIS注意・対人スタイル 診断テスト日本版マニュアル．システムパブリカ．
- 加藤久（2000）イメージトレーニング．上田雅夫監修，スポーツ心理学ハンドブック．実務教育出版，pp.108-118．
- 佐久間春夫（1987）バイオフィードバックとは何か．日本スポーツ心理学会編，スポーツ心理学Q&A．不昧堂出版，pp.66-67．
- 佐々木雄二（1995）自律訓練法とは何か．講座サイコセラピー3 自律訓練法．日本文化科学社，pp.1-7．
- 佐々木雄二（1995）自律訓練法の効果．講座サイコセラピー3 自律訓練法．日本文化科学社，p.15．
- 佐々木雄二（1995）自律訓練法の実際．創元社．
- 島宗理（2014）使える行動分析学－じぶん実験のすすめ－．筑摩書房．
- 島宗理（2000）パフォーマンス・マネジメント－問題解決のための行動分析学－．米田出版．
- 島宗理（2010）人は，なぜ約束の時間に遅れるのか－素朴な疑問から考える「行動の原因」－．光文社．
- シュワルツ，M. S.：斉藤巌・筒井末春・白倉克之監訳（1992）バイオフィードバック－実践のためのガイドブック．新興医学出版．
- 新村出編（2011）暗示．広辞苑（第6版）．岩波書店，p.111．
- 杉原隆（1993）「無心！」という究極の集中．宮本貢編，朝日ワンテーママガジン③メンタル・トレーニング読本．朝日新聞社，pp.56-65．
- 杉山尚子（1988）スポーツ行動分析．異常行動研究会誌，27：6-17．
- 杉山尚子（2005）行動分析学入門－ヒトの行動の思いがけない理由－．集英社．
- 杉山尚子・島宗理・佐藤方哉・R.W.マロット・M.E.マロット（1998）行動分析学入門．産業

図書.
- 高橋慶治（1996）スーパーマインド・メンタルトレーニング独習法．朝日出版社．
- 高野聰・土屋裕睦・高橋幸治・中込四郎（1996）イメージ技法を柱としたメンタルトレーニングプログラムの開発．スポーツ心理学研究，22（1）：24-31．
- 武田健（1985）コーチング—人を育てる心理学—．誠信書房．
- 田嶌誠一（1987）壺イメージ療法—その生い立ちと事例研究．創元社．
- 田嶌誠一（1992）イメージ体験の心理学．講談社現代新書．
- 田中ウルヴェ京（2008）1日30秒でできる新しい自分の作り方．フォレスト出版．
- 田中博史・遠藤俊郎・高橋宏文・加戸隆司（2001）バレーボールにおけるサーブの準備行動に関する研究．バレーボール研究，3（1）：54．
- 田中美吏（2014）心理的プレッシャー下におけるゴルフパッティング：症状と対処に関する実験研究．体育学研究，59：1-15．
- 立谷泰久（2003）コンディショニングノート心理学「言葉の力」．ソフトテニスマガジン6月号．ベースボール・マガジン社．
- 土屋裕睦（1994）#9積極的思考．中込四郎編著，メンタルトレーニング・ワークブック．道和書院，pp.121-131．
- 土屋裕睦（1996a）イメージ変容過程の事例検討—イメージの変容過程と個人差．中込四郎編著，イメージがみえる—スポーツ選手のメンタルトレーニング．道和書院，pp.102-112．
- 土屋裕睦（1996b）試合になると焦ってしまう女子剣道選手の事例．中込四郎編著，イメージがみえる—スポーツ選手のメンタルトレーニング．道和書院，pp.133-138．
- 土屋裕睦・荒木雅信・中島登代子・鈴木壮・藤田太郎（1998）1997年度メンタルトレーニング講習会報告—実力発揮を願う選手に対する心理的サポートの試み．大阪体育大学紀要，29：129-135．
- 徳永幹雄（2005）バイオフィードバック法．日本スポーツ心理学会編，スポーツメンタルトレーニング教本改訂増補版．大修館書店，pp.101-102．
- 徳永幹雄・橋本公雄（1984）スポーツ選手に対する心理的競技能力のトレーニングに関する研究1—イメージ・トレーニングの予備的調査・実験．九州大学健康科学，6：165-179．
- 徳永幹雄・橋本公雄（1991）イメージトレーニング．箱田裕司編著，イメージング：表象・創造・技能．サイエンス社，pp.40-77．
- 日本スポーツ心理学会編（2008）スポーツ心理学事典．大修館書店．
- 長谷川浩一（1991）心像の鮮明性尺度の作成に関する研究．青山学院大学文学部紀要，33：63-87．
- 中込四郎（1996）イメージの阻害様態およびその対処．中込四郎編著，イメージがみえる—スポーツ選手のメンタルトレーニング．道和書院，pp.113-120．
- 原田悦子・須藤智（2011）注意・制御と高齢化．原田悦子・篠原一光編，注意と安全．北大路書房，pp.130-165．
- 樋口貴広（2000）試合場面でのパフォーマンスの低下．杉原隆ほか編，スポーツ心理学の世界．福村出版，pp.40-51．
- ホッグ・M・ジョンソン：田中ウルヴェ京訳（2003）誰にでもできる水泳メンタルトレーニング．ベースボール・マガジン社．
- 堀野博幸（2012）バイオフィードバック．山﨑勝男監修，スポーツ精神生理学．西村出版，pp.153-156．
- 松岡洋一・松岡素子（2013）初めての自律訓練法．日本評論社．
- 山中寛（2005）暗示技法．日本スポーツ心理学会編，スポーツメンタルトレーニング教本改訂増補版．大修館書店，pp.122-124．
- 米丸健太，鈴木壯（2013）身体について語る意味．スポーツ心理学研究，40（1）：31-42．
- Wulf. G：福永哲夫監訳（2010）注意と運動学習—動きを変える意識の使い方．市村出版．

文献（欧文）
- Ellis, A. (1957) Rational psychotherapy and individual psychology. Journal of Individual Psychology, 13: 38-44.
- Ellis, A., Gordon, J., Neenan, M. and Palmer, S. (1997) Stress counseling, A rational emotive behavior approach. Springer Publishing Company.
- Ellis, A and MacLaren, C. (1998) Rational Emotive Behavior Therapy, Impact Publishers.
- Feltz, D. L. and Landers, D. M. (1983) The effects of mental practice on motor skill

learning and performance meta-analysis. Journal of Sport Psychology, 5: 25-57.
- Gardner, F.L. and Moore, Z.E. (2007) The psychology of enhancing human performance: The Mindfulness-Acceptance-Commitment (MAC) Approach. Springer Publishing Company.
- Garfield, C.A. and Bennet, H.Z. (1984) Peak Performance: Mental Training Techniques of the World's greatest Athletes. Jeremy P. Tarcher Inc.
- Hackfort, D and Schwenkmezer, P. (1993) Anxiety. In: Singer, R.N., Murphey, M., and Tennant, L. K. (Eds.) Handbook of Research on Sport Psychology. Macmillan, pp.328-364.
- Ievleva, L. and Orlick, T. (1999) Mental paths to enhanced recovery from a sports injury. In: Pargman, D. (Ed.) Psychological bases of sport injuries. (2nd ed.) Fitness Information Technology, pp.199-220.
- Locke E.A. and Latham G.P. (1985) The application of goal setting to sports. Journal of Sport and Exercise Psychology, 7: 205-222.
- Martens, R. (1987) Coaches guide to sport psychology. Human kinetics.
- Murphy, S. (1994) Imagery interventions in sport. Medicine and Science in Sports and Exercise, 26 (4): 486-494.
- Nideffer, R. M. (1976) Test of attentional and interpersonal style. Journal of Personality and Social Psychology, 34: 394-404.
- Nideffer, R. M. (1981) Predicting human behavior: A theory and test of attentional and interpersonal style. Assessment Systems International.
- Nideffer, R. M. (1990) Use of the test of attentional and interpersonal style in sport. The Sport Psychologist, 4: 285-300.
- Olson, R.P. (1987) Definitions of biofeedback. In: M. S. Schwartz and F. Andrasik (Eds.) Biofrrdback: A practitioner's guide. The Guilford Press, pp.67-68.
- Richardson, A (1969) Mental imagery. Routledge and Kegan Paul. (Eds.) ＜鬼沢貞・滝沢静男訳（1970）心像．紀伊国屋書店．＞
- Schultz, J.H. (1932) Das autogene Training. Thieme.
- Suinn, R. M（1986）Seven steps to peak performance, The mental training manual for athletes. Hans Huber Publishers. ＜園田順一訳（1995）スポーツメンタルトレーニング－ピークパフォーマンスへの7段階．岩崎学術出版社．＞
- Thayer, R. E. (2003) Calm energy: How people regulate mood with food and exercise. Oxford University Press.
- Turner, M. (2014) Smarter thinking in sport. The psychologist, The British Psychological Society, vol. 27, August.
- Van Raalte, J.L., et al. (1994) The relationship between observable self-talk and competitive junior tennis players' match performance. Journal of Sport and Exercise Psychology, 16 (4): 400-415.
- Weinberg, R.S. and Gould, D. (2007) Foundations of Sport and Exercise Psychology. Human Kinetics, pp.71-91, 245-263, 288.
- Wiener, N. (1961) Cybernetics. MIT Press.

■第5章
文献（和文）
- 阿部和雄（2000）スポーツに励むみんなの応援歌 おれやるよ．日本体育大学退職記念資料．
- 石井源信（1983）軟式テニス選手の競技意欲開発トレーニング．松田岩男ほか，スポーツ選手の心理的適性に関する研究－第4報－昭和57年度日本体育協会スポーツ科学研究報告．日本体育協会スポーツ科学委員会，pp.43-57．
- 石井源信（2002）ピーキングの心理．体育の科学，52（7）：11-16．
- 石井源信（2005）集中力向上のトレーニング．日本スポーツ心理学会編，スポーツメンタルトレーニング教本改訂増補版．大修館書店，pp.145-150．
- 石井源信・石川国広・高見和至・後藤肇（1996）ジュニア期における優秀指導者の実態に関する調査研究第3報．平成7年度日本オリンピック委員会スポーツ医・科学研究報告．
- 磯貝浩久（2004）スポーツにおける目標設定．日本スポーツ心理学会編，最新スポーツ心理学－その軌跡と展望－．大修館書店，pp.45-54．
- 猪俣公宏（1981）日本体育協会競技動機調査（TSMI）第1次案の作成．昭和55年度日本体育協会スポーツ科学研究報告スポーツ選手の心

理的適性に関する研究－第2報－，pp.35-56.
- 猪俣公宏（1991）自信と目標設定のスキル．R.・マートン：猪俣公宏監訳，コーチング・マニュアルメンタルトレーニング．大修館書店，p.186.
- 猪俣公宏ほか（1992）基礎的研究3-2，ハンドボールにおける認知的トレーニングの効果．平成3年度日本体育協会医科学研究報告集，スポーツチームのメンタルマネジメントに関する研究－第2報－，pp.29-37.
- 猪俣公宏編（1997）選手とコーチのためのメンタルマネジメント・マニュアル．大修館書店．
- ウルフ，G.：福永哲夫監訳，水藤健・沼尾拓訳（2010）注意と運動学習－動きを変える意識の使い方．市村出版．
- 江幡健士（1977）チームスポーツに対する"集中的グループ体験"の効果についての心理学的研究．体育学研究，22（1）：37-47.
- 岡浩一朗（2002）運動アドヒレンス－身体活動・運動の促進－．坂野雄二・前田基成編著，セルフ・エフィカシーの臨床心理学．北大路書房，pp.218-234.
- 岡浩一朗・八木孝彦・竹中晃二・松尾直子（2000）自信向上のための認知的アプローチ．上田雅夫監修，スポーツ心理学ハンドブック．実務教育出版，pp.247-259.
- 岡澤祥訓・鈴木壯・山本裕二・米川直樹・鶴原清志・吉澤洋二（1992）競技種目別メンタルマネジメントに関する研究4-2，卓球．平成3年度日本体育協会医・科学研究報告集，「スポーツチームのメンタルマネジメントに関する研究第2報」，pp.49-57.
- 岡澤祥訓・谷田しのぶ（1994）ジュニア卓球女子選手に対するメンタルマネジメントに関する研究－9カ月のメンタルトレーニングの経過．平成6年度日本オリンピック委員会スポーツ医・科学研究報告No.Ⅲ，ジュニア期のメンタルマネジメントに関する研究 第2報，pp.113-131.
- ガルウェイ，W.T.：後藤新弥訳（1976）こころで勝つ！インナーゲーム．日刊スポーツ出版社，pp.122-150.
- 北森義明（1992）チームビルディング3，名門社会人野球チームの場合．トレーニングジャーナル，92（7）：86-90.
- グリーンバーガー，D.，・パデスキー，C.A.：大野裕監訳（2001）うつと不安の認知療法練習帳．創元社．
- 高妻容一（1995）明日から使えるメンタルトレーニング コーチのための指導書．ベースボール・マガジン社．
- 國分康孝編著（1992）構成的グループエンカウンター．誠信書房．
- 坂野雄二（2002）人間行動とセルフ・エフィカシー．坂野雄二・前田基成編著，セルフ・エフィカシーの臨床心理学．北大路書房，pp.2-11.
- 坂野雄二（2005）行動変容プログラムの方法論的背景：認知行動療法と自己効力感．看護学雑誌，69：563-566.
- 佐々木丈予・関矢寛史（2014）心理的プレッシャーが1歩踏み出し運動の初期姿勢ならびに予測的姿勢制御に及ぼす影響．体育学研究，59：577-589.
- 佐藤雅幸（1997）メンタルマネジメント．スポーツ実践研究会編，入門スポーツの心理．不昧堂出版．
- 新村出編（1998）自信．広辞苑（第5版）．岩波書店．
- 杉原隆（1980）Ⅱ－5 集中力トレーニング．昭和61年度日本体育協会スポーツ医・科学研究報告No.Ⅲ「スポーツ選手のメンタルマネジメントに関する研究」第2報，pp.64-71.
- 杉原隆・工藤孝幾（1997）第2章 注意集中の技術．猪俣公宏編，選手とコーチのためのメンタルマネジメント・マニュアル．大修館書店，pp.17-36.
- 鈴木壯・中込四郎・山本裕二（1993）実業団ソフトテニス選手へのメンタルトレーニング事例から－選手とカウンセラーとの関係性．岐阜大学教育学部研究報告，自然科学，17：87-103.
- 立谷泰久（2003）コンディショニングノート 心理学「言葉の力」．ソフトテニスマガジン，6月号．ベースボール・マガジン社，pp.40-41.
- 立谷泰久・村上貴聡・荒井弘和・平木貴子・宇土昌志（2015）トップアスリートにおける心理的特性尺度作成の試み．日本体育学会第66回大会予稿集，p.162.
- 土屋裕睦（2000）スポーツ集団を対象とした構成的グループ・エンカウンター．國分康孝編集代表，続・構成的グループエンカウンター．誠信書房，pp.47-155.
- 土屋裕睦（2001）ある大学女子スポーツチームに実施した構成的グループ・エンカウンターの効果．日本スポーツ教育学会第20回記念国際大

会論集，pp.191-194．
- 土屋裕睦（2002）スポーツカウンセリングとチームビルディング．櫂，第7号，pp.57-65．
- 土屋裕睦（2004）ソーシャルサポートとチームビルディング．日本スポーツ心理学会編，最新スポーツ心理学－その軌跡と展望．大修館書店，pp.219-230．
- 土屋裕睦（2014）日本代表チームに対する心理サポートの実践：その現状と課題．スポーツ精神医学，11：19-26．
- 徳永幹雄（1988）成功するスポーツ集団．末利博・鷹野健次・柏原健三編，スポーツの心理学．福村出版，pp.172-184．
- 徳永幹雄（2005）自信を高めるにはどんなことをすればよいか．徳永幹雄編，教養としてのスポーツ心理学．大修館書店，pp.41-46．
- 中込四郎（1990）こころとメンタルトレーニングー－いくつかの自験例をとおして．トレーニング科学研究会編，競技力向上のスポーツ科学Ⅱ．朝倉書店，pp.187-212．
- 中込四郎編著（1994）メンタルトレーニング・ワークブック．道和書院．
- 丹羽劭昭（1976）運動の社会心理．松田岩男編，運動心理学入門．大修館書店，pp.204-241．
- 橋本公雄・徳永幹雄・多々納秀雄・金崎良三（1984）スポーツ選手の競技不安の解消に関する研究－競技前の状態不安の変化およびバイオフィードバック・トレーニングの効果－．福岡工業大学エレクトロニクス研究所所報，1：77-86．
- 橋本公雄・徳永幹雄・多々納秀雄・金崎良三（1987）スポーツ選手の競技不安の解消に関する研究（2）－バイオフィードバック・トレーニングによる特性不安への影響について－．健康科学，9：89-96．
- 橋本公雄・徳永幹雄・多々納秀雄・金崎良三（1993）スポーツにおける競技特性不安尺度（TAIS）の信頼性と妥当性．健康科学，15：39-49．
- 早川真司（2001）心理的準備が大きく勝敗を分けたと思われる選手の事例．平成13年度第1回スポーツメンタルトレーニング指導士認定研修会資料．
- 春木豊（2011）動きが心をつくる－身体心理学への招待．講談社現代新書．
- バンデュラ，A.：原野広太郎監訳（1979）社会的学習理論－人間理解と教育の基礎－．金子書房．
- ビーリー，R.S.：徳永幹雄監訳（2009）コーチングに役立つ実力発揮のメンタルトレーニング．大修館書店，pp.285-304．
- 松本裕史（2008）自己決定理論．日本スポーツ心理学会編，スポーツ心理学事典．大修館書店，p.250．
- 村山孝之・関矢寛史（2012）スポーツにおける「あがり」の要因と要因間の関係性．体育学研究，57：595-611．
- 村山孝之・田中美吏・関矢寛史（2009）「あがり」の発現機序の質的研究．体育学研究，54：263-277．
- 豊田一成（2011）一流の集中力．ソフトバンク新書．
- 山口裕幸編（2009）コンピテンシーとチーム・マネジメントの心理学．朝倉書店．
- 山下富美子（1988）集中力．講談社現代新書．
- 米川直樹・鶴原清志・岡澤祥訓・鈴木壮・山本裕二・吉澤洋二（1992）競技種目別メンタルマネジメントに関する研究 4-1，ヨット．平成3年度日本体育協会医科学研究報告集，スポーツチームのメンタルマネジメントに関する研究第2報，pp.39-47．
- レアー J.E.：小林信也訳（1987）メンタル・タフネス－勝つためのスポーツ科学－．TBSブリタニカ．
- ワインバーグ・ロバート：海野孝・山田幸雄・植田実訳（1992）テニスのメンタルトレーニング．大修館書店．
- R.・マートン（1991）コーチングマニュアル メンタルトレーニング．大修館書店，pp.170-174．

文献（欧文）

- Bandura, A. (1977) Self-efficacy: Toward a unifying theory of behavior change. Psychological Review, 84: 191-215.
- Bandura, A. (1982) Self-efficacy in human agency. American Psychologist, 4: 359-373.
- Baumeister, R.F. (1984) Choking under pressure: Self consciousness and paradoxical effects of incentives on skillful performance. Journal of Personality and Social Psychology, 46: 610-620.
- Carron, A.V. and Hausenblas, H.A. (1998) Group dynamics in sport., Fitness Infomation Technology, pp.331-342.
- Deci, E.L. and Ryan, R.M. (2002) Handbook of

- self-determination research. The University of Rochester Press.
- Eysench, M.W. (1979) Anxiety, learning, and memory: A reconceptualization. Journal of Research in Personality, 13: 363-385.
- Masters, R.S.W. (1992) Knowledge, knerves, and know-how. British Journal of Psychology, 83: 343-358.
- Martens, R. (1977) Sport Competition Anxiety Test. Human Kinetics.
- Smith, R.E., Smoll, F.L., and Barnett, N.P. (1995) Reduction of children's sport performance anxiety through social support and stress-reduction training for coaches. Journal of Applied Developmental Psychology, 16 (1): 125-142.
- Tanaka, Y. and Sekiya, H. (2010) The influence of audience and monetary reward on the putting kinematics of expert and novice golfers. Research Quarterly for Exercise and Sport, 81: 416-424.
- Vickers J.N. (2007) Visual control when aiming at a far target. J Exp. Psychol. Hum. Percept. Perform, 22: 342-354.
- Weiner, B. (1972) Theories of motivation. Rand McNally.

■第6章
文献（和文）
- 伊藤友記（2010）高校生ホッケーチームへのメンタルトレーニング．日本スポーツ心理学会資格認定委員会・日本スポーツメンタルトレーニング指導士会編，スポーツメンタルトレーニング指導士活用ガイドブック．ベースボール・マガジン社，pp.60-64.
- 伊藤友記（2012）競技現場における心理サポート実践者に求められる役割について－高校生競技選手へのサポート事例－．メンタルトレーニング・ジャーナル，6：55-65.
- 内田若希・橋本公雄・山﨑将幸・永尾雄一・藤原大樹（2008）自己概念の多面的階層モデルの検討と運動・スポーツによる自己変容－中途身体障害者を対象として－．スポーツ心理学研究，35（1）：1-16.
- 江田香織（2015）思春期にあるトップアスリートへの心理サポートから．中込四郎・鈴木壯編著，スポーツカウンセリングの現場から－アスリートがカウンセリングを受けるとき－．道和書院，pp.121-137.
- 大和田攝子・柏木哲夫（1998）中途障害者における受傷後の適応に影響を及ぼす心理・社会的要因．臨床死生学，3：64-74.
- 菊池章夫（1998）また/思いやりを科学する－向社会的行動の心理とスキル－．川島書店.
- 衣笠泰介（2015）単にメダルを取るだけでなくほかのアスリートにとってロールモデルになるようなアスリートの発掘・育成に向けて．スポーツ科学の最先端－科学的視点で捉えれば，スポーツはもっとおもしろくなる！－．Sports Science Magazine Vol.1：16-18.
- 鈴木壯（2015）スポーツと心理臨床．創元社.
- 高山成子（1997）脳疾患患者の障害認識変容過程の研究－グランデッドセオリーアプローチを用いて－．日本看護科学会誌，17：1-7.
- 立谷泰久（2005）審判員もメンタルトレーニングが必要！－サッカー国際審判員の心理サポート－．日本スポーツ心理学会編，スポーツメンタルトレーニング教本改訂増補版．大修館書店，pp.219-221.
- 東京大学医学部心療内科TEG研究会（2000）東大式エゴグラム（新版TEG Ⅱ）．金子書房.
- 徳永幹雄・橋本公雄（2000）心理的競技能力診断検査用紙（DIPCA.3）．トーヨーフィジカル.
- 中込四郎（1999）競技離脱が「自立」の課題への取り組みとなっていったスポーツ選手の事例．臨床心理身体運動学研究，1：37-48.
- 中込四郎（2004）アスリートの心理臨床．道和書院.
- 中込四郎（2012）競技引退後の精神内界の適応．スポーツ心理学研究，39（1）：31-46.
- 中込四郎（2013）臨床スポーツ心理学．道和書院.
- 中澤史・杉山佳生（2010）自我状態の成長を意図した心理サポートの検討．健康科学，32：85-95.
- 新里里春・水野正憲・桂戴作・杉田峰康（1986）交流分析とエゴグラム．チーム医療.
- 新里里春（2000）カウンセリング－交流分析を中心に－．チーム医療.
- 日本サッカー協会HP JFAのHP：http://www.jfa.jp/referee/
- 日本ラグビーフットボール協会HP：http://www.rugby-japan.jp/RugbyFamilyGuide/referee.html

- 山中康裕（1978）少年期の心 精神療法を通してみた影．中公新書，p.vii.

文献（欧文）
- Baillie, P.H.F. and Danish, S.J. (1992) Understanding the career transition of athletes. The Sport Psychologist, 6: 77-98.
- Blann, F.W. (1985) Intercollegiate athletic competition and students' educational and career plans. Journal of College Student Personnel, 26: 115-119.
- Blinde, E.M. and Greendorfer, S.L. (1985) A reconceptualization of the process of leaving the role of competitive athlete. International Review of Sport Sociology, 20: 87-94.
- Bryant, K. (2006) Retirement & Post-Games Transition. International Athletes Service Forum (IASF) Presentation.
- Coakley, J.J. (1983) Leaving competitive sport: Retirement or rebirth. Quest, 35: 1-11.
- Garfield, C.H. (1984) Peak performance, Mental training techniques of the world's greatest athletes. Jeremy P. Tarcher, Inc.
- Lavallee D. (2000) Theoretical perspectives on career transitions in sport. In: D. Lavallee, and P. Wylleman (Eds.) Career transitions in sport: International perspectives. Fitness Information Technology, pp.1-27.
- Lidor, R. and Henschen, K. P. (2003) Psychology of team sports. Fitness Information Technology.
- Ogilvie, B.C. and Howe, M. (1982) Career crisis in sport. In: T. Orlick, J.T. Partington and J.H. Salmela (Eds.) Proceedings of the Fifth World Congress of Sport Psychology. Coaching Association of Canada, pp.176-183.
- Ogilvie, B.C. and Taylor, J. (1993) Career termination issues among elite athletes. In: R.N. Singer, M. Murphey. and L.K. Tennant. (Eds.) Handbook of research on sport psychology. Macmillan, pp.761-775.
- Petipas, Brewer and Van Raatle. (1996) Transitions of the student-athlete: theoretical, empirical, and practical perspectives. In: E. F. Etzel, A. P. Ferrante., and J. W. Pinkney. (Eds.) Counseling college student-athletes: Issues and interventions. Fitness Information Technology, pp.137-156.
- Svoboda, B., and Vanek, M. (1982) Retirement from high level competition. In: T. Orlick, J.T. Partington. and J.H. Salmela. (Eds.) Proceedings of the Fifth World Congress of Sport Psychology. Coaching Association of Canada, pp.166-175.
- Taylor, J. and Ogilvie, B. C. (1998) Career transition among elite athletes: is there life after sports? In: J. M. Williams (Ed.) Applied sport psychology: Personal growth to peak performance. Mayfield, pp.429-444.
- Werthner, P. and Orlick (1986) T. Retirement experiences of successful Olympic athletes. International Journal of Sport Psychology, 17: 337-363.
- Wylleman, P., Lavallee, D., and Alfermann, D. (1999) FEPSAC Monograph Series. Career transitions in competitive sports. Lund: European Federation of Sport Psychology FEPSAC.

■第7章
文献（和文）
- 石井聡（2009）スポーツメンタルトレーニングの基礎．財団法人長崎県体育協会スポーツ医・科学委員会編，目指せ長崎国体そして世界へ！今から始める！からだとこころ．pp.63-104.
- 石井聡（2012）実践的なメンタルトレーニング．財団法人長崎県体育協会スポーツ医・科学委員会編，目指せ長崎国体そして世界へ！ 輝け感動勝利へダッシュ．pp.2-28.
- 河合隼雄（1992）心理療法序説．岩波書店．
- 河合隼雄（2003）臨床心理学ノート．岩波書店．
- 高妻容一監修：財団法人長崎県体育協会スポーツ医科学委員会編（2005）今日から始めようメンタルトレーニング．長崎県体育協会．
- 立谷泰久（2014）オリンピック選手の心理サポート，メダル獲得後のプレッシャー．臨床スポーツ医学，31（10）：996-1000.
- 徳田完二（2007）ケース・カンファレンスによる学び．臨床心理学，7（1）：31-35.
- 成田善弘（2003）精神療法家の仕事－面接と面接者．金剛出版．
- 成田善弘（2010）精神療法家の訓練．精神療法，36（3）：342-346.
- 西園昌久（1994）スーパービジョン論，精神療法，3-10.
- 宮城まり子（2013）キャリアカウンセラーの資

質向上とスーパービジョン．法政大学キャリアデザイン学会紀要「生涯学習とキャリアデザイン」，11：3-17.
- 文部科学省HP：http://www.mext.go.jp/b_menu/houdou/22/07/attach/1295999.htm
- 山中康裕（2012）「ケースカンファレンス」について考える．浜松大学臨床心理事例研究，3(1)：3-5.
- 渡辺久子（1994）スーパービジョンのジレンマ，精神療法，27-31.

■用語解説
文献（和文）
- 市村操一・鈴木壮・石村郁夫・羽鳥健司・浅野健一（2013）GarnerとMoorによるスポーツのパフォーマンス向上のための"マインドフルネス・アクセプタンス・コミットメント・アプローチ"の介入プログラムの紹介．東京成徳大学臨床心理学研究，13：119-149.
- 河合隼雄（1970）カウンセリングの実際問題．誠信書房．
- 河合隼雄（2004）カウンセラーの基本姿勢．教育と医学，54（4）：2-3.
- 川喜田二郎（1967）発想法－創造性開発のために－．中公新書．
- 川喜田二郎（1970）続・発想法－KJ法の展開と応用－．中公新書．
- 北村勝朗・齊藤茂・永山貴洋（2005）優れた指導者はいかにして選手とチームのパフォーマンスを高めるのか？質的分析によるエキスパート高等学校サッカー指導者のメンタルモデルの構築．スポーツ心理学研究，32（1）：17-28.
- 北村勝朗・永山貴洋・齊藤茂（2007）優れた指導者のもつメンタルモデルの質的分析－音楽指導場面における教育情報の作用力に焦点をあてて－．教育情報学研究，6：7-16.
- 戈木クレイグヒル滋子（2006）グラウンデッド・セオリー・アプローチ－理論を生みだすまで－．新曜社．
- 佐々木雄二（1995）講座サイコセラピー3　自律訓練法．日本文化科学社，pp.1-7.
- スティーヴ・ド・シェーザー：小野直訳（1994）短期療法解決の鍵．誠信書房．
- 寺井堅祐・梅沢章男（2011）漸進的筋弛緩法．日本ストレス学会・財団法人パブリックヘルスリサーチセンター監修，ストレス科学事典．実務教育出版社，pp.645-646.
- 成瀬悟策（1960）催眠．誠信書房，p.24.
- 成瀬悟策（2000）動作療法．誠信書房．
- 平木典子編（2008）アサーション・トレーニング－自分も相手も大切にする自己表現－．至文堂．
- 山中寛（2005）暗示技法．日本スポーツ心理学会編，スポーツメンタルトレーニング教本改訂増補版．大修館書店，pp.122-124.
- P.N.ジョンソン・レアード：海保博之監修（1988）メンタルモデル－言語・推論・意識の認知科学－．産業図書．＜Johnson-Laird, P.N.（1983）Mental Models: Towards a cognitive science of language, inference, and consciousness. Harvard Univ Press.＞

文献（欧文）
- Hackfort, D. and Schwenkmezer, P.（1993）Anxiety. In: Singer, R.N., Murphey, M. and Tennant, L. K.（Eds.）Handbook of Research on Sport Psychology. Macmillan, pp.328-364.
- Kabat-Zinn（2003）Mindfulness-based intervention in context: Past, present and future. Clinical Psychology: Science and Practice, 10: 144-156.
- Osborn, A. F.（1953；1957）. Applied Imagination: Principles and procedures of creative thinking. Charles Scribner's Sons. ＜オズボーン, A. F.：上野一郎訳（1982）独創力を伸ばせ．ダイヤモンド社．＞
- Vealey, R. S（2005）Chapter three "Motivation", Coaching for the Inner Edge, pp.23-48, Fitness Information Technology.

索引

欧文

BMI	22
CSAI-2	59
DIPCA.3	57
fMRI	103
GTA	250
IQ	195
IZOF理論	248
JFAレフェリーカレッジ	204
JPC心理サポートチーム	192
Jリーグ	229
KJ法	249
OAT	116
Osada Autogenic Training	116
PET	103
PM式リーダーシップ理論	147
POMS	59, 63
Quiet Eye	138
SAI	59
SNS	68
STAI	59
TAI	59
TEG	59, 147, 164
TSMI	124
UK法	57
YG性格検査	58

あ行

アイコントロール	133, 248
アイデンティティの再体制化	200
あがり	110, 129, 250
あがりの予防法	131
アクティベーション	88
アサーション	67
アサーション・トレーニング	248
アサーティブ	67
アスレティックアイデンティティ	198
アスレティックトレーナー	60
アセスメント	41, 248
アファーメーション	248
暗示	114, 250
暗示呼吸	115
暗示放尿	115
意識的処理仮説	100, 130
依存願望	29
一体感	64
イメージ	103
イメージ技法	103
イメージストーリー	106
イメージトレーニング	103, 136, 248
引退	61
引退時の心理的問題	198
内田クレペリン検査	57
うつ病	60
運動イメージ	248
栄養	74
エゴグラム	163
エリートアスリート・プロジェクト	18
エリス	120
大阪体育大学	233
オペラント行動	80
オペラント条件づけ	78
オリンピック	228

か行

解決志向アプローチ	249
介在変数	104
外的イメージ	15
快適度	88
外発的な動機づけ	83
快・不快	8
カウンセラー	249
カウンセラーに必要な3つの基本的態度	32
カウンセリング	30, 36, 232, 249
カウンセリングの有効性	168
カウンセリング理論	14
カウンセリングをベースとした心理サポート	168, 183
カウンセリングをベースとした心理サポートの効用	171
学習理論	249
学習理論モデル	95
覚醒度	88
過剰な意識的制御理論	100
家族	66
課題分析	79
鹿屋体育大学	235
観客	66
環境	82
関係性	32
関係性の深まり	24
関係づくり	24, 28
観察学習	254
間主観的普遍性	222
感情交流	45
感情と情動	8
キーワード法	249
器質性障害	60
期待–価値理論	13

機能的磁気共鳴画像法	103
基本情動	8
基本的な姿勢	219
逆U字仮説	110, 151
虐待	81
逆転移	33
キャリアサポート	198, 199
キャリアトランジション	199, 201
キャリアトランジション・プログラム	199
休養	74
キューワード	102
教育的スポーツ心理学	5
教員	64
強化	80
強化子	78
競技意欲	13, 57, 124
競技引退	198
競技状態不安検査	59
凝視法	248
共同歩調	27, 38
筋弛緩法	87
緊張	74
筋電図	93
具体性テスト	79
クライエント	249
グラウンデッド・セオリー・アプローチ	250
クラスタリング	52, 74, 253
クリップ法	119
グループ体験	252
訓練	219
傾聴	31, 168
系統的脱感作法	249
契約	41
ケースカンファレンス	48
血圧	93
結果目標	84
原因帰属	142
原因の位置	127
言語的コミュニケーション	66
嫌子	80
好子	80
講習会形式	35
講習会形式でのメンタルトレーニング	158
構成的グループ・エンカウンター	149
行動	78
行動契約	78
行動随伴性	80
行動分析学	78
行動変容	78, 252
行動的翻訳	79
行動目標	86, 177
行動療法	249
交流分析	163
交流分析理論	59
コーチング行動	62
呼吸法	87, 250
国際審判員	203
国民体育大会	238
国立スポーツ科学センター	223
個人の目標	177
個別サポート	223
個別対応への配慮	160
個別のメンタルトレーニング	182
コミュニケーション・スキル	147
コミュニケーションスタイル	69
コミュニケーション能力	66, 69
コルチゾール	51
コンサルテーション	176
コンサルテーションの具体例	177
コンディショニング	59
コンディショニングチェックリスト	153

さ 行

サイキングアップ	151, 250
サイバネティクスモデル	95
催眠	250
催眠暗示法	250
さがり	111
サポートチームの編成	226
三者間の関係性	190
試合への準備	178
試合前コンディショニング型	37
ジェイコブソン	252
シェイピング	81
視覚障害	194
資格制度	208
資格認定委員会	209
自我状態	163
刺激コントロール	78
自己暗示	114
自己暗示法	250
自己観察	144
自己客観視	87
自己効力感	126, 142
自己成長	220
自己点検・評価	48
自己分析	52
自己分析法	250
自己誘発性嘔吐	92
思春期	180

自信	57, 140
持続的注意	98
自尊感情	109
肢体の障害	195
実業団チーム	229
実践スポーツ学者	26
実践例	196
実力発揮度	53
視点の移動	26
指導記録の作成	47
指導士としての専門性	210
指導士の認定条件	213
死人テスト	79
自分づくり	184
シミュレーショントレーニング	251
社会的体格不安	110
弱化	80
集合的効力感	146
集団圧力	150
集団規範	64
集団凝集性	62, 146
集団効力感	62
集中力	57, 98, 134
自由放任型	61
ジュニアアスリート	180, 183
守秘義務	41, 54
守備範囲	25
受動的注意	87
シュルツ	251
消去動作	88
上下関係	64
状態不安	109
状態不安検査	59
情動	251
情動・動機トレーニング	36
情動プロファイリング	71, 251
勝敗目標	84
勝利意欲	57
女性アスリート	29
処理資源不足理論	99
自律訓練法	87, 203, 251
自律神経	250
事例研究	168, 221
事例検討会	211, 221, 224, 251
進化	7
人格変容・成長	36
進化論的感情階層仮説	8
身体からのアプローチ	132
身体的不安	109
審判	66
信頼性	56
心理技法	14
心理検査	163
心理サポート	2, 50
心理状態	59
心理的競技能力	57
心理的コンディショニング	103, 151
心理的スキル	10
心理的スキルトレーニング	6, 10
心理的競技能力	10
心理テスト	250
睡眠	74
数息観	251
スーパーヴァイザー	251
スーパーヴィジョン	214, 221, 251
スキナー	78
ストレス反応	92
ストレスマネジメントモデル	95
ストレッサー	92
スポーツ指導者	65
スポーツ集団	63
スポーツ心理学の実践家	43
スポーツドクター	60
スポーツメンタルトレーニング	10
スポーツメンタルトレーニング指導士	10, 213, 243
スポーツメンタルトレーニング上級指導士	213
スポーツメンタルトレーニング名誉指導士	213
スランプ	251
成功体験	141
精神科医	60
精神健康	3
精神疾患	60
精神生理学	93
精神分析	250
生体情報	93
青年期前期	180
セカンドキャリア	199
積極的思考法	253
摂食障害	60
セルフ・エフィカシー	142
セルフコントロール	136
セルフトーク	133, 141, 251
セルフモニタリング	78, 144, 155
全国フォーラム	244
漸進的筋弛緩法	252
専制型	61
選択的注意	98
専門性	25
ソートストッピング	112
ゾーン	248

索引

269

項目	ページ
ソシオグラム	63
ソシオメトリックテスト	63

た 行

項目	ページ
体育協会	238
体験の素通り	184
第三者による評価	45
帯同サポート	188
体罰	17, 82
代理的体験	127
正しく悩む	201
脱自動化	100
妥当性	56
タレント発掘	181
単一事例研究法	46
短期目標	84
チーム帯同	223
チームの目標	177
チームビルディング	64, 148, 252
チーム文化	61
チームワーク	146
知的好奇心	134
知的障害	195
知能検査	252
注意散漫仮説	99, 130
注意集中	98
注意の切り替え	98
注意のスタイル	98
中途身体障害	195
聴覚障害	194
長期目標	84
追体験	47
筑波大学	232
デュアルキャリア	200
適用可能性	167
テストバッテリー	51
デフアスリート	192
転移	33
冬季種目	139
動機づけ	78, 124
動機づけ雰囲気	62
動機づけ理論	13
統御可能性	15
動作失調	3
動作法	252
東大式エゴグラム	59, 63, 147
ドーピング	60
特性不安	109, 152
特性不安検査	59
匿名性	222
トップダウンアプローチ	11
都道府県における活動	238
トリガーワード	102
トレーニング日誌	42
トレーニングの継続	38
トレーニングプログラム	35
トレーニングへの動機づけ	37

な 行

項目	ページ
内界探索型プログラム	159
内観療法	252
内省報告	52
内的イメージ	15, 184
内発的動機づけ	83, 125
長崎県の事例	239
成瀬悟策	252
二重拘束メッセージ	68
日常継続型	37
日誌	73
日本体育大学	236
日本行動分析学会	82
日本スポーツ心理学会	208
日本スポーツ精神医学会	60
日本体育協会	60
日本代表チーム	175, 223
認知行動療法	249
認知行動理論	13
認知再体制化	144
認知・知識トレーニング	36
認知的不安	109
認定スポーツカウンセラー	20
ネガティブ情動	71
ネットコミュニケーション	68
脳機能イメージング法	103
脳波	93

は 行

項目	ページ
バイオフィードバック	93, 136, 252
バディ（2人組）	178
場の設定	27
パフォーマンス・マネジメント	82
パフォーマンス目標	84
パフォーマンスルーティーン	253
パラアスリート	192
パラリンピック選手の心理サポート	224
ピーキング	154
ピークパフォーマンス	74, 151
ピークパフォーマンス法	253
非言語的コミュニケーション	66
皮膚温	93

皮膚電気反射	93	メンタルトレーニング講習会	158, 182
標準練習	90	メンタルトレーニング作業ノート	160
非論理的ビリーフ	120	メンタルトレーニング・ジャーナル	245
不安階層表	249	メンタルトレーニングとカウンセリングの連携	34
不安への対処	154	メンタルトレーニング・プログラム	159
風景構成法	51	メンタルトレーニングプロセス	19
フェルトセンス	253	メンタルトレーニングをベースとした心理サポート	181
フォーカシング	253	メンタルプラクティス	15, 248
フォローアップ	43, 162	メンタルマネジメント	6, 20
部活動でのメンタルトレーニング	186	メンタルモデル	254
腹式呼吸	75	メンタルリハーサル	15, 39, 248, 254
振り返り	42, 44	燃え尽き症候群	60
プレー目標	84	目標設定	78, 125
ブレーンストーミング	253	目標設定技法	254
プレ・パフォーマンス・ルーティーン	101	モダリティ	105
フロイト	250	モデリング	143
フロー	250	モデリング学習	254
プロスポーツ	61, 229	モニタリング	71, 75, 250
分割的注意	98	問題対処型	37
分析麻痺	130	矢田部・ギルフォード性格検査	58
ベストトーク	121	やる気	83
ベストパフォーマンス	71	勇気づけ	70
ペップトーク	253		
変性意識状態	250	**ら 行**	
ポジティブ情動	71	来談者中心療法	14
ポジティブシンキング	118, 253	ラグビートップリーグ	230
ポジトロン放出断層撮影法	103	ラグビーレフリーアカデミー	204
北海道の事例	241	ラポール	40, 105
ボックススコア	54	リーダーシップ	61, 252, 254
ボトムアップアプローチ	11	リーダーシップグループ	176
誉める	80	リーダーシップグループミーティング	176, 179
		リスキー・シフト	64
ま 行		リハビリテーション	108
マイナス思考	70	リファー	65
マインドフルネス	87, 253	リフレーミング	111
窓	184	了解可能な悩み	60
学ぶ姿勢	26	料金	27
守られた空間	27	リラクセーション	136
マルチサポート事業	225	臨床事例研究法	46
マルチサポート・ハウス	227	臨床スポーツ心理学	51
ミーティング	66	レスポンデント行動	80
見立て	30, 50, 172	ロジカル・シンキング	66
民主型	61	ロジャーズ	254
瞑想法	254	論理的思考	132
明瞭性	15	論理的ビリーフ	120
メール	68	論理療法	120
面接事例	189		
面接中心のサポート	187	**わ 行**	
メンタルコーチ	175, 179	ワーストパフォーマンス	71
メンタルスクリーン	107	和歌山県の事例	238

あとがき

　新しい時代にふさわしいメンタルトレーニング指導のために…。その様な思いのもとに，本書を改訂することになったが，具体的には以下の事柄が契機になった。

　まず東京2020オリンピック・パラリンピックの開催決定である。メガ・スポーツイベントの開催は，これまでもスポーツ科学の発展に大きな影響を与えてきた。1964年の東京オリンピックと1972年札幌・1998年長野の冬季オリンピックを加えると4回目のオリンピックを開催する国にふさわしいメンタルトレーニング指導とはどのようなものであるべきか。東京2020では自国開催ならではの心理的プレッシャーへの対応はもとより，ユース年代からの長期的視野に立ったアスリートの育成・強化，2020後にも続く継続発展可能なメンタルサポート体制の構築など課題は多く，スポーツメンタルトレーニング指導士への期待は大きくなっている。

　スポーツ指導における体罰・暴力問題の根絶も大きな契機になった。2012年には高校運動部での体罰を背景にした自死問題，ナショナルチームでのハラスメント事案等，当時の文部科学大臣をして「日本のスポーツ界最大の危機」と言わしめる事態に直面し，筆者も体罰根絶のための「タスクフォース」の一員として有識者会議に参加した。スポーツメンタルトレーニング指導士は，スポーツ指導の現場にあって「アスリート・ファースト」の理念を実現すべき使命を負ったスタッフである。アスリートの人間的な成長を支えるだけでなく，スポーツ指導者も含め，スポーツに関わる全ての人の人間的な成長に役立つ環境を作り出す役割も負う。新しい時代を迎え，スポーツ指導における体罰・暴力・ハラスメントを根絶する役割について，メンタルトレーニング指導士がなすべき役割は少なくない。

　2000年の資格認定開始以降，スポーツメンタルトレーニング指導士は，グラスルーツからトップまでさまざまなアスリートを対象に，競技力向上だけでなく人間的な成長をも視野に入れた活動を行ってきた。その結果，日本スポーツ心理学会には，指導事例が蓄積され，そのいくつかは「スポーツ心理学研究」等の学術誌にも発表されている。これまでは，科学的理論に裏付けられた「正しい」方法が，必ずしも競技の指導現場で直面する課題の解決に「役立つ」とは限らない，といった状況があった。指導事例が蓄積されたことで，理論と実践の往還が可能になりつつある。

　科学的な理論に裏付けられた正しいメンタルトレーニングを，現場に役立つ形で指導・実践すること。それが新しい時代にふさわしいメンタルトレーニング指導のあるべき姿であり，本書が目指す姿である。そのため，改訂にあたっては50名を超える資格取得者に執筆を依頼し，内容を刷新するとともにメンタルトレーニング指導の実践事例も多く含めた。新しい時代に向かって，志も新たに飛躍を目指すアスリート，スポーツ指導者やトレーナー，競技団体強化担当者ならびにスポーツに関わる全ての方からのご指摘，ご批判を歓迎したい。

　　平成28年10月

　　　　　　　　　　　　　　　　　　　　日本スポーツ心理学会資格認定委員会委員長
　　　　　　　　　　　　　　　　　　　　　　　　　　　土屋　裕睦

執筆者紹介

■日本スポーツ心理学会・資格認定委員会テキスト編集委員会委員

土屋裕睦（委員長），中込四郎，鈴木　壯，水落文夫，荒井弘和

■執筆者（執筆順）
❶本書の執筆担当，❷主な著書，❸専門スポーツ種目，❹得意としているスポーツメンタルトレーニングの技法，対象

中込四郎（なかごみしろう／ 1951 年生まれ）
筑波大学名誉教授，博士（体育科学）
❶ 1 章 1, 2 章 1, 3, 4, 6 章 1, 7 章 1, 5, 用語解説，❷『臨床スポーツ心理学—アスリートのメンタルサポート』（単著・道和書院），❸陸上競技，❹主に，カウンセリング技法をベースとしたアスリートの個別サポート

関矢寛史（せきやひろし／ 1964 年生まれ）
広島大学大学院人間社会科学研究科教授，Ph.D. (Kinesiology)
❶ 1 章 2, 5 章 2, 7 章 4, ❷『やさしいメンタルトレーニング』（共著・黎明書房），❸テニス，❹ジュニアから実業団・プロまでのチームを対象とした講習会や個人面談による心理的スキルの指導

西田　保（にしだたもつ／ 1952 年生まれ）
愛知学院大学心身科学部客員教授，名古屋大学名誉教授，博士（体育学）
❶ 1 章 3, ❷『スポーツモチベーション』（編著・大修館書店），❸サッカー，ゴルフ，❹ジュニアからトップアスリートまでの選手を対象とした講習会と個別サポート（競技意欲，ピークパフォーマンスなど）

阿江美恵子（あえみえこ／ 1953 年生まれ）
東京女子体育大学体育学部教授，教育学修士
❶ 1 章コラム，3 章 3, ❷『現場で活きるスポーツ心理学』（共編著・杏林書院），❸陸上競技，❹女性アスリート，個別コンサルティング，チームサポート

水落文夫（みずおちふみお／ 1957 年生まれ）
日本大学文理学部教授，博士（学術）
❶ 1 章 4, ❷『コーチング学への招待』（分担執筆・大修館書店），❸アルペンスキー，❹ジュニア選手に対する講習会とトレーニング指導，レースに向けた心理的コンディショニング指導など

三宅紀子（みやけのりこ／ 1957 年生まれ）
東京国際大学人間社会学部教授，博士（教育学）
❶ 2 章コラム❷『ポーター＆フォスターのメンタルトレーニング』（分担翻訳・不昧堂出版），❸ソフトテニス，❹陸上長距離選手へのカウンセリングベースの心理サポート，球技チームのチームビルディングや心理的スキルトレーニング

鈴木　壯（すずきまさし／ 1952 年生まれ）
中部学院大学スポーツ健康科学部教授，岐阜大学名誉教授，博士（医学）
❶ 2 章 2, 6 章 3, 7 章 1, 2, 用語解説，❷『スポーツと心理臨床』（単著・創元社），❸バスケットボール，❹アスリートへのカウンセリングをベースとした心理サポート

平木貴子（ひらきたかこ／ 1977 年生まれ）
日本大学経済学部専任講師，修士（人間環境学）
❶ 2 章コラム，❷『スポーツカウンセリングの現場から』（分担執筆・道和書院），❸ゴルフ，❹アスリート（中学生〜成人）に対するカウンセリング，チーム対象の講習会など

土屋裕睦（つちやひろのぶ／ 1964 年生まれ）
大阪体育大学大学院教授，博士（体育科学）
❶ 2 章 5, 4 章 6, 5 章 5, 7 章 1, 用語解説，❷『ソーシャルサポートを活用したスポーツカウンセリング』（単著・風間書房），❸剣道，❹ジュニアに対する講習会，国体時のチームビルディング，日本代表やプロ選手に対する個別カウンセリングなど

菅生貴之（すごうたかゆき／1973年生まれ）
大阪体育大学体育学部教授，教育学修士
❶3章1，5章6，7章5，6，用語解説，❷『これから学ぶスポーツ心理学』（分担執筆・大修館書店），❸ゴルフ，❹スキル指導を中心とした，体操競技，ゴルフ，スキージャンプ，射撃などのクローズドスキルの競技種目選手を対象とした心理サポート

東山明子（ひがしやまあきこ／1956年生まれ）
大阪商業大学公共学部教授，博士（医学），博士（学術）
❶3章2，7章4，7章7，❷『健康科学』（編著・明研図書），❸水泳，❹大学生や実業団のアスリートチームや個人へのパーソナリティ分析を中心としたメンタルサポート

黒川淳一（くろかわじゅんいち／1973年生まれ）
犬山病院副院長・名古屋経済大学特任教授，博士（医学）
❶3章コラム，❷『スポーツ精神医学』（分担執筆・診断と治療社），❹内田クレペリン精神検査を用いたアスリートへのカウンセリング

田中ウルヴェ京（たなかウルヴェみやこ／1967年生まれ）
株式会社ポリゴン代表取締役，博士（システムデザインマネジメント学）
❶3章コラム，4章9，6章8，❷『心の整えかたトップアスリートならこうする』（単著・NHK出版），❸水泳競技，❹プロ，五輪，パラ日本代表の個別・チーム・監督および企業一般へのコンサルティング，キャリアトランジション

内田若希（うちだわかき／1978年生まれ）
九州大学大学院人間環境学研究院准教授，博士（心理学）
❶3章4，6章7，❷『スポーツ選手のためのアドラー心理学』（単著・大修館書店），❸障がい者スポーツ，❹パラアスリートや指導者への心理サポート，コミュニケーションワーク

蓑内　豊（みのうちゆたか／1963年生まれ）
北星学園大学文学部教授，体育学修士
❶3章5，7章6，用語解説，❷『基礎から学ぶスポーツ心理学改訂版』（共著・中西出版），❸ラグビー，❹冬季競技のスポーツ選手・チームに対する心理的サポートなど

荒井弘和（あらいひろかず／1975年生まれ）
法政大学文学部教授，博士（人間科学）
❶4章1，5章4，❷『アスリートのメンタルは強いのか？』（編著・晶文社），❸骨法（武道），❹大学生アスリートや障がいのあるアスリートを対象とした認知行動療法またはチームビルディングの実践

吉澤洋二（よしざわようじ／1956年生まれ）
名古屋経済大学経営学部教授，修士（教育学）
❶4章2，❷『スポーツ心理学事典』（分担執筆・大修館書店），❸バスケットボール，❹アスリート（ジュニアから社会人まで）の心理的サポート，ならびに指導者への助言など

坂入洋右（さかいりようすけ／1961年生まれ）
筑波大学体育系教授，博士（心理学）
❶4章3，❷『たくましい心とかしこい体—身心統合のスポーツサイエンス』（編著・大修館書店），❸卓球，❹自律訓練法とマインドフルネスによる"身心"の自己調整

髙橋正則（たかはしまさのり／1968年生まれ）
日本大学文理学部教授，博士（学術）
❶4章コラム，❷『生涯スポーツの心理学』（分担執筆・福村出版），❸テニス，❹ジュニアおよび大学生選手に対する講習会，日本リーグ時におけるチームビルディングの実践

荒木雅信（あらきまさのぶ／1951年生まれ）
大阪体育大学名誉教授，日本福祉大学大学院スポーツ科学研究科招聘教授，博士（スポーツ科学）
❶4章4，6章コラム，用語解説，❷『これから学ぶスポーツ心理学』（編著・大修館書店），❸バスケッ

トボール，❹アスリートや障がいのあるアスリートへの認知行動療法をベースとしたコンサルテーション

兄井　彰（あにいあきら／1964 年生まれ）
福岡教育大学教授，博士（体育学），博士（学術）
❶4 章 5，❷『教養としてのスポーツ心理学』（分担執筆・大修館書店），❸陸上競技，競泳，野外活動，❹アスリートに対する心理的コンディショニングとトレーニング指導

直井愛里（なおいあいり／1972 年生まれ）
近畿大学総合社会学部准教授，Ed.D. (Sport Psychology)
❶4 章コラム，❷『これから学ぶスポーツ心理学』（分担執筆・大修館書店），❸テニス，❹中学生からプロ選手を対象とした心理的スキルトレーニングやカウンセリングの実践

遠藤俊郎（えんどうとしろう／1955 年生まれ）
山梨学院大学スポーツ科学部教授・学部長，博士（医科学）
❶4 章 7，❷『バレーボールのメンタルマネジメント』（単著・大修館書店），❸バレーボール，❹各種スポーツ選手を対象とした個別コンサルティング，チームサポート

立谷泰久（たちややすひさ／1970 年生まれ）
国立スポーツ科学センター・心理グループ　先任研究員，博士（学術）
❶4 章 8，5 章コラム，6 章 9，7 章 3，用語解説，❷『アスリートのメンタルは強いのか？』（分担執筆・晶文社），❸野球，❹トップアスリート・チームへの心理サポートに関する講習会（心理技法含む）および個別サポート

磯貝浩久（いそがいひろひさ／1962 年生まれ）
九州産業大学人間科学部スポーツ健康科学科教授，博士（人間環境学）
❶5 章 1，7 章コラム，❷『スポーツモチベーション―スポーツ行動の秘密に迫る！』（分担執筆・大修館書店），❸サッカー，❹ジュニアに対する講習会，大学生アスリートの心理的コンディショニング指導など

森　司朗（もりしろう／1961 年生まれ）
鹿屋体育大学理事・副学長，博士（医学）
❶5 章 3，7 章 5，❷『生涯スポーツの心理学』（分担執筆・福村出版），❸陸上競技，❹アスリートへのカウンセリングや指導者へのコンサルテーションおよび知覚・認知スキルトレーニング

吉田聡美（よしださとみ／1966 年生まれ）
コンディショニング・ラボ代表，人間学修士
❶5 章コラム，7 章 6，❷『基礎から学ぶスポーツ心理学』（共著・中西出版），❸基礎スキー・器械体操，❹アスリート（学生・プロ・日本代表），指導者に対する心理的コンサルティーションおよび帯同心理サポート（個人・チーム），要望に応じた講習会など

村上貴聡（むらかみきそう／1973 年生まれ）
東京理科大学教養教育研究院教授，博士（人間環境学）
❶5 章 4，❷『教養としてのスポーツ心理学』（分担執筆・大修館書店），❸テニス，❹大学生アスリートや代表選手を対象とした心理技法の指導をベースとした心理サポート

森　敏（もりさとし／1971 年生まれ）
東海大学国際文化学部教授，修士（体育学）
❶5 章コラム，❸スキー（ノルディック複合）
※1998 年長野オリンピック，2002 年ソルトレイクシティーオリンピック出場

中澤　史（なかざわただし／1968 年生まれ）
法政大学国際文化学部・大学院スポーツ健康学研究科教授，博士（人間環境学）
❶6 章 2，❷『アスリートの心理学』（単著・日本文化出版），❸テニス，❹育成年代からトップレベルまでのアスリート，スポーツチームを対象とした心理サポートおよび講習会など

田辺陽子（たなべようこ／1966 年生まれ）
日本大学法学部教授，博士（スポーツ科学）
❶6 章コラム，❸柔道
※柔道：バルセロナオリンピック銀メダル，アトランタオリンピック銀メダル

荒木香織（あらきかおり／1973 年生まれ）
園田学園女子大学教授，Ph.D.（sport and exercise science）
❶6 章 4，❷『ラグビー日本代表を変えた「心の鍛え方」』（単著・講談社），❸陸上競技，❹アスリート（個人・チーム），指導者，アーティストへのコンサルテーションおよび企業におけるセミナー・研修

武田大輔（たけだだいすけ／1975 年生まれ）
東海大学体育学部准教授，博士（体育科学）
❶6 章 5，❷『スポーツカウンセリングの現場から』（分担執筆・道和書院），❸サッカー，❹トップアスリートを対象とした個別のスポーツカウンセリングなど

秋葉茂季（あきばしげき／1982 年生まれ）
国士舘大学講師，博士（体育科学）
❶6 章 5，7 章 3，❷『はじめて学ぶスポーツ心理学 12 講』（分担執筆・福村出版），❸野球，❹アスリートを対象とした個別カウンセリング，個別メンタルトレーニング

奥野真由（おくのまゆ／1984 年生まれ）
久留米大学助教，修士（スポーツ科学）
❶6 章 5，❸陸上競技，❹アスリートへのメンタルトレーニング講習会やカウンセリング

江田香織（えだかおり／1983 年生まれ）
国立スポーツ科学センター研究員，博士（体育科学）
❶6 章 5，❷『スポーツカウンセリングの現場から：－アスリートがカウンセリングを受ける時－』（分担執筆・道和書院），❸競泳，❹大学生・思春期アスリートのカウンセリング

武田守弘（たけだもりひろ／1974 年生まれ）
広島文化学園大学人間健康学部教授，博士（教育学）
❶6 章コラム，❷『コーチングに役立つ実力発揮のメンタルトレーニング』（分担翻訳・大修館書店），❸テニス，❹ジュニア・一般選手に対する心理サポート，講習会や試合に向けた心理的コンディショニング指導など

伊藤友記（いとうともき／1963 年生まれ）
九州共立大学スポーツ学部准教授，教育学修士
❶6 章 6，❷『スポーツ・コーチング学 指導理念からフィジカルトレーニングまで』（分担翻訳・西村書店），❸バスケットボール，❹高校生，大学生アスリートを対象としたカウンセリングベースの心理サポート

小谷克彦（こたにかつひこ／1975 年生まれ）
北海道教育大学教育学部准教授，博士（体育科学）
❶6 章コラム，❷『よくわかるスポーツ心理学』（分担執筆・ミネルヴァ書房），❸サッカー，❹大学アスリートを対象とした心理サポート

田中伸明（たなかのぶあき）
明治大学教授
❶6 章コラム，❷『新版テニス指導教本（分担執筆・大修館書店），❸テニス，❹テニスプレイヤー個別対応

佐藤雅幸（さとうまさゆき／1956 年生まれ）
専修大学教授，体育学修士
❶6 章コラム，❷『TA―人生脚本を書き直す方法』（単著・ベストセラーズ），❸テニス，❹メンタルトレーニング講習，交流分析および自律訓練法を用いたアスリートへの心理サポート

高妻容一（こうづまよういち／1955 年生まれ）
元東海大学体育学部教授，体育学修士
❶6 章コラム，7 章 6，❷『新版今すぐ使えるメンタルトレーニング：選手用＆コーチ用』（ベースボール・マガジン社），❸空手（6 段），❹パッケージ化した心理的スキルの指導・現場でのサポート（プロ・

実業団・大学・高校・中学・小学生までを対象）

岡澤祥訓（おかざわよしのり／1950 年生まれ）
奈良教育大学名誉教授，修士（体育学）
❶7 章コラム，❷『勝利をつかむ卓球最強のメンタルトレーニング』（監修・メイツ出版），❸柔道，❹アスリート（中学生〜成人）に対するメンタルサポート

東　亜弓（ひがしあゆみ／1972 年生まれ）
大阪国際大学准教授，修士（スポーツ科学）
❶7 章 4，❸バスケットボール，❹大学生アスリートやプロ選手に対するメンタルトレーニングをベースとした心理サポートや講習会など

幾留沙智（いくどめさち／1985 年生まれ）
鹿屋体育大学講師，博士（体育学）
❶7 章 5，❸バスケットボール，❹質の高い練習や試合での実力発揮に必要な心理的スキルおよび知覚・認知スキルの習得サポート

高井秀明（たかいひであき／1981 年生まれ）
日本体育大学体育学部准教授，博士（体育科学）
❶7 章 5，用語解説，❷『はじめて学ぶスポーツ心理学 12 講』（分担執筆・福村出版），❸アーチェリー，❹トップアスリートに対する認知行動療法の実践

中山亜未（なかやまあみ／1988 年生まれ）
大阪体育大学スポーツ科学センター研究員，修士（スポーツ科学）
❶7 章 6，❸ソフトテニス，❹アスリートや指導者へのメンタルトレーニング講習会と心理サポート，個別のカウンセリング

石井　聡（いしいさとし／1969 年生まれ）
長崎県立大学大学院人間健康科学研究科客員研究員・修士（体育学）
❶7 章 6，❷『スポーツメンタルトレーニング指導士活用ガイドブック』（分担執筆・ベースボール・マガジン社），❸空手道（4 段），❹高校生を中心とした小学生までのジュニアアスリートや大学生，実業団，プロ，日本代表へ心理サポートを実施

今村律子（いまむらりつこ／1973 年生まれ）
福岡大学スポーツ科学部准教授，博士（学術）
❶用語解説，❷『教養としてのスポーツ心理学』（分担執筆・大修館書店），❸陸上競技，❹ジュニアアスリートへの講習会，大学生アスリートのカウンセリングベースの心理サポートやチームビルディング

鶴原清志（つるはらきよし／1956 年生まれ）
三重大学副学長
❶用語解説，❷『よくわかるスポーツ心理学』（分担執筆・ミネルヴァ書房），❸体操競技，❹メンタルトレーニングに関する講習会，イメージトレーニングの実施方法など

齊藤　茂（さいとうしげる／1977 年生まれ）
松本大学大学院健康科学研究科准教授，修士（教育情報学）・修士（臨床心理学）
❶用語解説，❷『地域づくり再考—地方創生の可能性を探るー』（分担執筆・松本大学出版会），❸サッカー，スキー・スノーボード，❹アスリートへの個別サポート，指導者の相談

スポーツメンタルトレーニング教本 三訂版
©日本スポーツ心理学会　2002, 2005, 2016　　　　NDC780／x, 277p／26cm

初版第1刷	2002年12月1日
改訂増補版第1刷	2005年4月20日
三訂版第1刷	2016年12月1日
第4刷	2022年3月31日

編　者	日本スポーツ心理学会
発行者	鈴木一行
発行所	株式会社　大修館書店

〒113-8541　東京都文京区湯島2-1-1
電話03-3868-2651（販売部）　03-3868-2297（編集部）
振替00190-7-40504
［出版情報］https://www.taishukan.co.jp

カバーデザイン	内藤惠子
本文フォーマット	井之上聖子
イラスト	ERC
印刷所	壮光舎印刷
製本所	ブロケード

ISBN978-4-469-26806-5　　Printed in Japan

Ⓡ本書のコピー，スキャン，デジタル化等の無断複製は著作権法上での例外を除き禁じられています。本書を代行業者等の第三者に依頼してスキャンやデジタル化することは，たとえ個人や家庭内での利用であっても著作権法上認められておりません。